高职高专院校专业基础课纸数融合系列教材

供临床医学、护理、助产、药学、影像、检验、口腔医学、康复等专业使用

卫生法学

WEISHENGFAXUE

主　审	周海波
主　编	廖淋森　陈辉芳　杨秋霞
副主编	曲福玲　周　娇　冉　鲜　程漩格
编　者	（以姓氏笔画为序）

王　冕	贵州师范大学
王永红	邢台医学高等专科学校
冉　鲜	贵州护理职业技术学院
曲福玲	吉林大学
杨传家	浙江大学
杨秋霞	邢台医学高等专科学校
陈辉芳	广东岭南职业技术学院
周　娇	皖西卫生职业学院
尉淑丽	邢台医学高等专科学校
程漩格	广东岭南职业技术学院
廖淋森	铜仁职业技术学院

中国·武汉

内 容 简 介

本教材是高职高专院校专业基础课纸数融合系列教材。

本教材共十六章,内容包括卫生法学基础理论、医疗机构管理法律制度、卫生技术人员管理法律制度、基本医疗卫生与健康促进法律制度、医疗损害责任法律制度;血液管理法律制度、母婴保健法律制度、传染病防治法律制度、突发公共卫生事件应急管理法律制度、药品管理法律制度、医疗器械管理法律制度、食品安全法律制度、职业病防治法律制度、精神卫生法律制度、中医药法律制度、现代医学发展中的相关法律问题。

本教材供临床医学、护理、助产、药学、影像、检验、口腔医学、康复等专业使用。

图书在版编目(CIP)数据

卫生法学/廖淋森,陈辉芳,杨秋霞主编.—武汉:华中科技大学出版社,2020.8(2022.6重印)
ISBN 978-7-5680-6441-5

Ⅰ.①卫… Ⅱ.①廖… ②陈… ③杨… Ⅲ.①卫生法-法的理论-中国-教材 Ⅳ.①D922.161

中国版本图书馆 CIP 数据核字(2020)第 147836 号

卫生法学
Weishengfaxue

廖淋森 陈辉芳 杨秋霞 主编

策划编辑:	史燕丽
责任编辑:	张 琳 郭逸贤
封面设计:	原色设计
责任校对:	李 弋
责任监印:	周治超
出版发行:	华中科技大学出版社(中国·武汉) 电话:(027)81321913
	武汉市东湖新技术开发区华工科技园 邮编:430223
录 排:	华中科技大学惠友文印中心
印 刷:	武汉科源印刷设计有限公司
开 本:	889mm×1194mm 1/16
印 张:	16
字 数:	500 千字
版 次:	2022 年 6 月第 1 版第 3 次印刷
定 价:	49.90 元

本书若有印装质量问题,请向出版社营销中心调换
全国免费服务热线:400-6679-118 竭诚为您服务
版权所有 侵权必究

网络增值服务使用说明

欢迎使用华中科技大学出版社医学资源网

1. 教师使用流程

   （1）登录网址：http://yixue.hustp.com （注册时请选择教师用户）

   注册 → 登录 → 完善个人信息 → 等待审核

   （2）审核通过后，您可以在网站使用以下功能：

2. 学员使用流程

   建议学员在PC端完成注册、登录、完善个人信息的操作。

   （1）PC端学员操作步骤

   ①登录网址：http://yixue.hustp.com （注册时请选择普通用户）

   注册 → 登录 → 完善个人信息

   ② 查看课程资源

   如有学习码，请在个人中心-学习码验证中先验证，再进行操作。

   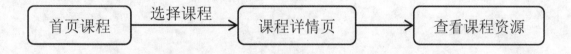

   （2）手机端扫码操作步骤

   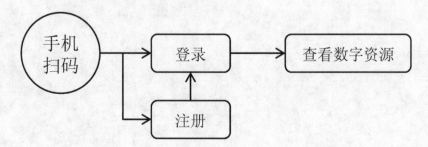

前言

党的十九大以来,以习近平同志为核心的党中央高度重视人民群众的身心健康,我国的医疗卫生事业不断向前发展。近年来随着医学快速发展,多部医疗卫生法律不断出台,如《中华人民共和国中医药法》已由中华人民共和国第十二届全国人民代表大会常务委员会第二十五次会议于 2016 年 12 月 25 日通过并公布,自 2017 年 7 月 1 日起施行。《中华人民共和国药品管理法》已由中华人民共和国第十三届全国人民代表大会常务委员会第十二次会议于 2019 年 8 月 26 日修订通过公布,自 2019 年 12 月 1 日起施行。《中华人民共和国基本医疗卫生与健康促进法》已由中华人民共和国第十三届全国人民代表大会常务委员会第十五次会议于 2019 年 12 月 28 日通过,2020 年 6 月 1 日起施行。

2020 年 2 月 14 日,习近平总书记在中央全面深化改革委员会第十二次会议上讲话,指出:"要强化公共卫生法治保障,全面加强和完善公共卫生领域相关法律法规建设,认真评估传染病防治法、野生动物保护法等法律法规的修改完善。要从保护人民健康、保障国家安全、维护国家长治久安的高度,把生物安全纳入国家安全体系,系统规划国家生物安全风险防控和治理体系建设,全面提高国家生物安全治理能力。要尽快推动出台生物安全法,加快构建国家生物安全法律法规体系、制度保障体系。"

为了适应我国高职医学教育改革和发展的需要,十多位来自全国的临床及教学一线的工作人员,在华中科技大学出版社的组织下,进行了本教材的编写工作。我们希望这本教材可以成为一本适应时代发展、适合高等卫生职业教育的经典著作,成为医学生卫生法律法规教育的有益的教科学习参考书。

本教材结合医药卫生专业人才培养方案要求,立足需求,着力于医学教育、医学卫生事业发展以及医学生职业道德、临床技能提升,确立了以医学生为使用对象,围绕卫生法学基础理论、医疗机构及卫生技术人员管理、传染病防治、突发公共卫生事件应急管理、药品管理、食品安全管理等方面法律制度进行了较为系统的介绍,同时对现代医学发展中出现的新问题也进行了有益探索,突出学科教学重点,自新型冠状病毒肺炎疫情发生以来,编者结合时事,不断增进新知识和新案例,体现了知识时代性,注重理论联系实际,力争使教材更具实用性。

本教材分为卫生法学基础理论;医疗机构管理法律制度;卫生技术人员管理法律制度;基本医疗卫生与健康促进法律制度;医疗损害责任法律制度;血液管理法律制度;母婴保健法律制度;传染病防治法律制度;突发公共卫生事件应急管理法律制度;药品管理法律制度;医疗器械管理法律制度;食品安全法律制度;职业病防治法律制度;精神卫生法律制度;中医药法律制度;现代医学发展中的相关法律问题,共十六章。

本教材的编写是在华中科技大学出版社慎始如终的倾力支持以及编写团队夙夜匪懈的用心编撰下完成的,在编写的过程中,同时参阅借鉴了许多专家学者的研究成果,在此一并致谢!

所谓匠心,是尽善尽美的精雕细琢。尽管我们为教材出版作了极大努力,但限于经验与水平,书中难免存在不足之处,欢迎专家、学者以及广大读者指导斧正。

编 者

目 录

第一章 卫生法学基础理论
第一节 卫生法概述 /1
第二节 卫生法的制定与实施 /7
第三节 卫生法律责任与救济 /10

第二章 医疗机构管理法律制度
第一节 概述 /17
第二节 医疗机构设置 /19
第三节 医疗机构执业 /21
第四节 医疗机构的法律责任 /22
第五节 处方管理 /24
第六节 抗菌药物临床应用管理 /27

第三章 卫生技术人员管理法律制度
第一节 执业医师法律制度 /31
第二节 执业乡村医生法律制度 /36
第三节 执业护士法律制度 /39
第四节 执业药师法律制度 /41
第五节 全科医师法律制度 /43
第六节 外国医师执业法律制度 /44
第七节 法律责任 /46

第四章 基本医疗卫生与健康促进法律制度
第一节 健康医疗权概述 /50
第二节 公民的健康权利与义务 /53
第三节 基本医疗卫生服务 /54
第四节 法律责任 /62

第五章 医疗损害责任法律制度

- 第一节 医疗损害责任概述 /66
- 第二节 医疗损害责任的法律适用 /69
- 第三节 医疗事故处理制度 /71
- 第四节 医疗损害赔偿 /78
- 第五节 法律责任 /79

第六章 血液管理法律制度

- 第一节 概述 /84
- 第二节 无偿献血法律制度 /85
- 第三节 血站采供血管理 /86
- 第四节 临床用血管理 /89
- 第五节 血液制品管理 /90
- 第六节 法律责任 /92

第七章 母婴保健法律制度

- 第一节 概述 /97
- 第二节 婚前保健和孕产期保健 /98
- 第三节 法律责任 /103

第八章 传染病防治法律制度

- 第一节 概述 /106
- 第二节 传染病的预防与疫情报告 /108
- 第三节 疫情控制与医疗救治措施 /109
- 第四节 几种传染病防治的法律规定 /111
- 第五节 法律责任 /115

第九章 突发公共卫生事件应急管理法律制度

- 第一节 突发公共卫生事件概述 /119
- 第二节 突发公共卫生事件的预防与应急准备 /122
- 第三节 突发公共卫生事件的报告与信息发布 /123
- 第四节 突发公共卫生事件的应急处理 /124
- 第五节 法律责任 /127

第十章 药品管理法律制度

- 第一节 概述 /131

第二节　药品生产经营管理　　　　　　　　　　　/132
第三节　药品监督与管理　　　　　　　　　　　　/137
第四节　生物制品与特殊药品管理的法律规定　　　/142
第五节　疫苗管理　　　　　　　　　　　　　　　/144
第六节　法律责任　　　　　　　　　　　　　　　/147

第十一章　医疗器械管理法律制度

第一节　概述　　　　　　　　　　　　　　　　　/153
第二节　医疗器械产品注册与备案管理　　　　　　/155
第三节　医疗器械生产管理　　　　　　　　　　　/156
第四节　医疗器械经营与使用管理　　　　　　　　/157
第五节　医疗器械的不良事件的处理与召回管理　　/163
第六节　医疗器械监督检查管理　　　　　　　　　/164
第七节　法律责任　　　　　　　　　　　　　　　/165

第十二章　食品安全法律制度

第一节　概述　　　　　　　　　　　　　　　　　/170
第二节　食品安全风险监测与评估　　　　　　　　/172
第三节　食品生产经营制度　　　　　　　　　　　/175
第四节　食品安全事故处置　　　　　　　　　　　/182
第五节　食品安全监督管理　　　　　　　　　　　/184
第六节　法律责任　　　　　　　　　　　　　　　/186

第十三章　职业病防治法律制度

第一节　概述　　　　　　　　　　　　　　　　　/190
第二节　职业病的预防与保护制度　　　　　　　　/192
第三节　职业病诊断与职业病病人的保障　　　　　/196
第四节　职业病防治的监督　　　　　　　　　　　/197
第五节　法律责任　　　　　　　　　　　　　　　/198

第十四章　精神卫生法律制度

第一节　概述　　　　　　　　　　　　　　　　　/203
第二节　心理健康的促进和精神障碍的预防　　　　/204
第三节　精神障碍的诊断、治疗与康复　　　　　　/207
第四节　精神障碍患者的权利保护　　　　　　　　/211
第五节　法律责任　　　　　　　　　　　　　　　/212

第十五章 中医药法律制度

- 第一节 概述 /216
- 第二节 中医医疗机构管理法律制度 /218
- 第三节 中药管理的法律规定 /221
- 第四节 中西医结合管理 /225
- 第五节 民族医药管理 /226
- 第六节 法律责任 /227

第十六章 现代医学发展中的相关法律问题

- 第一节 人类辅助生殖技术的相关法律问题 /231
- 第二节 人体器官移植的相关法律问题 /235
- 第三节 "互联网+医疗"的相关法律问题 /239

参考文献 /244

第一章 卫生法学基础理论

学习目标

1. 掌握：卫生法的概念；卫生法的特征、作用、原则、卫生法的适用；卫生法律关系、卫生法律责任的定义构成。
2. 熟悉：卫生法的制定；卫生行政赔偿；卫生行政复议与卫生行政诉讼。
3. 了解：卫生法的渊源，卫生法律监督。

医生为救人献血，医院被判非法采血受罚

2005年6月，昆明市某产妇在东川区人民医院行剖宫产术后，子宫出现大出血症状，医护人员迅速向她体内输入1600 mL悬浮红细胞，但该产妇仍出血不止，生命垂危；在四处为她寻找AB血型的义务献血者无果、电话征得区卫生局领导同意的情况下，妇产科主治医生卢某紧急为产妇义务献血200 mL，使其转危为安。卢某的医德感动了患者全家，也感动了全体医务人员。但接到群众举报的云南省卫生厅法监处经过调查认定：东川区人民医院没有采供血许可证，为患者进行采供血的行为属于非法采供血。通知医院停止非法采供血行为、进行整改、不准表扬卢某，并处以医院6万元罚款。

第一节 卫生法概述

一、卫生法的概念、调整对象和特征

在我国古代，"卫生"一词具有"养生""护卫生命"的蕴意。根据《辞海》的释义，卫生是指社会和个人为增进人体健康，预防疾病，创造合乎生理要求的生产环境、生活条件所采取的措施。卫生活动的目的是促进与保护人的健康，从而使人的生命得以延续与发展，这已成为现代社会国家努力实现与追求的目标之一。随着社会的发展，现代意义上的卫生活动愈加呈现多样性，所涉猎的领域亦愈加广泛，并且，现代卫生治理活动愈加受到法律的约束及规制。

（一）卫生法的概念

卫生法是由国家制定或认可，由国家强制力保证实施，调整在保护人体生命健康活动中形成的各种社会关系的法律规范的总和，是我国社会主义法律体系的组成部分。

卫生法有广义和狭义之分。狭义的卫生法，仅指由全国人民代表大会及其常务委员会制定的卫生

法律。目前,我国主要的卫生法律有《中华人民共和国食品安全法》《中华人民共和国药品管理法》《中华人民共和国传染病防治法》《中华人民共和国国境卫生检疫法》《中华人民共和国职业病防治法》《中华人民共和国人口与计划生育法》《中华人民共和国母婴保健法》《中华人民共和国执业医师法》《中华人民共和国献血法》《中华人民共和国红十字会法》。广义的卫生法,除包括狭义的卫生法外,还包括被授权的其他国家机关所制定和颁布的卫生法规、规章,以及宪法和其他规范性法律文件中有关卫生的条款和规定,如《艾滋病防治条例》《医疗机构管理条例》《公共场所卫生管理条例》等。

卫生法律规范与一般法律规范的主要区别是调整对象的不同。凡是调整医药卫生活动和因保护公民健康而产生的社会关系的法律规范就是卫生法,而不论它是以何种名称、何种形式存在。

（二）卫生法的调整对象

卫生法的调整对象是各种卫生法律规范所调整的社会关系,从总体上讲是指国家卫生行政机关、医疗卫生保健组织、企事业单位、个人、国际组织之间及其内部因预防和治疗疾病,改善人们生产、学习和生活环境与卫生状况、保护和增进身心健康所形成的各种社会关系,具有多层次、多形式的特点。卫生法的调整对象包括卫生行政关系、卫生民事关系和卫生刑事关系。

卫生行政关系是指经卫生法确认,在卫生管理活动中产生的、具有行政意义上的权利义务内容的关系。通常情况下,卫生行政部门总是卫生行政关系的一方。卫生民事关系是指由民事法律规范调整的平等主体之间在卫生相关领域产生的权利义务关系。卫生刑事关系是由刑事法律规范加以调整的国家与犯罪人之间的受制约的刑罚权与有限度的刑事责任的关系、是国家公权力对卫生领域的各种犯罪行为进行追究制裁所形成的刑事权利和刑事义务的关系。根据性质不同分为以下几种。

1. 卫生组织关系　卫生组织关系是指卫生行政机关以及卫生服务组织之间内部或外部的组织、领导关系。为了有效地对医疗卫生工作进行组织和领导,国家通过卫生法将各级卫生行政部门和各级各类医疗卫生组织的法律地位、组织形式、隶属关系、职权范围以及权利义务等固定下来,形成合理的组织管理体系和制度,如《医疗机构管理条例》《血站管理办法》是为了保证卫生行政部门有效地对卫生工作进行组织、领导,使医疗卫生机构、血站等能够依法从事相应的医疗卫生活动。

2. 卫生管理关系　卫生管理关系是指卫生行政机关及其他机关,在对卫生工作进行组织、领导、监督、评估等活动中与企事业单位、社会团体及公民间形成的权力职责、权利义务关系,如医疗卫生行政机关对医院的管理。

3. 卫生服务关系　卫生服务关系属于民事法律关系的范畴。典型的是医疗卫生单位为公民提供医疗卫生服务而产生的关系,即医患关系。除此之外,还有医疗卫生保健机构和向社会提供药品、保健食品、医疗器械等生产经营单位,在提供产品和服务中,同被服务者所结成的社会关系。

4. 国际卫生关系　国际卫生关系指我国各级卫生行政机关、医疗保健组织及其他机关、企事业单位、社会团体和个人,在共同遵守我国加入的有关卫生方面的国际条约和国际公约时,与其他卫生国际组织和个人之间所产生的权利义务关系。

（三）卫生法的特征

卫生法是我国社会主义法律体系的组成部分,毫无疑问,它具有法律的基本特征,如强制性、国家意志性、规范性等,与一般法律相比较,卫生法还有如下特征或特点。

1. 保护公民健康权益为根本宗旨　根据《中华人民共和国宪法》(简称《宪法》)第三十三条第三款规定"国家尊重和保障人权。"其第四十五条第一款规定"中华人民共和国公民在年老、疾病或者丧失劳动能力的情况下,有从国家和社会获得物质帮助的权利。国家发展为公民享受这些权利所需要的社会保险、社会救济和医疗卫生事业。"生命健康权是人权中最基本的权利,也是自然人从事各种活动的先决条件,作为规范与人体生命健康相关活动中形成的各种社会关系的卫生法,当然需要将其作为首要目的和根本宗旨加以保护。根据这一理念的指引,《中华人民共和国食品安全法》《中华人民共和国药品管理法》《中华人民共和国传染病防治法》《中华人民共和国国境卫生检疫法》等卫生法律均将保护人体健康列入总则并作为立法宗旨。

2. 科学技术性和技术规范性　科学技术性是指卫生法是依据医学、生物学、药学、卫生学及其他有关自然科学的基本原理和研究成果制定的,与现代科技紧密相关。同时,卫生法保护的是人体健康,这就要求将大量的技术规范法制化,即将直接关系到公民健康的科学工作方法、程序、操作规范、卫生标准等确定下来,成为技术规范法规,把遵守技术法规确定为法律义务,确保公民健康权的实现。因此,科学技术性和技术规范性又成为卫生法区别于其他部门法律的特征之一。

3. 调整范围及手段的广泛性和综合性 卫生法的调整范围非常广泛。在调整主体上,卫生法调整卫生行政机关、企业事业组织、社会团体和公民之间在卫生活动中形成的各种社会关系,既有隶属关系的主体,也包括如医患关系平等的主体;在调整内容上,卫生法调整的范围十分广泛,如卫生组织关系、卫生管理关系、卫生服务关系以及国际卫生关系等,既包括纵向的卫生行政关系也包括横向的社会关系,这一特征是由卫生法调整对象决定的;在调整方式上,卫生法调整内容的广泛性和多样性决定了其调整方式的多样性:①卫生行政方式,如卫生行政许可、行政处罚、行政强制、行政复议等;②卫生民事方式,如《中华人民共和国侵权责任法》第七章"医疗损害责任"对医疗行为及医患关系的调整;③卫生刑事方式,如《中华人民共和国刑法》第六章"妨害社会管理秩序罪"第五节"危害公共卫生罪"中的规定。

4. 社会共同性 社会共同性是指卫生法关注的是人们共同的健康问题。法有维护阶级统治和执行社会公共事务两大职能。卫生法的主要目的是预防和消灭疾病,以保护人体健康。因此,主要执行社会公共事务的职能,更多地表现为社会共同性。医学本身没有阶级性,疾病的流行也没有国界、人群的限制,健康问题已成为当今人类所面临的共同问题。现在,全世界都在探求解决人人享有卫生保健、预防和消灭疾病、保护人体健康、促进社会经济发展问题的办法,而卫生立法就是一个非常重要的手段。在世界各国的卫生立法反映了这一共性的要求。同时,各国在卫生立法方面不断加强国际合作与交流,相互借鉴防病治病的方法、措施,不仅使本国的卫生法不断完善,也推动了国际卫生法的发展,体现了卫生法社会共同性的特征。

二、卫生法的渊源和体系

(一) 卫生法的渊源

卫生法的渊源,又称卫生法的法源,是指卫生法律规范的各种具体表现形式。我国卫生法的渊源主要有以下几种形式。

1. 宪法 宪法是国家的根本大法,具有最高法律效力,是包括卫生法在内的国家一切立法的基础,也是我国卫生法的基本渊源。我国宪法关于卫生的规定主要有:①国家发展医疗卫生事业,发展现代医药和我国传统医药,鼓励和支持农村集体经济组织、国家企业事业组织和街道组织举办各种医疗卫生设施,开展群众性的卫生活动,保护人民健康。②发展社会保险、社会救济和医疗卫生事业。③保护婚姻、家庭、母亲和儿童的合法权益等。

2. 卫生法律 卫生法律是由全国人民代表大会制定和修改的规范性法律文件,是仅次于宪法的卫生法的主要渊源。截至 2019 年 12 月,我国共制定了 14 部卫生法律,《中华人民共和国药品管理法》已由中华人民共和国第十三届全国人民代表大会常务委员会第十二次会议于 2019 年 8 月 26 日修订通过并予以公布,自 2019 年 12 月 1 日起施行。《中华人民共和国红十字会法》已由中华人民共和国第十二届全国人民代表大会常务委员会第二十六次会议于 2017 年 2 月 24 日修订通过。《中华人民共和国中医药法》已由中华人民共和国第十二届全国人民代表大会常务委员会第二十五次会议于 2016 年 12 月 25 日通过并予以公布,自 2017 年 7 月 1 日起施行。《中华人民共和国水污染防治法》(2017 年修正)是根据 2017 年 6 月 27 日第十二届全国人民代表大会常务委员会第二十八次会议《关于修改〈中华人民共和国水污染防治法〉的决定》的第二次修正。《中华人民共和国疫苗管理法》由中华人民共和国第十三届全国人民代表大会常务委员会第十一次会议于 2019 年 6 月 29 日通过并予以公布。《中华人民共和国基本医疗卫生与健康促进法》由中华人民共和国第十三届全国人民代表大会常务委员会第十五次会议于 2019 年 12 月 28 日通过并予以公布。

3. 卫生行政法规 卫生行政法规是指由国务院制定发布的有关卫生方面的专门规范,其法律效力低于卫生法律。如《医疗事故处理条例》《公共场所卫生管理条例》《中华人民共和国传染病防治法实施办法》。关于其名称,一般来说,对某一方面的行政工作做比较全面、系统的规定,称为"条例";对某一方面的行政工作做部分的规定,称为"规定";对某一项行政工作做比较具体的规定,称为"办法"。

4. 卫生部门规章 卫生部门规章是国务院卫生行政部门在其权限内发布的有关卫生方面的规范性文件,是我国卫生法数量最多的渊源。卫生部(现变更为国家卫生健康委员会)是国务院的卫生行政部门,按照宪法的规定,卫生部有权根据法律和国务院的卫生行政法规、决定和命令,在本部门的权限内独自制定发布或和其他部门联合制定发布在全国范围有效的规章。卫生部门规章如《结核病防治管理办法》《保健食品管理办法》等。

5. 地方性卫生法规 地方性卫生法规是指省、自治区、直辖市及省会所在地的市和经国务院批准的较大的市的人民代表大会及其常务委员会,根据国家授权或为贯彻执行国家法律,结合当地具体情况和实际需要,依法制定和批准的有关医疗卫生方面的规范性法律文件。关于地方性法规的数量,并无相关的权威的数据统计。

6. 卫生自治条例与单行条例 卫生自治条例与单行条例是由民族自治地方的人民代表大会根据宪法、组织法和民族区域自治法的规定,依照当地民族的政治、经济和文化的特点,制定、修改、发布的有关医疗卫生方面的规范性法律文件。

7. 卫生标准 由于卫生法具有技术控制和法律控制的双重性质,因此卫生标准、卫生技术规范和操作规程就成为卫生法渊源的一个重要组成部分。这些标准、规范和规程可分为国家和地方两种。前者由国家卫生行政主管部门制定颁布,后者由地方政府卫生行政部门制定颁布。值得注意的是,这些标准、规范和规程的法律效力虽不及法律、法规,但在具体的行政执法过程中,它们又是相当重要的。卫生标准一经批准发布,就是卫生技术法规,具有法律约束力。

8. 法律解释 有关机关对卫生法律、行政法规、规章进行的解释,也是卫生法渊源的一种。

9. 卫生国际条约 卫生国际条约是指我国与外国缔结的或者我国加入并生效的有关卫生方面的国际规范性法律文件。依我国宪法和有关法律的规定,除我国声明保留的条款外,这些条约均对我国产生法律约束力,是我国卫生法的渊源之一。

三、卫生法律关系

(一) 卫生法律关系的概念

卫生法律关系是指卫生法律规范在调整卫生活动过程中形成的权利义务关系。由于卫生法属于行业法,横跨多个法律部门,这就决定了卫生法律关系是一种纵横交错内外交叉的法律关系。所谓纵向法律关系,是指国家机关在实施卫生管理活动过程中,与自然人、法人及其他组织发生的计划、指挥、调节、监督和管理等隶属关系,主要包括社会管理关系和内部管理关系,前者如食品安全管理、传染病防治管理等,后者如医院对医务人员的管理,它是指一个单位内部的管理关系。横向卫生法律关系是指在医疗卫生服务过程中,国家机关、企事业单位、社会组织和公民之间产生的平等的权利义务关系,例如医疗机构及其医护人员与患方之间形成的医患法律关系,从事药品、食品、化妆品、保健品的生产经营企业和提供公共场所服务的单位以其卫生服务质量和药品疗效与被服务者之间形成的卫生服务法律关系。

(二) 卫生法律关系的特征

卫生法律关系除了具备法律关系的共同性外,还具有其自身的特征。

1. 以卫生法律规范存在为前提 卫生法律关系是由卫生法所调整的社会关系,卫生法律关系的存在,必须以相应生效的卫生法律规范的存在为前提。没有卫生法律规范,就不可能存在卫生法律关系。

2. 以保护公民的健康为宗旨 卫生法律关系是以保障和维护公民生命健康为目的的。从卫生法律关系形成的过程看,卫生法律关系是在卫生管理和卫生服务过程中形成的各种社会关系,但无论是卫生行政管理中形成的卫生管理法律关系,或者是在卫生服务中形成的卫生服务法律关系,还是在医疗保障推行过程中形成的社会本位的医疗保障法律关系,其内容都体现了对公民健康权利的保障和维护,其目的都是为了保障人类健康。

3. 法律关系具有综合性 在卫生法律关系中,纵向关系和横向关系相互交错、相互结合,形成了统一的有机整体,具有纵横交错的综合性特征。卫生立法是综合性的社会立法,它不仅包括纵向的卫生管理立法,还包括横向的卫生服务关系立法,同时也包括以社会本位为法律本位的医疗保障等方面的立法。与之相适应,卫生法律关系也包括三个方面,即纵向的卫生管理法律关系、横向的卫生服务法律关系和社会本位的医疗保障法律关系。同时,三者密切联系,共同实现对公民的生命健康权的保障。

4. 主体的特殊性 卫生行政部门与卫生机构之间的关系,是最主要的卫生法律关系。卫生行政部门既可以与其他国家机关、企事业单位、社会团体发生卫生法律关系,也可以与自然人发生卫生法律关系。卫生机构既可以与国家机关、企事业单位、社会团体发生卫生法律关系,也可以与自然人发生卫生法律关系。还有卫生行政部门之间、卫生机构之间也可以发生卫生法律关系。

(三) 卫生法律关系的构成要素

卫生法律关系的构成要素是指构成每一个具体的卫生法律关系所必须具备的因素。同其他法律关系一样,卫生法律关系也是由主体、客体、内容三方面的要素构成的。该三要素必须同时具备,缺一不可,否则该卫生法律关系就无法存在或继续存在。

1. 卫生法律关系的主体 卫生法律关系主体,是指卫生法律关系中权利的享有者和义务的承担者。卫生法律关系主体是形成卫生法律关系的必要因素。可以成为卫生法律关系主体的主要包括:①卫生行政机关,主要包括依法进行卫生行政管理活动的各级卫生行政机关和其他参与到卫生法律关系中的国家机关;②企事业单位;③社会团体;④公民。卫生法律关系的主体应具备相应的权利能力和行为能力。

2. 卫生法律关系的客体

(1) 生命健康权利。生命健康权利是每个自然人生存的客观基础,是自然人正常生活和从事各种活动的重要前提。保障公民生命健康权利的实现是我国卫生法的基本目的。因此,生命健康权利是卫生法律关系最重要的客体。

(2) 行为。行为是指行为主体为达到一定目的所进行的活动,如申请许可、卫生审批、医疗服务等。行为分作为和不作为两种形式。前者是积极的行为,后者是对一定行为的限制。

(3) 物。物主要包括进行各种医疗服务、卫生管理过程中可以为人们控制和利用的生产资料和生活资料,如医疗器具及各种药品、卫生防护设施及用品等。

(4) 智力成果。智力成果是指卫生法律关系的主体在智力活动中创造的精神财富,是医药卫生知识产权所指向的对象,如药品专利、生活用品、健康用品、发明创造等。

3. 卫生法律关系的内容 卫生法律关系的内容是指卫生法律关系的主体针对特定客体在一定条件下依法享有的权利和承担的义务。它是卫生法律关系的基础。这里的"权利"就是卫生法律、法规和规章对双方当事人所赋予的实现己方意志的可能性。它可以表现为权利人有权做出符合卫生法规定的某种行为,以实现己方的意志;也可以表现为权利人有权要求对方依法做出某种行为,以满足己方的意志。这里的"义务"就是卫生法律、法规和规章对双方当事人所规定的必须分别履行的责任。它一方面表现为义务人必须依法按照权利人的要求做出一定的行为,以实现对方的权利;另一方面表现为义务人必须依法抑制己方的某些行为,以保障对方的权利。

(四) 卫生法律关系的产生、变更和消灭

卫生法律关系是卫生法对医疗卫生社会关系进行调整的结果,但医疗卫生社会关系不是一成不变的,而是随着社会发展和科技进步而逐步发展变化的。因此,卫生法律关系也表现为一个产生、变更和消灭的动态过程。但这个过程的产生必须具有两个条件:一是以卫生法律规范的存在作为前提,二是必须有卫生法律事实的出现。

1. 卫生法律关系的产生 卫生法律关系的产生是指在卫生活动中,因某种事实的存在,人们之间为一定权益的实现而形成了权利和义务关系。如患者的就医行为引起医患诊疗法律关系的产生,卫生行政机关对公共场所进行卫生检查而引起卫生行政法律关系的产生等。

2. 卫生法律关系的变更 卫生法律关系的变更是指因某种事实的存在而使原有的卫生法律关系发生变动。在已经形成的卫生法律关系中,常常会出现一些新的情况而使原本的法律关系产生变动。

如卫生管理机关的设立与撤销,会引起卫生管理关系主体的变更;发生了医疗事故,可能会引起卫生法律关系内容的变更等。

3. 卫生法律关系的消灭　卫生法律关系的消灭是指因某种事实的存在使原有卫生法律关系中权利和义务的消失和终止。卫生法律关系消失和终止主要有两个原因:一是义务方依法履行了法定的义务,从而使卫生法律关系消失;二是卫生法律关系主体双方或一方不存在了(如组织被撤销或者自然人死亡),使原本存在的卫生法律关系终止。

4. 法律事实的种类　法律事实,是指卫生法律规范所规定的,能够直接引起卫生法律关系产生、变更和消灭的客观情况。一切卫生法律关系的产生、变更和消灭,都是由一定的法律事实所引起的。以是否以人的意志为转移为依据,可将法律事实主要分为法律事件和法律行为两类。

(1) 法律事件。法律事件是指法律规定的能够直接引起法律关系产生、变更和消灭而又不以当事人意志为转移的客观现象,也简称事件。法律事件包括自然事件和社会事件,自然事件指不以人的意志为转移而出现的客观情况,例如,人的生老病死等。社会事件指除当事人以外其他人的活动造成的事件,所以也称人为事件,如战争、动乱、政策法令的突然改变等不可抗力的现象。

(2) 法律行为。法律行为是指能够直接引起卫生法律关系变动,当事人有意识有目的的某种活动,分为合法行为和违法行为。卫生法律关系的产生、变更和消灭,绝大多数是由当事人的行为引起的。

四、卫生法的作用

卫生法的作用,是指卫生法对人的行为以及社会所产生的影响,包括对人的行为的规范和对社会关系的调整和保护。作为国家制定的社会规范,卫生法对人的行为具有指引、评价、预测、教育和强制等规范作用。卫生法的社会作用主要概括为以下几个方面。

(一) 维护卫生秩序

卫生社会关系是丰富的、复杂的,也经常是矛盾的、冲突的,所以,它需要不断被调节、整理,也就是通常说的调整,使之条理化、秩序化。调整卫生社会关系主要有两条途径:①市场途径,即由市场进行调节,如用供给与需求的市场力量来满足高层次的医疗需求等;②政府途径,即由政府进行干预,如用行政手段来解决卫生资源配置不合理问题等。但是,无论是市场调节还是政府干预,都离不开卫生法。一方面,卫生法通过建立市场的卫生秩序,约束市场的卫生主体,规范市场的卫生行为,维护市场的卫生安全;另一方面,卫生法通过界定政府干预卫生的范围与程度,使政府对卫生的干预既不窒息市场的活力,也不失控卫生的本质,实现国家对卫生的宏观目标。卫生法中的禁止性规范、强制性规范、授权性规范或者任意性规范在调整卫生社会关系上的角度、力度不同,但目的是一致的,就是要把各种卫生社会关系纳入符合公平正义要求的秩序中去。

(二) 规范卫生行政行为

法律是社会关系的调节器,但是,调节器本身并不会自动运行,需要人或者组织来操作,而且运行的好坏也主要取决于这些操作的人或者组织是否遵守操作规程。卫生行政行为是卫生法的主要操作手段之一,它代表国家运用公共权力维护卫生社会关系权利主体的权利,强制卫生社会关系义务主体或责任主体履行其义务、承担其责任,最终实现卫生法调整卫生社会关系的目的。因此,卫生行政部门必须在法律规定范围内行使自己的职权,同时,也必须按照法律规定的程序、要求行使自己的职权。在行使职权的过程中,卫生行政部门要把维护社会卫生秩序和保障公共卫生利益作为宗旨,切实做到合法行政、合理行政、程序正当、高效便民、诚实守信、权责统一,防止违法、滥用行政权力,并把自己的行政行为始终置于社会监督之下。

(三) 保护公民生命健康权益

使每位中国人都能尽早"享受可能获得的最高标准的健康",是我国政府努力实现小康社会与中国梦的基本目标之一。公民生命健康权益的实现与保护离不开法律的保障,卫生法治的根本目标是通过对卫生活动的法律进行规范,为我国公民生命健康权益的实现与保护提供有效的保障。保护人的健康,使人人享有卫生保健是社会的基本责任,也是一切卫生工作和卫生立法的最终目的。

第二节 卫生法的制定与实施

一、卫生法的制定

(一)卫生法制定的概念

卫生法的制定又称卫生立法,它是有权的国家机关依照法定的权限和程序、制定、认可、修改、补充或废止规范性卫生法律文件的活动,又称卫生立法活动。

卫生法的制定有广义和狭义之分。狭义的卫生法的制定专指全国人民代表大会(以下简称人大)及其常委会制定卫生法律的活动。广义的卫生法的制定,不仅包括狭义的卫生法的制定,还包括国务院制定卫生行政法规、国务院有关部门制定卫生部门规章、地方人大及其常委会制定地方性卫生法规、地方人民政府制定地方政府卫生规章、民族自治地方的自治机关制定的卫生自治条例和单行条例、特别行政区的立法机关制定卫生法律文件等活动。

(二)卫生法制定的特征

1. 权威性 卫生法的制定是国家的一项专门立法活动,只能由享有卫生立法权的国家机关进行,其他任何国家机关、社会组织和公民个人均不得进行卫生立法活动。

2. 职权性 享有卫生立法权的国家机关只能在其特定的权限范围内进行与其职权相适应的卫生立法活动。

3. 程序性 卫生立法活动必须依照法定程序进行。

4. 综合性 卫生立法活动不仅包括制定新的规范性卫生法律文件的活动,还包括认可、修改、补充或废止等卫生立法活动。

(三)卫生法制定的基本原则

卫生法制定的基本原则,是指进行卫生立法活动所必须遵循的基本行为准则,是立法指导思想在立法实践中的重要体现。

卫生立法活动应当遵循以下原则。

1. 遵循宪法基本原则 遵循宪法基本原则又称为合宪原则,表现为立法机关必须按照宪法规定的职权和程序来进行卫生立法,制定卫生法律、法规及其他规范性法律文件,必须以宪法为依据,不得与宪法相抵触。宪法是国家的根本大法,是人民意志和利益的集中体现,只有坚持和维护宪法原则,才能使卫生立法工作坚持正确的政治方向,反映人民群众医药卫生方面的愿望和要求,以保障和实现宪法所确定的公民的健康权益。

2. 坚持民主立法原则 民主立法,就是在整个立法过程中,国家坚持民主立法的价值取向,使社会公众参与和监督立法的全过程,建立充分反映民意、广泛集中民智的立法机制,推进法制建设的科学化、民主化,使法律真正体现和表达人民的意志,反映广大人民群众的根本利益和长远利益。因此,卫生立法要坚持群众路线,采取各种行之有效的措施,广泛听取人民群众的意见,集思广益,在民主的基础上集中,实现卫生立法的民主性、科学性。同时广泛吸引广大人民群众参与卫生立法工作,调动他们的积极性和主动性,不仅使卫生立法更具民主性,而且有利于卫生法在现实生活中得到真正的遵守。

3. 维护法制统一原则 维护法制统一原则是指包括立法在内的法律内部的和谐统一。法制统一原则要求:①卫生立法应当立足全局,统筹兼顾;②各立法机关应当依照宪法和立法法规定的立法权限和程序立法,理清各卫生法律、法规之间的效力等级,使之互不矛盾;③各部门法之间应当相互补充和配合,防止重复;④避免不同类别法律规范之间的矛盾,或者同一类别法律规范之间的矛盾;⑤卫生立法应当从国家的整体利益出发,维护社会主义法制的统一和尊严。

4. 从实际出发原则 从实际出发原则又称立法的适时性原则,是辩证唯物主义的思想路线在我国卫生立法中的具体运用和体现。从实际出发原则的要求:卫生立法要从我国国情出发,正确认识我国的国情,适应经济社会发展和全面深化改革的要求,科学合理地规定公民、法人,以及其他组织的权利与义务和国家机关的权力与责任,借鉴、吸收外国及本国历史上卫生立法的有益经验,正确对待和运用卫生法的移植和继承,并根据形势发展的要求,不断完善卫生法律,使我国卫生法符合国情、体现特色。

5. 保护公民健康为根本宗旨的原则 健康权是公民的基本权利。健康的重要性首先表现在与人的生存直接相连。疾病是威胁人类生存的主要因素之一,没有健康的保障也就没有生存的保障。以卫生关系为调整对象的卫生法必然要把保护人体健康作为其立法的思想依据、立法工作的出发点和立脚点。卫生立法的直接目的是单一的,就是保护公民健康。因此,以保护公民健康为根本宗旨是卫生立法特有的原则。

（四）卫生法制定的程序

我国现有的卫生法律有《中华人民共和国食品安全法》《中华人民共和国药品管理法》《中华人民共和国传染病防治法》《中华人民共和国国境卫生检疫法》《中华人民共和国职业病防治法》《中华人民共和国精神卫生法》《中华人民共和国母婴保健法》《中华人民共和国人口与计划生育法》《中华人民共和国献血法》《中华人民共和国执业医师法》《中华人民共和国红十字会法》《中华人民共和国基本医疗卫生与健康促进法》。

1. 卫生法律的制定程序

（1）卫生立法的准备。卫生立法的准备主要包括编制卫生立法规划、作出卫生立法决策、起草卫生法律案等。

（2）卫生法律议案的提出。全国人民代表大会主席团、全国人民代表大会常务委员会、国务院、中央军事委员会、最高人民法院、最高人民检察院、全国人民代表大会各专门委员会、一个代表团或30名以上的代表联名可以向全国人民代表大会提出法律案。全国人大教科文卫委员会和国务院可以向全国人大常委会提出制定卫生法律案。

（3）卫生法律草案的审议。卫生法律议案列入日程以后,有权机关或者有权机关委托专家起草卫生法律草案。卫生法律草案要经过常委会会议审议或全国人大教科文卫委员会、法律委员会审议等。列入常委会会议议程的卫生法律草案,全国人大教科文卫委员会、法律委员会和常委会工作机构应当听取各方面的意见。对于重要的卫生法律草案,经委员长会议决定,可以将卫生法律草案公布,向社会征求意见。

（4）卫生法律草案的表决、通过。卫生法律草案提请全国人大常委会3次会议审议后,由常委会全体会议投票表决,以全体组成人员的过半数通过。

（5）法律的公布。在全国人大常委会上通过的卫生法律,由国家签署主席令予以公布。

2. 卫生行政法规的制定程序

（1）立项。卫生部、国家食品药品监督管理总局、国家中医药管理局、国家质量监督检验检疫局等部门(经国务院机构改革,部分部门已变更)根据社会发展状况,认为需要制定卫生行政法规的,应当向国务院报请立项。

（2）起草。起草工作由国务院组织,由国家卫生健康委员会等业务部门具体承担起草任务。

（3）审查、决定和公布。国家卫生健康委员会和国家医疗保障局等业务主管部门有权向国务院提出卫生行政法规草案,送国务院法制办进行审查。审查完毕后,卫生法规的决定程序依照国务院组织法的有关规定执行。卫生行政法规决定后,由国务院总理签署国务院命令公布。

(4) 备案。卫生行政法规公布后30日内报全国人大常委会备案。

3. 地方性卫生法规、卫生自治条例和单行条例的制定程序

(1) 地方卫生立法规划和计划编制。

(2) 地方卫生法规案的起草。享有地方立法权的地方人大常委会教科文卫委员会或地方卫生健康委员会负责起草地方性卫生法规草案。

(3) 地方性卫生法规案的提出。享有地方立法权的地方人大召开时,地方人大主席团、常委会、教科文卫委员会、本级人民政府以及10人以上代表联名可以向本级人大提出地方性卫生法规案;人大闭会期间,常委会主任会议、教科文卫委员会、本级人民政府以及常委会组成人员5人以上联名,可以向本级人大常委会提出地方性卫生法规案。

4. 地方性卫生法规案的审议 略。

5. 地方性卫生法规案的表决、通过、批准、公布与备案 地方性卫生法规案经地方人大、常委会表决,以全体代表、常委会全体组成人员的过半数通过,由有关机关依法公布,并在30日内报有关机关备案。

二、卫生法的实施

卫生法的实施是指卫生法在社会生活中的贯彻与具体施行,是卫生法调整社会卫生关系的活动过程,是卫生法对社会实际发生作用具体形态和方式的总称。卫生法的实施是卫生法治的主要环节。卫生法的实施可以概括为卫生法的遵守、卫生法的执行、卫生法的适用等方面,但自觉遵守卫生法律是卫生法律、法规实施的基础和最主要途径。

(一) 卫生法的遵守

卫生法的遵守又称卫生守法,指一切国家机关和武装力量、各政党和各社会团体、各企事业组织和全体公民依照我国卫生法的规定,行使权利和履行义务的活动。

1. 卫生法遵守的主体 卫生法遵守的主体,既包括一切国家机关、社会组织和全体中国公民,也包括在中国领域内活动的国际组织、外国组织、外国公民和无国籍人士。

2. 卫生法遵守的范围 卫生法遵守的范围极其广泛,其不仅包括遵守我国宪法、卫生法律、卫生行政法规、卫生规章及地方性卫生法规、卫生自治条例和单行条例、特别行政区的卫生法,还包括我国参加的世界卫生组织的章程,我国参与缔结或加入的国际卫生条约、协定等;不仅包括遵守国家卫生标准和药品标准规定,还包括遵守具有法律效力判决书、决定书、调解书和卫生许可证、卫生处罚决定书等。

3. 卫生法遵守的内容 卫生法的遵守不是消极、被动的,它既要求国家机关、社会组织和公民依法行使卫生权利,也包括国家机关、社会组织和公民依法承担和履行卫生义务(职责)。

(二) 卫生法的执行

1. 卫生法执行的概念 卫生法的执行,又称卫生行政执法,是卫生法实施的基本形式。广义上的卫生行政执法是指卫生行政机关和法律授权委托的组织从事卫生行政管理,依照法定职权和程序,贯彻实施卫生法律的一切活动。卫生行政执法分为具体卫生行政行为和抽象卫生行政行为两种。具体卫生行政行为是卫生行政主体针对特定对象具体运用卫生法律规范作出的,是直接对特定对象产生法律后果的行为。抽象卫生行政行为是指卫生行政主体针对广泛、不特定的对象制定具有普遍约束力规范性文件的行为。狭义上的卫生行政执法仅指卫生行政主体将卫生法律规范运用于现实生活中的具体对象,处理具体卫生行政事件所作出的具体卫生行政行为。这里仅指狭义上的卫生行政执法。

2. 卫生行政执法行为 卫生行政执法行为是指卫生行政执法主体在其法定职权范围内实施卫生行政执法活动、管理社会公共卫生事务的过程中,作出的具有法律意义和法律效力的行为。它分为:①行政赋权行为:主要有卫生行政许可、卫生行政奖励、卫生行政救助等。②行政权限行为:主要有卫生行政处罚、卫生行政强制、卫生行政命令等。③行政确认行为:主要有卫生行政证明、卫生行政鉴定等。④行政裁决行为:如医疗损害裁决、卫生权属纠纷裁决等。⑤行政救济行为:主要有行政撤销、行政变更、行政赔偿和行政补偿等。

(三) 卫生法的适用

1. 卫生法适用的概念 卫生法的适用是指国家机关和法律、法规授权的社会组织依照法定的职权和程序,将卫生法律规范适用到具体人或组织,用来解决具体问题的一种专门活动。

2. 卫生法适用的特征

(1) 权威性。卫生法的适用是享有法定职权的国家机关以及法律、法规授权的组织,在其法定的或者授予的权限范围内,依法实施卫生法律法规的专门活动。

(2) 科学性。卫生法适用要以相应的卫生专业科学技术和卫生标准为依据。

(3) 程序性。卫生法的适用要求卫生行政机关及授权组织严格依照法定程序进行。

(4) 合法性。有关机关及授权组织对卫生管理事务或案件的处理,应当有相应的法律依据。否则无效,甚至还需承担相应的法律责任。

(5) 国家强制性。卫生法的适用以国家强制力为后盾,对有关机关及授权组织依法作出的决定,任何当事人都必须执行,不得违抗。

(6) 要式性。卫生法的适用一般都要用相应的法律文书表达出来,如卫生许可证、行政处罚决定书、判决书等。

(四) 卫生法的效力范围

卫生法的效力范围,是指卫生法的生效范围或适用范围,即卫生法在什么时间、什么地方和对什么人适用,包括卫生法的时间效力、卫生法的空间效力和卫生法的对象效力三个方面。

1. 卫生法的时间效力 卫生法的时间效力,是指卫生法何时生效、何时失效,以及对卫生法生效前所发生的行为和事件是否具有溯及力的问题。卫生法的溯及力亦称卫生法溯及既往的效力,是指新法颁布施行后,对它生效以前所发生的事件和行为是否适用的问题。如果适用,该卫生法就有溯及力;如果不适用,该卫生法就不具有溯及力。我国卫生法一般不溯及既往,但为了更好地保护公民、法人及其他组织的权利和利益而作的特别规定除外。

2. 卫生法的空间效力 全国人民代表大会及其常务委员会制定的卫生法律,国务院及其各部门发布的卫生行政法规、规章等规范性文件,在我国领域内有效。我国领域外的悬挂我国国旗、国徽的船舶和航空器内也视为我国领土的延伸部分。地方人民代表大会及其常务委员会、民族自治机关颁布的地方性卫生法规、自治条例、单行条例,以及地方人民政府定的政府卫生规章,只在其行政管辖区域范围内有效。

3. 卫生法的对象效力 卫生法的对象效力有以下几种情况:①我国公民在我国领域内,一律适用我国卫生法;②外国公民、无国籍人士在我国领域内,也都适用我国卫生法,一律不享有卫生特权或赦免权;③我国公民在我国领域以外,原则上适用我国卫生法,法律有特别规定的按法律规定;④外国公民、无国籍人士在我国领域外,如果侵害了我国国家或公民、法人的权益,或者与我国公民、法人发生卫生法律关系,也可以适用我国卫生法。

第三节 卫生法律责任与救济

一、卫生法律责任

(一) 卫生法律责任的概念

卫生法律责任是指违反卫生法律规范的行为主体对自己违反医疗卫生法律规范的行为,而应承担的具有强制性、制裁性和否定性的法律后果。卫生法律责任有以下特征:①主体的特定性:卫生法律责任承担主体一般是卫生法律关系中的卫生行政主体与卫生行政相对人。②是行为人违反卫生法律应承担的法律后果,承担法律责任的直接依据是卫生法律、法规或规章。③卫生法律责任包括卫生行政责任、卫生民事责任及卫生刑事责任。④必须由国家专门机关在法定职责范围内依法予以追究。

(二) 卫生法律责任的种类

根据行为人违反卫生法律规范的性质和社会危害程度,卫生法律责任分为卫生民事责任、卫生行政责任和卫生刑事责任三种。

1. 卫生民事责任 卫生民事责任,是指医疗卫生机构和卫生工作人员或从事与卫生事业有关的机构违反法律规定侵害公民的健康权利时,应向受害人承担损害赔偿的责任。《中华人民共和国民法通则》规定,公民、法人违反合同或者不履行其他义务的,应当承担民事责任。公民、法人由于过错侵害国家的、集体的财产,侵害他人财产、人身的,应当承担民事责任。如停止侵害、排除妨碍、消除危险、恢复原状、修理、重作、更换,支付违约金,消除影响,恢复名誉,赔礼道歉等。

2. 卫生行政责任 卫生行政责任是指法律关系主体违反卫生法律、法规所确立的卫生行政管理秩序,尚未构成犯罪,所应承担的具有惩戒或制裁性的法律后果。卫生行政责任主要包括行政处罚和行政处分两种形式。

(1) 行政处罚。行政处罚是指卫生行政机关和授权的卫生监督机构对违反卫生行政管理法规的单位和个人的一种行政制裁,包括警告、罚款、没收违法所得、没收非法财物、责令停产停业、暂扣或吊销有关许可证等。

(2) 行政处分。行政处分是指有管辖权的国家机关或企事业单位的行政领导对所属一般违法失职人员所给予的一种行政制裁,包括警告、记过、记大过、降级、降职、开除 6 种。

3. 卫生刑事责任 卫生刑事责任是指行为人实施了违反卫生法的行为,损害了刑法所保护的社会关系,构成卫生犯罪所应承担的法律后果。

我国刑法规定,承担刑事责任的方式是刑罚,分为主刑和附加刑。主刑包括管制、拘役、有期徒刑、无期徒刑、死刑 5 种。附加刑包括罚金、剥夺政治权利和没收财产,它们可以附加适用,也可以独立适用。对于犯罪的外国人,还可以独立适用或附加适用驱逐出境。

二、卫生法律救济

卫生法律救济是指当卫生行政主体在卫生管理过程中侵犯了相对人的权益时,相对人依法向有权受理的国家机关申诉并要求解决,予以补救,有关国家机关受理并作出具有法律效力的活动。卫生法律救济的途径包括卫生行政复议、卫生行政诉讼、卫生行政赔偿三种。

卫生法律救济能够起到保护相对人的合法权益、促进卫生行政部门依法行政、维护卫生法律的权威和推进卫生法制建设的积极作用。

三、卫生行政复议

(一) 卫生行政复议的概念

卫生行政复议,是指公民、法人或者其他组织认为卫生行政机关的具体行政行为侵犯其合法权益,按照法定的程序和条件向作出该具体行政行为的上一级卫生行政机关提出申请,受理申请的行政机关对该具体行政行为进行复查,并作出复议决定的活动。

(二) 卫生行政复议的范围

根据《中华人民共和国行政复议法》(下称《行政复议法》),卫生行政复议的受案范围应是不服卫生行政机关直接作出或直接委托的组织作出的具体行政行为而申请的行为,包括:①对行政机关作出的各种行政处罚决定不服的;②对卫生行政机关作出的临时限制人身自由或者查封、扣押等行政强制措施决定不服的;③对行政机关作出的有关许可证、执照、资质证、资格证等证书变更、中止、撤销的决定不服的;④认为符合法定条件,申请卫生行政机关颁发许可证、执照、资质证、资格证等证书,或者申请行政机关审批、登记有关事项,行政机关没有依法办理的;⑤认为行政机关的其他具体行政行为侵犯其合法权益的。

《行政复议法》对行政复议的排除范围作出了规定:①不服行政处分及其他人事处理决定的;②不服行政机关对民事纠纷作出的调解和其他处理的。对这些事项申请人不得提出复议申请。此外,《行政复议法》还规定,公民、法人或者其他组织认为行政机关的具体行政行为所依据的规定不合法,在对具体行政行为申请行政复议时,可以一并向行政复议机关提出对该规定的审查申请。

（三）卫生行政复议的程序

卫生行政复议程序包括复议的申请、受理、审理和决定四个环节。

公民、法人或者其他组织认为具体行政行为侵犯其合法权益的,可以自知道该具体行政行为之日起60日内提出行政复议申请,但是法律规定的申请期限超过60日的除外。行政复议机关收到行政复议申请后,应当在5日内进行审查。申请符合规定的,应当予以受理。

复议案件的审理是复议机关受理复议申请后对被申请人的具体行政行为进行全面审查的活动。行政复议原则上采取书面审查的办法,对存在争议的具体行政行为的合法性、适当性以及所依据的事实和规范性文件进行全面审查。行政复议期间具体行政行为不停止执行。但是,有下列情形之一的,可以停止执行:①被申请人认为需要停止执行的;②行政复议机关认为需要停止执行的;③申请人申请停止执行,行政复议机关认为其要求合理,决定停止执行的;④法律规定停止执行的。

（四）卫生行政复议的决定

经过审理,复议机构可以作出如下复议决定:具体行政行为认定事实清楚,证据确凿,适用依据正确,程序合法,内容适当的,决定维持;被申请人不履行法定职责的,决定其在一定期限内履行;主要事实不清、证据不足的,适用依据错误的,违反法定程序的,超越或者滥用职权的,具体行政行为明显不当的,决定撤销、变更或者确认该具体行政行为违法;决定撤销或者确认该具体行政行为违法的,可以责令被申请人在一定期限内重新作出具体行政行为。

当事人对复议决定不服的,可以在接到复议决定书之日起15日内向人民法院提起行政诉讼。

四、卫生行政赔偿

（一）卫生行政赔偿的概念

卫生行政赔偿是指卫生行政机关及其工作人员违法行使职权,侵犯公民、法人或其他组织的合法权益造成损害后果,由卫生行政机关依法予以赔偿的制度。卫生行政赔偿是国家赔偿制度的重要组成部分。

（二）卫生行政赔偿的范围

根据《中华人民共和国国家赔偿法》（以下简称《国家赔偿法》）规定,卫生行政机关及其工作人员在行使职权时违法实施行政处罚,违法采取行政强制措施等属于卫生行政赔偿的范围。卫生行政赔偿的范围包括:①卫生行政机关及其工作人员在行使职权时违法实施行政处罚的;②违法采取行政强制措施的;③违反国家规定征收财物、摊派费用；④非法剥夺公民人身自由的;⑤对公民或其他组织人身权、财产权造成其他损害的。

卫生行政机关对属于下列情形之一的不承担赔偿责任：①卫生行政机关工作人员与行使职权无关的个人行为；②公民、法人和其他组织自己的行为致使损害发生的；③法律规定的其他情形。

（三）卫生行政赔偿的程序

卫生行政赔偿程序,是指赔偿请求人请求赔偿以及行政机关和人民法院处理赔偿案件的整个过程。赔偿请求人要求赔偿既可以单独提出赔偿,也可以在申请行政复议和提起行政诉讼时附带提出要求,赔偿应当递交书面申请书,赔偿请求人书写申请书确有困难的,可以委托他人代书;也可以口头申请,由赔偿义务机关记入笔录。赔偿义务机关应当自收到申请之日起2个月内依法给予赔偿,逾期不予赔偿或者赔偿请求人对赔偿数额有异议的,赔偿请求人可以自期间届满之日起3个月内向人民法院提起诉讼。

知识链接
1-1

Note

（四）卫生行政赔偿的方式和标准

根据《国家赔偿法》的规定，国家赔偿以支付赔偿金为主要方式。对能够返还财产或者恢复原状的，予以返还财产或者恢复原状。造成受害人名誉权、荣誉权损害的，应当在侵害行为影响的范围内，为受害人消除影响，恢复名誉，赔礼道歉。

《国家赔偿法》规定，赔偿金的计算标准是侵犯公民人身自由的，每日的赔偿金按照国家上年度职工日平均工资计算。侵犯公民生命健康权的，赔偿金按照下列规定计算：①造成身体伤害的，应当支付医疗费、护理费，以及赔偿因误工减少的收入。减少的收入每日的赔偿金按照国家上年度职工日平均工资计算，最高额为国家上年度职工年平均工资的五倍；②造成部分或者全部丧失劳动能力的，应当支付医疗费、护理费、残疾生活辅助具费、康复费等因残疾而增加的必要支出和继续治疗所必需的费用，以及残疾赔偿金。残疾赔偿金根据丧失劳动能力的程度，按照国家规定的伤残等级确定，最高不超过国家上年度职工年平均工资的二十倍。造成全部丧失劳动能力的，对其扶养的无劳动能力的人，还应当支付生活费；③造成死亡的，应当支付死亡赔偿金、丧葬费，总额为国家上年度职工年平均工资的二十倍。对死者生前扶养的无劳动能力的人，还应当支付生活费。

五、卫生行政诉讼

（一）卫生行政诉讼的概念

卫生行政诉讼，是指公民、法人和其他组织认为卫生行政机关的具体行政行为侵犯了自己的合法权益，依法向人民法院起诉，人民法院在双方当事人和其他诉讼参与人参加下，审理和解决行政案件的活动。

（二）卫生行政诉讼的特点

卫生行政诉讼具有如下特点：①是人民法院处理行政争议的活动；②具有更严格的程序；③是解决行政争议的最后途径；④直接伴随国家强制力。

（三）卫生行政诉讼的构成要件

卫生行政诉讼的构成要件主要有：①原告是认为具体行政行为侵犯其合法权益的公民、法人或者其他组织；②被告是行使卫生管理职权的行政机关或法律、法规授权组织；③有具体的诉讼请求和事实依据；④被诉讼的客体，必须是法律规定可以向人民法院起诉的行政机关的具体行政行为；⑤必须在法定的期限内向人民法院起诉，并由人民法院受理，依法审理作出裁决。

（四）卫生行政诉讼的受案范围

卫生行政诉讼的受案范围，是指人民法院受理或主管一定范围内卫生行政争议案件的权限，或者说哪些卫生行政案件相对人有权向人民法院提起卫生行政诉讼。

（1）依据《中华人民共和国行政诉讼法》的规定并结合卫生行政诉讼的实际、卫生行政诉讼的受案范围主要包括：①不服卫生行政机关作出的行政处罚案件；②不服卫生行政机关采取的行政强制措施案件；③不服卫生行政机关对医疗事故的行政处理案件；④认为卫生行政机关违法要求履行义务的案件；⑤认为卫生行政机关不履行法定职责的案件。

（2）不予受理的情形如下。根据《中华人民共和国行政诉讼法》的规定，人民法院不受理公民、法人或者其他组织对卫生行政机关对下列事项提起的诉讼：①规定卫生规章或其他具有普遍约束力的决定、命令，以及卫生标准的抽象卫生行政行为；②卫生行政机关内部行政行为，如卫生行政机关对内部工作人员的奖惩、任免等；③卫生行政机关居间对公民、法人或者其他组织之间以及他们相互之间的民事权益进行调解或者根据法律、法规的规定作出仲裁处理，当事人对调解、仲裁不服的；④法律规定由行政机关最终裁决的具体行政行为。

（五）卫生行政诉讼程序

1. 起诉和受理 起诉是指公民、法人或其他组织，认为卫生行政机关的具体行政行为侵犯了其合法权益,向人民法院提出诉讼请求,要求人民法院行使审判权,依法予以保护的诉讼行为。起诉分为两种情况:一种是当事人对具体行政行为不服,可以不经过复议,在知道作出具体行政行为之日起3个月内直接向人民法院起诉(法律另有规定的除外);另一种是对向卫生行政机关的具体行政行为不服,只能向卫生行政机关申请行政复议,经复议以后才能向人民法院起诉。原告起诉后,经人民法院审查认为符合条件,应当在接到起诉书7日内,决定是否应当立案受理。

2. 审理和判决 我国行政诉讼实行两审终审制,每个卫生行政案件可以经过两级人民法院审理。如果当事人不服一审人民法院裁判的,可以上诉。第二审法院的裁判是终身裁判,当事人如不服可以进行申诉,但二审裁判必须执行。根据规定,人民法院可视具体情况作出判决:①判决维持卫生行政机关的原处理决定;②判决撤销或部分撤销卫生行政机关所作出的具体行政行为;③判决卫生行政机关在一定期限内履行其法定职责主要是指卫生行政机关不履行或者拖延履行法定职责,判决其履行职责;④判决变更原处理决定。

3. 执行 人民法院和卫生行政机关依照法定程序,对拒不执行法院作出的已经生效的法律文书的当事人,可以采取强制措施强制其履行义务,人民法院对卫生行政案件的执行主要由两种情况:一是人民法院判决生效后,义务人不执行生效判决,卫生行政机关可以向一审人民法院申请强制执行;二是卫生行政机关作出的具体行政行为超过复议及起诉期限,当事人既不申请复议和起诉又不履行义务时,卫生行政机关可以向人民法院申请强制执行。

本章小结

卫生法学 基础理论	学 习 要 点
概念	卫生法、卫生法的调整对象、卫生法律关系、卫生法的作用、卫生法的制定、卫生法的实施、卫生法的执行、卫生法律责任、卫生法律救济、卫生法律救济、卫生行政复议、卫生行政赔偿、卫生行政诉讼
特征	卫生法的特征、卫生法律关系的特征、卫生法制定的特征、卫生法适用的特征、卫生行政诉讼的特点
分类	法律事实的种类、卫生法律责任的种类
原则	卫生法制定的基本原则

目标检测

一、选择题

【A1 型题】

1. 法律效力最低的是( )。

 A. 卫生法律 B. 地方性卫生规章 C. 卫生行政规章
 D. 地方性卫生法规卫生自治条例与单行条例   E. 卫生行政法规

2. 下例关于卫生法律关系的论述正确的是( )。

 A. 只有不合法的行为才能引起卫生法律关系的产生、变更和消灭
 B. 只有合法的行为才能引起卫生法律关系的产生、变更和消灭
 C. 不论是合法行为还是违法行为都会引起卫生法律关系的产生、变更和消灭
 D. 只有发生法律事件才能引起法律关系的产生、变更和消灭
 E. 卫生法律关系一旦产生就不会终止

3. 下列哪项不能成为卫生法律关系的客体?( )

A. 生命健康权利 B. 医生的个人行为 C. 医疗器械
D. 卫生行政机关 E. 医生的智力成果

4. 下例关于卫生法律关系的论述正确的是（　　）。
A. 只有不合法的行为才能引起卫生法律关系的产生、变更和消灭
B. 只有合法的行为才能引起卫生法律关系的产生、变更和消灭
C. 不论是合法行为还是违法行为都会引起卫生法律关系的产生、变更和消灭
D. 只有发生法律事件才能引起法律关系的产生、变更和消灭
E. 卫生法律关系一旦产生就不会终止

5. 卫生法的调整对象是（　　）。
A. 违反卫生法的不法分子
B. 国家卫生行政机关、各种卫生服务组织、卫生相关产品生产者和国际卫生组织
C. 卫生组织关系、卫生管理关系、卫生服务关系和国际卫生关系
D. 各级各类医疗、预防保健机构等
E. 卫生组织与公民之间的关系

6. 卫生行政救济的前提是（　　）。
A. 行政相对人认为其合法权益受到了行政行为的侵害
B. 卫生行政争议或卫生侵权行为的存在
C. 保护行政相对人的合法权益
D. 行政相对人的申请
E. 行政相对人认为卫生行政机关违法要求履行义务

7. 卫生行政复议，是卫生行政复议机关对卫生行政执法机关的具体执法行为进行审查并要做出行政复议裁决，该审查主要是（　　）。
A. 只对卫生行政执法机关的具体执法行为的合法性进行审理
B. 只对卫生行政执法机关的具体执法行为的适当性进行审理
C. 对上述合法性和适当性都进行审理
D. 对上述合法性和适当性都不进行审理
E. 以上均不对

8. 申请行政复议的申请人必须在知道具体行政行为之日起（　　）日内提出。
A. 15　　　B. 30　　　C. 45　　　D. 60　　　E. 90

9. 行政处罚种类不包括（　　）。
A. 警告 B. 罚款 C. 没收违法所得
D. 责令停产停业 E. 暂扣或注销有关许可证

10. 按照《行政诉讼法》规定，下列哪一项不属于人民法院不受理公民、法人或者其他组织对卫生行政机关提起的诉讼？（　　）
A. 规定卫生规章或其他具有普遍约束力的决定、命令，以及卫生标准的抽象卫生行政行为
B. 卫生行政机关内部行政行为，如卫生行政机关对内部工作人员的奖惩、任免等
C. 卫生行政机关居间对公民、法人或者其他组织之间以及他们相互之间的民事权益进行调解或者根据法律、法规的规定作出仲裁处理，当事人对调解、仲裁不服的
D. 法律规定由行政机关最终裁决的具体行政行为
E. 不服卫生行政机关采取的行政强制措施案件

【A2型题】
11. 患者王某在朋友的陪同下到某医院做无痛人工流产手术。王某在麻醉剂的作用下一直处于睡眠状况。醒来后从朋友口中得知，自己在手术台上做人流的整个过程被人观摩，王某感到羞辱难当。王某认为，医院的行为严重侵犯了自己的隐私，给自己造成了极大的精神压力，于是向法院起诉，要求医院

赔礼道歉,并赔偿相关费用。请问医院侵犯了患者的什么权利?(　　)

　　A.生命权　　　　B.健康权　　　　C.隐私权　　　　D.名誉权　　　　E.知情同意权

12. 患者王某在某三级甲等医院成功接受器官移植手术,出院时王某对医院提供的诊疗手术费用清单提出质疑,认为医院违反规定收取相关费用,如果王某的质疑是合理的,王某的行为属于(　　)。

　　A.卫生法的遵守　　　　　　B.卫生法的适用　　　　　　C.卫生行政执法

　　D.卫生行政复议　　　　　　E.卫生行政处罚

二、名词解释

1. 卫生法
2. 卫生法的制定
3. 卫生行政诉讼

三、简答题

1. 卫生法律关系的特征有哪些?
2. 卫生法的社会作用主要概括为以下几个方面?
3. 卫生行政赔偿的范围包括哪些?

(铜仁职业技术学院　廖淋森)

第二章 医疗机构管理法律制度

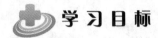

1. 掌握：医疗机构的概念及分类；医疗机构开展诊疗活动的执业条件与执业规则。
2. 熟悉：处方概念及书写规则；抗菌药物临床应用管理。
3. 了解：医疗机构设置、法律责任。

河北省沧州市妇幼保健院未经批准开展人工授精诊疗活动案

2014年1月，河北省卫生计生委接到投诉举报，称沧州市妇幼保健院未经批准开展人工授精诊疗活动。河北省卫生计生委通过调查发现，该院未经行政部门批准，在2010年10月至2014年3月期间，擅自实施"宫腔内人工授精术"68人次。河北省卫生计生委依据《医疗机构管理条例》《医疗机构管理条例实施细则》《卫生部关于实施吊销〈医疗机构执业许可证〉有关问题的批复》等规定，给予沧州市妇幼保健院罚款人民币3000元、吊销生殖健康与不孕症专业诊疗科目的行政处罚。

打击"非法行医"是我国医疗机构管理工作的重心之一。2014年，按照国家卫生计生委等6部门部署，全国各地加强组织领导，扎实开展了为期1年的进一步整顿医疗秩序打击非法行医专项行动。专项行动期间，全国共查处无证行医案件4.4万件，医疗机构、计划生育技术服务机构违法违规案件4.1万件，"两非"案件6833件，医托行骗案件966起，罚没款2.2亿元，吊销执业许可证165户，移送公安机关案件2833件，刑事立案1256起，刑事拘留1373人，打掉犯罪团伙32个。2017年4月，修正后的《医疗机构管理条例实施细则》正式施行，我国的医疗机构管理工作将更上一个台阶。

第一节 概 述

一、医疗机构的概念

医疗机构，是指依法定程序和条件设立的，以救死扶伤、防病治病、服务公民健康为宗旨，从事疾病诊断治疗活动的卫生机构的总称。这一概念有以下三个特征。

（一）医疗机构是依法成立的卫生机构

医疗机构必须依据《医疗机构管理条例》及《医疗机构管理条例实施细则》规定进行设置和登记，依法取得设置医疗机构批准书、履行登记手续、领取医疗机构执业许可证后的单位或者个人才能开展相应诊断治疗活动。

（二）医疗机构是从事疾病诊断治疗活动的卫生机构

根据设立目的不同，我国将卫生机构主要分为医疗机构和疾病预防控制机构等。医疗机构以开展疾病诊断、治疗活动为主，疾病预防控制机构则以开展疾病预防、控制活动为主。卫生机构是一个广义的概念，医院、社区卫生服务中心（站）、卫生院、诊所等是我国医疗机构的主要形式，此外，还有疗养院、卫生室以及急救站等。

（三）医疗机构依法从事诊疗活动受法律保护

《医疗机构管理条例实施细则》规定，医疗机构依法从事诊疗活动受法律保护。

二、医疗机构的分类

根据不同标准，医疗机构可划分为不同类别。

（一）依据医疗机构功能、任务、规模等划分

根据2017年4月实施的第三次修正的《医疗机构管理条例实施细则》的规定，医疗机构分为如下类别：①冠名医院的医疗单位，包括综合医院、中医医院、中西医结合医院、民族医医院、专科医院、康复医院等；②妇幼保健院、妇幼保健计划生育服务中心；③社区卫生服务中心、社区卫生服务站；④基层医疗单位，包括中心卫生院、乡（镇）卫生院、街道卫生院；⑤疗养院；⑥城市社区医疗单位，包括综合门诊部、专科门诊部、中医门诊部、中西医结合门诊部、民族医门诊部；⑦社区与企事业单位医疗机构，包括诊所、中医诊所、民族医诊所、卫生所、医务室、卫生保健所、卫生站；⑧乡村医疗单位，村卫生室（所）、保健站；⑨紧急救护医疗机构，包括急救中心、急救站；⑩专门检验机构，包括临床检验中心；⑪专门性医疗机构，包括专科疾病防治院、专科疾病防治所、专科疾病防治站；⑫以护理为主的医疗机构，包括护理院、护理站；⑬医学检验实验室、病理诊断中心、医学影像诊断中心、血液透析中心、安宁疗护中心；⑭其他诊疗机构。

（二）依据医疗机构性质、社会功能、承担任务划分

医疗机构不论类别，按其性质、社会功能、承担任务可划分为非营利性医疗机构、营利性医疗机构两类。非营利性医疗机构是指为社会公众利益服务而设立和运营的医疗机构，其不以营利为目的，收入用于弥补医疗服务成本，实际运营中的收支结余只能用于自身发展，如改善医院医疗条件、引进技术等。营利性医疗机构是指医疗服务所得收益可用于投资者经济回报的医疗机构。

我国政府坚持非营利性医疗机构为主体、营利性医疗机构为补充的办医模式，其中非营利性医疗机构占主导地位，政府不举办营利性医疗机构，同时鼓励社会资本依法兴办非营利性医疗机构。

三、医疗机构管理立法

1951年颁布的《医院诊所管理暂行条例》是我国第一部医疗机构管理方面的行政法规，之后，又先后制定了《县卫生院暂行组织通则》《县属区卫生所暂行组织通则》等。改革开放以后，国家允许私人、社会团体兴办医疗机构，军队、企事业单位医疗机构对社会开放，为此，卫生部陆续颁布《全国医院工作条例》《医院工作制度》等。

1994年，为加强对医疗机构的管理，国务院制定《医疗机构管理条例》，该条例是我国卫生立法史上一个重要里程碑。该条例对医疗机构的规划布局、设置审批、登记执业、监督管理等内容作出了明确规定。

近年来，卫生部（现更名为国家卫生健康委员会）单独或与有关部门联合制定新的法规：关于规范医疗服务主体的法规，《关于医疗机构冠名红十字（会）的规定》《医疗美容服务管理办法》；关于规范医疗机构医疗行为的法规，《处方管理办法》《医疗机构临床用血管理办法》《医疗技术临床应用管理办法》；关于监督管理医疗机构方面的法规，《大型医用设备配置与使用管理办法（试行）》《医学教育临床实践管理暂

行规定》《医疗广告管理办法》《中医病历书写基本规范》《电子病历基本规范(试行)》等,这些法规以《医疗机构管理条例》为核心,逐步覆盖医疗机构执业涉及的各个环节,日渐形成较为全面的医疗机构管理法律体系。

第二节 医疗机构设置

一、医疗机构设置规划

(一) 医疗机构设置规划的制定

医疗机构的设置规划是区域卫生规划的重要组成部分,是卫生行政部门审批医疗机构的重要依据。它以区域内居民实际医疗服务需求为依据,以合理配置、利用医疗卫生资源,公平、可及地向全体居民提供安全、有效的基本医疗服务为目的,将各级各类、不同隶属关系、不同所有制形式的医疗机构统一规划、设置和布局,有利于引导医疗卫生资源合理配置,充分发挥有效资源的最大效率和效益,建立结构合理、覆盖城乡,适应我国国情、人口政策和具有中国特色的医疗服务体系,为人民群众提供安全、有效、方便、价廉的基本医疗卫生服务。

1994年卫生部制定了《医疗机构设置规划指导原则》,明确了医疗机构设置规划的权限及程序,以及设置规划应当遵循的基本原则。2016年,国家卫生计生委根据《医疗机构设置规划指导原则》等制度,制定了《医疗机构设置规划指导原则(2016—2020年)》,进一步促进医疗卫生资源优化配置,实现城乡医疗服务体系协调发展,医疗服务能力全面增强。

(二) 医疗机构设置规划应遵循的原则

1. 公平可及原则 医疗机构服务半径适宜,交通便利,形成全覆盖医疗服务网络,布局合理。从实际医疗服务需求出发,面向城乡居民,注重科学性与协调性、公平与效率的统一,保障全体居民公平、可及地享有基本医疗卫生服务。

2. 统筹规划原则 各级各类医疗机构必须符合属地医疗机构设置规划和卫生资源配置标准,局部服从全局,提高医疗卫生资源整体效益。

3. 科学布局原则 明确和落实各级各类医疗机构功能和任务,实行"中心控制、周边发展",即严格控制医疗资源丰富的中心城区的公立医院数量,新增医疗机构鼓励在中心城区周边居民集中居住区,以及交通不便利、诊疗需求比较突出的地区设置。

4. 协调发展原则 根据医疗服务需求,坚持公立医院为主体,明确政府办医范围和数量,合理控制公立医院数量和规模。公立医院实行"综合控制、专科发展",控制公立综合医院不合理增长,鼓励新增公立医院以儿童、妇产、肿瘤、精神、传染、口腔等专科医院为主,促进康复、护理等服务业快速增长。

5. 中西医并重原则 遵循卫生计生工作基本方针,中西医并重,保障中医、中西医结合、民族医医疗机构的合理布局和资源配置,充分发挥中医在慢性病诊疗和康复领域的作用。

二、医疗机构的设置条件

我国规范设置医疗机构的法律、法规主要是1994年颁布的《医疗机构管理条例》和《医疗机构基本标准(试行)》、2016年发布的《医疗机构设置规划指导原则(2016—2020年)》、2017年修正的《医疗机构管理条例实施细则》。医疗机构不分类别、所有制形式、隶属关系、服务对象,其设置必须符合当地医疗机构设置规划。

单位或者个人设置医疗机构,必须经县级以上地方人民政府卫生行政部门审查批准,并取得设置医疗机构批准书,方可向有关部门办理其他手续。

申请设置医疗机构,应提交以下文件:①设置申请书;②设置可行性研究报告;③选址报告及建筑设计平面图等。

申请在城市设置诊所的,应同时具备以下条件:①经医师执业技术考试合格,取得医师执业证书;②取得医师执业证书或医师职称后,从事五年以上同一专业临床工作;③省、自治区、直辖市卫生行政部门规定的其他条件。

三、医疗机构设置的申请与审批

(一)申请

地方各级人民政府设置医疗机构,由政府指定或者任命的拟设医疗机构的筹建负责人申请;法人或者其他组织设置医疗机构,由其代表人申请;个人设置医疗机构,由设置人申请;两人以上合伙设置医疗机构,由合伙人共同申请。其中,由两个以上法人或者其他组织共同申请设置医疗机构以及两人以上合伙申请设置医疗机构的,除提交可行性研究报告和选址报告外,还必须提交由各方共同签署的协议书。

有下列情形之一的,不得申请设置医疗机构:①不能独立承担民事责任的单位;②正在服刑或者不具有完全民事行为能力的个人;③发生二级以上医疗事故未满五年的医务人员;④因违反有关法律法规和规章,已被吊销执业证书的医务人员;⑤被吊销医疗机构执业许可证的医疗机构法定代表人或者主要负责人;⑥省、自治区、直辖市政府卫生行政部门规定的其他情形。有前款第②③④⑤项所列情形之一者,不得充任医疗机构的法定代表人或者主要负责人。

(二)审批

床位在一百张以上的综合医院、中医医院、中西医结合医院、民族医医院以及专科医院、疗养院、康复医院、妇幼保健院、急救中心、临床检验中心和专科疾病防治机构的设置审批权限的划分,由省、自治区、直辖市卫生行政部门规定;其他医疗机构的设置,由县级卫生行政部门负责审批。医学检验实验室、病理诊断中心、医学影像诊断中心、血液透析中心、安宁疗护中心的设置审批权限另行规定。

县级以上地方卫生行政部门依据当地医疗机构设置规划及《医疗机构管理条例实施细则》审查和批准医疗机构的设置。卫生行政部门对设置医疗机构的申请,应当自受理之日起三十日内依据当地医疗机构设置规划进行审查,对符合医疗机构设置规划和医疗机构基本标准的,发给设置医疗机构批准书;对不予批准的,要以书面形式告知理由。卫生行政部门应当在核发设置医疗机构批准书的同时,向上一级卫生行政部门备案。上级卫生行政部门有权在接到备案报告之日起三十日内纠正或者撤销下级卫生行政部门作出的不符合当地医疗机构设置规划的设置审批。法人和其他组织设置的为内部职工服务的门诊部、诊所、卫生所(室)的,由设置单位在该医疗机构执业登记前,向当地县级卫生行政部门备案,并提交下列材料:①设置单位或者其主管部门设置医疗机构的决定;②设置医疗机构备案书。卫生行政部门应当在接到备案后十五日内给予设置医疗机构备案回执。

申请设计医疗机构有下列情形之一的,不予批准:①不符合当地医疗机构设置规划;②设置人不符合规定的条件;③不能提供满足投资总额的资信证明;④投资总额不能满足各项预算开支;⑤医疗机构选址不合理;⑥污水、污物、粪便处理方案不合理;⑦省、自治区、直辖市卫生行政部门规定的其他情形。

四、医疗机构执业登记

(一)医疗机构执业登记的条件

申请医疗机构执业登记,应具备以下条件:①设置医疗机构审批书;②符合医疗机构基本标准;③有适合的名称、组织机构和场所;④有与其开展的业务相适应的经费、设施和专业卫生技术人员;⑤有相应的规章制度;⑥能独立承担民事责任。

(二)执业登记的申请材料

申请医疗机构执业登记必须填写医疗机构申请执业登记注册书,并向登记机关提交下列材料:①设置医疗机构批准书或设置医疗机构备案回执;②医疗机构用房产权证明或者使用证明;③医疗机构建筑设计平面图;④验资证明、资产评估报告;⑤医疗机构规章制度;⑥医疗机构法定代表人或者主要负责人以及各科室负责人名录和有关资格证书、执业证书复印件;⑦省、自治区、直辖市卫生行政部门规定提供的其他材料。

申请门诊部、诊所、卫生所、医务室、卫生保健所和卫生站登记的,还应当提交附设药房(柜)的药品种类清单、卫生技术人员名录及其有关资格证书、执业证书复印件以及省、自治区、直辖市卫生行政部门规定提交的其他材料。

(三)执业登记的事项

执业登记的事项包括:①类别、名称、地址、法人代表人或者主要负责人;②所有制形式;③注册资金(资本);④服务方式;⑤诊疗科目;⑥房屋建筑面积、床位(牙椅);⑦服务对象;⑧职工人数;⑨执业许可证登记号(医疗机构代码);⑩省、自治区、直辖市卫生行政部门规定的其他登记事项。

门诊部、诊所、卫生所、医务室、卫生保健所、卫生站除登记前款所列事项外,还应当核准登记附设药房(柜)的药品种类。

(四)执业登记的审核批准

卫生行政部门在受理医疗机构执业登记申请后四十五日内,对申请人提交的材料进行审查和实地考察、核实,并对有关执业人员进行消毒、隔离和无害操作等基本知识和技能的现场抽查考核。经审核合格的,发给医疗机构执业许可证;审核不合格的,将审核结果不予批准的理由以书面形式通知申请人。

(五)不予登记的情形

申请医疗机构执业登记有下列情形之一的,不予登记:①不符合设置医疗机构批准书核准的事项;②不符合《医疗机构基本标准(试行)》;③投资不到位;④医疗机构用房不能满足诊疗服务功能;⑤通信、供电、上下水道等公共设施不能满足医疗机构正常运转;⑥医疗机构规章制度不符合要求;⑦消毒、隔离和无菌操作等基本知识和技能的现场抽查考核不合格;⑧省、自治区、直辖市卫生行政部门规定的其他情形。

(六)变更登记

医疗机构在原登记机关管辖权限范围内变更登记事项的,由原登记机关办理变更登记;因变更登记超出原登记机关管辖权限的,由有管辖权的卫生行政部门办理变更登记。医疗机构在原登记机关管辖区域内迁移,由原登记机关办理变更登记;向原登记机关管辖区域外迁移的,应当在取得迁移目的地的卫生行政部门发给的设置医疗机构批准书,并经原登记机关核准办理注销登记后,再向迁移目的地的卫生行政部门申请办理执业登记。

登记机关在受理变更登记申请后,依据《医疗机构管理条例》和《医疗机构管理条例实施细则》的有关规定以及当地医疗机构设置规划进行审核,按照登记程序或者简化程序办理变更登记,并作出核准变更登记或者不予变更登记的决定。

医疗机构停业,必须经登记机关批准。除改建、扩建、迁建原因,医疗机构停业不得超过一年。机关、企业和事业单位设置的为内部职工服务的医疗机构向社会开放,也必须按规定申请办理变更登记。

因分立或者合并而保留的医疗机构应当申请变更登记;因分立或者合并而新设置的医疗机构应当申请设置许可证和执业登记;因合并而终止的医疗机构应当申请注销登记。

医疗机构变更名称、地址、法定代表人或者主要负责人、所有制形式、服务对象、服务方式、注册资金(资本)、诊疗科目、床位(牙椅)的,必须向登记机关申请办理变更登记,并提交下列材料:①医疗机构法定代表人或者主要负责人签署的医疗机构申请变更登记注册书;②申请变更登记的原因和理由;③登记机关规定提交的其他材料。

第三节 医疗机构执业

一、开展诊疗活动的执业条件

医疗机构开展诊疗活动,必须遵循以下执业条件:①取得医疗机构执业许可证。任何单位或者个人,未取得医疗机构执业许可证,不得开展诊疗活动。为内部职工服务的医疗机构,未经许可和变更登记,不得向社会开放。医疗机构被吊销或者注销执业许可后,不得继续开展诊疗活动。②遵守有关法律、法规和医疗技术规范。③按照核准登记的诊疗科目开展诊疗活动。未经允许不得擅自扩大业务范围。需要改变诊疗科目的,应当按照规定的程序和要求,办理变更登记手续。④将医疗机构执业许可证、诊疗科目、诊疗时间和收费标准悬挂于明显处所。⑤不得使用非卫生技术人员从事医疗卫生技术工作。工作人员上岗工作,必须佩戴载有本人姓名、职务或者职称的标牌。医疗机构应当经常对医务人员进行基础理论、基本知识、基本技能的训练与考核,把严格要求、严密组织、严谨态度落实到各项工作中,定期检查、考核各项规章制度和各级各类人员岗位责任制的执行和落实情况,并组织医务人员学习医德规范和有关教材,督促医务人员恪守职业道德。⑥正确使用医疗机构标识。医疗机构的印章、银行账户、牌匾以及医疗文件中使用的名称应当与核准登记的医疗机构名称相同;使用两个以上名称的,应当与第一名称相同。标有医疗机构标识的票据和病历本册以及处方笺、各种检查的申请单、报告单、证明文书单、药品分装袋、制剂标签等不得买卖、出借和转让。⑦门诊部、诊所、卫生所、医务室、卫生保健所和卫生站附设药房(柜)的药品种类由登记机关核定,具体办法由省、自治区、直辖市卫生行政部门规定。

二、医疗机构的执业规则

医疗机构开展诊疗活动必须遵守以下规则:①对危重患者应立即抢救,对限于设备或技术条件不能诊治的患者应及时转院。②未经医师亲自检查患者,不得出具疾病诊断书、健康证明书或死亡证明书等证明文件,未经医师、助产人员亲自接产,不得出具出生证明书或死亡报告书。为死因不明者出具的死亡医学证明书,只做是否死亡的诊断,不做死亡原因的诊断。如有关方面要求进行死亡原因诊断的,医疗机构必须指派医生对尸体进行解剖和有关死因检查后方能做死因诊断。③尊重患者对自己的病情、诊断、治疗的知情权利。在实施手术、特殊检查、特殊治疗时,应当向患者做必要的解释。因实施保护性医疗措施不宜向患者说明情况的,应当将有关情况通知患者家属,并取得患者家属和有关人员的配合。④发生医疗事故,按国家有关规定处理。⑤按规定收费。医疗机构应按照政府物价等有关部门核准的收费标准收取医疗费用、详列细项,并出具收据。⑥医疗机构应严格执行无菌消毒、隔离制度,采取科学有效的措施处理污水和废弃物,预防和减少医院感染。⑦对传染病、精神病、职业病等患者的特殊诊治和处理,应按国家有关法律法规的规定办理。⑧必须按照有关药品管理的法律法规,加强药品管理,不得使用假劣药品、过期和失效药品及违禁药品。⑨遵守病历管理的有关规定。医疗机构的门诊病历保存期不得少于 15 年,住院病例的保存期不得少于 30 年。⑩医疗机构必须承担相应的预防保健工作,承担县级以上人民政府卫生行政部门委托的支援农村、指导基层医疗卫生工作等任务。发生重大灾害、事故、疾病流行或者其他意外情况时,医疗机构及其卫生技术人员必须服从县级以上人民政府卫生行政部门的调遣。

第四节 医疗机构的法律责任

一、医疗机构的行政责任

(一) 未取得医疗机构执业许可证擅自执业

对未取得医疗机构执业许可证擅自执业的,由县级以上人民政府卫生行政部门责令其停止执业活动,没收非法所得和药品、器械,并处以 3000 元以下的罚款;有下列情形之一的,责令其停止执业活动,没收非法所得的药品、器械,处以 3000 元以上 10000 元以下的罚款:①因擅自执业曾受过卫生行政部门处罚;②擅自执业的人员为非卫生技术专业人员;③擅自执业时间在三个月以上;④给患者造成伤害;⑤使用假药、劣药蒙骗患者;⑥以行医为名骗取患者钱物;⑦省、自治区、直辖市卫生行政部门规定的其他情形。

（二）逾期未校验医疗机构执业许可证且不停止诊疗活动

医疗机构对不按期办理校验医疗机构执业许可证又不停止诊疗活动的,责令其限期补办校验手续;在限期内仍不办理校验的,吊销其医疗机构执业许可证。

（三）转让、出借医疗机构执业许可证

医疗机构转让、出借医疗机构执业许可证的,由县级以上人民政府卫生行政部门没收非法所得,并处以3000元以下的罚款;有下列情形之一的,没收其非法所得,处以3000元以上5000元以下的罚款,并吊销医疗机构执业许可证:①出卖医疗机构执业许可证;②转让或者出借医疗机构执业许可证是以营利为目的;③受让方或者承借方给患者造成伤害;④转让、出借医疗机构执业许可证给非卫生技术专业人员;⑤省、自治区、直辖市卫生行政部门规定的其他情形。

（四）诊疗活动超出核准登记诊疗科目范围

除急诊和急救外,医疗机构诊疗活动超出登记的诊疗科目范围,情节轻微的,处以警告;有下列情形之一的,责令其限期改正,并可处以3000元以下罚款:①超出登记的诊疗科目范围的诊疗活动累计收入在3000元以下;②给患者造成伤害。有下列情形之一的,处以3000元罚款,并吊销医疗机构执业许可证:①超出登记的诊疗科目范围的诊疗活动累计收入在3000元以上;②给患者造成伤害;③省、自治区、直辖市卫生行政部门规定的其他情形。

（五）使用非卫生技术人员从事医疗卫生技术工作

任用非卫生技术人员从事医疗卫生技术工作的,责令其立即改正,并可处以3000元以下罚款;有下列情形之一的,处3000元以上5000元以下罚款,并可以吊销其医疗机构执业许可证:①任用两名以上非卫生技术人员从事诊疗活动;②任用的非卫生技术人员给患者造成伤害。医疗机构使用卫生技术人员从事本专业以外的诊疗活动的,按使用非卫生技术人员处理。

（六）出具虚假证明文件

医疗机构出具虚假证明文件,情节轻微的,给予警告,并可处以500元以下的罚款;有下列情形之一的,处以500元以上1000元以下的罚款:①出具虚假证明文件造成延误诊治;②出具虚假证明文件给患者精神造成伤害的;③造成其他危害后果的。对直接责任人员由所在单位或者上级机关给予行政处分。

（七）其他

医疗机构有下列情形之一的,登记机关可以责令其限期改正:①发生重大医疗事故;②连续发生同类医疗事故,不采取有效防范措施;③连续发生原因不明的同类患者死亡事件,同时存在管理不善因素;④管理混乱,有严重事故隐患,可能直接影响医疗安全;⑤省、自治区、直辖市卫生行政部门规定的其他情形。

当事人对行政处罚决定不服的,可以在接到行政处罚决定通知书之日起15日内向作出行政处罚的上一级卫生行政部门申请复议。上级卫生行政部门应当在接到申请书之日起30日内作出书面答复。当事人对行政处罚决定不服的,也可以在接到行政处罚决定通知书之日起15日内直接向人民法院提起行政诉讼。逾期不申请复议、不起诉又不履行处罚决定的,由作出行政处罚决定的卫生行政部门填写行政处罚强制执行申请书,向人民法院申请强制执行。

二、医疗机构的民事责任

造成医疗事故的,依照《侵权责任法》《医疗事故处理条例》等法律法规的规定,承担医疗事故赔偿责任。造成其他损害的,承担赔偿责任。

三、医疗机构的刑事责任

医疗机构及其工作人员在执业过程中,违反相应的法律法规的规定,情节严重的,应当承担相应的刑事责任。

第五节 处方管理

一、处方的概念

处方是指由注册的执业医师和执业助理医师(以下简称医师)在诊疗活动中为患者开具的、由取得药学专业技术职务任职资格的药学专业技术人员(以下简称药师)审核、调配、核对,并作为患者用药凭证的医疗文书。处方包括医疗机构病区用药医嘱单。

为规范处方管理,提高处方质量,促进合理用药,保障医疗安全,根据《中华人民共和国执业医师法》《中华人民共和国药品管理法》《医疗机构管理条例》《麻醉药品和精神药品管理条例》等有关法律、法规,2007年5月,由卫生部制定的《处方管理办法》施行。

二、处方的获得

①经注册的执业医师在执业地点取得相应的处方权。经注册的执业助理医师在医疗机构开具的处方,应当经所在执业地点执业医师签名或加盖专用签章后方有效;在乡镇、村的医疗机构独立从事一般的执业活动的已注册的助理医师,可以在注册的执业地点取得相应的处方权。②医师应当在注册的医疗机构签名留样或者专用签章备案后,方可开具处方。③医疗机构应当按照有关规定,对本机构执业医师和药师进行麻醉药品和精神药品使用知识和规范化管理的培训。执业医师经考核合格后可取得麻醉药品和第一类精神药品的处方权;药师经考核合格后取得麻醉药品和第一类精神药品调剂资格。④试用期人员开具处方,应当经所在医疗机构有处方权的执业医师审核、并签名或加盖专用签章后方有效。⑤进修医师由接收进修的医疗机构对其胜任本专业工作的实际情况进行认定后授予相应的处方权。

三、处方的书写规则

处方书写应当符合以下规则:①患者一般情况、临床诊断填写清晰、完整,并与病历记载相一致。②每张处方限于一名患者的用药。③字迹清楚、不得涂改;如需修改,应当在修改处签名并注明修改日期。④药品名称应当使用规范的中文名称书写,没有中文名称的可以使用规范的英文名称书写;医疗机构或者医师、药师不得自行编制药品缩写名称或者使用代号;书写药品名称、剂量、规格、用法、用量要准确规范、药品用法可用规范的中文、英文、拉丁文或者缩写体书写,但不得使用"遵医嘱""自用"等含糊不清字句。⑤患者年龄应当填写实足年龄,新生儿、婴幼儿写日、月龄,必要时要注明体重。⑥西药和中成药可以分别开具处方,也可以开具一张处方,中药饮片应当单独开具处方。⑦开具西药、中成药处方,每一种药品应当另起一行,每张处方不得超过5种药品。⑧中药饮片处方的书写,一般应当按照"君、臣、佐、使"的顺序排列;调剂、煎煮的特殊要求注明在药品右上方,并加括号,如布包、先煎、后下等;对饮片的产地、炮制有特殊要求的,应当在药品名称之前写明。⑨药品用法用量应当按照药品说明书规定的常规用法用量使用,特殊情况需要超剂量使用时,应当注明原因并再次签名。⑩除特殊情况外,应当注明临床诊断。⑪开具处方后的空白处画一斜线以示处方完毕。⑫处方医师的签名式样和专用签章应当与院内药学部门留样备查的式样相一致,不得任意改动,否则应当重新登记留样备案。

药品剂量与数量用阿拉伯数字书写。剂量应当使用法定剂量单位:重量以克(g)、毫克(mg)、微克(μg)、纳克(ng)为单位;容量以升(L)、毫升(mL)为单位;国际单位(IU)、单位(U);中药饮片以克(g)为单位。

片剂、丸剂、胶囊剂、颗粒剂分别以片、丸、粒、袋为单位;溶液剂以支、瓶为单位;软膏及乳膏剂以支、盒为单位;注射剂以支、瓶为单位,应当注明含量;中药饮片以剂为单位。

四、处方的开具

①医师应当根据医疗、预防、保健需要,按照诊疗规范、药品说明书中的药品适应证、药理作用、用法、用量、禁忌、不良反应和注意事项等开具处方。②开具医疗用毒性药品、放射性药品的处方应当严格遵守有关法律、法规和规章的规定。③医师开具处方应当使用经药品监督管理部门批准并公布的药品通用名称、新活性化合物的专利药品名称和复方制剂药品名称,也可以使用由卫生部公布的药品习惯名称开具处方。④医师开具院内制剂处方时应当使用经省级卫生行政部门审核、药品监督管理部门批准的名称。⑤医师利用计算机开具、传递普通处方时,应当同时打印出纸质处方,其格式与手写处方一致;打印的纸质处方经签名或者加盖签章后有效。药师核发药品时,应当核对打印的纸质处方,无误后发给药品,并将打印的纸质处方与计算机传递处方同时收存备查。

五、处方的有效期限和使用期限

①处方开具当日有效。特殊情况下需延长有效期的,由开具处方的医师注明有效期限,但有效期最长不得超过3天。②处方一般不得超过7日用量;急诊处方一般不得超过3日用量;对于某些慢性病、老年病或特殊情况,处方用量可适当延长,但医师应当注明理由。③医疗用毒性药品、放射性药品的处方用量应当严格按照国家有关规定执行。

六、处方调剂

药师应当凭医师处方调剂处方药品。药师调剂处方时必须做到"四查十对":查处方,对科别、姓名、年龄;查药品,对药名、剂型、规格、数量;查配伍禁忌,对药品性状、用法用量;查用药合理性,对临床诊断。药师经处方审核后,认为存在用药不适宜时,应当告知处方医师,请其确认或者重新开具处方;发现严重不合理用药或者用药错误时,应当拒绝调剂,及时告知处方医师,进行记录,并按照有关规定报告。

药师对处方用药适宜性进行审核,内容包括:①规定必须做皮试的药品,处方医师是否注明过敏试验及结果的判定;②处方用药与临床诊断的相符性;③剂量、用法的正确性;④选用剂型与给药途径的合理性;⑤是否有重复给药现象;⑥是否有潜在临床意义的药物相互作用和配伍禁忌;⑦其他用药不适宜情况。

七、处方的点评与处方保管

(一) 处方点评

处方点评是指根据国家有关处方的法律、法规和相应的技术规范,对处方的规范性和用药适应证、药物选择、给药途径、用法用量、药物相互作用、配伍禁忌等进行综合评价,发现存在的问题并实施干预和改进措施,促进临床药物合理应用的过程。

1. 处方点评原则　处方点评应坚持科学、公正、务实原则,有完整、准确的书面记录,并通报临床科室和当事人。

2. 处方点评结果　根据2010年卫生部印发的《医院处方点评管理规范(试行)》,处方点评结果分为合理处方和不合理处方。不合理处方包括不规范处方、用药不适宜处方及超常处方。

(1) 不规范处方。有下列情况之一的,应当判定为不规范处方:①处方的前记、正文、后记内容缺项,书写不规范或者字迹难以辨认的;②医师签名、签章不规范或者与签名、签章的留样不一致的;③药师未对处方进行适宜性审核的(处方后记的审核、调配、核对、发药栏目无审核调配药师及核对发药药师签名,或者单人值班调剂未执行双签名规定);④新生儿、婴幼儿处方未写明日、月龄的;⑤西药、中成药与中药饮片未分别开具处方的;⑥未使用药品规范名称开具处方的;⑦药品的剂量、规格、数量、单位等书写不规范或不清楚的;⑧用法、用量使用"遵医嘱""自用"等含糊不清字句的;⑨处方修改未签名并注明修改日期,或药品超剂量使用未注明原因和再次签名的;⑩开具处方未写临床诊断或临床诊断书写不全的;⑪单张门急诊处方超过五种药品的;⑫无特殊情况下,门诊处方超过7日用量,急诊处方超过3日用量,慢性病、老年病或特殊情况下需要适当延长处方用量未注明理由的;⑬开具麻醉药品、精神药品、医疗用毒性药品、放射性药品等特殊管理药品处方未执行国家有关规定的;⑭医师未按照抗菌药物临床应用管理规定开具抗菌药物处方的;⑮中药饮片处方药物未按照"君、臣、佐、使"的顺序排列,或未按要求标注药物调剂、煎煮等特殊要求的。

(2) 用药不适宜处方。有下列情况之一的,应当判定为用药不适宜处方:①适应证不适宜的;②遴选的药品不适宜的;③药品剂型或给药途径不适宜的;④无正当理由不首选国家基本药物的;⑤用法、用量不适宜的;⑥联合用药不适宜的;⑦重复给药的;⑧有配伍禁忌或者不良相互作用的;⑨其他用药不适宜情况的。

(3) 超常处方。有下列情况之一的,应当判定为超常处方:①无适应证用药;②无正当理由开具高价药的;③无正当理由超说明书用药的;④无正当理由为同一患者同时开具2种以上药理作用相同药物的。

3. 监督管理　卫生行政部门和医院应当:①对开具不合理处方的医师,采取教育培训、批评教育等措施;②对于开具超常处方的医师按照《处方管理办法》的规定予以处理,对出现超常处方3次以上且无正当理由的,取消其处方权;③一个考核周期内5次以上开具不合理处方的医师,应当认定为医师定期考核不合格,离岗参加培训;④对患者造成严重损害的,卫生行政部门应当按照相关法律、法规、规章给予相应处罚。

(二) 处方保管

调剂处方药品的医疗机构应当妥善保存处方:①普通处方、急诊处方、儿科处方保存期限为1年,医疗用毒性药品、第二类精神药品处方保存期限为2年,麻醉药品和第一类精神药品处方保存期限为3年。处方保存期满后,经医疗机构主要负责人批准、登记备案,方可销毁;②应当根据麻醉药品和精神药品处方开具情况,按照麻醉药品和精神药品品种、规格对其消耗量进行专册登记,登记内容包括发药日期、患者姓名、用药数量。专册保存期限为3年。

八、法律责任

(一) 医疗机构违反处方管理规定的法律责任

(1) 医疗机构有下列情形之一的,由县级以上卫生行政部门按照《医疗机构管理条例》第四十八条的规定,责令限期改正,并可处以5000元以下的罚款;情节严重的,吊销其医疗机构执业许可证:①使用未取得处方权的人员、被取消处方权的医师开具处方的;②使用未取得麻醉药品和第一类精神药品处方资格的医师开具麻醉药品和第一类精神药品处方的;③使用未取得药学专业技术职务任职资格的人员从事处方调剂工作的。

(2) 医疗机构未按照规定保管麻醉药品和精神药品处方,或者未依照规定进行专册登记的,按照《麻醉药品和精神药品管理条例》第七十二条的规定,由设区的市级卫生行政部门责令限期改正,给予警告;逾期不改正的,处5000元以上1万元以下的罚款;情节严重的,吊销其印鉴卡;对直接负责的主管人员和其他直接责任人员,依法给予降级、撤职、开除的处分。

(二) 医(药)师违反处方管理规定的法律责任

医师和药师出现下列情形之一的,由县级以上卫生行政部门按照《麻醉药品和精神药品管理条例》第七十三条的规定予以处罚:①未取得麻醉药品和第一类精神药品处方资格的医师擅自开具麻醉药品和第一类精神药品处方的;②具有麻醉药品和第一类精神药品处方资格的医师未按照规定开具麻醉药品和第一类精神药品处方,或者未按照卫生部制定的麻醉药品和精神药品临床应用指导原则使用麻醉药品和第一类精神药品的;③药师未按照规定调剂麻醉药品、精神药品处方的。

医师出现下列情形之一的,按照《执业医师法》第三十七条的规定,由县级以上卫生行政部门给予警告或者责令暂停六个月以上一年以下执业活动;情节严重的,吊销其执业证书:①未取得处方权或者被取消处方权后开具药品处方的;②未按照《处方管理办法》规定开具药品处方的;③违反《处方管理办法》

其他规定的。

药师未按照规定调剂处方药品,情节严重的,由县级以上卫生行政部门责令改正、通报批评,给予警告;并由所在医疗机构或者其上级单位给予纪律处分。

县级以上地方卫生行政部门未按照《处方管理办法》规定履行监管职责的,由上级卫生行政部门责令改正。

第六节 抗菌药物临床应用管理

一、抗菌药物的概念

抗菌药物是指治疗细菌、支原体、衣原体、立克次体、螺旋体、真菌等病原微生物所致感染性疾病病原的药物,不包括治疗结核病、寄生虫病和各种病毒所致感染性疾病的药物以及具有抗菌作用的中药制剂。

为加强医疗机构抗菌药物临床管理,规范抗菌药物临床应用行为,提高抗菌药物临床应用水平,2012年2月13日卫生部发布《抗菌药物临床应用管理办法》,该办法适用于各级各类医疗机构抗菌药物临床应用管理工作,并规定抗菌药物临床应用应当遵循安全、有效、经济的原则。

近年来监测显示,我国各感染性疾病的致病源组成和耐药性发生了变化。为此,国家有关部门成立了以钟南山院士为组长的修订工作组,根据细菌耐药性变化趋势和相关学科发展情况,制定并出台了《抗菌药物临床应用指导原则(2015年版)》。2015年7月24日,国家卫生计生委办公厅、国家中医药管理局办公室发布《关于进一步加强抗菌药物临床应用管理工作的通知》。

二、抗菌药物的分级

抗菌药物临床应用实行分级管理,根据安全性、疗效、细菌耐药性、价格等因素,将抗菌药物分为三级,即非限制使用级、限制使用级与特殊使用级。

非限制使用级抗菌药物是指经长期临床应用证明安全、有效,对细菌耐药性影响较小,价格相对较低的抗菌药物。

限制使用级抗菌药物是指长期临床应用证明安全、有效,对细菌耐药性影响较大,或价格相对较高的抗菌药物。

特殊使用级抗菌药物是指具有下列情形之一的抗菌药物:①具有明显或严重不良反应,不宜随意使用的抗菌药物;②需严格控制使用,避免细菌过快产生耐药的抗菌药物;③疗效、安全性方面的临床资料较少的抗菌药物;④价格昂贵的抗菌药物。

三、抗菌药物临床应用规则

(一)抗菌药物处方权的授予

《抗菌药物临床应用管理办法》规定,具有高级专业技术职务任职资格的医师,可授予特殊使用级抗菌药物处方权;具有中级以上专业技术职务任职资格的医师,可授予限制使用级抗菌药物处方权;具有初级专业技术职务任职资格的医师,在乡、民族乡、镇、村的医疗机构独立从事一般执业活动的执业助理医师以及乡村医生,可授予非限制使用级抗菌药物处方权。药师经培训并考核合格后,方可获得抗菌药物调剂资格。

二级以上医院应当定期对医师和药师进行抗菌药物临床应用知识和规范化管理的培训。医师经本机构培训并考核合格后,方可获得相应的处方权。

其他医疗机构依法享有处方权的医师、乡村医生和从事处方调剂工作的药师,由县级以上地方卫生行政部门组织相关培训、考核。经考核合格的授予相应的抗菌药物处方权或者抗菌药物调剂资格。

(二) 抗菌药物预防感染指征的掌握

医疗机构和医务人员应当严格掌握使用抗菌药物预防感染的指征。预防感染、治疗轻度或者局部感染应当首选非限制使用级抗菌药物；严重感染、免疫功能低下合并感染或者病原菌只对限制使用级抗菌药物敏感时，方可选用限制使用级抗菌药物。

(三) 特殊使用级抗菌药物的使用

严格控制特殊使用级抗菌药物使用。特殊使用级抗菌药物不得在门诊使用。

临床应用特殊使用级抗菌药物应当严格掌握用药指征，经抗菌药物管理工作组指定的专业技术人员会诊同意后，由具有相应处方权医师开具处方。

特殊使用级抗菌药物会诊人员由具有抗菌药物临床应用经验的感染性疾病科、呼吸科、重症医学科、微生物检验科、药学部门等具有高级专业技术职务任职资格的医师、药师或具有高级专业技术职务任职资格的抗菌药物专业临床药师担任。

(四) 抗菌药物的越级使用

因抢救生命垂危的患者等紧急情况，医师可以越级使用抗菌药物。越级使用抗菌药物应当详细记录用药指征，并应当于24小时内补办越级使用抗菌药物的必要手续。

四、抗菌药物临床应用的监督管理

(一) 抗菌药物处方、医师点评

医疗机构抗菌药物管理机构应当定期组织相关专业技术人员对抗菌药物处方、医嘱实施点评，并将点评结果作为医师定期考核、临床科室和医务人员绩效考核依据。

(二) 对抗菌药物超常处方医师的处理

医疗机构应对出现抗菌药物超常处方3次以上且无正当理由的医师提出警告，限制其特殊使用级和限制使用级抗菌药物处方权。

(三) 取消医师抗菌药物处方权的情形

医师出现下列情形之一的，医疗机构应取消其处方权：①抗菌药物考核不合格的；②限制处方权后，仍出现超常处方且无正当理由的；③未按照规定开具抗菌药物处方，造成严重后果的；④未按照规定使用抗菌药物，造成严重后果的；⑤开具抗菌药物处方牟取不正当利益的。医师处方权资格取消后，在6个月内不得恢复其处方权。

五、法律责任

(一) 医疗机构违反抗菌药物管理规定的法律责任

(1) 医疗机构有下列情形之一的，由县级以上卫生行政部门责令限期改正；逾期不改的，进行通报批评，并给予警告；造成严重后果的，对负有责任的主管人员和其他直接责任人员，给予处分：①未建立抗菌药物管理组织机构或者未指定专(兼)职技术人员负责具体管理工作的；②未建立抗菌药物管理规章制度的；③抗菌药物临床应用管理混乱的；④未按照《抗菌药物临床应用管理办法》规定执行抗菌药物分级管理、医师抗菌药物处方权限管理、药师抗菌药物调剂资格管理或者未配备相关专业技术人员的；⑤其他违反《抗菌药物临床应用管理办法》规定行为的。

(2) 医疗机构有下列情形之一的，由县级以上卫生行政部门责令限期改正，给予警告，并可根据情节轻重处以三万元以下罚款；对负有责任的主管人员和其他直接责任人员，可根据情节给予处分：①使用未取得抗菌药物处方权的医师或者使用被取消抗菌药物处方权的医师开具抗菌药物处方的；②未对抗菌药物处方、医嘱实施适宜性审核，情节严重的；③非药学部门从事抗菌药物购销、调剂活动的；④将抗菌药物购销、临床应用情况与个人或者科室经济利益挂钩的；⑤在抗菌药物购销、临床应用中牟取不正当利益的。

医疗机构的负责人、药品采购人员、医师等有关人员索取、收受药品生产企业、药品经营企业或者其代理人给予的财物或者通过开具抗菌药物牟取不正当利益的,由县级以上地方卫生行政部门依据国家有关法律法规进行处理。

(二)医(药)师违反抗菌药物管理规定的法律责任

(1)医师有下列情形之一的,由县级以上卫生行政部门按照《执业医师法》第三十七条的有关规定,给予警告或者责令暂停六个月以上一年以下执业活动;情节严重的,吊销其执业证书;构成犯罪的,依法追究刑事责任:①未按照《抗菌药物临床应用管理办法》规定开具抗菌药物处方,造成严重后果的;②使用未经国家药品监督管理部门批准的抗菌药物的;③使用本机构抗菌药物供应目录以外的品种、品规,造成严重后果的;④违反《抗菌药物临床应用管理办法》其他规定,造成严重后果的。

乡村医生有前款规定情形之一的,由县级卫生行政部门按照《乡村医师从业管理条例》第三十八条有关规定处理。

(2)药师有下列情形之一的,由县级以上卫生行政部门责令限期改正,给予警告;构成犯罪的,依法追究刑事责任:①未按照规定审核、调剂抗菌药物处方,情节严重的;②未按照规定私自增加抗菌药物品种或者品规的;③违反《抗菌药物临床应用管理办法》其他规定的。

未经县级卫生行政部门核准,村卫生室、诊所、社区卫生服务站擅自使用抗菌药物开展静脉输注活动的,由县级以上地方卫生行政部门责令限期改正,给予警告;逾期不改的,可根据情节轻重处以一万元以下罚款。

县级以上地方卫生行政部门未按照《抗菌药物临床应用管理办法》规定履行监管职责,造成严重后果的,对直接负责的主管人员和其他直接责任人员依法给予记大过、降级、撤职、开除等行政处分。医疗机构及其医务人员违反《药品管理法》的,依照《药品管理法》的有关规定处理。

本章小结

医疗机构管理法律制度	学习要点
概念	医疗机构、处方、处方点评、抗菌药物
特征	医疗机构的特征、抗菌药物临床应用规则
分类	医疗机构的分类、医疗机构执业登记的条件、抗菌药物的分级
原则	医疗机构设置规划应遵循的原则、处方的书写规则、处方调剂

目标检测

一、选择题

【A1 型题】

1. 医疗机构执业,必须进行登记,领取(　　)。

　A. 医疗机构执业许可证　　　　B. 卫生许可证

　C. 医疗机构登记证　　　　　　D. 工商营业执照

2. 机关、企事业单位按照国家医疗机构基本标准设置为内部职工服务的门诊部、诊所、卫生所(室),由设置单位在该医疗机构执业登记前,向当地县级卫生行政部门(　　)。

　A. 审批　　　　B. 备案　　　　C. 审核　　　　D. 登记

3. 某医院未经批准新设医疗美容科,从外地聘请了一位退休外科医师担任主治医师,该院行为的性质属于( )。
　　A. 非法行医　　B. 超范围执业　　C. 正常医疗行为　　D. 开展新技术
4. 医疗机构的门诊病历保存期不得少于15年,住院病例的保存期不得少于( )年。
　　A. 15　　　　B. 20　　　　C. 25　　　　D. 30
5. 医疗机构停业,必须( )。
　　A. 向登记机关报告　　　　　　B. 向登记机关备案
　　C. 向登记机关批准　　　　　　D. 不受约束
6. 医疗机构工作人员上岗工作,必须佩戴标牌。标牌除载明本人姓名外,还应载明( )。
　　A. 年龄和专业　　B. 专业和职务　　C. 职务或职称　　D. 职称和科室
7. 医疗机构限于设备或者技术条件不能诊治的患者,应当依法采取的做法是( )。
　　A. 立即抢救　　　　　　　　　B. 及时转诊
　　C. 继续观察　　　　　　　　　D. 提请上级医院派人会诊
8. 下列符合处方书写规则的是( )。
　　A. 西药和中成药可以开具一张处方
　　B. 中药饮片处方的书写,一般应当按照"臣、君、佐、使"的顺序排列
　　C. 处方不得有任何涂改
　　D. 患者年龄填写的是虚岁
9. 紧急情况下,医师可以越级使用抗菌药物,应当补办越级使用抗菌药物的必要手续的时间为( )。
　　A. 6小时内　　B. 12小时内　　C. 24小时内　　D. 48小时内
10. 根据安全性、疗效、细菌耐药性、价格等因素,将抗菌药物分为( )级进行管理。
　　A. 2　　　　B. 3　　　　C. 4　　　　D. 5

【A2型题】

11. "三九癫痫病专科医院",此医院命名是否合适( )。
　　A. 合适　　　　　　　　　　　B. 不合适
　　C. 无所谓　　　　　　　　　　D. 相关部门审核后方可使用
12. 某孕妇在家中分娩一死胎,为申请新的生育指标,其家属要求卫生院出具死产证明文件,乡卫生院拒绝出具。理由是( )。
　　A. 产妇本人没有提出申请　　　B. 产妇户口不在卫生院所在地
　　C. 须向卫生行政部门报告　　　D. 未经医务人员亲自接产

二、名词解释

1. 医疗机构
2. 处方
3. 抗菌药物

三、简答题

1. 医疗机构设置规划应遵循的原则是什么?
2. 申请医疗机构执业登记应具备的条件有哪些?
3. 简述处方的有效期和使用期限。

(贵州师范大学　王冕)

第三章 卫生技术人员管理法律制度

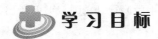

1. 掌握:掌握卫生技术人员的权利和义务、应遵守的执业规则。
2. 熟悉:熟悉卫生技术人员监督管理的规定。
3. 了解:了解卫生技术人员资格考试和执业注册的条件和程序;卫生技术人员违反法律法规所应承担的法律责任。

案例导入

李某,临床医学院在读,尚未取得医师执业证书。假期回家,邻居王某因咳嗽、发热寻求李某的帮助,李某详细询问了王某的病史,并进行了详细的查体,根据症状及体征,考虑王某为上呼吸道感染,建议进行抗病毒及止咳化痰等对症药物治疗。3天后王某症状未见好转,且呈逐渐加重趋势,遂就诊于当地医院,经检查诊断为"肺炎",予以抗感染治疗后病情好转。

思考:

1. 李某,临床医学院在读,尚未取得医师执业证书,为邻居诊断和治疗,是否属于非法行医?
2. 如果李某已取得医师执业证书,是否可判为医疗事故?

第一节 执业医师法律制度

一、概述

卫生技术人员是指卫生事业机构支付工资的全部职工中现任职务为卫生技术工作的专业人员,包括中医师、西医师、中西医结合高级医师、护师、中药师、西药师、检验师、其他技师、中医士、西医士、护士、助产士、中药剂士、西药剂士、检验士、其他技士、其他中医护理员、中药剂员、西药剂员、检验员和其他初级卫生技术人员。

执业医师是指在医疗、预防、保健机构中工作,依法取得执业医师资格或者执业助理医师资格,经注册取得执业医师执业证书,从事相应的医疗、预防、保健业务的专业医疗技术人员。由于执业医师从事的职业直接关系到公民的生命和健康。因此,为了加强对执业医师的管理,世界上大多数国家都制定了专门的医师法,也有一些国家在医疗法或其他一些相关法律中对医师的职业加以规定。执业医师法是指由国家制定或认可的、调整执业医师在执业活动中所形成的各种社会关系的法律规范总称。执业医师法的适用对象是各级各类医疗卫生机构中的执业医师。

新中国成立后,我国政府和有关部门也颁布了一些卫生技术人员相关法律和法规,如《医师暂行条例》《中医师暂行条例》等。十一届三中全会以后,国务院、卫生部制定了一系列规范性文件,使执业医师管理法律法规逐步得到了完善,如《卫生技术人员职称及晋升条例(试行)》《医师、中医师个体开业暂行管理办法》《外国医师来华短期行医暂行管理办法》等。1998年6月26日,第九届全国人大常委会第三次会议通过了《中华人民共和国执业医师法》(以下简称《执业医师法》),自1999年5月1日起施行。为了贯彻实施《执业医师法》,卫生部发布了《医师资格考试暂行办法》《医师执业注册暂行办法》《关于医师执业注册中执业范围的暂行规定》等配套规章,使我国的医师管理进入了法制化、规范化、科学化的轨道,这对加强医师队伍建设、保障医师合法权益、促进医学的发展、保护人民健康都有着极为重要和积极的意义。《医师执业注册管理办法》已于2017年2月3日经国家卫生计生委委主任会议讨论通过并予以公布,自2017年4月1日起施行。1999年7月16日卫生部公布的《医师执业注册暂行办法》同时废止。《医师资格考试报名资格规定(2014版)》已于2014年更新出版。

二、执业医师的考试与注册

(一)资格考试

医师资格考试制度是评价申请医师资格者是否具备执业所必备的专业知识和技能的一种执业准入制度。我国实行医师资格考试制度。医师资格考试分为执业医师资格考试和执业助理医师资格考试。

医师资格统一考试的办法,由国务院卫生行政部门制定。医师资格考试由省级以上人民政府卫生行政部门组织实施。

1. 考试类别 考试类别分为临床、中医(包括中医、民族医、中西医结合)、口腔、公共卫生四类。考试方式分为实践技能考试和医学综合笔试。

2. 考试条件 具有下列条件之一的,可以参加执业医师资格考试:

(1)具有高等学校医学专业本科以上学历,在执业医师指导下,在医疗、预防、保健机构中试用期满一年的;

(2)取得执业助理医师执业证书后,具有高等学校医学专科学历,在医疗、预防、保健机构中工作满二年的;具有中等专业学校医学专业学历,在医疗、预防、保健机构中工作满五年的。

具有高等学校医学专科学历或者中等专业学校医学专业学历,在执业医师指导下,在医疗、预防、保健机构中试用期满一年的,可以参加执业助理医师资格考试。

以师承方式学习传统医学满三年或者经多年实践医术确有专长的,经县级以上人民政府卫生行政部门确定的传统医学专业组织或者医疗、预防、保健机构考核合格并推荐,可以参加执业医师或者执业助理医师资格考试。考试的内容和办法由国务院卫生行政部门另行制定。

医师资格考试成绩合格,取得执业医师资格或者执业助理医师资格,考试成绩合格者由省级卫生行政部门颁发卫生部统一印制的医师执业证书。

(二)执业注册

国家实行医师执业注册制度。《执业医师法》和《医师执业注册管理办法》对医师执业注册的条件、程序、注销与变更等均有明确规定。

1. 注册条件 凡取得医师资格的,均可申请医师执业注册。

有下列情形之一的,不予注册:

(1)不具有完全民事行为能力的;

(2)因受刑事处罚,自刑罚执行完毕之日起至申请注册之日止不满二年的;

(3)受吊销医师执业证书行政处罚,自处罚决定之日起至申请注册之日止不满二年的;

(4)甲类、乙类传染病传染期、精神疾病发病期以及身体残疾等健康状况不适宜或者不能胜任医疗、预防、保健业务工作的;

(5)重新申请注册,经考核不合格的;

(6)在医师资格考试中参与有组织作弊的;

(7) 被查实曾使用伪造医师资格或者冒名使用他人医师资格进行注册的;

(8) 国家卫生计生委(现已变更为国家卫生健康委员会)规定不宜从事医疗、预防、保健业务的其他情形的。

2. 注册内容　医师执业注册内容包括:执业地点、执业类别、执业范围。

执业地点是指执业医师执业的医疗、预防、保健机构所在地的省级行政区划和执业助理医师执业的医疗、预防、保健机构所在地的县级行政区划。

执业类别是指临床、中医(包括中医、民族医和中西医结合)、口腔、公共卫生。

执业范围是指医师在医疗、预防、保健活动中从事的与其执业能力相适应的专业。

医师取得医师执业证书后,应当按照注册的执业地点、执业类别、执业范围,从事相应的医疗、预防、保健活动。

3. 注册方法　取得医师资格的,可以向所在地县级以上人民政府卫生行政部门申请注册。

除有不予注册的情形外,受理申请的卫生行政部门应当自收到申请之日起三十日内准予注册,并发给由国务院卫生行政部门统一印制的医师执业证书。

医疗、预防、保健机构可以为本机构中的医师集体办理注册手续。

医师经注册后,可以在医疗、预防、保健机构中按照注册的执业地点、执业类别、执业范围执业,从事相应的医疗、预防、保健业务。

未经医师注册取得执业证书,不得从事医师执业活动。

有下列情形之一的,不予注册:

(1) 不具有完全民事行为能力的;

(2) 因受刑事处罚,自刑罚执行完毕之日起至申请注册之日止不满二年的;

(3) 受吊销医师执业证书行政处罚,自处罚决定之日起至申请注册之日止不满二年的;

(4) 有国务院卫生行政部门规定不宜从事医疗、预防、保健业务的其他情形的。

受理申请的卫生行政部门对不符合条件不予注册的,应当自收到申请之日起三十日内书面通知申请人,并说明理由。申请人有异议的,可以自收到通知之日起十五日内,依法申请复议或者向人民法院提起诉讼。

4. 注销注册　医师注册后有下列情形之一的,其所在的医疗、预防、保健机构应当在三十日内报告准予注册的卫生行政部门,卫生行政部门应当注销注册,收回医师执业证书:

(1) 死亡或者被宣告失踪的;

(2) 受刑事处罚的;

(3) 受吊销医师执业证书行政处罚的;

(4) 依照《执业医师法》第三十一条规定暂停执业活动期满,再次考核仍不合格的;

(5) 中止医师执业活动满二年的;

(6) 有国务院卫生行政部门规定不宜从事医疗、预防、保健业务的其他情形的。

被注销注册的当事人有异议的,可以自收到注销注册通知之日起十五日内,依法申请复议或者向人民法院提起诉讼。

三、医师执业规则

(1) 医师实施医疗、预防、保健措施,签署有关医学证明文件,必须亲自诊查、调查,并按照规定及时填写医学文书,不得隐匿、伪造或者销毁医学文书及有关资料。

医师不得出具与自己执业范围无关或者与执业类别不相符的医学证明文件。

(2) 对急危患者,医师应当采取紧急措施进行诊治;不得拒绝急救处置。

(3) 医师应当使用经国家有关部门批准使用的药品、消毒药剂和医疗器械。除正当诊断治疗外,不得使用麻醉药品、医疗用毒性药品、精神药品和放射性药品。

(4) 医师应当如实向患者或者其家属介绍病情,但应注意避免对患者产生不利后果。医师进行实验性临床医疗,应当经医院批准并征得患者本人或者其家属同意。

(5) 医师不得利用职务之便,索取、非法收受患者财物或者牟取其他不正当利益。

(6) 遇有自然灾害、传染病流行、突发重大伤亡事故及其他严重威胁人民生命健康的紧急情况时,医师应当服从县级以上人民政府卫生行政部门的调遣。

(7) 医师发生医疗事故或者发现传染病疫情时,应当按照有关规定及时向所在机构或者卫生行政部门报告。医师发现患者涉嫌伤害事件或者非正常死亡时,应当按照有关规定向有关部门报告。

(8) 执业助理医师应当在执业医师的指导下,在医疗、预防、保健机构中按照其执业类别执业。

在乡、民族乡、镇的医疗、预防、保健机构中工作的执业助理医师,可以根据医疗诊治的情况和需要,独立从事一般的执业活动。

四、执业医师的考核与培训

(1) 受县级以上人民政府卫生行政部门委托的机构或者组织应当按照医师执业标准,对医师的业务水平、工作成绩和职业道德状况进行定期考核。

对医师的考核结果,考核机构应当报告准予注册的卫生行政部门备案。

对考核不合格的医师,县级以上人民政府卫生行政部门可以责令其暂停执业活动三个月至六个月,并接受培训和继续医学教育。暂停执业活动期满,再次进行考核,对考核合格的,允许其继续执业;对考核不合格的,由县级以上人民政府卫生行政部门注销注册,收回医师执业证书。

(2) 县级以上人民政府卫生行政部门负责指导、检查和监督医师考核工作。

(3) 医师有下列情形之一的,县级以上人民政府卫生行政部门应当给予表彰或者奖励:

①在执业活动中,医德高尚,事迹突出的;

②对医学专业技术有重大突破,做出显著贡献的;

③遇有自然灾害、传染病流行、突发重大伤亡事故及其他严重威胁人民生命健康的紧急情况时,救死扶伤、抢救诊疗表现突出的;

④长期在边远贫困地区、少数民族地区条件艰苦的基层单位努力工作的;

⑤国务院卫生行政部门规定应当予以表彰或者奖励的其他情形的。

(4) 县级以上人民政府卫生行政部门应当制定医师培训计划,对医师进行多种形式的培训,为医师接受继续医学教育提供条件。

县级以上人民政府卫生行政部门应当采取有力措施,对在农村和少数民族地区从事医疗、预防、保健业务的医务人员实施培训。

(5) 医疗、预防、保健机构应当按照规定和计划保证本机构医师的培训和继续医学教育。

县级以上人民政府卫生行政部门委托的承担医师考核任务的医疗卫生机构,应当为医师的培训和接受继续医学教育提供和创造条件。

五、执业医师的权利和义务

(一) 医师在执业活动中享有的权利

(1) 在注册的执业范围内,进行医学诊查、疾病调查、医学处置、出具相应的医学证明文件,选择合理的医疗、预防、保健方案。

(2) 按照国务院卫生行政部门规定的标准,获得与本人执业活动相当的医疗设备基本条件。

(3) 从事医学研究、学术交流,参加专业学术团体。

(4) 参加专业培训,接受继续医学教育。

(5) 在执业活动中,人格尊严、人身安全不受侵犯。

(6) 获取工资报酬和津贴,享受国家规定的福利待遇。

(7) 对所在机构的医疗、预防、保健工作和卫生行政部门的工作提出意见和建议,依法参与所在机构的民主管理。

（二）医师在执业活动中履行的义务

（1）遵守法律、法规，遵守技术操作规范。
（2）树立敬业精神，遵守职业道德，履行医师职责，尽职尽责为患者服务。
（3）关心、爱护、尊重患者，保护患者的隐私。
（4）努力钻研业务，更新知识，提高专业技术水平。
（5）宣传卫生保健知识，对患者进行健康教育。

六、患者的权利和义务

（一）患者的权利

（1）得到周到、舒适和优质的医疗、护理服务。
（2）有权知晓医疗小组组成人员。
（3）得到有关诊断、病情、诊疗措施、治疗结果（包括意外情况）、手术过程、医疗风险、临床试验及疾病预后等方面的相关信息，入院时，请签署告知及授权委托书。
（4）根据实际情况，参与制定和实施治疗计划，参与治疗过程中发生的伦理道德问题的讨论，包括终止抢救和停止生命支持治疗的选择等。
（5）在法律允许的范围内，可以选择拒绝治疗或选择自动出院，但无权要求不恰当或医学上尚不可能的治疗或服务。
（6）同意或拒绝与治疗相关科研项目。
（7）要求医院在其服务范围内，对其合理的服务需求做出适当的反应。
（8）要求个人隐私得到尊重和保护。医院在进行病例讨论、会诊、检查和治疗时要满足患者合理的隐私需求，如病房内使用窗帘；与患者治疗无直接关系者，必须得到患者同意方可在场。
（9）要求保密个人以及与治疗有关的所有内容及记录等信息，相关人员调阅病历时，遵守病历调用、复印制度。
（10）在安全的场所接受治疗，受到礼貌对待，并有权接受保护。
（11）得到出院后需要注意的相关事项方面的信息。
（12）按有关法规要求，患者有权复印其法规允许内的病历记录。
（13）要求知晓医院的服务内容和有关的规定。
（14）无论付费方式如何，患者均可以要求核对其账单，并得到合理的解释。
（15）有投诉的权利，医院有关科室接待医疗纠纷或投诉，并及时告知已采取的措施。
（16）得到合适的疼痛评价和处理的权利。
（17）临终患者有得到尊重和富有同情心的服务和关怀的权利。

（二）患者的义务

（1）遵守医院规章制度，不得侵犯医院员工和其他患者的权利。
（2）配合主管医生、护士及其他相关医务人员的治疗护理计划和指导，当拒绝治疗或不遵从指导时，要承担相应的责任。
（3）了解自身疾病、治疗、预后及出院后保健事项；如果不明了，应向主管医生询问。
（4）如实提供与疾病及诊疗相关的信息，不得故意隐瞒事实或提供与事实相悖的信息。
（5）在身体状况允许的情况下，配合医院的教学工作。
（6）如果存在语言沟通障碍，要及时告知有关工作人员以取得帮助。
（7）爱护医院设施和仪器。
（8）履行付费义务，按医院有关规定交款。
（9）勿将非必需的贵重物品及私人财务等带入病房。医院对没有遵守医院规章制度而引起的财物损失，及患者或家属自己携带的贵重物品和私人财物的损失不负责任。

权利和义务是统一的,作为患者,我们可以要求得到舒适、周到的服务,但同时我们也要配合医院的教学工作,两者是相辅相成的。

第二节 执业乡村医生法律制度

一、概述

《乡村医生从业管理条例》是为提高乡村医生的职业道德和业务素质,加强乡村医生从业管理,保护乡村医生的合法权益,保障村民获得初级卫生保健服务,根据《执业医师法》的规定制定。《乡村医生从业管理条例》经2003年7月30日国务院第16次常务会议通过,自2004年1月1日起施行。

二、乡村医生的执业注册

(1) 国家实行乡村医生执业注册制度。县级人民政府卫生行政主管部门负责乡村医生执业注册工作。

(2)《乡村医生从业管理条例》公布前的乡村医生,取得县级以上地方人民政府卫生行政主管部门颁发的乡村医生证书,并符合下列条件之一的,可以向县级人民政府卫生行政主管部门申请乡村医生执业注册,取得乡村医生执业证书后,继续在村医疗卫生机构执业:

①已经取得中等以上医学专业学历的;

②在村医疗卫生机构连续工作20年以上的;

③按照省、自治区、直辖市人民政府卫生行政主管部门制定的培训规划,接受培训取得合格证书的。

(3) 对具有县级以上地方人民政府卫生行政主管部门颁发的乡村医生证书,但不符合《乡村医生从业管理条例》第十条规定条件的乡村医生,县级人民政府卫生行政主管部门应当进行有关预防、保健和一般医疗服务基本知识的培训,并根据省、自治区、直辖市人民政府卫生行政主管部门确定的考试内容、考试范围进行考试。

前款所指的乡村医生经培训并考试合格的,可以申请乡村医生执业注册;经培训但考试不合格的,县级人民政府卫生行政主管部门应当组织对其再次培训和考试。不参加再次培训或者再次考试仍不合格的,不得申请乡村医生执业注册。培训、考试,应当在《乡村医生从业管理条例》施行后6个月内完成。

(4)《乡村医生从业管理条例》公布之日起进入村医疗卫生机构从事预防、保健和医疗服务的人员,应当具备执业医师资格或者执业助理医师资格。

不具备前款规定条件的地区,根据实际需要,可以允许具有中等医学专业学历的人员,或者经培训达到中等医学专业水平的其他人员申请执业注册,进入村医疗卫生机构执业。具体办法由省、自治区、直辖市人民政府制定。

(5) 符合《乡村医生从业管理条例》规定申请在村医疗卫生机构执业的人员,应当持村医疗卫生机构出具的拟聘用证明和相关学历证明、证书,向村医疗卫生机构所在地的县级人民政府卫生行政主管部门申请执业注册。

县级人民政府卫生行政主管部门应当自受理申请之日起15日内完成审核工作,对符合《乡村医生从业管理条例》规定条件的,准予执业注册,发给乡村医生执业证书;对不符合《乡村医生从业管理条例》规定条件的,不予注册,并书面说明理由。

(6) 乡村医生有下列情形之一的,不予注册:

①不具有完全民事行为能力的;

②受刑事处罚,自刑罚执行完毕之日起至申请执业注册之日止不满2年的;

③受吊销乡村医生执业证书行政处罚,自处罚决定之日起至申请执业注册之日止不满2年的。

(7) 乡村医生经注册取得执业证书后,方可在聘用其执业的村医疗卫生机构从事预防、保健和一般医疗服务。

未经注册取得乡村医生执业证书的,不得执业。

(8) 乡村医生执业证书有效期为5年。

乡村医生执业证书有效期满需要继续执业的,应当在有效期满前3个月申请再注册。

县级人民政府卫生行政主管部门应当自受理申请之日起15日内进行审核,对符合省、自治区、直辖市人民政府卫生行政主管部门规定条件的,准予再注册,换发乡村医生执业证书;对不符合条件的,不予再注册,由发证部门收回原乡村医生执业证书。

(9) 乡村医生应当在聘用其执业的村医疗卫生机构执业;变更执业的村医疗卫生机构的,应当依照《乡村医生从业管理条例》第十三条规定的程序办理变更注册手续。

(10) 乡村医生有下列情形之一的,由原注册的卫生行政主管部门注销执业注册,收回乡村医生执业证书:

①死亡或者被宣告失踪的;

②受刑事处罚的;

③中止执业活动满2年的;

④考核不合格,逾期未提出再次考核申请或者经再次考核仍不合格的。

(11) 县级人民政府卫生行政主管部门应当将准予执业注册、再注册和注销注册的人员名单向其执业的村医疗卫生机构所在地的村民公告,并由设区的市级人民政府卫生行政主管部门汇总,报省、自治区、直辖市人民政府卫生行政主管部门备案。

(12) 县级人民政府卫生行政主管部门办理乡村医生执业注册、再注册、注销注册,应当依据法定权限、条件和程序,遵循便民原则,提高办事效率。

(13) 村民和乡村医生发现违法办理乡村医生执业注册、再注册、注销注册的,可以向有关人民政府卫生行政主管部门反映;有关人民政府卫生行政主管部门对反映的情况应当及时核实,调查处理,并将调查处理结果予以公布。

(14) 上级人民政府卫生行政主管部门应当加强对下级人民政府卫生行政主管部门办理乡村医生执业注册、再注册、注销注册的监督检查,及时纠正违法行为。

三、乡村医生的执业规则

(1) 乡村医生应当协助有关部门做好初级卫生保健服务工作;按照规定及时报告传染病疫情和中毒事件,如实填写并上报有关卫生统计报表,妥善保管有关资料。

(2) 乡村医生在执业活动中,不得重复使用一次性医疗器械和卫生材料。对使用过的一次性医疗器械和卫生材料,应当按照规定处置。

(3) 乡村医生应当如实向患者或者其家属介绍病情,对超出一般医疗服务范围或者限于医疗条件和技术水平不能诊治的患者,应当及时转诊;情况紧急不能转诊的,应当先行抢救并及时向有抢救条件的医疗卫生机构求助。

(4) 乡村医生不得出具与执业范围无关或者与执业范围不相符的医学证明,不得进行实验性临床医疗活动。

(5) 省、自治区、直辖市人民政府卫生行政主管部门应当按照乡村医生一般医疗服务范围,制定乡村医生基本用药目录。乡村医生应当在乡村医生基本用药目录规定的范围内用药。

(6) 县级人民政府对乡村医生开展国家规定的预防、保健等公共卫生服务,应当按照有关规定予以补助。

四、乡村医生的权利和义务

1. 乡村医生在执业活动中享有的权利

(1) 进行一般医学处置,出具相应的医学证明。

(2) 参与医学经验交流,参加专业学术团体。

(3) 参加业务培训和教育。

(4) 在执业活动中,人格尊严、人身安全不受侵犯。

(5) 获取报酬。

(6) 对当地的预防、保健、医疗工作和卫生行政主管部门的工作提出意见和建议。

2. 乡村医生在执业活动中应当履行的义务

(1) 遵守法律、法规、规章和诊疗护理技术规范、常规。

(2) 树立敬业精神,遵守职业道德,履行乡村医生职责,为村民健康服务。

(3) 关心、爱护、尊重患者,保护患者的隐私。

(4) 努力钻研业务,更新知识,提高专业技术水平。

(5) 向村民宣传卫生保健知识,对患者进行健康教育。

五、考核与培训

医学技术不断更新,作为乡村医生,要不断学习。

(1) 省、自治区、直辖市人民政府组织制定乡村医生培训规划,保证乡村医生至少每2年接受一次培训。县级人民政府根据培训规划制定本地区乡村医生培训计划。

对承担国家规定的预防、保健等公共卫生服务的乡村医生,其培训所需经费列入县级财政预算。对边远贫困地区,设区的市级以上地方人民政府应当给予适当经费支持。

国家鼓励社会组织和个人支持乡村医生培训工作。

(2) 县级人民政府卫生行政主管部门根据乡村医生培训计划,负责组织乡村医生的培训工作。

乡、镇人民政府以及村民委员会应当为乡村医生开展工作和学习提供条件,保证乡村医生接受培训和继续教育。

(3) 乡村医生应当按照培训规划的要求至少每2年接受一次培训,更新医学知识,提高业务水平。

(4) 县级人民政府卫生行政主管部门负责组织本地区乡村医生的考核工作;对乡村医生的考核,每2年组织一次。

对乡村医生的考核应当客观、公正,充分听取乡村医生执业的村医疗卫生机构、乡村医生本人、所在村村民委员会和村民的意见。

(5) 县级人民政府卫生行政主管部门负责检查乡村医生执业情况,收集村民对乡村医生业务水平、工作质量的评价和建议,接受村民对乡村医生的投诉,并进行汇总、分析。汇总、分析结果与乡村医生接受培训的情况作为对乡村医生进行考核的主要内容。

(6) 乡村医生经考核合格的,可以继续执业;经考核不合格的,在6个月之内可以申请进行再次考核。逾期未提出再次考核申请或者经再次考核仍不合格的乡村医生,原注册部门应当注销其执业注册,并收回乡村医生执业证书。

(7) 有关人民政府卫生行政主管部门对村民和乡村医生提出的意见、建议和投诉,应当及时调查处理,并将调查处理结果告知村民或者乡村医生。

第三节 执业护士法律制度

一、概述

《护士条例》是为维护护士的合法权益,规范护理行为,促进护理事业发展,保障医疗安全和人体健康制定的。《护士条例》经 2008 年 1 月 23 日国务院第 206 次常务会议通过,自 2008 年 5 月 12 日起施行。

护理工作在医疗过程中的重要性是不争的事实,护理工作涉及维护和促进人的健康,具有专业性、服务性的特点,是医疗卫生工作的一个重要部分。护士作为卫生技术人员,在医疗、预防、保健、康复等领域发挥着重要作用,承担着重要职能。

新中国成立以来,我国先后发布了《医士、药剂士、助产士、护士、牙科技士暂行条例》《卫生部关于加强护理工作的意见》《中华人民共和国护士管理办法》等法规、规章文件,但由于缺乏严格的执业准入与执业管理制度,致使一大批未经正规专业培训的人员涌入护士队伍,给护理工作带来不规范、不稳定的因素。为了维护护士的合法权益,规范护理行为,保障医疗安全和人体健康,2008 年 1 月 23 日,国务院于第 206 次常务会议上通过的《护士条例》(以下简称《条例》)适用范围是经过注册取得护理执业证书,依照条例规定从事护理活动,履行保护生命、减轻痛苦、增进健康职责的护理专业技术人员。

二、护士执业资格考试

护士执业资格考试是为贯彻国家人事部、卫生部《关于加强卫生专业技术职务评聘工作的通知》等相关文件的精神,于 2001 年开始正式实施的。通过考试取得的资格代表了相应级别技术职务要求的水平与能力,作为单位聘任相应技术职务的必要依据。

护士执业资格考试实行国家统一考试制度。统一考试大纲,统一命题,统一合格标准。护士执业资格考试是作为单位聘任相应技术职务的必要依据。

护士执业资格考试是评价申请护士执业资格者是否具备执业所必需的护理专业知识与工作能力的考试。

具有护理、助产专业中专和大专学历的人员,参加护士执业资格考试并成绩合格,可取得护理初级(士)专业技术资格证书;护理初级(师)专业技术资格按照有关规定通过参加全国卫生专业技术资格考试取得。

具有护理、助产专业本科以上学历的人员,参加护士执业资格考试并成绩合格,可以取得护理初级(士)专业技术资格证书;在达到《卫生技术人员职务试行条例》规定的护师专业技术职务任职资格年限后,可直接聘任护师专业技术职务。

卫生部和人力资源社会保障部成立全国护士执业资格考试委员会,负责对涉及护士执业资格考试的重大事项进行协调、决策;审定护士执业资格考试大纲、考试内容和方案;确定并公布护士执业资格考试成绩合格线;指导全国护士执业资格考试工作等。

三、护士注册

1. 注册条件和注册申请 执业注册是行政机关行使许可权的一种方式。为确保从事护理工作的护士具有保障患者健康和医疗安全的执业水平,《护士执业注册管理办法》规定了申请护士执业注册,应当具备下列条件:具有完全民事行为能力;在中等职业学校、高等学校完成教育部和卫生部规定的普通全日制 3 年以上的护理、助产专业课程学习,包括在教学、综合医院完成 8 个月以上护理临床实习,并取得相应学历证书;通过卫生部组织的护士执业资格考试;符合《护士执业注册管理办法》第六条规定的健康标准。申请护士执业注册,应当符合下列健康标准:无精神病史;无色盲、色弱、双耳听力障碍;无影响履行护理职责的疾病、残疾或者功能障碍。护士执业注册申请,应当自通过护士执业资格考试之日起3年内提出;逾期提出申请的,必须在符合卫生部规定条件的医疗卫生机构接受3个月临床护理培训,并考核合格。

护士执业注册应当向拟执业地的省级卫生主管部门提出申请。卫生主管部门应当自收到申请之日起20个工作日内作出决定,对符合条件的,准予注册并发给护士执业证书。对不符合注册条件的,不予注册,并书面说明理由。

护士执业注册有效期为5年。有效期届满需继续执业的,应当在届满前30日向执业地省级卫生主管部门申请延续注册。

2. 变更注册和注销注册　护士在其执业注册有效期内变更执业地点的,应当向拟执业地的省级卫生主管部门报告,卫生主管部门应当自收到报告之日起7个工作日内为其办理变更手续。护士跨省变更执业地点的,收到报告的卫生主管部门还应当向其原执业地省级卫生主管部门通报。护士有《中华人民共和国行政许可法》规定的应当予以注销执业注册情形的,原注册部门应当依照《中华人民共和国行政许可法》的规定注销其执业注册。

四、护士执业权利和义务

（一）护士执业权利

为鼓励和保证护士安心工作,满足人民群众对护理服务的需求,《条例》充分考虑了我国护士的现状,规定护士在执业活动中享有以下权利。

（1）护士执业,有按照国家有关规定获取工资报酬、享受福利待遇、参加社会保险的权利。任何单位或者个人不得克扣护士工资,降低或者取消护士福利等待遇。

（2）护士执业,有获得与其所从事的护理工作相适应的卫生防护、医疗保健服务的权利。从事直接接触有毒有害物质、有感染传染病危险工作的护士,有依照有关法律、行政法规的规定接受职业健康监护的权利;患职业病的,有依照有关法律、行政法规的规定获得赔偿的权利。

（3）护士有按照国家有关规定获得与本人业务能力和学术水平相应的专业技术职务、职称的权利;有参加专业培训、从事学术研究和交流、参加行业协会和专业学术团体的权利。

（4）护士有获得疾病诊疗、护理相关信息的权利和其他与履行护理职责相关的权利,可以对医疗卫生机构和卫生主管部门的工作提出意见和建议。

（二）护士执业义务

为了规范护士执业行为,提高护理质量,改善护患关系,《条例》规定护士应当履行以下义务。

（1）护士执业,应当遵守法律、法规、规章和诊疗技术规范的规定。

（2）护士在执业活动中,发现患者病情危急,应当立即通知医师;在紧急情况下为抢救垂危患者生命,应当先行实施必要的紧急救护。

护士发现医嘱违反法律、法规、规章或者诊疗技术规范规定的,应当及时向开具医嘱的医师提出;必要时,应当向该医师所在科室的负责人或者医疗卫生机构负责医疗服务管理的人员报告。

（3）护士应当尊重、关心、爱护患者,保护患者的隐私。

（4）护士有义务参与公共卫生和疾病预防控制工作。发生自然灾害、公共卫生事件等严重威胁公众生命健康的突发事件,护士应当服从县级以上人民政府卫生主管部门或者所在医疗卫生机构的安排,参加医疗救护。

第四节 执业药师法律制度

一、概述

1994年3月,人事部、国家药品监督管理局颁布了《执业药师资格制度暂行规定》。

1995年7月,人事部、国家中医药管理局颁布了《执业中药师资格制度暂行规定》,从此我国开始实施执业药师资格制度。

1999年4月,人事部、国家药品监督管理局下发了《人事部、国家药品监督管理局关于修订印发〈执业药师资格制度暂行规定〉和〈执业药师资格考试实施办法〉的通知》(人发〔1999〕34号),对原有考试管理办法进行了修订,明确执业药师、中药师统称为执业药师,执业药师资格考试实行全国统一大纲、统一考试、统一注册、统一管理、分类执业。考试工作由人事部、国家药品监督管理局共同负责,日常工作委托国家药品监督管理局执业药师资格认证中心承担,具体考务工作委托人事部人事考试中心组织实施。

2019年3月,国家药品监督管理局(简称国家药监局)、人力资源社会保障部在原执业药师资格制度基础上,制定了《执业药师职业资格制度规定》和《执业药师职业资格考试实施办法》。

二、药师资格考试与注册

(一)执业药师职业资格考试

执业药师职业资格考试实行全国统一大纲、统一命题、统一组织的考试制度。原则上每年举行一次。国家药监局负责组织拟定考试科目和考试大纲、建立试题库、组织命审题工作,提出考试合格标准建议。人力资源社会保障部负责组织审定考试科目、考试大纲,会同国家药监局对考试工作进行监督、指导并确定合格标准。

凡中华人民共和国公民和获准在我国境内就业的外籍人员,具备以下条件之一者,均可申请参加执业药师职业资格考试:

(1)取得药学类、中药学类专业大专学历,在药学或中药学岗位工作满5年;

(2)取得药学类、中药学类专业大学本科学历或学士学位,在药学或中药学岗位工作满3年;

(3)取得药学类、中药学类专业第二学士学位、研究生班毕业或硕士学位,在药学或中药学岗位工作满1年;

(4)取得药学类、中药学类专业博士学位;

(5)取得药学类、中药学类相关专业相应学历或学位的人员,在药学或中药学岗位工作的年限相应增加1年。

执业药师职业资格考试合格者,由各省、自治区、直辖市人力资源社会保障部门颁发执业药师职业资格证书。该证书由人力资源社会保障部统一印制,国家药监局与人力资源社会保障部用印,在全国范围内有效。

(二)执业药师职业资格注册

(1)执业药师实行注册制度。国家药监局负责执业药师注册的政策制定和组织实施,指导全国执业药师注册管理工作。各省、自治区、直辖市药品监督管理部门负责本行政区域内的执业药师注册管理工作。

(2)取得执业药师职业资格证书者,应当通过全国执业药师注册管理信息系统向所在地注册管理机构申请注册。经注册后,方可从事相应的执业活动。未经注册者,不得以执业药师身份执业。

(3)申请注册者,必须同时具备下列条件:

①取得执业药师职业资格证书;

②遵纪守法,遵守执业药师职业道德,无不良信息记录;

③身体健康,能坚持在执业药师岗位工作;

④经所在单位考核同意。

(4) 经批准注册者,由执业药师注册管理机构核发国家药监局统一样式的执业药师注册证。

(5) 执业药师变更执业单位、执业范围等应当及时办理变更注册手续。

(6) 执业药师注册有效期为五年。需要延续的,应当在有效期届满三十日前,向所在地注册管理机构提出延续注册申请。

三、执业药师的职责

(1) 执业药师应当遵守执业标准和业务规范,以保障和促进公众用药安全有效为基本准则。

(2) 执业药师必须严格遵守《中华人民共和国药品管理法》及国家有关药品研制、生产、经营、使用的各项法规及政策。执业药师对违反《中华人民共和国药品管理法》及有关法规、规章的行为或决定,有责任提出劝告、制止、拒绝执行,并向当地负责药品监督管理的部门报告。

(3) 执业药师在执业范围内负责对药品质量的监督和管理,参与制定和实施药品全面质量管理制度,参与单位对内部违反规定行为的处理工作。

(4) 执业药师负责处方的审核及调配,提供用药咨询与信息,指导合理用药,开展治疗药物监测及药品疗效评价等临床药学工作。

(5) 药品零售企业应当在醒目位置公示执业药师注册证,并对在岗执业的执业药师挂牌明示。执业药师不在岗时,应当以醒目方式公示,并停止销售处方药和甲类非处方药。

执业药师执业时应当按照有关规定佩戴工作牌。

(6) 执业药师应当按照国家专业技术人员继续教育的有关规定接受继续教育,更新专业知识,提高业务水平。国家鼓励执业药师参加实训培养。

四、药师继续教育

根据国家食品药品监督管理总局(现变更为国家药品监督管理局)"三定"规定的要求,中国药师协会承担执业药师继续教育管理职责。为加强执业药师管理,规范执业药师继续教育工作,中国药师协会制订了《执业药师继续教育管理试行办法》。我国执业药师继续教育制度是针对取得执业药师资格的人员进行的有关法律法规、职业道德和专业知识与技能的继续教育。目的是使执业药师保持良好的职业道德与执业技能,认真履行职责,为公众提供药学服务。

(一) 培训对象

执业药师继续教育根据学历层次、专业背景将培训对象分为四大类。

第一类为毕业于非药学(中药学)专业、药学(中药学)中专、大专的执业药师。通过继续教育使这部分执业药师学习并达到正规药学(中药学)院校本科毕业生应具备的基本理论、基本知识水平。

第二类为早年毕业于药学(中药学)本科专业的执业药师。对于20世纪80年代以前毕业的药学(中药学)专业的本科生,由于过去所学的知识大部分陈旧老化,已不能适应21世纪药学服务的需要,急需更新知识。

第三类为20世纪90年代以来毕业的药学(中药学)本科专业的执业药师。这部分人员虽然毕业时间不长,但是由于我国现行高等药学教育课程体系本身存在某些缺陷,主要是缺少临床药学、生物医学、人文方面的课程。

第四类为高层次的执业药师。如近年来毕业的药学(中药学)硕士、博士,以及相当于主任药师、副主任药师水平的执业药师。这部分人员是我国执业药师队伍中的学术带头人,其继续教育应以跟踪国际药学前沿、提高和扩大知识面为主,以研讨专题为主。

(二) 课程体系及培训形式

课程体系分为两大类:一是药学类;二是中药学类。每一大类里又分为专业基础课、专业课、拓展课和研讨课四种，课程总数为32门。

培训形式包括参加学术会议、学术讲座、专题讨论会、专题学习班、专题调研和考察、安全分析讨论会、学术讨论会、短期或长期培训等。

培训以短期和业余为主。

（三）学分和登记

执业药师继续教育实行学分制。具有执业药师资格的人员每年参加继续教育获取的学分不得少于25学分，注册期3年内累计不少于75学分。其中指定和指导项目学习每年不得少于10学分，自修项目学习可累计获取学分。

执业药师继续教育实行登记制度，登记内容包括项目名称、内容、形式、学时、学分数、考核结果、日期、举办单位等。执业药师继续教育登记证书由国家药品监督管理局统一印制，由执业药师本人保存。具有执业药师资格人员参加继续教育指定和指导项目的学习并经考核合格后，由举办单位在登记证书上登记盖章确认。

第五节　全科医师法律制度

一、概述

全科医师是经过全科医学专门训练、学习，取得了全科医师执业资格证书，工作在基层的临床医生，对个人、家庭和社区提供优质、方便、经济有效的、一体化的基层医疗保健服务，进行生命、健康与疾病的全过程、全方位负责式管理的医生，是执行全科医疗的卫生服务提供者。

其服务对象涵盖不同性别、年龄的人；其服务内容涉及生理、心理、社会层面的健康问题。

2011年6月22日国务院总理温家宝主持召开国务院常务会议，决定建立全科医生制度。2012年7月公布的《国务院关于建立全科医生制度的指导意见》（下称《指导意见》）指出，到2020年，在我国将初步建立起充满生机和活力的全科医生制度，基本形成统一规范的全科医生培养模式和"首诊在基层"的服务模式，全科医生与城乡居民基本建立比较稳定的服务关系，基本实现城乡每万名居民有2~3名合格的全科医生，全科医生服务水平全面提高，基本适应人民群众基本医疗卫生服务需求。

《指导意见》要求推行全科医生与居民建立契约服务关系。基层医疗卫生机构或全科医生要与居民签订一定期限的服务协议，建立相对稳定的契约服务关系，服务责任落实到全科医生个人。参保人员可在本县（市、区）医保定点服务机构或全科医生范围内自主选择签约医生，期满后可续约或另选签约医生。《指导意见》提出，随着全科医生制度的完善，逐步将每名全科医生的签约服务人数控制在2000人左右，其中老年人、慢性病患者、残疾人等特殊人群要有一定比例。

二、全科医师的考试

报名参加全科医师资格考试的人员，要遵守《中华人民共和国宪法》和其他法律，具备良好的医德医风和敬业精神，同时具备下列相应条件：

（1）取得相应专业中专学历，受聘担任医师职务满7年。

（2）取得相应专业专科学历，受聘担任医师职务满6年。

（3）取得相应专业本科学历，受聘担任医师职务满4年。

（4）取得相应专业硕士学位，受聘担任医师职务满2年。

（5）取得相应专业博士学位。

参加中医全科医学中级资格考试的人员必须先取得执业医师资格，并在报名时提交相应专业执业医师资格证书。因工作岗位变动，需报考现岗位专业类别的人员，其从事现岗位专业工作时间须满

2年。

按照《关于加强城市社区卫生人才队伍建设的指导意见》有关规定,凡到社区卫生服务机构工作的医师和护师,可提前一年参加全国卫生专业技术中级资格考试。

报名条件中有关学历的要求,是指国家教育行政主管部门认可的院校毕业的学历或学位;有关工作年限的要求,是指取得上述学历前后从事本专业工作时间的总和。工作年限计算的截止日期为上年12月31日。

三、全科医师的职责

专科医疗和全科医疗负责健康与疾病发展的不同阶段。专科医疗负责疾病形成以后一段时期的诊治,其宗旨是根据科学对人体生命与疾病本质的深入研究来认识与对抗疾病。当遇到现代医学无法解释或解决的问题时,专科医疗就不得不宣布放弃其对患者的责任。在这种意义上,专科医生类似于"医学科学家",即充分体现了医学的科学性方面。由于专科医疗强调根除或治愈疾病,可将其称为治愈医学。

全科医疗负责健康时期、疾病早期乃至经专科诊疗后无法治愈的各种病患的长期照顾,其宗旨关注的中心是人而不是疾病,无论其服务对象有无疾病(disease,生物医学上定位的病种)或病患(illness,有症状或不适),全科医疗都要为其提供令人满意的照顾,也即对自己的"当事人"具有不可推卸的责任。因此,全科医师类似于"医学服务者"与"管理者",其工作遵循"照顾"的模式,其责任既涉及医学科学,又涉及与这种服务相关的各个专业领域(包括医学以外的行为科学、社会学、人类学、伦理学、文学、艺术学等),其最高价值既有科学性,又顾及服务对象的满意度,即充分体现了医学的艺术性方面。此外,随着社会进步和民众健康需求的增加,基层医疗的公平性、经济性与可及性日益显现,于是关于经济学的考虑也成为全科医疗中重要的价值之一,这更体现了医学的公益性。

第六节 外国医师执业法律制度

一、概述

为加强外国医师来华行医的管理,根据《中华人民共和国执业医师法》《医疗机构管理条例》等法律、法规制定《外国医师来华行医管理办法(征求意见稿)》。该办法所称"外国医师来华行医",是指取得外国合法行医权的外籍医师,申请、应邀或应聘在中国境内医疗机构从事临床和口腔类别医疗相关活动。卫生部(现变更为卫健委)负责全国外国医师来华行医的监督管理工作。省级卫生健康主管部门负责本辖区内外国医师来华行医监督管理工作。

二、邀请聘用法律制度

(1) 外国医师来华行医,应当符合我国有关外籍人员就业的规定,由我国境内具有独立法人资格的医疗机构邀请并作为聘用单位,并取得我国出入境管理部门签发的工作签证。外国医师不得申请在华开办个体诊所。

(2) 聘用外国医师来华行医的医疗机构应当将外国医师考核和执业情况向注册机关和卫生部指定的查询机构报告。

(3) 医疗机构聘用未经执业注册的外国医师从事诊疗活动的,视为聘用非卫生技术人员,按照《医疗机构管理条例》第四十八条规定处理。

(4) 医疗机构违反《医疗机构管理条例》第二十二条规定的,2年内不得聘用外国医师。

三、注册管理制度

外国医师注册管理制度如下。

(1) 取得外国医师考试合格证明的外国医师,拟在医疗机构执业的,应当向该医疗机构执业登记的卫生行政部门申请注册,并提交下列材料:

①外国医师执业注册申请审核表;

②申请人有效身份证明;

③二寸近期免冠正面半身彩色照片两张;

④外国医师考试合格证明;

⑤我国出入境管理部门签发的工作签证;

⑥有效期内的外国行医执照或行医权证明;

⑦医疗机构与外国医师签订的包括聘用期限及法律责任的协议书;

⑧注册主管部门指定的医疗机构出具的申请人近3个月内的健康体检证明;

⑨无刑事犯罪记录的证明;

⑩省级人民政府卫生行政部门规定的其他材料;

⑪委托协议书(如医疗机构为其代办注册手续)。

第⑥、⑨项的内容应当为中、英文文本,并且经过所在国公证认证以及中国驻申请人国籍所在国使(领)馆的认证,其余材料应为中文文本。

(2) 外国医师可以自行办理或委托医疗机构代其办理执业注册手续。

(3) 有下列情形之一的,不予注册:

①被处予吊销外国医师执业证书行政处罚的;

②甲类、乙类传染病传染期、精神病发病期以及身体残疾等健康状况不适宜或者不能胜任医疗、预防、保健业务工作的;

③不依法纳税,被税务管理部门处罚的;

④卫生部规定不宜从事医疗、预防、保健等业务的其他情形。

(4) 注册主管部门应当自收到注册申请之日起20个工作日内,对申请人提交的申请材料进行审核。审核合格的,予以注册,并发给卫生部统一印制的外国医师执业证书。

(5) 外国医师执业证书有效期最长为1年,有效期届满需要继续执业的,应当在有效期届满前30日内,向原注册部门申请延续注册。

外国医师执业证书的有效期应当在工作签证有效期限内。

(6) 外国医师申请延续注册,应当提交下列材料:

①外国医师延续注册申请审核表;

②申请人的外国医师执业证书;

③在华聘用医疗卫生机构出具的聘用协议书;

④在华聘用医疗卫生机构出具的在华执业期间未发生医疗事故的证明;

⑤省、自治区、直辖市人民政府卫生行政部门指定的医疗机构出具的申请人6个月内健康体检证明;

⑥省级以上人民政府卫生行政部门规定的其他材料。

(7) 注册部门自受理延续注册申请之日起20个工作日内进行审核。审核合格的,予以延续注册。

(8) 外国医师的注册内容包括执业地点、执业类别和执业范围。执业范围应符合《执业医师法》和卫生部有关执业范围的规定。

外国医师不得在华多点执业。

(9) 对不符合注册条件的,注册主管部门应当自收到注册申请之日起20个工作日内,书面通知申请人,并说明理由。申请人如有异议,可依法申请行政复议或者向人民法院提起行政诉讼。

第七节 法律责任

一、行政责任

1. 医师违法的行政责任 医师在执业活动中有下列行为之一的,由县级以上人民政府卫生行政部门给予警告或者责令暂停六个月以上一年以下执业活动;情节严重的,吊销其执业证书:①违反卫生行政规章制度或者技术操作规范,造成后果的;②由于不负责任延误急危患者的抢救和诊治,造成后果的;③造成医疗责任事故的,尚不构成追究刑事责任的;④未经亲自诊查、调查,签署诊断、治疗、流行病学等证明文件或者有关出生、死亡等证明文件的;⑤隐匿、伪造或者擅自销毁医学文书及有关资料的;⑥使用未经批准使用的药品、消毒药剂和医学器械的;⑦不按照规定使用麻醉药品、医疗用毒性药品、精神药品和放射性药品的;⑧未经患者或者其家属同意,对患者进行实验性临床医疗的;⑨泄露患者隐私,造成后果的;⑩利用职务之便,索取、非法收受患者财物或者牟取其他不正当利益的。

2. 医疗机构违法的行政责任 ①以不正当手段取得医师执业证书的,由发给证书的卫生行政部门吊销;对负有直接责任的主管人员和其他直接责任人员,依法给予行政处分。②未经批准擅自开办医疗机构行医或者非医师行医的,由县级以上卫生行政部门予以取缔,没收其违法所得及其药品、器械,并处10万元以下的罚款;对医师吊销其执业证书。③医疗、预防、保健机构对属于注销注册情形而未履行报告职责,导致严重后果的,由县级以上卫生行政部门给予警告,并对该机构的主要负责人依法给予行政处分。

3. 其他有关人员违法的行政责任 卫生行政部门工作人员或者医疗、预防、保健机构工作人员违反《执业医师法》的规定,弄虚作假、玩忽职守、滥用职权、徇私舞弊,不构成犯罪的,依法给予行政处分;患者及其家属等其他人员阻碍医师依法执业,侮辱、诽谤、威胁、殴打医师或者侵犯医师人身自由、干扰医师正常工作、生活的,依照《中华人民共和国治安管理处罚条例》给予治安行政处罚。

二、民事责任

医师在医疗、预防、保健工作中造成事故的,依照法律或者国家有关规定处理并依法承担赔偿责任;未经批准擅自开办医疗机构行医或者非医师行医,给患者造成损害的,依法承担赔偿责任。

三、刑事责任

(1) 医师在执业活动中,有违反《执业医师法》规定第三十七条所列行为并构成犯罪的,依法追究刑事责任。

(2) 医师在执业活动中构成《刑法》第三百三十五条规定的医疗事故罪或第三百三十六条规定的非法行医罪,依法追究刑事责任。

(3) 阻碍医师依法执业,侮辱、诽谤、威胁、殴打医师或者侵犯医师人身自由、干扰医师正常工作、生活,构成犯罪的,依法追究刑事责任。

(4) 卫生行政部门工作人员或者医疗、预防、保健机构工作人员违反《执业医师法》规定,弄虚作假、玩忽职守、滥用职权、徇私舞弊,构成犯罪的,依法追究刑事责任。

知识链接 3-1

本章小结

卫生技术人员 管理法律制度	学习要点
概念	卫生技术人员、执业医师、执业医师法、外国医师来华行医、非法行医罪
特征	具有准入制度、注册制度、执业规则、权利义务、培训考核以及法律责任等制度约束
分类	执业医师、执业助理医师、乡村医生、执业护士、执业药师
原则	考取执业资格、注册执业范围及地点、履行义务、执行权利

目标检测

一、选择题

【A1 型题】

1. 执业医师注册时,不予注册的情况:因受刑事处罚,自刑罚执行完毕之日起至申请注册之日止不满( )。

 A. 2 年　　　　B. 3 年　　　　C. 4 年　　　　D. 5 年　　　　E. 6 年

2. 执业医师注册内容包括( )。

 A. 执业医师性别　　B. 执业医师年龄　　C. 执业年限

 D. 执业范围　　　　E. 执业医师身份证号

3. 下列属于执业医师的权利的是( )。

 A. 收红包　　　　　B. 宣扬患者隐私　　C. 接受继续医学教育

 D. 收受回扣　　　　E. 参与推销活动

4. 下列属于执业医师的义务的是( )。

 A. 制定技术操作规范　　　　B. 宣传职业道德

 C. 护理患者,保护患者的隐私　D. 宣传卫生保健知识

 E. 努力钻研业务,带教医学生

5. 取得以下哪种法律文书,则代表持有者具备护士执业资格,可以从事护理专业技术活动?( )

 A. 护士执业证书　　　B. 护理学专业毕业证书　　C. 继续教育合格证书

 D. 护理员资格证书　　E. 教师资格证书

6. 通常所说的"卫生技术人员"不包括( )。

 A. 中西医结合高级医师　　B. 护工　　　C. 药剂师

 D. 西医师　　　　　　　　E. 助产士

7. 乡村医生有下列情形之一的,由原注册的行政卫生主管部门注销注册,收回乡村医生执业证书,除了( )。

 A. 死亡或者被宣告失踪的

 B. 受行政处罚的

 C. 中止执业活动满 2 年的

 D. 考核不合格,逾期未提出再次考核申请或者再次考核仍不合格的

 E. 受刑事处罚的

8. 执业药师资格考试实行全国（　　）。
A. 统一教材　　　B. 不同时间考试　C. 统一注册　　　D. 地区管理　　　E. 不分类执业
9. 下列关于全科医师的职责说法正确的是（　　）。
A. 其宗旨关注的中心是疾病而不是人　　　　　　　B. 不体现医学的艺术性方面
C. 其工作遵循"药物-手术"的模式　　　　　　　　D. 其责任仅限于医学科学
E. 其最高价值既有科学性，又顾及服务对象的满意度
10. 对医师有以下行为，构成犯罪的，依法追究刑事责任（　　）。
A. 阻碍医师非法执业　　　　　B. 阻碍医师非法行医　　　　　C. 阻止医师被打
D. 帮助医师重获人身自由　　　E. 干扰医师正常工作

【A2型题】

11. 医生王某在定期考核时不合格，暂停执业活动六个月，并接受培训和继续医学教育，再次进行考核，仍不合格，则（　　）。
A. 允许申请注册　　　　　B. 重新注册登记　　　　　C. 试用半年
D. 允许继续执业　　　　　E. 注销注册，收回医师执业证书
12. 医生李某因刑事案件，被判有期徒刑两年，李某被判刑后其执业（　　）。
A. 不受限制　　　　　　　　　　　B. 在监管部门规定范围内执业
C. 暂注销注册，收回医师执业证书　D. 服刑期间不允许执业，服刑期满即可再执业
E. 终身终止医师执业活动

二、名词解释

1. 卫生技术人员
2. 执业医师
3. 执业医师法
4. 外国医师来华行医
5. 非法行医罪

三、简答题

1. 医师在执业活动中享有哪些权利？
2. 乡村医生不予注册的情形包括哪些？
3. 医师在执业活动中有哪些行为，由县级以上人民政府卫生行政部门给予警告或者责令暂停六个月以上一年以下执业活动；情节严重的，吊销其执业证书？

（吉林大学　曲福玲　刑台医学高等专科学校　杨秋霞）

参考答案
3-1

第四章　基本医疗卫生与健康促进法律制度

学习目标

1. 掌握:健康的定义和内涵。公民的健康权利和义务。
2. 熟悉:健康公平权,健康医疗权。
3. 了解:基本医疗卫生与健康促进法。

案件起始:

2019年12月24日6时许,北京民航总医院急诊科杨文副主任医师在正常诊疗中,遭到一位患者家属的恶性伤害,致颈部严重损伤。

医疗抢救:

事发后,医院第一时间组织全院力量进行抢救,同时,北京市卫生健康委员会迅速调集北京协和医院、中日友好医院和北京同仁医院相关专家进行会诊,全力救治。事件发生后,中国医师协会张雁灵会长立即指示启动医师维权救助机制,进行相关救助工作。

虽然经过长时间抢救,但终因伤势过重,杨文医师于2019年12月25日0时50分不幸去世。

杨文有一个儿子,在国外读书。事发当天下午,孩子就要到家,准备和母亲欢聚。但实际却是母子尚未见面,便已阴阳相隔。

官方表态:

民航总医院全体医务人员对杨文医师去世表示沉痛哀悼,对不法分子的残暴行为表示强烈谴责,并配合公安部门依法严惩凶手。

2019年12月25日上午,北京市卫生健康委员会、中国医师协会发布通告表示,对民航总医院急诊科杨文副主任医师不幸去世表示沉痛哀悼,向其家属表达慰问。强烈谴责伤医害医的极端行为,坚决支持司法机关依法严惩凶手。

2014年4月28日,最高人民法院等五部门发出了《关于依法惩处涉医违法犯罪维护正常医疗秩序的意见》;《刑法修正案(九)》也将"医闹"入刑;所有这些措施更需要的是行政机关、司法机关和社会大众、各类媒体积极践行,只有这样才能为医师的执业安全构建安全网。我们期待这张安全网及时构建并发挥作用,再也不要发生医护人员受伤害的事件。中国医师协会发表声明:"对于伤医我们已出离愤怒,强烈谴责暴行的发生,对杨文医师的不幸离世表达深切哀悼,对家属表示慰问。"

凶手结局:

4月3日上午,民航总医院杀害杨文医师的凶手孙某被依法执行死刑。

很多人没有注意这个日期,这正是杨文医师遇害后的第100天。

思考:
1. 如何保证医疗卫生机构及人员的环境与执业安全?
2. 如何看待医患纠纷与医闹、杀医、伤医的联系?

第一节 健康医疗权概述

一、健康与健康医疗权的含义

(一) 健康

1. 健康的认识 对健康的认识,经历了一个漫长过程。健康,或者缺乏健康都是影响人类文明几千年的重大议题。随着医学分科的发展、社会的进步、文化的传承,健康的定义和内涵不断演变。在很长的历史时期内,人们对健康的理解一直停留在没有疾病的朴素认识上,但对于健康究竟是什么,并没有正面给予明确且广为认同的答案。健康究竟是什么?勒内·杜博斯曾准确地描述了无法准确定义健康的困境,他将对健康的认知比喻为一座海市蜃楼:从远处看,健康是再清楚不过的概念,但当我们走近它,试图定义它时,却发现它是看不到、摸不着的。

2. 健康的定义 世界卫生组织在1948年生效的《世界卫生组织组织法》中提出的"健康"(health)定义引用最为广泛,影响堪称最大。健康不仅为疾病或羸弱之消除,而系体格、精神与社会之完全状态(Health is a state of complete physical, mental and social well-being and not merely the absence of disease or infirmity)。这一描述强调了心理社会因素在人的健康中的重要地位。按照这一定义,没有疾病但有患病的感觉,或不能适当地发挥个人的身体、心理或社会功能者,都不能算是健康人。世界卫生组织健康定义的首要意义在于不再将健康简单地定义为疾病的反义词。其次,这一定义是一个整体观的概念,强调健康的不同维度,比如躯体、社会、精神、智力,以及总体的认知。对于这个积极的健康定义,不是人人都赞同的。有些人认为它太理想化,是不实际的、不能实现的。然而大多数人认为,这个定义是迈向正确方向的第一步。

3. 健康的影响因素 健康是人学习、工作及生活的基础,社会的存在和发展是由所有的个人及其组成的集体努力的成果,所以,人的健康是一个集体、一个社会存在与发展的根基。影响公民健康状态有两个因素,即个人因素和环境因素。个人因素是包括遗传、个人体质、生活习惯、爱好等影响自身健康状态的成因。环境因素是包括人所处的自然环境与社会环境对健康的影响。当个人因素与环境中的自然因素影响到个人身体健康状态时,社会环境对个人健康状态的医疗与保障便成了人体健康最后一道防线;这一道防线保护程度的强弱势必会影响个人健康状态优劣,而个人健康状态的优劣却又影响了家庭、集体乃至一个群体、一个区域健康状况的发展,从而影响社会发展。

(二) 健康医疗权

《中华人民共和国宪法》第四十五条明确规定:中华人民共和国公民在年老、疾病或者丧失劳动能力的情况下,有从国家和社会获得物质帮助的权利。当公民遭受疾病时,国家有义务承担责任,为其提供服务或给予物质、经济上的帮助,这是公民的正当权利,而获得安全有效的治疗是帮助公民摆脱疾病的保证。对公民而言,医疗权是宪法赋予的应然权利,是基本人权,这一权利对应的责任主体是政府。《医疗权利研究》的作者结合医疗的内涵、医疗权的国际条约术语和学术界对医疗权的理解,将医疗权界定为:公民享有的从国家和社会获得医疗服务的权利。编者认为:健康医疗权是指公民依法从国家、社会和他人获得保障个人身体、精神、心理等疾病的咨询、治疗、预防保健和保持健康的权利。

医疗权是一项复合型权利,包括有权获得医疗服务、医疗救济,并尊重其医疗自主的权利等。健康的影响因素是多方面的,医疗是维持与维护健康的重要手段。医疗权具有普遍性,是维护生命健康的基础性权利。

二、健康公平权

1. 健康公平的内涵 从健康的定义可以看出,健康不仅仅是人的一个单纯自然的生理心理状态,还受社会因素的影响。不同的社会因素导致了健康差异、健康不平等。健康公平意味着要消除各社会群体之间不公平的健康差别,消除那些由社会原因造成的健康不平等现象。

健康公平涉及健康权利与健康责任的合理分配。健康权利的公平分配包括卫生资源的公平分配、卫生服务的公平提供、健康状况的公平等。健康责任的公平分配则是政府责任与个人责任之间的合理分担。健康公平强调公正与合理,不单指每个人都有同等机会享受卫生服务、发挥健康潜能,同时注重到每个人之间或群体之间需要的不同。健康公平体现在健康的起点公平、过程公平与结果公平上。

关于"健康公平"的基本内涵有以下几种学说。

(1) 以达到健康状态的过程与结果为判断标准。"健康公平"基本内涵学说见表 4-1。

表 4-1 "健康公平"基本内涵学说

学说	"健康公平"基本内涵
机会公平	"健康公平"即是指所有社会成员均有机会获得尽可能高的健康水平,这是人类的基本权利
结果公平	"健康公平"指不同收入、种族、性别的人群应当具有同样或类似的健康水平,各健康指标如患病率、婴儿死亡率、孕产妇死亡率、期望寿命等的分布在不同人群中应无显著差别,健康状况的分布不应该与个人或群体的社会经济属性有关
机会与结果结合公平	应然:不同人群健康状况基本相似或者实质性相似。 实然:全体社会成员应该以基本的卫生服务需求为导向获得卫生服务,并达到在社会普遍健康水平上的一致性

(2) 以健康状态和卫生服务为判断标准。健康公平包括健康状态公平和卫生服务公平。健康状态公平是指在生物学范围内,每个人都有同等的机会达到他们所能达到的最好的身体、心理和社会生活状态;卫生服务公平是指每个人都能公正和平等地获得可利用的卫生服务资源,包含卫生服务提供、卫生服务筹资和卫生服务利用。相同医疗需求的人可以得到相同医疗服务的对待;不同医疗需求的人,在相应程度上获得同等医疗服务的对待。

2. 健康公平的意义 保障公民的健康权并非保障一个人的健康权,也不是让所有人的健康状态处于同一水平。但是,我们必须要以为公民提供更好的健康状态和平等的卫生服务的机会以及结果而努力。当公民处于一个健康公平的社会环境时,不仅会避免因为差异而导致的社会矛盾,也会增强公民的健康状况,从而促进家庭的幸福、社会的和谐。

(1) 健康公平有利于缩小健康差距,构建和谐社会。健康公平是公民平等参与社会竞争的一个基本条件。健康不公平将扩大不同社会阶层的健康差距,引发公众的不满,并导致政府执政的合法性危机。维护健康公平,对个人、对国家、对社会而言均意义重大。政府采取公平分配卫生资源、公平提供卫生服务、建立公平的医疗保障制度、给予健康弱势群体适当的救助等措施,将有利于缩小不同社会群体的健康差距,提高群体的健康水平,为公民平等参与社会竞争创造条件。相反,健康不公平将导致更广泛更巨大的不公平。健康也是社会和谐内在构成要素,健康公平则是实现社会和谐的一个重要条件。

(2) 健康公平可以平衡个人利益与公共利益。在抗击 2019 年末爆发的新型冠状病毒肺炎疫情中,国家从公共健康角度,提倡减少个人的活动,停工停产,以此切断传播途径,减少传染源与易感人群的接触。在公共健康实践中,为了维护公共健康而采取强制措施,限制个人权利是不可避免的。政府拥有公共权力,只有它才能采取一定的干预措施来维护公共健康。健康公平关系到政府执政的合法性。在生物-心理-社会医学模式下,健康已经成为公共政策议题,维护健康公平是政府的一项基本职责。

斯蒂芬·里德(Stephen R. Leeder)认为公共健康政策要做到有效,必须采取强制措施:强制是临床实践的一个诅咒,然而,社群中的生命包含了一些强制,强制是政治哲学及其实践的一个要素。这些公共健康干预有效地降低了发病率和死亡率,提高了公共健康水平。政府强制力量的运用,往往要遭遇作为人口健康的公共利益与个人利益的冲突。公共健康和公民自由都需要公平正义的支持,要在两者之间找到平衡是不容易的,而且总是伴随着争议。健康公平强调健康责任的合理分配,充分体现了权利与义务的一致性。

3. 健康公平的限度 健康公平既是健康权利与健康责任的统一,也是个人责任与政府责任的统一。健康公平受到各种因素的制约,其实现程度总是具体的、有限的。健康公平受多种因素的制约,只有政府和公民切实履行各自的责任,才能维护健康公平,提高公共健康水平。

(1) 健康公平受社会经济关系的限制。健康公平是在不同的社会群体(这些群体处在社会等级的不同级别之上,拥有不同的优势/劣势地位)之间不存在系统性的差异,每个人都应有公正的机会发挥其全部的健康潜能,如果可以避免,任何人都不能被剥夺该权利。所谓系统性的差异是指由社会经济制度等人为的社会因素造成的健康差别。

随着经济的增长,政府将会有更多的资金用于公共健康服务,提高公共健康水平。但是,社会财富总量的增加并不能保证社会财富在各个社会阶层的公平分配。收入分配的两极分化,更有可能扩大不同社会阶层的健康差距。

(2) 健康公平受政策目标的制约。政府在不同历史条件下,对健康的政策方面会有相应调整。政府如果选择优先公平分配社会财富,那么,相对于优先发展经济来说,优先公平分配社会财富更能提高健康公平的实现程度。经济发展水平与健康公平的实现程度并不成正比。要减少健康不公平,仅靠发展经济是不够的。政府政策目标的选择很大程度上制约着健康公平的实现程度。

(3) 健康公平受个人意愿的影响。个人的生活方式不仅影响健康,同时也影响健康公平。有些人把更多的资源用于其他消费而不是健康,而有些人却过度关注健康,采取不必要不正确的方法。由此不可避免地造成个体之间健康水平的差距。个人的选择带来了自我强加的伤害,人为地制造了健康的不平等。从公民自身的因素来看,由于存在私人资源和个人的选择,健康的不平等在道德上是不可避免的。

4. 实现健康公平的方法 推进健康公平就应该从避免、减少或消除不合理的健康不平等开始。

(1) 优化的医疗资源配置。医疗资源配置是影响居民健康公平的环境要素,当其不公或者利用效率不高时,都会造成居民就医的不平等。因此,推进健康公平应优化医疗资源配置,使医疗资源发挥其应有的贡献。

(2) 合理的政策制定。从公共伦理学角度看,实现健康公平符合正义性,是政府义不容辞的责任。在政府制定相关政策时,要考虑到公民的健康公平,考虑周到全面,不能顾此失彼;在构建基本医疗卫生法体系,制定影响利益人群的医疗服务政策时,要以公民的健康公平为前提拟定政策,要公平、公正、公开地进行听证,充分考虑就医群体健康公平的影响因素。以此,缩小健康获得和健康产出的社会差距,让人民群众公平地享受健康福祉。

三、社会权意义上的健康权

社会权又称生存权或受益权,它是指公民从社会获得基本生活条件的权利。受益权是一种积极的基本权利(与消极的基本权利相对),即受教育权、获得社会救济等权利,国家对此类权利负担有积极义务。健康权是公民依法享有的身体健康不受非法侵害的权利。每个人都是社会的一份子,公民有权利从社会获得基本医疗卫生服务,以保持个体健康。社会也有义务为公民提供基本医疗卫生服务,保护公民的健康。对于不法侵害公民健康权的行为,不仅要追究其民事责任,有时还要追究其刑事责任。

在国际人权法的分类中,健康权是经济、社会和文化权利的一项具体权利。联合国经济、社会及文化权利委员会发布的《第14号一般性意见》指出:健康权包括多方面的社会经济因素,促使人民可以享有健康生活的条件,包括各种健康的基本决定因素,如食物和营养、住房、使用安全饮水和得到适当的卫生条件、安全而有益健康的工作条件,和有益健康的环境。社会权利的核心是获得适当生活水准的权利,要求每个人至少享有必需的生存权——适当的食物和营养的权利、衣着、住房及必要的照顾。健康作为生存和发展的基本保障,需要有着社会权利的核心要求所必需的前提条件和生存环境,健康权有着明显的社会权利归因。

第二节 公民的健康权利与义务

一、公民的健康权利

1. 公民的健康权利的内涵 公民健康权利是公民权利的一种,属于民事权利是人身权利、原权利、主权利。健康权利是指公民保持身体组织的生理功能健全以及心理健康的权利,是一种基本人权。《中华人民共和国民法通则》第九十八条规定:公民享有生命健康权。严格地讲,生命健康权可分为生命权、身体权和健康权。生命权是指公民维持自己生命延续、不受他人非法剥夺的权利。身体权是指公民对其肢体、器官和其他组织的支配权。

公民的健康权利面向三类公民,其内涵需有所侧重:一是作为普遍意义上的公民所享有的健康权利,二是作为患者的公民享有的健康权利,三是作为特殊患者(儿童、孕产妇、老年人、残疾人等)的公民所享有的健康权利。普遍意义上的公民所享有的健康权利主要体现在宗教信仰自由权、人身自由权、人格尊严权、对国家机关及其工作人员之批评建议权、申诉权、控告权、赔偿权、物质帮助获得权,以及生命权、姓名权、肖像权、名誉权、荣誉权、隐私权、婚姻自主权、监护权、个人信息权益等。作为患者的公民享有的健康权利,除医疗服务合同的特别约定所享有的权利之外,还应包括患者知情权、同意权、病历资料查阅权、复制权以及要求更正权、涂销权等。作为特殊患者的健康权利,往往是普遍意义上的公民健康权利和作为患者的公民健康权利的必要延伸。

2. 公民的健康权利的权能 上文中已经提到健康权利是公民的一项基本权利,那么,健康权利作为一项基本权利享有何种权能?依据德国宪法对基本权利的理解,基本权利的权能可以分为两个部分,主观部分和客观部分。

主观部分是指公民可以请求国家作为或者不作为的权利,它包含了防御权功能和受益权功能。防御权功能主要是指基本权利不受国家侵犯的功能,当公民的健康受到国家的侵犯时,可以要求国家排除侵害。受益权功能是指公民请求国家提供特定给付的权利。有的学者将受益权功能分为消极受益权功能和积极受益权功能。前者是指基本权利受到损害时,公民得向法院提起诉讼要求保障,又称"司法受益权"功能;后者是指基本权利所具备的使公民从国家那里得到某种福利、服务和其他利益的功能。

客观部分则是指基本权利背后所维持的社会秩序。对于客观部分包含哪些内容,不同的学者持有不同的意见,但是主要还是包括制度性保障和国家保护义务。一项基本权利的实现,不但是公民个人的需要,也是社会公众共同的需要,这种双重属性就意味着国家在基本权利的实现过程中扮演着十分重要的角色。

3. 公民的健康权利的实现途径 公民的健康权利的实现,需要公民对个人及对他人的努力、社会及国家的支持。

(1) 公民对个人的努力。公民享有健康权利,同时要为个人的健康做出个人的努力。公民个人有保持良好的生活习惯、对其自身健康负有注意、保护、维护的职责。

(2) 公民对他人的努力。应严格遵守法律法规,规范自身行为,尊重他人的健康权利和利益,不得损害他人健康和社会公共利益。

(3) 社会及国家的支持。公民依法享有从国家和社会获得基本医疗卫生服务的权利。国家应依法履行职责,保护和实现社会公民的健康权利。但,国家财力、保护具有局限性及有限性,这决定了国家不可能成为健康权利实现过程中的唯一主体,即使在宪法和法律中予以规定,在实际履行过程中也是不可能实现的。虽然国家不是唯一保护和实现公民健康权利的主体,但是却承担着首要的责任。

健康权作为社会保障权的一种,可以基于公民这一法律主体而享有,也可以是基于国家的施舍与救济而享有。但是这两种方式所包含的法治内涵是截然不同的。前者是以权利和义务为核心的实质法治,后者则是以国家权力为核心的形式法治。如果仅仅把健康权的享有作为对公民的施舍与救济,那么国家可以提供,也可以不提供,国家没有建立相应健康权社会保障制度的义务,不受任何强制与制约,则公民健康权的实现将难以得到保障。而目前正值我国全面推进依法治国建设法治国家的关键阶段,强调坚持人民主体地位,以公民权利义务为核心,理所当然应选择第一种方式。

二、公民的健康义务

每个公民都享受公民的健康权利,同时也要履行健康义务。

根据相关规定,健康权是公民的重要基本人权,宪法关系的基本内容是公民权利与国家义务的对立统一,这也就是从国家根本法的高度确立了公民的健康权利和国家义务之间的关系。宪法在确认公民的健康权的同时也明确国家负有实现公民健康权的义务,承担保护公民健康权实现的责任。国家不仅应当承担消极的义务,即以最大的限度保障公民的健康权不受侵害,而且还应主动地通过制定法律、制度等来保障公民健康权的实现。此外,公民健康权利的实现在很大程度上需要依赖公民对其义务的履行状况。

公民的健康义务的履行状况,同样分为三个层次。

1. 作为普遍意义上的公民 在基本医疗卫生领域应当负有遵守医疗机构医疗秩序的义务。

2. 作为患者的公民 应当负有支付医疗费用的义务、配合医生诊疗的义务、遵守医嘱的义务等。

3. 作为特殊患者的公民 应当负有特别义务,如暂缓结婚的义务、不生育的义务。《中华人民共和国母婴保健法》中规定:经婚前医学检查,对患指定传染病在传染期内或者有关精神病在发病期内的,医师应当提出医学意见;准备结婚的男女双方应当暂缓结婚。《中华人民共和国母婴保健法》同时规定:经婚前医学检查,对诊断患医学上认为不宜生育的严重遗传性疾病的,医师应当向男女双方说明情况,提出医学意见;经男女双方同意,采取长效避孕措施或者施行结扎手术后不生育的,可以结婚。该条法律对不宜生育的严重遗传性疾病的患者提出了不生育的义务。

《中华人民共和国基本医疗卫生与健康促进法》规定:居民有依法接种免疫规划疫苗的权利和义务;政府向居民免费提供免疫规划疫苗;公民有依法参加基本医疗保险的权利和义务等。也有学者认为,我国应当借鉴先进经验,在立法中增设爱惜自身健康的义务、遵守医疗机构规章制度的义务、按照规定支付医疗费用的义务、不良反应的报告义务等。

第三节 基本医疗卫生服务

一、基本医疗卫生服务的含义

基本医疗卫生服务,是指维护人体健康所必需、与经济社会发展水平相适应、公民可公平获得的,采用适宜药物、适宜技术、适宜设备提供的疾病预防、诊断、治疗、护理和康复等服务。

基本医疗卫生服务包括基本公共卫生服务和基本医疗服务。基本公共卫生服务由国家免费提供。

二、基本医疗卫生与健康促进法

2019年9月7日,十三届全国人大常委会公布立法规划,共116件,其中《中华人民共和国基本医疗卫生与健康促进法》位列第一类项目,即条件比较成熟、任期内拟提请审议的法律草案。2019年12月28日,《中华人民共和国基本医疗卫生和健康促进法》经十三届全国人大常委会第十五次会议通过,于2020年6月1日施行。

《中华人民共和国基本医疗卫生与健康促进法》是为了发展医疗卫生与健康事业,保障公民享有基本医疗卫生服务,提高公民健康水平,推进健康中国建设,根据宪法制定的法律。从事医疗卫生、健康促进及其监督管理活动,适用本法。医疗卫生与健康事业应当坚持以人民为中心,为人民健康服务。医疗卫生事业应当坚持公益性原则。国家和社会尊重、保护公民的健康权。国家实施健康中国战略,普及健康生活,优化健康服务,完善健康保障,建设健康环境,发展健康产业,提升公民全生命周期健康水平。国家建立健康教育制度,保障公民获得健康教育的权利,提高公民的健康素养。

本法还规定如下内容。

(1) 公民依法享有从国家和社会获得基本医疗卫生服务的权利。

国家建立基本医疗卫生制度,建立健全医疗卫生服务体系,保护和实现公民获得基本医疗卫生服务的权利。

(2) 各级人民政府应当把人民健康放在优先发展的战略地位,将健康理念融入各项政策,坚持预防为主,完善健康促进工作体系,组织实施健康促进的规划和行动,推进全民健身,建立健康影响评估制度,将公民主要健康指标改善情况纳入政府目标责任考核。

全社会应当共同关心和支持医疗卫生与健康事业的发展。

(3) 国务院和地方各级人民政府领导医疗卫生与健康促进工作。

国务院卫生健康主管部门负责统筹协调全国医疗卫生与健康促进工作。国务院其他有关部门在各自职责范围内负责有关的医疗卫生与健康促进工作。

县级以上地方人民政府卫生健康主管部门负责统筹协调本行政区域医疗卫生与健康促进工作。县级以上地方人民政府其他有关部门在各自职责范围内负责有关的医疗卫生与健康促进工作。

(4) 国家加强医学基础科学研究,鼓励医学科学技术创新,支持临床医学发展,促进医学科技成果的转化和应用,推进医疗卫生与信息技术融合发展,推广医疗卫生适宜技术,提高医疗卫生服务质量。

国家发展医学教育,完善适应医疗卫生事业发展需要的医学教育体系,大力培养医疗卫生人才。

(5) 国家大力发展中医药事业,坚持中西医并重、传承与创新相结合,发挥中医药在医疗卫生与健康事业中的独特作用。

(6) 国家合理规划和配置医疗卫生资源,以基层为重点,采取多种措施优先支持县级以下医疗卫生机构发展,提高其医疗卫生服务能力。

(7) 国家加大对医疗卫生与健康事业的财政投入,通过增加转移支付等方式重点扶持革命老区、民族地区、边疆地区和经济欠发达地区发展医疗卫生与健康事业。

(8) 国家鼓励和支持公民、法人和其他组织通过依法举办机构和捐赠、资助等方式,参与医疗卫生与健康事业,满足公民多样化、差异化、个性化健康需求。

公民、法人和其他组织捐赠财产用于医疗卫生与健康事业的,依法享受税收优惠。

(9) 对在医疗卫生与健康事业中做出突出贡献的组织和个人,按照国家规定给予表彰、奖励。

(10) 国家鼓励和支持医疗卫生与健康促进领域的对外交流合作。

开展医疗卫生与健康促进对外交流合作活动,应当遵守法律、法规,维护国家主权、安全和社会公共利益。

三、医疗卫生机构

医疗卫生机构是依法成立的从事疾病诊断、治疗活动的卫生机构。医院、卫生院是我国医疗卫生机构的主要形式,此外,还有疗养院、门诊部、诊所、卫生所(室)以及急救站等,共同构成了我国的医疗卫生机构。在《中华人民共和国基本医疗卫生与健康促进法》第三章中,对各级各类医疗卫生机构的服务对象及内容等进行了详细的规定。

国家建立健全由基层医疗卫生机构、医院、专业公共卫生机构等组成的城乡全覆盖、功能互补、连续协同的医疗卫生服务体系。

国家加强县级医院、乡镇卫生院、村卫生室、社区卫生服务中心(站)和专业公共卫生机构等的建设,建立健全农村医疗卫生服务网络和城市社区卫生服务网络。

基层医疗卫生机构主要提供预防、保健、健康教育、疾病管理,为居民建立健康档案,常见病、多发病的诊疗以及部分疾病的康复、护理,接收医院转诊患者,向医院转诊超出自身服务能力的患者等基本医疗卫生服务。

医院主要提供疾病诊治,特别是急危重症和疑难病症的诊疗,突发事件医疗处置和救援以及健康教育等医疗卫生服务,并开展医学教育、医疗卫生人员培训、医学科学研究和对基层医疗卫生机构的业务指导等工作。

专业公共卫生机构主要提供传染病、慢性非传染性疾病、职业病、地方病等疾病预防控制和健康教育、妇幼保健、精神卫生、院前急救、采供血、食品安全风险监测评估、出生缺陷防治等公共卫生服务。

各级各类医疗卫生机构应当分工合作,为公民提供预防、保健、治疗、护理、康复、安宁疗护等全方位全周期的医疗卫生服务。

各级人民政府采取措施支持医疗卫生机构与养老机构、儿童福利机构、社区组织建立协作机制,为老年人、孤残儿童提供安全、便捷的医疗和健康服务。

县级以上人民政府应当制定并落实医疗卫生服务体系规划,科学配置医疗卫生资源,举办医疗卫生机构,为公民获得基本医疗卫生服务提供保障。

政府举办医疗卫生机构,应当考虑本行政区域人口、经济社会发展状况、医疗卫生资源、健康危险因素、发病率、患病率以及紧急救治需求等情况。

举办医疗机构,应当具备下列条件,按照国家有关规定办理审批或者备案手续:

(1) 有符合规定的名称、组织机构和场所;

(2) 有与其开展的业务相适应的经费、设施、设备和医疗卫生人员;

(3) 有相应的规章制度;

(4) 能够独立承担民事责任;

(5) 法律、行政法规规定的其他条件。

医疗机构依法取得执业许可证。禁止伪造、变造、买卖、出租、出借医疗机构执业许可证。

各级各类医疗卫生机构的具体条件和配置应当符合国务院卫生健康主管部门制定的医疗卫生机构标准。

国家对医疗卫生机构实行分类管理。

医疗卫生服务体系坚持以非营利性医疗卫生机构为主体、营利性医疗卫生机构为补充。政府举办非营利性医疗卫生机构,在基本医疗卫生事业中发挥主导作用,保障基本医疗卫生服务公平可及。

以政府资金、捐赠资产举办或者参与举办的医疗卫生机构不得设立为营利性医疗卫生机构。

医疗卫生机构不得对外出租、承包医疗科室。非营利性医疗卫生机构不得向出资人、举办者分配或者变相分配收益。

政府举办的医疗卫生机构应当坚持公益性质,所有收支均纳入预算管理,按照医疗卫生服务体系规划合理设置并控制规模。

国家鼓励政府举办的医疗卫生机构与社会力量合作举办非营利性医疗卫生机构。

政府举办的医疗卫生机构不得与其他组织投资设立非独立法人资格的医疗卫生机构,不得与社会资本合作举办营利性医疗卫生机构。

国家采取多种措施,鼓励和引导社会力量依法举办医疗卫生机构,支持和规范社会力量举办的医疗卫生机构与政府举办的医疗卫生机构开展多种类型的医疗业务、学科建设、人才培养等合作。

社会力量举办的医疗卫生机构在基本医疗保险定点、重点专科建设、科研教学、等级评审、特定医疗技术准入、医疗卫生人员职称评定等方面享有与政府举办的医疗卫生机构同等的权利。

社会力量可以选择设立非营利性或者营利性医疗卫生机构。社会力量举办的非营利性医疗卫生机构按照规定享受与政府举办的医疗卫生机构同等的税收、财政补助、用地、用水、用电、用气、用热等政策,并依法接受监督管理。

国家以建成的医疗卫生机构为基础,合理规划与设置国家医学中心和国家、省级区域性医疗中心,诊治疑难重症,研究攻克重大医学难题,培养高层次医疗卫生人才。

医疗卫生机构应当遵守法律、法规、规章,建立健全内部质量管理和控制制度,对医疗卫生服务质量负责。

医疗卫生机构应当按照临床诊疗指南、临床技术操作规范和行业标准以及医学伦理规范等有关要求,合理进行检查、用药、诊疗,加强医疗卫生安全风险防范,优化服务流程,持续改进医疗卫生服务质量。

国家对医疗卫生技术的临床应用进行分类管理,对技术难度大、医疗风险高,服务能力、人员专业技术水平要求较高的医疗卫生技术实行严格管理。

医疗卫生机构开展医疗卫生技术临床应用,应当与其功能任务相适应,遵循科学、安全、规范、有效、经济的原则,并符合伦理。

国家建立权责清晰、管理科学、治理完善、运行高效、监督有力的现代医院管理制度。

医院应当制定章程,建立和完善法人治理结构,提高医疗卫生服务能力和运行效率。

医疗卫生机构执业场所是提供医疗卫生服务的公共场所,任何组织或者个人不得扰乱其秩序。

国家完善医疗风险分担机制,鼓励医疗机构参加医疗责任保险或者建立医疗风险基金,鼓励患者参加医疗意外保险。

国家鼓励医疗卫生机构不断改进预防、保健、诊断、治疗、护理和康复的技术、设备与服务,支持开发适合基层和边远地区应用的医疗卫生技术。

国家推进全民健康信息化,推动健康医疗大数据、人工智能等的应用发展,加快医疗卫生信息基础设施建设,制定健康医疗数据采集、存储、分析和应用的技术标准,运用信息技术促进优质医疗卫生资源的普及与共享。

县级以上人民政府及其有关部门应当采取措施,推进信息技术在医疗卫生领域和医学教育中的应用,支持探索发展医疗卫生服务新模式、新业态。

国家采取措施,推进医疗卫生机构建立健全医疗卫生信息交流和信息安全制度,应用信息技术开展远程医疗服务,构建线上线下一体化医疗服务模式。

发生自然灾害、事故灾难、公共卫生事件和社会安全事件等严重威胁人民群众生命健康的突发事件时,医疗卫生机构、医疗卫生人员应当服从政府部门的调遣,参与卫生应急处置和医疗救治。对致病、致残、死亡的参与人员,按照规定给予工伤或者抚恤、烈士褒扬等相关待遇。

四、医疗卫生人员

(一)医疗卫生人员及其权利、义务

根据《中华人民共和国基本医疗卫生与健康促进法》第四章中,对医疗卫生人员的权利与义务的表述中,可以看出,医疗卫生人员指在医疗卫生机构工作的职工,包括医生、护士、卫生技术人员、其他技术人员。但不包括管理人员及行政机构人员。在本法中,对医疗卫生人员的权利与义务进行了规定。

医疗卫生人员应当弘扬敬佑生命、救死扶伤、甘于奉献、大爱无疆的崇高职业精神,遵守行业规范,恪守医德,努力提高专业水平和服务质量。

医疗卫生行业组织、医疗卫生机构、医学院校应当加强对医疗卫生人员的医德医风教育。

国家制定医疗卫生人员培养规划,建立适应行业特点和社会需求的医疗卫生人员培养机制和供需平衡机制,完善医学院校教育、毕业后教育和继续教育体系,建立健全住院医师、专科医师规范化培训制度,建立规模适宜、结构合理、分布均衡的医疗卫生队伍。

国家加强全科医生的培养和使用。全科医生主要提供常见病、多发病的诊疗和转诊、预防、保健、康复,以及慢性病管理、健康管理等服务。

国家对医师、护士等医疗卫生人员依法实行执业注册制度。医疗卫生人员应当依法取得相应的职业资格。

医疗卫生人员应当遵循医学科学规律,遵守有关临床诊疗技术规范和各项操作规范以及医学伦理规范,使用适宜技术和药物,合理诊疗,因病施治,不得对患者实施过度医疗。

医疗卫生人员不得利用职务之便索要、非法收受财物或者牟取其他不正当利益。

国家建立健全符合医疗卫生行业特点的人事、薪酬、奖励制度,体现医疗卫生人员职业特点和技术劳动价值。

对从事传染病防治、放射医学和精神卫生工作以及其他在特殊岗位工作的医疗卫生人员,应当按照国家规定给予适当的津贴。津贴标准应当定期调整。

国家建立医疗卫生人员定期到基层和艰苦边远地区从事医疗卫生工作制度。

国家采取定向免费培养、对口支援、退休返聘等措施,加强基层和艰苦边远地区医疗卫生队伍建设。执业医师晋升为副高级技术职称的,应当有累计一年以上在县级以下或者对口支援的医疗卫生机构提供医疗卫生服务的经历。

对在基层和艰苦边远地区工作的医疗卫生人员,在薪酬津贴、职称评定、职业发展、教育培训和表彰奖励等方面实行优惠待遇。

国家加强乡村医疗卫生队伍建设,建立县乡村上下贯通的职业发展机制,完善对乡村医疗卫生人员的服务收入多渠道补助机制和养老政策。

全社会应当关心、尊重医疗卫生人员,维护良好安全的医疗卫生服务秩序,共同构建和谐医患关系。

医疗卫生人员的人身安全、人格尊严不受侵犯,其合法权益受法律保护。禁止任何组织或者个人威胁、危害医疗卫生人员人身安全,侵犯医疗卫生人员人格尊严。国家采取措施,保障医疗卫生人员执业环境。

(二) 医疗卫生人员执业环境的保障

1.《中华人民共和国刑法修正案(九)》《中华人民共和国刑法修正案(九)》三十一条中将《刑法》第二百九十条第一款修改为:"聚众扰乱社会秩序,情节严重,致使工作、生产、营业和教学、科研、医疗无法进行,造成严重损失的,对首要分子,处三年以上七年以下有期徒刑;对其他积极参加的,处三年以下有期徒刑、拘役、管制或者剥夺政治权利。"……"多次组织、资助他人非法聚集,扰乱社会秩序,情节严重的,依照前款的规定处罚。"虽然自2015年11月1日起施行的《中华人民共和国刑法修正案(九)》首次纳入"医闹"行为至今,已十余年,但医闹、伤害卫生人员事件仍时有发生,暴力伤医事件不断出现。

2.《中华人民共和国基本医疗卫生与健康促进法》 如前所述,《中华人民共和国基本医疗卫生与健康促进法》提出,全社会应当关心、尊重医疗卫生人员,维护良好安全的医疗卫生服务秩序,共同构建和谐医患关系。医疗卫生人员的人身安全、人格尊严不受侵犯,其合法权益受法律保护。禁止任何组织或者个人威胁、危害医疗卫生人员人身安全,侵犯医疗卫生人员人格尊严。国家采取措施,保障医疗卫生人员执业环境。本章初始引入的杨文医师案例,也表明了我国在对待杀害医疗卫生人员事件的处理态度与底线。

虽然法规不断完善,但近年来,伤、杀医疗卫生人员事件仍频频发生。对此,一方面要医疗卫生人员促进医护人员规范执业,保障医疗安全和患者权益;另一方面,要继续深化相关法律学习,促使医疗卫生人员用法律的武器保护其合法权益;最后,还需要敦促全社会遵守医院的医疗秩序和规章制度,为医疗卫生人员营造一个安全的执业环境,这样最终受益的是所有公民。

3.《关于依法惩处涉医违法犯罪维护正常医疗秩序的意见》 为依法惩处涉医违法犯罪,维护正常医疗秩序,构建和谐医患关系,根据《刑法》《治安管理处罚法》等法律法规,结合工作实践,2014年4月28日由最高人民法院、最高人民检察院、公安部、司法部、国家卫生和计划生育委员会五部门发布了《关于依法惩处涉医违法犯罪维护正常医疗秩序的意见》。

1) 充分认识依法惩处涉医违法犯罪维护正常医疗秩序的重要性 加强医药卫生事业建设,是实现人民群众病有所医,提高全民健康水平的重要社会建设工程。经过多年努力,我国医药卫生事业发展取得显著成就,但医疗服务能力、医疗保障水平与人民群众不断增长的医疗服务需求之间仍存在一定差距。一段时期以来,个别地方相继发生暴力杀医、伤医以及在医疗机构聚众滋事等违法犯罪行为,严重扰乱了正常医疗秩序,侵害了人民群众的合法利益。良好的医疗秩序是社会和谐稳定的重要体现,也是增进人民福祉的客观要求。依法惩处涉医违法犯罪,维护正常医疗秩序,有利于保障医患双方的合法权益,为患者创造良好的看病就医环境,为医务人员营造安全的执业环境,从而促进医疗服务水平的整体提高和医药卫生事业的健康发展。

2) 严格依法惩处涉医违法犯罪　对涉医违法犯罪行为,要依法严肃追究、坚决打击。公安机关要加大对暴力杀医、伤医、扰乱医疗秩序等违法犯罪活动的查处力度,接到报警后应当及时出警、快速处置,需要追究刑事责任的,及时立案侦查,全面、客观地收集、调取证据,确保侦查质量。人民检察院应当及时依法批捕、起诉,对于重大涉医犯罪案件要加强法律监督,必要时可以对收集证据、适用法律提出意见。人民法院应当加快审理进度,在全面查明案件事实的基础上依法准确定罪量刑,对于犯罪手段残忍、主观恶性深、人身危险性大的被告人或者社会影响恶劣的涉医犯罪行为,要依法从严惩处。

(1) 在医疗机构内殴打医务人员或者故意伤害医务人员身体、故意损毁公私财物,尚未造成严重后果的,分别依照《治安管理处罚法》第四十三条、第四十九条的规定处罚;故意杀害医务人员,或者故意伤害医务人员造成轻伤以上严重后果,或者随意殴打医务人员情节恶劣,任意损毁公私财物情节严重,构成故意杀人罪、故意伤害罪、故意毁坏财物罪、寻衅滋事罪的,依照刑法的有关规定定罪处罚。

(2) 在医疗机构私设灵堂、摆放花圈、焚烧纸钱、悬挂横幅、堵塞大门或者以其他方式扰乱医疗秩序,尚未造成严重损失,经劝说、警告无效的,要依法驱散,对拒不服从的人员要依法带离现场,依照《治安管理处罚法》第二十三条的规定处罚;聚众实施的,对首要分子和其他积极参加者依法予以治安处罚;造成严重损失或者扰乱其他公共秩序情节严重,构成寻衅滋事罪、聚众扰乱社会秩序罪、聚众扰乱公共场所秩序、交通秩序罪的,依照《刑法》的有关规定定罪处罚。

在医疗机构的病房、抢救室、重症监护室等场所及医疗机构的公共开放区域违规停放尸体,影响医疗秩序,经劝说、警告无效的,依照《治安管理处罚法》第六十五条的规定处罚;严重扰乱医疗秩序或者其他公共秩序,构成犯罪的,依照前款的规定定罪处罚。

(3) 以不准离开工作场所等方式非法限制医务人员人身自由的,依照《治安管理处罚法》第四十条的规定处罚;构成非法拘禁罪的,依照《刑法》的有关规定定罪处罚。

(4) 公然侮辱、恐吓医务人员的,依照《治安管理处罚法》第四十二条的规定处罚;采取暴力或者其他方法公然侮辱、恐吓医务人员情节严重(恶劣),构成侮辱罪、寻衅滋事罪的,依照《刑法》的有关规定定罪处罚。

(5) 非法携带枪支、弹药、管制器具或者爆炸性、放射性、毒害性、腐蚀性物品进入医疗机构的,依照《治安管理处罚法》第三十条、第三十二条的规定处罚;危及公共安全情节严重,构成非法携带枪支、弹药、管制刀具、危险物品危及公共安全罪的,依照《刑法》的有关规定定罪处罚。

(6) 对于故意扩大事态,教唆他人实施针对医疗机构或者医务人员的违法犯罪行为,或者以受他人委托处理医疗纠纷为名实施敲诈勒索、寻衅滋事等行为的,依照《治安管理处罚法》和《刑法》的有关规定从严惩处。

3) 积极预防和妥善处理医疗纠纷

(1) 卫生计生行政部门应当加强医疗行业监管,指导医疗机构提高医疗服务能力,保障医疗安全和医疗质量。医疗机构及其医务人员要严格遵守医疗卫生管理法律、行政法规、部门规章和诊疗护理规范,加强医德医风建设,改善服务态度,注重人文关怀,尊重患者的隐私权、知情权、选择权等权利,根据患者病情、预后不同以及患者实际需求,采取适当方式进行沟通,做好解释说理工作,从源头上预防和减少医疗纠纷。

(2) 卫生计生行政部门应当指导医疗机构加强投诉管理,设立医患关系办公室或者指定部门统一承担医疗机构投诉管理工作,建立畅通、便捷的投诉渠道。

医疗机构投诉管理部门应当在医疗机构显著位置公布该部门及医疗纠纷人民调解组织等相关机构的联系方式、医疗纠纷的解决程序,加大对患者法律知识的宣传,引导患者依法、理性解决医疗纠纷。有条件的医疗机构可设立网络投诉平台,并安排专人处理、回复患者投诉。要做到投诉必管、投诉必复,在规定期限内向投诉人反馈处理情况。

对于医患双方自行协商解决不成的医疗纠纷,医疗机构应当及时通过向人民调解委员会申请调解等其他合法途径解决。

(3)司法行政机关应当会同卫生计生行政部门加快推进医疗纠纷人民调解组织建设,在医疗机构集中、医疗纠纷突出的地区建立独立的医疗纠纷人民调解委员会。

司法行政机关应当会同人民法院加强对医疗纠纷人民调解委员会的指导,帮助完善医疗纠纷人民调解受理、调解、回访、反馈等各项工作制度,加强医疗纠纷人民调解员队伍建设和业务培训,建立医学、法律等专家咨询库,确保调解依法、规范、有效进行。

司法行政机关应当组织法律援助机构为有需求并符合条件的医疗纠纷患者及其家属提供法律援助,指导律师事务所、公证机构等为医疗纠纷当事人提供法律服务,指导律师做好代理服务工作,促使医疗纠纷双方当事人妥善解决争议。

(4)人民法院对起诉的医疗损害赔偿案件应当及时立案受理,积极开展诉讼调解,对调解不成的,及时依法判决,切实维护医患双方的合法利益。在诉讼过程中应当加强诉讼指导,并做好判后释疑工作。

(5)卫生计生行政部门应当会同公安机关指导医疗机构建立健全突发事件预警应对机制和警医联动联防联控机制,提高应对突发事件的现场处置能力。公安机关可根据实际需要在医疗机构设立警务室,及时受理涉医报警求助,加强动态管控。医疗机构在诊治过程中发现有暴力倾向的患者,或者在处理医疗纠纷过程中发现有矛盾激化,可能引发治安案件、刑事案件的情况,应当及时报告公安机关。

4)建立健全协调配合工作机制　各有关部门要高度重视打击涉医违法犯罪、维护正常医疗秩序的重要性,认真落实党中央、国务院关于构建和谐医患关系的决策部署,加强组织领导与协调配合,形成构建和谐医患关系的合力。地市级以上卫生计生行政部门应当积极协调相关部门建立联席会议等工作制度,定期互通信息,及时研究解决问题,共同维护医疗秩序,促进我国医药卫生事业健康发展。

五、健康促进与监督管理

1. 健康促进　健康促进的内涵除包括健康教育外,还应包括促使行为向有益于健康方面改变的一切支持系统,如政策的、组织的、方法的、经济的,以便向人群提供更加有益于健康的外部环境(如公共场所禁止吸烟的规定)。

健康促进与健康教育是相互依托的,没有健康教育就没有所谓的健康促进;反之,如果没有健康促进,健康教育也将显得软弱无力和不够完善。

世界卫生组织提出,健康促进的策略主要有三个方面:

(1)争取领导支持,使决策者和领导层转变观念,理解健康教育,争取政策上和资源上的支持和投入。

(2)积极使个人、群体和社会组织参与社区卫生规划、决策以及参与健康教育项目的设计与评价。

(3)争取社会各个方面(如群众团体)组成广泛的联盟,完成健康的目标。

在《中华人民共和国基本医疗卫生与健康促进法》第六章中,对健康促进的规定如下。

各级人民政府应当加强健康教育工作及其专业人才培养,建立健康知识和技能核心信息发布制度,普及健康科学知识,向公众提供科学、准确的健康信息。医疗卫生、教育、体育、宣传等机构、基层群众性自治组织和社会组织应当开展健康知识的宣传和普及。医疗卫生人员在提供医疗卫生服务时,应当对患者开展健康教育。新闻媒体应当开展健康知识的公益宣传。健康知识的宣传应当科学、准确。

国家将健康教育纳入国民教育体系。学校应当利用多种形式实施健康教育,普及健康知识、科学健身知识、急救知识和技能,提高学生主动防病的意识,培养学生良好的卫生习惯和健康的行为习惯,减少、改善学生近视、肥胖等不良健康状况。

学校应当按照规定开设体育与健康课程,组织学生开展广播体操、眼保健操、体能锻炼等活动。学校按照规定配备校医,建立和完善卫生室、保健室等。

县级以上人民政府教育主管部门应当按照规定将学生体质健康水平纳入学校考核体系。

公民是自己健康的第一责任人，树立和践行对自己健康负责的健康管理理念，主动学习健康知识，提高健康素养，加强健康管理。倡导家庭成员相互关爱，形成符合自身和家庭特点的健康生活方式。公民应当尊重他人的健康权利和利益，不得损害他人健康和社会公共利益。国家组织居民健康状况调查和统计，开展体质监测，对健康绩效进行评估，并根据评估结果制定、完善与健康相关的法律、法规、政策和规划。国家建立疾病和健康危险因素监测、调查和风险评估制度。县级以上人民政府及其有关部门针对影响健康的主要问题，组织开展健康危险因素研究，制定综合防治措施。国家加强影响健康的环境问题预防和治理，组织开展环境质量对健康影响的研究，采取措施预防和控制与环境问题有关的疾病。国家大力开展爱国卫生运动，鼓励和支持开展爱国卫生月等群众性卫生与健康活动，依靠和动员群众控制和消除健康危险因素，改善环境卫生状况，建设健康城市、健康村镇、健康社区。

国家建立科学、严格的食品、饮用水安全监督管理制度，提高安全水平。国家建立营养状况监测制度，实施经济欠发达地区、重点人群营养干预计划，开展未成年人和老年人营养改善行动，倡导健康饮食习惯，减少不健康饮食引起的疾病风险。

国家发展全民健身事业，完善覆盖城乡的全民健身公共服务体系，加强公共体育设施建设，组织开展和支持全民健身活动，加强全民健身指导服务，普及科学健身知识和方法。

国家鼓励单位的体育场地设施向公众开放。

国家制定并实施未成年人、妇女、老年人、残疾人等的健康工作计划，加强重点人群健康服务。国家推动长期护理保障工作，鼓励发展长期护理保险。

国家完善公共场所卫生管理制度。县级以上人民政府卫生健康等主管部门应当加强对公共场所的卫生监督。公共场所卫生监督信息应当依法向社会公开。公共场所经营单位应当建立健全并严格实施卫生管理制度，保证其经营活动持续符合国家对公共场所的卫生要求。

国家采取措施，减少吸烟对公民健康的危害。公共场所控制吸烟，强化监督执法。烟草制品包装应当印制带有说明吸烟危害的警示。禁止向未成年人出售烟酒。

用人单位应当为职工创造有益于健康的环境和条件，严格执行劳动安全卫生等相关规定，积极组织职工开展健身活动，保护职工健康。

国家鼓励用人单位开展职工健康指导工作。国家提倡用人单位为职工定期开展健康检查。法律、法规对健康检查有规定的，依照其规定。

2. 监督管理

对于前述的医疗卫生机构、医疗卫生人员、健康促进等法律规定，其执行与实施的监督管理，在《中华人民共和国基本医疗卫生与健康促进法》第八章中，进行了如下规定。

国家建立健全机构自治、行业自律、政府监管、社会监督相结合的医疗卫生综合监督管理体系。县级以上人民政府卫生健康主管部门对医疗卫生行业实行属地化、全行业监督管理。

县级以上人民政府医疗保障主管部门应当提高医疗保障监管能力和水平，对纳入基本医疗保险基金支付范围的医疗服务行为和医疗费用加强监督管理，确保基本医疗保险基金合理使用、安全可控。

县级以上人民政府应当组织卫生健康、医疗保障、药品监督管理、发展改革、财政等部门建立沟通协商机制，加强制度衔接和工作配合，提高医疗卫生资源使用效率和保障水平。

县级以上人民政府应当定期向本级人民代表大会或者其常务委员会报告基本医疗卫生与健康促进工作，依法接受监督。

县级以上人民政府有关部门未履行医疗卫生与健康促进工作相关职责的，本级人民政府或者上级人民政府有关部门应当对其主要负责人进行约谈。地方人民政府未履行医疗卫生与健康促进工作相关职责的，上级人民政府应当对其主要负责人进行约谈。被约谈的部门和地方人民政府应当立即采取措施，进行整改。约谈情况和整改情况应当纳入有关部门和地方人民政府工作评议、考核记录。

县级以上地方人民政府卫生健康主管部门应当建立医疗卫生机构绩效评估制度，组织对医疗卫生机构的服务质量、医疗技术、药品和医用设备使用等情况进行评估。评估应当吸收行业组织和公众参与。评估结果应当以适当方式向社会公开,作为评价医疗卫生机构和卫生监管的重要依据。

国家保护公民个人健康信息,确保公民个人健康信息安全。任何组织或个人不得非法收集、使用、加工、传输公民个人健康信息,不得非法买卖、提供或者公开公民个人健康信息。

县级以上人民政府卫生健康主管部门、医疗保障主管部门应当建立医疗卫生机构、人员等信用记录制度,纳入全国信用信息共享平台,按照国家规定实施联合惩戒。

县级以上地方人民政府卫生健康主管部门及其委托的卫生健康监督机构,依法开展本行政区域医疗卫生等行政执法工作。

县级以上人民政府卫生健康主管部门应当积极培育医疗卫生行业组织,发挥其在医疗卫生与健康促进工作中的作用,支持其参与行业管理规范、技术标准制定和医疗卫生评价、评估、评审等工作。

国家建立医疗纠纷预防和处理机制,妥善处理医疗纠纷,维护医疗秩序。

国家鼓励公民、法人和其他组织对医疗卫生与健康促进工作进行社会监督。

任何组织和个人对违反本法规定的行为,有权向县级以上人民政府卫生健康主管部门和其他有关部门投诉、举报。

第四节 法律责任

1. 法律责任的特点 法律责任是一般社会责任的特殊表现之一,是违法行为引起的行为人应当承担的法律后果。违法行为是产生法律责任的前提。法律制裁是法律责任的必然。

法律责任不同于道义责任、纪律责任等社会责任。法律责任的最重要的特征是,接受惩罚性质的制裁。法律责任特点:

(1) 法律责任必须和违法相联系,如果没有构成违法,则不需要承担法律责任。

(2) 法律责任一般须有法律规范事先规定,"法无明文不为罪"。

(3) 法律责任由国家强制力保证实施,由国家司法机关和其他授权机关依法追究法律责任,任何个人或社会组织都不能行使这一职权。

法律责任和法律制裁直接相联系,构成保护性法律关系的两个相互关联的方面,是在出现违法的情况下在国家和违法者之间建立的一种特殊的权利与义务关系,法律责任是违法者对国家必须承担的一种义务,而法律制裁是国家对违法者采取强制措施的一种权利。存在法律责任时,违法者要承受人身、财产或精神方面的一定损失。根据违法的性质、程度不同,法律责任可分为刑事责任、行政责任和民事责任、经济责任等。

2.《中华人民共和国基本医疗卫生与健康促进法》的法律责任 本法第九章中,进行了法律责任的规定,具体如下。

违反本法规定,地方各级人民政府、县级以上人民政府卫生健康主管部门和其他有关部门,滥用职权、玩忽职守、徇私舞弊的,对直接负责的主管人员和其他直接责任人员依法给予处分。

违反本法规定,未取得医疗机构执业许可证擅自执业的,由县级以上人民政府卫生健康主管部门责令停止执业活动,没收违法所得和药品、医疗器械,并处违法所得五倍以上二十倍以下的罚款,违法所得不足一万元的,按一万元计算。违反本法规定,伪造、变造、买卖、出租、出借医疗机构执业许可证的,由县级以上人民政府卫生健康主管部门责令改正,没收违法所得,并处违法所得五倍以上十五倍以下的罚款,违法所得不足一万元的,按一万元计算;情节严重的,吊销医疗机构执业许可证。

违反本法规定,有下列行为之一的,由县级以上人民政府卫生健康主管部门责令改正,没收违法所得,并处违法所得二倍以上十倍以下的罚款,违法所得不足一万元的,按一万元计算;对直接负责的主管人员和其他直接责任人员依法给予处分:

(1) 政府举办的医疗卫生机构与其他组织投资设立非独立法人资格的医疗卫生机构;

(2) 医疗卫生机构对外出租、承包医疗科室;

(3) 非营利性医疗卫生机构向出资人、举办者分配或者变相分配收益。

违反本法规定,医疗卫生机构等的医疗信息安全制度、保障措施不健全,导致医疗信息泄露,或者医疗质量管理和医疗技术管理制度、安全措施不健全的,由县级以上人民政府卫生健康等主管部门责令改正,给予警告,并处一万元以上五万元以下的罚款;情节严重的,可以责令停止相应执业活动,对直接负责的主管人员以及其他的直接责任人员者应当依法追究法律责任。

违反本法规定,医疗卫生人员有下列行为之一的,由县级以上人民政府卫生健康主管部门依照有关执业医师、护士管理和医疗纠纷预防处理等法律、行政法规的规定给予行政处罚:

(1) 利用职务之便索要、非法收受财物或者牟取其他不正当利益;

(2) 泄露公民个人健康信息;

(3) 在开展医学研究或提供医疗卫生服务过程中未按照规定履行告知义务或者违反医学伦理规范。

前款规定的人员属于政府举办的医疗卫生机构中的人员的,依法给予处分。

违反本法规定,参加药品采购投标的投标人以低于成本的报价竞标,或者以欺诈、串通投标、滥用市场支配地位等方式竞标的,由县级以上人民政府医疗保障主管部门责令改正,没收违法所得;中标的,中标无效,处中标项目金额千分之五以上千分之十以下的罚款,对法定代表人、主要负责人、直接负责的主管人员和其他责任人员处对单位罚款数额百分之五以上百分之十以下的罚款;情节严重的,取消其二年至五年内参加药品采购投标的资格并予以公告。

违反本法规定,以欺诈、伪造证明材料或者其他手段骗取基本医疗保险待遇,或者基本医疗保险经办机构以及医疗机构、药品经营单位等以欺诈、伪造证明材料或者其他手段骗取基本医疗保险基金支出的,由县级以上人民政府医疗保障主管部门依照有关社会保险的法律、行政法规规定给予行政处罚。

违反本法规定,扰乱医疗卫生机构执业场所秩序,威胁、危害医疗卫生人员人身安全,侵犯医疗卫生人员人格尊严,非法收集、使用、加工、传输公民个人健康信息,非法买卖、提供或者公开公民个人健康信息等,构成违反治安管理行为的,依法给予治安管理处罚。

违反本法规定,构成犯罪的,依法追究刑事责任;造成人身、财产损害的,依法承担民事责任。

本法中下列用语的含义:

(1) 主要健康指标,是指人均预期寿命、孕产妇死亡率、婴儿死亡率、五岁以下儿童死亡率等。

(2) 医疗卫生机构,是指基层医疗卫生机构、医院和专业公共卫生机构等。

(3) 基层医疗卫生机构,是指乡镇卫生院、社区卫生服务中心(站)、村卫生室、医务室、门诊部和诊所等。

(4) 专业公共卫生机构,是指疾病预防控制中心、专科疾病防治机构、健康教育机构、急救中心(站)和血站等。

(5) 医疗卫生人员,是指执业医师、执业助理医师、注册护士、药师(士)、检验技师(士)、影像技师(士)和乡村医生等卫生专业人员。

(6) 基本药物,是指满足疾病防治基本用药需求,适应现阶段基本国情和保障能力,剂型适宜,价格合理,能够保障供应,可公平获得的药品。

省、自治区、直辖市和设区的市、自治州可以结合实际,制定本地方发展医疗卫生与健康事业的具体办法。

中国人民解放军和中国人民武装警察部队的医疗卫生与健康促进工作,由国务院和中央军事委员会依照本法制定管理办法。

本章小结

基本医疗卫生与健康促进法律制度	学习要点
概念	健康、健康权、医疗权、健康医疗权、社会权、基本医疗卫生服务、医疗卫生机构、医疗卫生人员
特征	公民的健康权利,公民的健康义务,监督管理
分类	基本医疗卫生保障法、医疗卫生机构、医疗卫生人员
原则	健康公平、健康促进、法律责任

目标检测

一、选择题

【A1 型题】

1. 影响公民健康状态有两个因素,即个人因素和环境因素,个人因素是包括(　　)。
   A. 遗传　　　B. 家庭住址　　　C. 国籍　　　D. 天气变化　　　E. 生活地域

2. 为了缩小健康差距,促进健康公平,政府可采取的措施包括(　　)。
   A. 按经济水平分配卫生资源　　　　B. 按经济水平提供卫生服务
   C. 建立有差异的医疗保障制度　　　D. 给予健康弱势群体适当的救助
   E. 为患者提供免费医疗服务

3. 健康公平受多种因素的制约,下列因素正确的是(　　)。
   A. 遗传　　　B. 政策目标　　　C. 受教育机构　　　D. 父母职业　　　E. 个人职业

4. 公民请求国家提供特定给付的权利是(　　)。
   A. 防御权　　　B. 健康权　　　C. 受益权　　　D. 社会权　　　E. 医疗权

5. 《关于依法惩处涉医违法犯罪维护正常医疗秩序的意见》内容中不包括(　　)。
   A. 充分认识依法惩处涉医违法犯罪维护正常医疗秩序的重要性
   B. 严格依法惩处涉医违法犯罪　　　C. 积极预防和妥善处理医疗纠纷
   D. 健康促进　　　　　　　　　　　　E. 建立健全协调配合工作机制

6. 法律责任的最重要的特征是(　　)。
   A. 违反道德行为引起的　　　　　　B. 违反宗教信仰行为引起的
   C. 接受惩罚性质的制裁　　　　　　D. 违反家规行为引起的
   E. 违反伦理行为引起的

7. 下列不属于法律责任的是(　　)。
   A. 刑事责任　　　B. 行政责任　　　C. 民事责任　　　D. 经济责任　　　E. 家庭责任

8. 《中华人民共和国基本医疗卫生与健康促进法》中主要健康指标包括(　　)。
   A. 人均寿命　　　　　　B. 手术死亡率　　　　　　C. 婴儿死亡率
   D. 十岁以下儿童死亡率　　E. 育龄期妇女死亡率

9. 下列关于法律责任说法正确的是(　　)。
   A. 经济责任的特殊表现之一
   B. 是违法行为引起的行为人应当承担的法律后果
   C. 违反道德行为是产生法律责任的前提
   D. 法律制裁不是法律责任的必然

E. 法律责任是违法者对国家选择性承担的一种义务

10. 医疗卫生与健康事业应当坚持(　　)。
　　A. 以健康为中心,为人民长寿服务　　　　B. 以残疾人为中心,为功能康复服务
　　C. 以患者为中心,为治疗疾病服务　　　　D. 以儿童为中心,为儿童健康服务
　　E. 以人民为中心,为人民健康服务

【A2 型题】

11. 李某因亲属在某医院死亡,多次组织、资助他人非法聚集在某医院,扰乱医院正常医疗秩序,该行为违反了(　　)。
　　A.《中华人民共和国刑法修正案(九)》　　　B.《中华人民共和国刑法修正案(八)》
　　C.《中华人民共和国刑法修正案(七)》　　　D.《中华人民共和国刑法修正案(六)》
　　E.《中华人民共和国刑法修正案(五)》

12. 李某因女儿在医院救治多日,病情不见明显好转,对主治医师实施了恶性伤害事件,导致医生死亡,该事件适用的法律文件是(　　)。
　　A.《世界卫生组织组织法》　　　　B.《关于依法惩处涉医违法犯罪维护正常医疗秩序的意见》
　　C.《第 14 号一般性意见》　　　　D.《中华人民共和国刑法修正案(六)》
　　E.《中华人民共和国刑法修正案(五)》

二、名词解释

1. 健康
2. 社会权
3. 健康权利
4. 健康医疗权
5. 基本医疗卫生服务
6. 医疗卫生机构

三、简答题

1. 以达到健康状态的过程与结果为判断标准,"健康公平"的基本内涵是什么?
2. 公民的健康权利面向三类公民,其内容包括什么?
3. 法律责任特点是什么?

(吉林大学　曲福玲)

参考答案
4-1

第五章 医疗损害责任法律制度

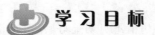

1. 掌握:医疗损害责任概念特点、构成要件、归责原则。
2. 熟悉:医疗损害与医疗事故的关系、医疗事故预防、处理途径。
3. 了解:医疗损害责任类型与相关法律责任。

出生 3 天的孩子在一区级医院不治而亡

李某于 2010 年 6 月 23 日到医院待产,于 25 日生下 7 斤重的儿子。但在 27 日李某及其老公发现,孩子精神不怎么好,也不爱吃奶,问了护士,护士说没什么,才出生的孩子吃不了多少的。当天晚上 8 时,李某仍发现孩子不对劲,问护士,护士仍回答没什么,体温也正常。夜里 12 时左右,李某发现儿子越来越不对劲了,就马上叫护士请值班医生查看情况,没想到护士说:"没关系,睡醒就好了,我正忙着呢。"直到第二天凌晨 5 时,李某丈夫到值班室才把医生叫过来,但孩子却经抢救无效死亡。

后发生纠纷,李某要求医院给说法,医院认为是李某看护婴儿时睡着不小心导致孩子窒息死亡。李某夫妇不服,委托律师,律师要求作尸体检验,以确定死因。法医尸检报告显示,孩子的死因是间质性肺炎,不是医院所讲的窒息而亡,随即李某向人民法院提起诉讼,要求医院赔偿医疗费、精神损害抚慰金等共 5 万元。

思考:
值班护士对婴儿的死亡有责任吗?

第一节 医疗损害责任概述

一、医疗损害责任的概念与特征

医疗损害责任是指医疗机构及医务人员在医疗过程中因过失,或者在法律规定的情况下无论有无过失,造成患者人身损害或者其他损害,应当承担的以损害赔偿为主要方式的侵权责任。这一定义解决了长期以来关于医疗侵权引起的各种定义上的争论。《中华人民共和国侵权责任法》(以下简称《侵权责任法》)明确规定了医疗损害责任,具有积极的社会意义,不仅完善了医疗纠纷处理的法律依据,厘清了医疗损害责任的归责原则,而且强调了医疗秩序依法受到保护的原则,有利于化解当前突出的医患矛盾,并实现医疗行为的规范化。2017年12月14日施行的《最高人民法院关于审理医疗损害责任纠纷案件适用法律若干问题的解释》（以下简称《医疗损害责任解释》）更进一步规定了医疗损害责任适用范围。

医疗损害责任的特征如下。

1. 医疗损害责任的责任主体是医疗机构　医疗损害责任的责任主体是医疗机构，且须为合法的医疗机构，其他机构不构成医疗损害责任。《侵权责任法》第五十四条规定：患者在诊疗活动中受到损害，医疗机构及其医务人员有过错的，由医疗机构承担赔偿责任。《医疗损害责任解释》第一条第一款规定：患者以在诊疗活动中受到人身或者财产损害为由请求医疗机构，医疗产品的生产者、销售者或者血液提供机构承担侵权责任的案件，适用本解释。可见，有关责任主体的规定，分为两个层次：前一个层次是"医疗机构"，后一个层次是"医疗产品的生产者、销售者或者血液提供机构"。在以医疗机构作为单一责任主体的医疗损害责任纠纷案件中，包括医疗伦理损害责任、医疗技术损害责任和医疗管理损害责任的纠纷案件。以医疗产品的生产者、销售者或者血液提供机构作为责任主体的医疗损害责任的纠纷案件，是医疗产品损害责任纠纷案件，其责任主体也包含医疗机构。同时，《医疗损害责任解释》第一条第二款规定：患者以在美容医疗机构或者开设医疗美容科室的医疗机构实施的医疗美容活动中受到人身或者财产损害为由提起的侵权纠纷案件，适用本解释。可见，无论开设专门的医疗美容机构，还是在医疗机构内设医疗美容科室，均符合医疗损害责任主体要件，以其机构作为医疗损害责任的责任主体。

在医疗损害中，若对患者造成损害的是不具有正规资质的医务人员，医疗机构也应承担相应的责任，不仅是因为医疗机构选用或聘用没有正规资质医务人员本身就是管理上的疏忽，而且对患者承担责任的主体应是医疗机构而非医务人员。另外，若是没有正规资质的医疗机构造成了患者损害，那就不是医疗损害责任，因为不满足医疗损害责任的主体特征，应当根据情形适用《侵权责任法》的相关规定。

2. 医疗损害责任的行为主体是医务人员　医务人员包括医师和其他医务人员。按照《执业医师法》第二条的规定，医师包括执业医师和执业助理医师，是指依法取得执业医师资格或者执业助理医师资格，经注册在医疗、预防、保健机构中执业的专业医务人员。尚未取得执业医师或者执业助理医师资格，经注册在乡村医疗卫生机构中向村民提供预防、保健和一般医疗服务的乡村医生，也视为医务人员。《护士条例》第二条规定，护士是指经执业注册取得护士执业证书，依据《护士条例》规定从事护理活动，履行保护生命、减轻痛苦、增进健康职责的卫生技术人员。未取得医师或护士资格或者未按照法律规定逾越执业地点、执业类别、职业范围等从事诊疗活动的人员，都不适用医疗损害责任的法律规范，而应当适用一般侵权行为的规则处理。

未取得医师资格，但取得省级以上教育行政部门认可的医学院校医学专业的毕业生在医疗机构内实习的，根据上级医师的指导进行相应的医疗活动，不属于非法行医，但如果是违反上级医师的指导擅自进行医疗活动的，不认定为医务人员。

3. 医疗损害责任发生在诊疗活动之中　医疗损害责任发生的场合是诊疗活动，在其他场合不能发生这种侵权责任。只要在诊疗活动中受到损害的，患者都可以主张损害赔偿。诊疗活动是指通过各种检查、使用药物、器械及手术等方法，对疾病做出判断和消除疾病、缓解病情、减轻痛苦、改善功能、延长生命、帮助患者恢复健康的活动。对诊疗活动应当准确理解，并不是只有处方的开具和调剂才是诊疗活动。例如，同样是美容活动，医疗美容是运用手术、药物、医疗器械以及其他具有创伤性或者侵入性的医学技术方法，对人的容貌和人体各部位形态进行的修复与再塑，因此属于医疗活动；而没有通过这样的手段进行的美容，例如一般的面部护理、保健按摩等，不认定为医疗活动。在没有医疗机构资质的一般的美容机构进行美容而发生的损害责任纠纷案件，不是在医疗活动中发生的纠纷，不适用《侵权责任法》关于医疗损害责任的规定，同样也不在《医疗损害责任解释》的适用范围之内。

4. 医疗损害责任的主观方面要件主要为过失　过错是承担一般侵权责任的必要要件。在医疗损害责任中，主观方面要件通常为过失。因为诊疗活动本身就是一种以"救死扶伤"为宗旨的行为，医务人员不可能以损害患者为目的，否则其行为宜评价为一般侵权行为，但不排除与诊疗活动宗旨并不根本冲突的其他目的（比如诱导消费）的存在。一般情况下医疗损害责任要求医疗机构和医务人员有过失，或者在特殊情形下推定医疗机构有过失，但在医疗产品损害中，医疗机构承担的是无过错责任。

5. 医疗损害责任的结果要件为造成患者人身等权益受到损害　医疗损害责任主要是因为侵害患者生命权、健康权、身体权，造成人身损害后果而承担损害赔偿责任。其中，造成患者健康权损害，是指造成患者的人身伤害，包括一般伤害和残疾；造成生命权损害，是指造成患者死亡；造成患者身体权损害，是指患者的身体组成部分的实质完整性以及形式完整性的损害，即造成患者人体组成部分的残缺，或者未经患者本人同意而非法侵害患者身体。尤其应当注意的是对于身体形式完整性的损害，身体权属于患者本人，未经本人同意或有其他合法依据，医务人员不得任意接触。

二、医疗损害责任构成要件

医疗行为侵权造成的医疗损害责任构成要件情况如下。

（一）过错或违法性

《医疗损害责任解释》第十六条规定，对医疗机构及其医务人员的过错，应当依据法律、行政法规、规章以及其他有关诊疗规范进行认定，可以综合考虑患者病情的紧急程度、患者个体差异、当地的医疗水平、医疗机构与医务人员资质等因素。在具体的个案中，患方主张医疗机构承担诊疗过错责任的，应当提交医方有过错、诊疗行为与损害后果之间存在因果关系的证据，但属于《侵权责任法》第五十八条规定情形的除外。患方可以申请医疗过错鉴定，以证明医方的过错。

在医疗产品责任的构成中，医疗机构承担无过错责任。根据《侵权责任法》第五十九条以及第五章规定，医疗产品责任构成要件中违法性，应理解为医疗产品有缺陷。

同样，在诊疗活动中，如果医方为患方输入的血液不合格，则医方应当向患方承担赔偿责任。患方以此为由请求医方赔偿的，应当提交输入血液、受到损害的证据。医疗机构或者血液提供机构主张不承担责任的，应当对血液合格等抗辩事由承担举证证明责任。如果医方并无过错的，承担责任之后可以向血液提供机构追偿。

（二）损害后果

医疗损害责任中的损害主要包括：①患者的生命权、健康权或者身体权受到侵害，使患者的生命丧失或者人身健康遭到损害；②因侵害患者生命权、健康权、身体权受到损害之后直接造成的财产损失，包括为医治损害所支出的合理费用、误工费等；③因人身损害造成患者及其近亲属的精神痛苦之损害。

作为侵权责任构成要件的损害，须具备以下条件：①确定性。损害的确定性是指，损害已经发生，是真实存在的，而非主观臆测的。②可补救性。可补救性是指，损害在程度上具有一定的严重性，在法律上认为有给予补救的必要。可补救性并非指损害应当能够以金钱计量，在当今世界，人身利益的损害可以以金钱给予补偿已成通例。损害是侵权责任的必备要件，无损害即无赔偿。比如，《医疗损害责任解释》第十七条规定：医务人员违反《侵权责任法》第五十五条第一款规定义务，但未造成患者人身损害，患者请求医疗机构承担损害赔偿责任的，不予支持。

（三）因果关系

医疗损害责任和其他侵权责任一样，以因果关系作为责任成立的必备要件。医疗损害责任中的因果关系是指医疗机构及其医务人员的诊疗行为与患者遭受的损害之间具有引起与被引起的关系。《侵权责任法》第五十四条所谓"患者在诊疗活动中受到损害"，即是要求医疗机构及其医务人员的诊疗行为与患者的损害之间具有因果关系。

三、医疗损害责任类型

医疗损害责任可分为四类。

（一）医疗技术损害责任

医疗技术损害责任是指医疗机构及医务人员从事病情的检验、诊断治疗方法的选择、治疗措施的执行、病情发展过程的追踪以及术后康复等医疗行为、不符合当时现存的医疗专业知识或技术水准的过失行为，医疗机构应当承担损害赔偿责任。

证明医疗机构及医务人员的医疗损害责任的构成要件须由原告即患方承担举证责任,即使是医疗过失要件也由患方负担。

(二)医疗伦理损害责任

医疗伦理损害责任是指医疗机构及医务人员从事各种医疗行为时,未对患者充分告知或者说明其病情,未提供病患及时有用的医疗建议,未维护患者与病情相关的隐私权,或未取得患者同意,即采取某种医疗或停止继续治疗措施等违反了医疗职业良知或职业伦理应遵守的规则的过失行为,医疗机构所应当承担的损害赔偿责任。

在诉讼中,对于医疗伦理损害责任构成的医疗违法行为,损害事实以及因果关系的证明,由患方负责证明。在此基础上实行过错推定,将医疗过错的举证责任全部归之于医疗机构,医疗机构一方认为自己不存在医疗过失,须自己举证证明自己的主张成立,否则应当承担赔偿责任。

(三)医疗产品损害责任

医疗产品损害责任是指医疗机构在医疗过程中使用有缺陷的药品、消毒药剂、医疗器械以及血液及血液制品等医疗产品,因此造成患者人身损害,医疗机构或者医疗产品生产者、销售者应该承担医疗损害赔偿责任。

(四)医疗管理损害责任

医疗管理损害责任是指医疗机构和医务人员违背医政管理规范和医政管理职责的要求,具有医疗管理过失,造成患者人身损害和财产损害,应当承担侵权损害赔偿的医疗损害责任。医疗管理损害责任在《侵权责任法》第七章中没有明确列出,仅包含在该法第五十四条之中。医疗管理包括医疗机构管理、医疗技术应用管理、医疗质量安全管理、医疗服务管理、药品管理、医疗器械管理、采供血机构管理、临床实验室管理等。

第二节 医疗损害责任的法律适用

为正确审理医疗损害责任纠纷案件,结合审判实践,制定的《最高人民法院关于审理医疗损害责任纠纷案件适用法律若干问题的解释》已于 2017 年 3 月 27 日由最高人民法院审判委员会第 1713 次会议通过,自 2017 年 12 月 14 日起施行。

一、医疗损害的归责原则

归责,是指行为人因其行为和物件致他人损害的事实发生后,应依何种根据使其承担责任,即法律应以行为人的过错还是应以已发生的损害结果为价值判断标准,而使行为人承担侵权责任。

医疗损害的归责原则包括过错责任原则、过错推定原则和无过错责任原则。

(一)过错责任原则

我国《侵权责任法》第五十四条规定:患者在诊疗活动中受到损害,医疗机构及其医务人员有过错的,由医疗机构承担赔偿责任。由此,我国法律在医疗损害责任中已确立了一般过错责任原则。根据过错责任原则,医疗机构或其医务人员有过错的,应当对患方承担赔偿责任。对此,应注意医疗过错责任与医疗事故责任的关系。正如《最高人民法院民一庭负责人就审理医疗纠纷案件的法律适用问题答记者问》所指出的:如果患者的生命或者身体健康因为医疗机构的过错行为受到了损害,致害人就应当对患者受到的损害承担赔偿责任。在有的情况下,虽然患者身体因医疗机构的过错行为受到了损害,但是经过鉴定医疗机构的行为不构成医疗事故的,当然不能作为医疗事故进行处理。但医疗机构仍应当对患者身体受到的损害承担医疗过失致人损害的民事赔偿责任。不能因为医疗机构的过错行为不构成医疗事故,就不对受害人的损害承担赔偿责任。可见,医疗事故与医疗过错在构成及责任承担等方面均存在差异,就民事侵权责任承担而言,主要考察医方(医疗机构及其医务人员)有无过错。

最高人民法院《人民法院统一证据规定(司法解释建议稿)》规定:因医疗行为引起的侵权诉讼,由医疗机构就其医疗行为不存在医疗过错或医疗过错与后果不存在因果关系承担证明责任。但是,《侵权责任法》实施后,这一司法解释所规定的过错推定原则已不能继续适用。《医疗损害责任解释》第四条第二款明确规定:患者无法提交医疗机构及其医务人员有过错、诊疗行为与损害之间具有因果关系的证据,依法提出医疗损害鉴定申请的,人民法院应予准许。从该司法解释可以推知,在医疗损害责任纠纷案件中,患方应就医方的过错承担举证责任。这规定也进一步验证了医疗损害责任为过错责任的结论。

(二)过错推定原则

《侵权责任法》第五十八条规定,患者有损害,因下列情形之一的,推定医疗机构有过错:①违反法律、行政法规、规章以及其他有关诊疗规范的规定;②隐匿或者拒绝提供与纠纷有关的病历资料;③伪造、篡改或者销毁病历资料。据此,在上述三种情形下,患者有损害的就推定医疗机构有过错,这就是医疗损害责任中的过错推定。

过错推定责任从本质上来说也是一种过错责任,即赔偿义务人在有过错的情况下才承担赔偿责任,如果其没有过错,则对赔偿权利人无须承担赔偿责任。但同时应当注意的是,过错推定责任是一种特殊的过错责任,这种特殊性主要表现在举证责任的分配方面。即应当由赔偿义务人对其没有过错承担举证责任,如果其不能举证证实其没有过错,就应当承担不利的法律后果。

(三)无过错责任原则

《侵权责任法》第五十九条规定:因药品、消毒药剂、医疗器械的缺陷,或者输入不合格的血液造成患者损害的,患者可以向生产者或者血液提供机构请求赔偿,也可以向医疗机构请求赔偿。患者向医疗机构请求赔偿的,医疗机构赔偿后,有权向负有责任的生产者或者血液提供机构追偿。

二、医疗损害责任的免责事由

医疗行为具有高技术性与高风险性,医疗过程中存在许多不可控制的因素,所以应该承认医疗结果有很多不确定性和不可预见性。而且,由于患者的个体性差异,治疗同种疾病,即使医生采取相同的诊疗措施,所达到的效果也可能不尽一样。另外,医学科学的发展必须以医务人员积极探索、大胆创新为前提。因此《侵权责任法》规定,对于某些复杂疾病,只要医疗机构及其医务人员尽到与当时的医疗水平相应的诊疗义务,就应当免除赔偿责任。这也是鼓励促进医学发展的需要。《医疗事故处理条例》也规定了法定免责条文,但是《医疗事故处理条例》与《侵权责任法》关于不构成医疗事故的若干情形规定不同,《侵权责任法》第六十条关于医疗机构免责的事由范围受到较大限制,仅包括以下前三种情况。

(一)患者或者其近亲属不配合医疗机构进行符合诊疗规范的诊疗

(1)患者及其家属缺乏医疗卫生常识,经医务人员详细解释仍无效。
(2)患者及其家属不如实提供病史。
(3)患者及其家属不配合检查。
(4)患者及其家属不遵守医嘱。
(5)患者及其家属不服从医院管理。

在上述五种情形中,如果医疗机构及其医务人员也有过错,不免除医疗机构及其医务人员的赔偿责任。

(二)医务人员在抢救生命垂危的患者等紧急情况下已经尽到合理诊疗义务

医务人员只要按照紧急抢救措施的医疗法律规定实施诊疗行为,虽然没有按照平常规定尽到注意义务,也应当免责。免责需要具备以下两个条件。

(1)抢救生命垂危的患者等紧急情况:现行的医疗法规规章对于"紧急情况"的界定为患者因疾病发作、突然外伤受害及异物侵入体内,身体处于危险状态或非常痛苦的状态,在临床上表现为急性外伤脑挫伤、意识消失、大出血、心绞痛、急性严重中毒、呼吸困难各种原因所致的休克等。

(2) 医务人员在紧急情况下已经尽到合理的义务。

（三）限于当时的医疗水平难以诊疗

(1) 当时的医疗水平为相对意义上的概念,即指本地区、本部门的,而非绝对意义上的。不得用现在的医疗科学技术认定过去的医疗行为是否有过错。

(2) 因患者个体差异、疾病自然转归。

(3) 并发症:继发在原发病之上,难以预见或虽然能够预见但难以避免或防范的。

（四）不可抗力因素导致的损害

责任认定适用《侵权责任法》第二十九条的规定,即因不可抗力造成他人损害的,不承担责任。法律另有规定的,依照其规定。

第三节　医疗事故处理制度

一、医疗事故的概念及法律依据

医疗事故,是指医疗机构及其医务人员在医疗活动中,违反医疗卫生管理法律、行政法规、部门规章和诊疗护理规范、常规,过失造成患者人身损害的事故,是承担医疗损害责任的主要情形。

（一）医疗事故的构成

1. 主体是医疗机构及其医务人员　医疗事故的主体必须是依法取得执业许可或执业资格的医疗机构及其医务人员,未取得医疗机构执业许可证的单位和组织、未取得执业医师资格的人员,只能是非法行医的主体。非法行医造成患者人身损害的,不属于医疗事故,而是一般的过失人身伤害。

2. 行为的违法性　医疗事故是医疗机构及其医务人员因违反医疗卫生管理法律、行政法规、部门规章和诊疗护理规范、常规而发生的事故。

3. 主观上存在过失　医疗事故的主观方面要求必须是过失,所谓过失是指行为人行为时主观心理不是故意伤害患者,即行为人在行为时,并不是追求或希望损害结果的发生。过失可分为疏忽大意的过失和过于自信的过失。

4. 造成了患者人身损害　所谓造成患者人身损害,是指医疗机构及其医务人员在医疗活动中,侵害了患者的生命权、健康权,造成了患者人身损害的情形。

5. 过失行为和损害后果之间存在因果关系　过失行为和损害后果之间存在因果关系是判定医疗事故成立的重要条件,并且要求两者之间应当是直接的因果关系,否则就不能认定为医疗事故。

（二）医疗事故抗辩事由

有下列情形之一的,不属于医疗事故。

(1) 在紧急情况下为抢救垂危患者生命而采取紧急医学措施造成不良后果的。

(2) 在医疗活动中由于患者病情异常或者患者体质特殊而发生医疗意外的。

(3) 在现有医学科学技术条件下,发生无法预料或者不能防范的不良后果的。

(4) 无过错输血感染造成不良后果的。

(5) 因患方原因延误诊疗导致不良后果的。

(6) 因不可抗力造成不良后果的。

（三）医疗事故的分级

按照《医疗事故处理条例》第四条规定,根据对患者人身造成损害的程度,将医疗事故分为四级。

1. 一级医疗事故　造成患者死亡、重度残疾的医疗事故,分为甲、乙两等。

(1) 一级甲等：死亡。

(2) 一级乙等：重要器官缺失或功能完全丧失，其他器官不能代偿，存在特殊医疗依赖，生活完全不能自理。

2. 二级医疗事故 造成患者中度残疾、器官组织损伤导致严重功能障碍的医疗事故，分为甲、乙、丙、丁四等。

(1) 二级甲等：器官缺失或功能完全丧失，其他器官不能代偿，可能存在特殊医疗依赖，或生活大部分不能自理。

(2) 二级乙等：存在器官缺失、严重缺损、严重畸形情形之一，有严重功能障碍，可能存在特殊医疗依赖，或生活大部分不能自理。

(3) 二级丙等：存在器官缺失、严重缺损、明显畸形情形之一，有严重功能障碍，可能存在特殊医疗依赖，或生活部分不能自理。

(4) 二级丁等：存在器官缺失、大部分缺损、畸形情形之一，有严重功能障碍，可能存在一般医疗依赖，生活能自理。

3. 三级医疗事故 造成患者轻度残疾、器官组织损伤导致一般功能障碍的医疗事故，分为甲、乙、丙、丁、戊五等。

(1) 三级甲等：存在器官缺失、大部分缺损、畸形情形之一，有较重功能障碍，可能存在一般医疗依赖，生活能自理。

(2) 三级乙等：器官大部分缺损或畸形，有中度功能障碍，可能存在一般医疗依赖，生活能自理。

(3) 三级丙等：器官大部分缺损或畸形，有轻度功能障碍，可能存在一般医疗依赖，生活能自理。

(4) 三级丁等：器官部分缺损或畸形，有轻度功能障碍，无医疗依赖，生活能自理。

(5) 三级戊等：器官部分缺损或畸形，有轻微功能障碍，无医疗依赖，生活能自理。

4. 四级医疗事故 造成患者明显人身损害的其他后果的医疗事故，未分等。

(四) 医疗事故处理的法律依据

医疗事故处理法律制度是指在处理医疗事故过程中调整医患关系的一系列法律规范的总和，其内容主要涉及医疗事故的科学界定、医疗事故的处理原则、医疗事故的预防与处置、医疗事故的技术鉴定、医疗事故的行政处理与监督、医疗事故的赔偿以及违法责任及追究。

为了正确处理医疗事故，保护患者和医疗机构及其医务人员的合法权益，维护医疗秩序，保障医疗安全，促进医学科学的发展，我国先后颁布了一系列的法律法规对医疗事故做出了规定。

1987年6月29日，国务院颁布了《医疗事故处理办法》，这是中国首个处理医疗事故的专门法规，1988年，卫生部又相继制定了《关于〈医疗事故处理办法〉若干问题的说明》和《医疗事故分级标准（试行）》。1997年，修订的《中华人民共和国刑法》对发生严重医疗事故的医务人员做出了刑事处罚的相关规定。

2002年4月4日，国务院颁布了国务院令第351号《医疗事故处理条例》（以下简称《条例》），并于同年9月1日正式施行，1987年国务院发布的《医疗事故处理办法》同时废止，《条例》的公布与实施，为处理医疗事故提供了重要法律依据，在全社会尤其是医疗卫生行业产生了巨大影响。《条例》界定了医疗事故的概念，医疗事故的鉴定制度更加民主公开，明确了患者权利和人身损害赔偿的标准，争议处理程序的设置较以前更便利，各职能部门在医疗事故处理中的职责分工更加明晰。卫生部还颁布了《医疗事故分级标准（试行）》《医疗事故技术鉴定暂行办法》《医疗质量安全事件报告暂行规定》等。

此外，《最高人民法院关于民事诉讼证据的若干规定》中，规定了有关医疗侵权诉讼的举证责任分配；《中华人民共和国刑法》中有关医疗事故罪的规定；全国人大常委会于2009年12月26日通过、2010年7月1日起施行的《侵权责任法》第七章医疗损害责任的规定，这些现行法律文件为医疗事故的行政处理、民事赔偿和刑事责任提供了法律依据。

二、医疗事故的预防和处置

（一）医疗事故的预防

医疗事故重在预防，只有事先科学预防，才能降低医疗事故的发生概率。

1. 加强对医务人员的管理培训和教育

（1）医疗机构及其医务人员在医疗活动中，必须严格遵守医疗卫生管理法律、行政法规、部门规章和诊疗护理规范、常规，恪守医疗服务职业道德。

（2）医疗机构应当对其医务人员进行医疗卫生管理法律、行政法规、部门规章和诊疗护理规范、常规的培训和医疗服务职业道德教育。

（3）医疗机构应当设置医疗服务质量监控部门或者配备专（兼）职人员，具体负责监控本医疗机构的医务人员的医疗服务工作，检查医务人员执业情况，接受患者对医疗服务的投诉，向其提供咨询服务。

2. 加强病历资料的管理和监督　病历资料主要包括门诊病历、住院志、体温单、医嘱单、化验单（检验报告）、医学影像检查资料、特殊检查同意书、手术同意书、手术及麻醉记录单、病理资料、护理记录以及国务院卫生行政部门规定的其他病历资料。

（1）医疗机构应当按照国务院卫生行政部门规定的要求，书写并妥善保管病历资料。因抢救急危患者，未能及时书写病历的，有关医务人员应当在抢救结束后6小时内据实补记，并加以注明。

（2）病历资料应当真实、完整，严禁涂改、伪造、隐匿、销毁或者抢夺病历资料。

（3）患者有权复印或者复制其病历资料，当患者依照规定要求复印或者复制病历资料的，医疗机构应当提供复印或者复制服务并在复印或者复制的病历资料上加盖证明印记。复印或者复制病历资料时，应当有患者在场。

3. 提前告知患者风险　在医疗活动中，医疗机构及其医务人员应当将患者的病情、医疗措施、医疗风险等如实告知患者，及时解答其咨询；但是，应当避免对患者产生不利后果。

4. 提前做好医疗事故风险预案　医疗机构应当制定防范、处理医疗事故的预案，预防医疗事故的发生，减轻医疗事故的损害。

（二）医疗事故的处置

处理医疗事故，应当遵循公开、公平、公正、及时、便民的原则，坚持实事求是的科学态度，做到事实清楚、定性准确、责任明确、处理恰当。

1. 医疗事故报告制度　医疗事故报告制度大致可以分为内部报告和外部报告。其中内部报告是针对医疗机构自身的报告制度，而外部报告则是向所在地卫生行政部门进行报告。

（1）医疗事故内部报告制度。医疗机构建立内部报告制度，便于医疗机构负责人及时掌握情况启动医疗事故处理预案；有利于及时采取积极有效措施，防止对患者损害后果的扩大，减少给患者造成的损失；同时有利于医疗事故的及时妥善处理。

医务人员在医疗活动中发生或者发现医疗事故、可能引起医疗事故的医疗过失行为或者发生医疗事故争议的，应当立即向所在科室负责人报告；科室负责人应当及时向本医疗机构负责医疗服务质量监控的部门或者专（兼）职人员报告；负责医疗服务质量监控的部门或者专（兼）职人员接到报告后，应当立即进行调查、核实，将有关情况如实向本医疗机构的负责人报告并向患者通报、解释。

（2）医疗事故外部报告制度。及时向所在地卫生行政部门报告，有利于卫生行政部门及时对事故争议做出处理。同时进行调查取证，判断是否属于事故和划分相应责任，从而及时发现医疗问题并提出改进措施，卫生行政部门可以组织专门人员对医疗事故产生的原因进行分析，并对其他医疗机构起到警戒和借鉴作用。

发生医疗事故的，医疗机构应当按照规定向所在地卫生行政部门报告。发生下列重大医疗过失行为的，医疗机构应当在12小时内向所在地卫生行政部门报告：

①导致患者死亡或者可能为二级以上的医疗事故。

②导致3人以上人身损害后果的情形。

③国务院卫生行政部门和省、自治区、直辖市人民政府卫生行政部门规定的其他情形。

2. 事故发生后的紧急处理　发生或者发现医疗过失行为,医疗机构及其医务人员应当立即采取有效措施,避免或者减轻对患者身体健康的损害,防止损害扩大。

3. 病历资料的封存和启封　发生医疗事故争议时,死亡病例讨论记录、疑难病例讨论记录、上级医师查房记录、会诊意见、病程记录应当在医患双方在场的情况下封存和启封。封存的病历资料可以是复印件,由医疗机构保管。

4. 现场实物的封存与检验　疑似输液、输血、注射、药物等引起不良后果的,医患双方应当共同对现场实物进行封存和启封,封存的现场实物由医疗机构保管;需要检验的,应当由双方共同指定的、依法具有检验资格的检验机构进行检验;双方无法共同指定时,由卫生行政部门指定。

疑似输血引起不良后果,需要对血液进行封存保留的,医疗机构应当通知提供该血液的采供血机构派员到场。

5. 尸体解剖检查与处理　患者死亡,医患双方当事人不能确定死因或者对死因有异议的,应当在患者死亡后48小时内进行尸检;具备尸体冻存条件的,可以延长至7日,尸检应当经死者近亲属同意并签字。

尸检应当由按照国家有关规定取得相应资格的机构和病理解剖专业技术人员进行,承担尸检任务的机构和病理解剖专业技术人员有进行尸检的义务。

医疗事故争议双方当事人可以请法医病理学人员参加尸检,也可以委派代表观察尸检过程。拒绝或者拖延尸检,超过规定时间,影响对死因判定的,由拒绝或者拖延的一方承担责任。

患者在医疗机构内死亡的,尸体应当立即移放太平间。死者尸体存放时间一般不得超过2周,逾期不处理的尸体,经医疗机构所在地卫生行政部门批准,并报经同级公安部门备案后,由医疗机构按照规定进行处理。

三、医疗事故的技术鉴定

（一）医疗事故技术鉴定机构

卫生行政部门接到医疗机构关于重大医疗过失行为的报告或者医疗事故争议当事人要求处理医疗事故争议的申请后,对需要进行医疗事故技术鉴定的,应当交由负责医疗事故技术鉴定工作的医学会组织鉴定;医患双方协商解决医疗事故争议,需要进行医疗事故技术鉴定的,由双方当事人共同委托负责医疗事故技术鉴定工作的医学会组织鉴定。

1. 医疗事故技术鉴定机构的分级管理　医疗事故技术鉴定分为首次医疗事故技术鉴定和再次医疗事故技术鉴定。

设区的市级地方医学会和省、自治区、直辖市直接管辖的县(市)地方医学会负责组织首次医疗事故技术鉴定工作,当事人对首次医疗事故技术鉴定结论不服的,可以自收到首次鉴定结论之日起15日内向医疗机构所在地卫生行政部门提出再次鉴定的申请。省、自治区、直辖市地方医学会负责组织再次鉴定工作。一般情况下,这些医学会所做的再次鉴定即为最终鉴定,其鉴定结论为最终鉴定结论。必要时,中华医学会可以组织疑难、复杂并在全国有重大影响的医疗事故争议的技术鉴定工作。

2. 医疗事故技术鉴定专家库的建立　负责组织医疗事故技术鉴定工作的医学会可以设立医疗事故技术鉴定工作办公室,具体负责有关医疗事故技术鉴定的组织和日常工作。医学会组织专家鉴定组,依照医疗卫生管理法律、行政法规、部门规章和诊疗护理技术操作规范、常规,运用医学科学原理和专业知识,独立进行医疗事故技术鉴定。

具备下列条件的医疗卫生专业技术人员可以成为专家库候选人:
(1) 有良好的业务素质和执业品德。
(2) 受聘于医疗卫生机构或者医学教学、科研机构并担任相应专业高级技术职务3年以上。
(3) 健康状况能够胜任医疗事故技术鉴定工作。

符合(1)(3)项规定条件并具备高级技术职务任职资格的法医可以受聘进入专家库。

负责首次医疗事故技术鉴定工作的医学会原则上聘请本行政区域内的专家建立专家库;当本行政区域内的专家不能满足建立专家库需要时,可以聘请本省、自治区、直辖市范围内的专家进入本专家库。

负责再次医疗事故技术鉴定工作的医学会原则上聘请本省、自治区、直辖市范围内的专家建立专家库;当本省、自治区、直辖市范围内的专家不能满足建立专家库需要时,可以聘请其他省、自治区、直辖市的专家进入本专家库。

符合条件的医疗卫生专业技术人员和法医,有义务受聘进入专家库,并承担医疗事故技术鉴定工作。

(二)医疗事故技术鉴定的组织和实施

1. 医疗事故技术鉴定的申请　医疗事故技术鉴定的申请分为以下3种方式。

(1)医患双方共同委托鉴定。双方当事人协商解决医疗事故争议,需进行医疗事故技术鉴定的,应共同书面委托医疗机构所在地负责首次医疗事故技术鉴定工作的医学会进行医疗事故技术鉴定。

(2)卫生行政部门移交鉴定。县级以上地方人民政府卫生行政部门接到医疗机构关于重大医疗过失行为的报告或者医疗事故争议当事人要求处理医疗事故争议的申请后,对需要进行医疗事故技术鉴定的,应当书面移交负责首次医疗事故技术鉴定工作的医学会组织鉴定。

(3)人民法院委托鉴定。在医疗事故争议诉讼中,人民法院根据当事人的申请或者依职权对需要进行医疗事故技术鉴定的,委托医学会组织鉴定。

2. 医疗事故技术鉴定的受理　医学会应当自受理医疗事故技术鉴定之日起5日内,通知医疗事故争议双方当事人按《医疗事故处理条例》第二十八条规定提交医疗事故技术鉴定所需的材料。此外当事人应当自收到医学会的通知之日起10日内提交有关医疗事故技术鉴定的材料、书面陈述及答辩。对不符合受理条件的,医学会不予受理,同时应说明理由。有下列情形之一的,医学会不予受理医疗事故技术鉴定。

(1)当事人一方直接向医学会提出鉴定申请的。

(2)医疗事故争议涉及多个医疗机构,其中一所医疗机构所在地的医学会已经受理的。

(3)医疗事故争议已经人民法院调解达成协议或判决的。

(4)当事人已向人民法院提起民事诉讼的(司法机关委托的除外)。

(5)非法行医造成患者身体健康损害的。

(6)国家卫生和计划生育委员会(现变更为国家卫生健康委员会)规定的其他情形。

3. 医疗事故技术专家鉴定组的组织　医疗事故技术鉴定,由负责医疗事故技术鉴定工作的医学会组织专家鉴定组进行。

参加医疗事故技术鉴定的相关专业的专家,由医患双方在医学会主持下从专家库中随机抽取。在特殊情况下医学会根据医疗事故技术鉴定工作的需要,可以组织医患双方在其他医学会建立的专家库中随机抽取相关专业的专家参加鉴定或者进行咨询。

专家鉴定组进行医疗事故技术鉴定,实行合议制。专家鉴定组人数为3人以上单数,涉及的主要学科的专家一般不得少于鉴定组成员的二分之一;涉及死因、伤残等级鉴定的,应当从专家库中随机抽取法医参加专家鉴定组。

专家鉴定组成员有下列情形之一的,应当回避,当事人也可以以口头或者书面的方式申请其回避。

(1)是医疗事故争议当事人或者当事人的近亲属的。

(2)与医疗事故争议有利害关系的。

(3)与医疗事故争议当事人有其他关系,可能影响公正鉴定的。

4. 医疗事故技术鉴定的实施　负责组织医疗事故技术鉴定工作的医学会应当自接到双方当事人提交的有关医疗事故技术鉴定的材料、书面陈述及答辩之日起45日内组织鉴定并出具医疗事故技术鉴定书。鉴定报告书是具有法律效力的文书,是确定是否承担医疗损害赔偿的客观依据。

鉴定由专家鉴定组组长主持,专家鉴定组组长由专家鉴定组成员推选产生,也可以由医疗事故争议所涉及的主要学科专家中具有最高专业技术职务任职资格的专家担任。鉴定按照以下程序进行。

(1) 双方当事人在规定的时间内分别陈述意见和理由,陈述顺序先患方后医疗机构。

(2) 专家鉴定组成员根据需要可以提问,当事人应当如实回答,必要时可以对患者进行现场医学检查。

(3) 双方当事人退场。

(4) 专家鉴定组对双方当事人提供的材料、书面陈述及答辩等进行讨论。

(5) 经合议,根据半数以上专家鉴定组成员的一致意见形成鉴定结论。专家鉴定组成员在鉴定结论上签名。专家鉴定组成员对鉴定结论的不同意见,应当予以注明。

5. 医疗事故技术鉴定书的制作 专家鉴定组应当在事实清楚、证据确凿的基础上,综合分析患者的病情和个体差异,做出鉴定结论,并制作医疗事故技术鉴定书。

医疗事故技术鉴定书应当包括下列主要内容。

(1) 双方当事人的基本情况及要求。

(2) 当事人提交的材料和负责组织医疗事故技术鉴定工作的医学会的调查材料。

(3) 对鉴定过程的说明。

(4) 医疗行为是否违反医疗卫生管理法律、行政法规、部门规章和诊疗护理规范、常规。

(5) 医疗过失行为与人身损害后果之间是否存在因果关系。

(6) 医疗过失行为在医疗事故损害后果中的责任程度。

(7) 医疗事故等级。

(8) 对医疗事故患者的医疗护理医学建议。

经鉴定为医疗事故的,鉴定结论应当包括上款(4)至(8)项内容;经鉴定不属于医疗事故的,应当在鉴定结论中说明理由。

6. 医疗事故中医疗过失行为责任程度分级 专家鉴定组应当综合分析医疗过失行为在导致医疗事故损害后果中的作用、患者原有疾病状况等因素,判定医疗过失行为的责任程度。医疗事故中医疗过失行为的责任程度分为以下几种。

(1) 完全责任,指医疗事故损害后果完全由医疗过失行为造成。

(2) 主要责任,指医疗事故损害后果主要由医疗过失行为造成,其他因素起次要作用。

(3) 次要责任,指医疗事故损害后果主要由其他因素造成,医疗过失行为起次要作用。

(4) 轻微责任,指医疗事故损害后果绝大部分由其他因素造成,医疗过失行为起轻微作用。

7. 再次鉴定和结果异议 任何一方当事人对首次医疗事故技术鉴定结论不服的,可以自收到首次医疗事故技术鉴定书之日起15日内,向原受理医疗事故争议处理申请的卫生行政部门提出再次鉴定的申请,或由双方当事人共同委托省、自治区、直辖市医学会组织再次鉴定。

县级以上地方人民政府卫生行政部门对发生医疗事故的医疗机构和医务人员进行行政处理时,应当以最后的医疗事故技术鉴定结论作为处理依据。

如果当事人对经过两次鉴定所得出的鉴定结论依然不服时,当事人还可以向人民法院起诉。如果当事人对法院委托的鉴定部门做出的司法鉴定结论仍有异议时,根据《最高人民法院关于民事诉讼证据的若干规定》第二十七条的规定,当事人可以提出重新鉴定,提出证据证明存在下列情形之一的,人民法院应予准许。

(1) 鉴定机构或者鉴定人员不具备相关的鉴定资格的。

(2) 鉴定程序严重违法的。

(3) 鉴定结论明显依据不足的。

(4) 经过质证认定不能作为证据使用的其他情形。

8. 医疗事故技术鉴定费用 双方当事人共同委托医疗事故技术鉴定的,由双方当事人协商预先缴纳鉴定费。

卫生行政部门移交进行医疗事故技术鉴定的,由提出医疗事故争议处理的当事人预先缴纳鉴定费。经鉴定属于医疗事故的,鉴定费由医疗机构支付;经鉴定不属于医疗事故的,鉴定费由提出医疗事故争议处理申请的当事人支付。

县级以上地方人民政府卫生行政部门接到医疗机构关于重大医疗过失行为的报告后,对需要移交医学会进行医疗事故技术鉴定的,费由医疗机构支付。

(三)医疗事故技术鉴定的法律地位

医疗事故技术鉴定的法律地位,是指医疗事故技术鉴定结论的法律效力依据。

1. 医学会的鉴定结论为处理医疗事故争议提供医学依据 医疗事故技术鉴定结论是卫生行政部门对发生医疗事故争议的医疗机构和人员做出行政处理,调解医疗事故赔偿的依据是卫生行政部门正确解决医疗事故争议的基础。它是由有鉴定资格的医学专业人员依据法定程序对已经发生争议的医疗事实进行分析、论证做出的医疗行为是否存在违法、违规,是否给患者造成人身损害,以及医疗过失行为与医疗损害之间是否存在因果关系的技术上和法律上的结论。从中国诉讼法和行政程序法来看,它是一种特殊意义上的证据。

2. 正确处理好医疗事故技术鉴定与司法鉴定之间的关系 医疗事故技术鉴定与司法鉴定两者在鉴定机构、鉴定工作的委托方式和受理、鉴定的权限等方面有很大差别,在实践中要正确处理好两者之间的关系。首先,应当肯定医疗事故鉴定结论的法律效力;其次,司法鉴定在医疗事故鉴定结论有异议时,是当事人的另一种选择途径。总之两者之间是对立统一的关系。如果当事人选择诉讼来解决医疗事故争议,医学会的医疗事故鉴定结论无法被采信时,司法鉴定具有最终的法律效力。

四、医疗事故行政处理与监督

卫生行政部门应当依照《医疗事故处理条例》和有关法律、行政法规、部门规章的规定,对发生医疗事故的医疗机构和医务人员做出行政处理。

知识链接 5-1

(一)医疗事故行政处理

1. 医疗事故行政处理的申请 发生医疗事故争议,当事人申请卫生行政部门处理的,应当在知道其身体健康受到损害之日起1年内提出书面申请。申请书应当载明申请人的基本情况、有关事实、具体请求及理由等。

2. 医疗事故行政处理的受理 发生医疗事故争议,当事人申请卫生行政部门处理的,由医疗机构所在地的县级人民政府卫生行政部门受理。医疗机构所在地是直辖市的,由医疗机构所在地的区、县人民政府卫生行政部门受理。

有下列情形之一的,县级人民政府卫生行政部门应当自接到医疗机构的报告或者当事人提出医疗事故争议处理申请之日起7日内移送上一级人民政府卫生行政部门处理。

(1)患者死亡。

(2)可能为二级以上的医疗事故。

(3)国务院卫生行政部门和省、自治区、直辖市人民政府卫生行政部门规定的其他情形。

卫生行政部门应当自收到医疗事故争议处理申请之日起10日内进行审查,作出是否受理的决定。对符合《医疗事故处理条例》规定,予以受理,需要进行医疗事故技术鉴定的,应当自作出受理决定之日起5日内将有关材料交由负责医疗事故技术鉴定工作的医学会组织鉴定并书面通知申请人;对不符合本条例规定,不予受理的,应当书面通知申请人并说明理由。

当事人对首次医疗事故技术鉴定结论有异议,申请再次鉴定的,卫生行政部门应当自收到申请之日起7日内交由省、自治区、直辖市地方医学会组织再次鉴定。

当事人既向卫生行政部门提出医疗事故争议处理申请,又向人民法院提起诉讼的,卫生行政部门不予受理;卫生行政部门已经受理的,应当终止处理。

(二)医疗事故行政处理的监督

卫生行政部门收到负责组织医疗事故技术鉴定工作的医学会出具的医疗事故技术鉴定书后,应当对参加鉴定的人员资格和专业类别、鉴定程序进行审核;必要时,可以组织调查,听取医疗事故争议双方当事人的意见。

卫生行政部门经审核,对符合《医疗事故处理条例》规定作出的医疗事故技术鉴定结论,应当作为对发生医疗事故的医疗机构和医务人员进行行政处理以及医疗事故赔偿调解的依据;经审核,发现医疗事故技术鉴定不符合《医疗事故处理条例》规定的,应当要求重新鉴定。

县级以上地方人民政府卫生行政部门应当按照规定逐级将当地发生的医疗事故以及依法对发生医疗事故的医疗机构和医务人员作出行政处理的情况,上报国务院卫生行政部门。

第四节　医疗损害赔偿

一、医疗损害赔偿的概念

医疗损害赔偿,是指医疗机构及其医务人员因医疗过失行为对患者造成损害时应承担补充对方损失的民事责任。

医疗损害赔偿应当考虑下列因素,确定具体赔偿数额:①医疗损害造成患者损害程度;②医疗过失行为在医疗损害后果中的责任程度;③医疗损害后果与患者原有疾病状况之间的关系,并结合医疗科学发展水平、医疗风险、医疗条件及患者个体差异等因素。

二、医疗损害赔偿争议的解决途径

1. 协商解决　发生医疗损害赔偿民事责任争议,医患双方可以协商解决。医患双方协商解决赔偿民事责任争议,体现了医患双方依法处分民事权利、确认民事义务的自主权。双方当事人协商解决医疗损害赔偿等民事责任争议的,应当制作协议书。协议书应当载明双方当事人的基本情况和医疗损害的原因、双方当事人共同认定的医疗损害等级以及协商确定的赔偿数额等,并由双方当事人在协议上签名。根据 2010 年 1 月司法部、卫生部、保监会发布的《关于加强医疗纠纷人民调解工作的意见》,各地省级卫生行政部门根据本地实际情况,对公立医疗机构就医疗纠纷与患者自行和解的经济补偿、赔偿最高限额等予以规定。

2. 行政调解　医疗损害争议发生后,医患双方可以申请卫生行政部门主持,根据自愿和合法的原则,通过友好协商达成协议,解决医疗损害赔偿。已确定为医疗损害的,卫生行政部门应根据医疗损害争议双方当事人请求,进行医疗损害赔偿调解。经调解,双方当事人就赔偿数额达成协议的,制作调解书,双方当事人应当自觉履行,调解不成或者经调解达成协议后一方反悔的,卫生行政部门不再调解。

3. 人民调解　发生医疗事故等医疗损害赔偿争议,医患双方不愿意协商或者协商不成时,可以向医疗纠纷人民调解委员会提出调解申请。医疗纠纷人民调解委员会是专业性人民调解组织,受理本辖区内医疗机构与患者之间的医疗纠纷。调解时,应当遵循医患双方自愿原则。需要进行相关鉴定以明确责任的,经双方同意,医疗纠纷人民调解委员会可以委托有法定资质的专业鉴定机构进行鉴定。经调解成功的,应当就争议事实、赔偿数额制作人民调解协议书。人民调解协议书具有民事合同性质,当事人可以依法申请有管辖权的人民法院确认其效力,非因法定事由,不得请求撤销、解除、变更协议或者确认协议无效。

4. 诉讼解决　发生医疗事故等医疗损害赔偿争议,医患双方不愿意协商、调解或者协商、调解不成的,可以直接向人民法院提起民事诉讼,由人民法院进行裁决。诉讼是解决医疗事故等医疗损害赔偿争议的最终途径。

三、医疗损害赔偿规则

(一) 一般赔偿

医疗损害侵权行为致患者人体损害的,应当赔偿医疗费、护理费、交通费、误工费、住院伙食补助费、住宿费、营养费等,造成患者残疾的,除以上致患者人体损害的赔偿项目外,还应当赔偿残疾用具费和残疾生活补助费;造成患者死亡的,除致患者人体损害的赔偿项目外,还应当赔偿丧葬费和死亡赔偿金。

同时,医疗损害造成患者严重精神损害的,患者还可以请求精神损害赔偿。根据《最高人民法院关于确定民事侵权精神损害赔偿责任若干问题的解释》,精神损害的赔偿数额根据以下因素确定:侵权人的过错程度(法律另有规定的除外);侵害的手段、场合、行为方式等具体情节;侵权行为所造成的后果;侵权人的获利情况;侵权人承担责任的经济能力,结合受诉法院所在地平均生活水平。

医疗事故赔偿参照《侵权责任法》人身损害赔偿办法,具体标准及计算方法如下。

1. 医疗费 按照医疗事故对患者造成的人身损害进行治疗所发生的医疗费用计算,凭据支付,但不包括原发病医疗费用。结案后确实需要继续治疗的,按照基本医疗费用支付。

2. 误工费 患者有固定收入的,按照本人因误工减少的固定收入计算,对收入高于医疗事故发生地上一年度职工年平均工资3倍以上的,按照3倍计算;无固定收入的,按照医疗事故发生地上一年度职工年平均工资计算。

3. 住院伙食补助费 按照医疗事故发生地国家机关一般工作人员的出差伙食补助标准计算。

4. 护理费 护理时间及人数按医疗机构病程或医生开具的护理证明为计算基数。护理人员原则上为1人,因残疾生活不能自理的,根据年龄健康状况确定合理的护理期限,最长不超过20年。

5. 营养费 鉴定机构的鉴定结论或者治疗医院出具的证明等认定需要加强营养者,其营养费的赔偿。

6. 残疾赔偿金 根据伤残等级,按照医疗事故发生地居民年平均生活费计算,自定残之月起最长赔偿20年;但是,60~74周岁,不超过15年;75周岁以上的,不超过5年。

7. 残疾用具费 因残疾需要配置补偿功能器具的,凭医疗机构证明,按照普及型器具的费用计算。

8. 丧葬费 按照医疗事故发生地规定的丧葬费补助标准计算。

9. 死亡赔偿金 受害人60周岁以下的,按照上一年度当地平均收入支付20年;60~74周岁,年龄每增加1岁减少一年;75周岁以上的,按5年计算。

10. 被扶养人生活费 以死者生前或者残疾者丧失劳动能力前实际扶养且没有劳动能力的人为限,按照其户籍所在地或者居所地居民最低生活保障标准计算。对不满16周岁的抚养到16周岁。对年满16周岁但无劳动能力的,抚养20年;但是60周岁以上的,不超过15年;70周岁以上的,不超过5年。

11. 交通费 按照患者实际必需的交通费用计算,凭据支付。

12. 住宿费 按照医疗事故发生地国家机关一般工作人员的出差住宿补助标准计算,凭据支付。

13. 精神损害抚慰金 按照医疗事故发生地居民年平均生活费计算。造成患者死亡的,赔偿年限最长不超过6年;造成患者残疾的,赔偿年限最长不超过3年。

参加医疗事故处理的患者近亲属所需交通费、误工费、住宿费,参照上述有关规定计算,计算费用的人数不超过2人。医疗事故造成患者死亡的,参加丧葬活动的患者的配偶和直系亲属所需交通费、误工费、住宿费,参照上述有关规定计算,计算费用的人数不超过2人。

(二)惩罚性赔偿

《医疗损害责任解释》第二十三条规定:医疗产品的生产者、销售者明知医疗产品存在缺陷仍然生产、销售,造成患者死亡或者健康严重损害,被侵权人请求生产者、销售者赔偿损失及二倍以下惩罚性赔偿的,人民法院应予支持。医疗产品事关广大人民群众生命健康,从某种意义上讲,缺陷医疗产品的危害较普通产品的危害更为严重。在医疗产品责任纠纷中适用惩罚性赔偿,对于规范医疗领域存在的医疗产品市场不规范、制售假冒伪劣医疗产品屡禁不止等问题具有重要意义。

第五节 法律责任

《医疗事故处理条例》规定了医疗事故相关部门和人员的法律责任形式,主要包括行政责任、民事责任、刑事责任。

一、行政责任

（一）卫生行政部门及其工作人员的行政责任

（1）卫生行政部门的工作人员在处理医疗事故中违反规定，利用职务上的便利收受他人财物或者其他利益，滥用职权，玩忽职守，或者发现违法行为不予查处，造成严重后果的，尚不够刑事处罚的，依法给予降级或者撤职的行政处分。

（2）卫生行政部门接到医疗机构关于重大医疗过失行为的报告后，未及时组织调查的；接到医疗事故争议处理申请后，未在规定时间内审查或者移送上一级人民政府卫生行政部门处理的；未将应当进行医疗事故技术鉴定的重大医疗过失行为或医疗事故争议移交医学会组织鉴定的；未按照规定逐级将当地发生的医疗事故以及依法对发生医疗事故的医疗机构和医务人员的行政处理情况上报的；未依照本条例规定审核医疗事故技术鉴定书的，由上级卫生行政部门给予警告并责令限期改正；情节严重的，对负有责任的主管人员和其他直接责任人员依法给予行政处分。

（二）医疗机构及其负有责任的主管人员和有关医务人员的行政责任

（1）医疗机构发生医疗事故的，由卫生行政部门根据医疗事故等级和情节，给予警告；情节严重的限期整顿，直至由原发证部门吊销执业许可证；对负有责任的医务人员，尚不够刑事处罚的，依法给予行政处分或者纪律处分；对发生医疗事故的相关医务人员，卫生行政部门还可以责令暂停6个月以上1年以下执业活动，情节严重的，吊销执业证书。

（2）医疗机构违反有关预防和处理医疗事故管理规范的行为：未如实告知患者病情、医疗措施和医疗风险的；没有正当理由，拒绝对患者提供复印或复制病历资料服务的；未按照国务院卫生行政部门规定的要求书写和妥善保管病历资料的；未在规定时间内补记抢救工作病历内容的；未按照规定封存、保管和启封病历资料和实物的；未设置医疗服务质量监督部门或者配备专（兼）职人员的；未制定有关医疗事故防范和处理预案的；未在规定时间内向卫生行政部门报告重大医疗过失行为的；未按照规定向卫生行政部门报告医疗事故的；未按照规定进行尸检和保存、处理尸体的。

（3）参加医疗事故技术鉴定工作的人员违反规定，接受申请鉴定双方或者一方当事人的财物或者其他利益，出具虚假医疗事故技术鉴定书，造成严重后果的，尚不够刑事处罚的，依法给予治安管理处罚。医疗机构或者其他有关机构拒绝尸检以及涂改伪造隐匿、销毁病历资料等违法行为应当承担责任。

（4）以医疗事故为由，寻衅滋事、抢夺病历资料、扰乱医疗机构正常医疗秩序和医疗事故技术鉴定工作，尚不够刑事处罚的，依法给予治安管理处罚。

二、民事责任

医疗事故的民事责任通常是指医疗机构因医疗事故应向患方承担民事赔偿责任。

（一）侵权责任

侵权责任是指行为人违反法律规定的义务而应当承担的法律后果，相关条例将医疗损害确定为医疗过失侵权行为，其他民事责任构成要件包括损害事实、违法行为、因果关系、主观过失，侵权责任的承担方式主要是赔偿损失、返还财产等财产责任，还包括停止侵害、恢复名誉、消除影响、赔礼道歉等非财产责任形式。

（二）违约责任

违约责任是指行为人不履行合同义务而依法应当承担的法律责任。在医疗实践中，医患双方完全可以通过医疗合同来确定双方的权利与义务，规范自己的行为。任何一方违反约定即构成违约责任。违约责任的承担方式主要有继续履约、赔偿损失、违约金、定金等方式。违约责任同侵权责任相比，只能是一种财产责任，其赔偿数额以对方当事人所受实际损失和可预见损失为限。

（三）侵权责任与违约责任竞合

行为人的违约行为造成了对方当事人的人身损害情况下，即发生了违约责任与侵权竞合。构成侵权责任与违约责任竞合必须满足3个条件。

（1）加害人与受害人之间有合同关系。

（2）一方当事人实施了侵权行为。

（3）加害人的行为同时违反了法定义务和合同义务。依据《中华人民共和国合同法》第一百二十二条规定，允许当事人在违约之诉与侵权之诉之间做出选择。

三、刑事责任

（一）医疗事故罪

《中华人民共和国刑法》第三百三十五条规定：医务人员由于严重不负责任，造成就诊人死亡或者严重损害就诊人身体健康的，处三年以下有期徒刑或拘役。一般指《医疗事故处理条例》中规定的一级和二级医疗事故。

（二）受贿罪

卫生行政部门工作人员在处理医疗事故过程中利用职务上的便利，索取他人财物，或者非法收受他人财物，为他人牟取利益的，依《中华人民共和国刑法》第三百八十五条规定以受贿罪追究刑事责任。

（三）滥用职权罪

滥用职权罪是指负责处理医疗事故的卫生行政人员超越职权范围或者违背法律授权的宗旨，违反《医疗事故处理条例》规定的处理程序行使职权，造成重大损失的，依《中华人民共和国刑法》第三百九十七条规定以滥用职权罪追究刑事责任。

（四）玩忽职守罪

玩忽职守罪是指负责处理医疗事故的卫生行政人员严重不负责任，不履行或者不正确履行《医疗事故处理条例》规定的正确、及时处理医疗事故的职责，造成重大损失的，依《中华人民共和国刑法》第三百九十七条规定以玩忽职守罪追究刑事责任。

此外，还包括非医务人员违反《中华人民共和国刑法》规定，依法应当承担的聚众扰乱社会秩序罪，非法行医罪、非法进行节育手术罪。

本章小结

医疗损害责任法律制度	学 习 要 点
概念	医疗损害责任、医疗事故、过错责任
构成	医疗机构主体、主观过失、客观损害后果、因果关系
鉴定	首次鉴定机构、鉴定流程、鉴定结论

一、选择题

【A1型题】

1. 下列哪一项不属于"推定医疗机构有过错"的情形？（　　）

A. 违反法律、行政法规、规章以及其他有关诊疗规范的规定

B. 隐匿或者拒绝提供与纠纷有关的病历资料

C. 伪造、篡改或者销毁病历资料

D. 医务人员尚未取得执业医师证书

2. 医疗损害责任的承担主体是( )。

A. 医疗机构　　　　　　　　B. 医务人员

C. 医疗机构和医务人员　　　D. 医疗机构或医务人员

3. 以下属于医疗事故的是( )。

A. 在紧急情况下为抢救垂危患者生命而采取紧急医学措施造成不良后果

B. 无过错输血感染造成不良后果

C. 药物不良反应造成不良后果

D. 因患方原因延误诊疗导致不良后果

4. 医疗事故技术鉴定费用的支付原则( )。

A. 医疗机构支付

B. 患方支付

C. 提出医疗事故处理申请的一方支付

D. 属于医疗事故的,鉴定费由医疗机构支付;不属于医疗事故的,由提出医疗事故处理申请的一方支付

5. 凡发生医疗事故或事件、临床诊断不能明确死亡原因的,在有条件的地方必须进行尸检,并告知家属。尸检应在死后( )以内;具备尸体冻存条件的,可以延长至7日。

A. 24小时　　　B. 36小时　　　C. 48小时　　　D. 72小时

6. 按照医疗事故赔偿标准,残疾生活补助费根据伤残等级,按照医疗事故发生地居民年平均生活费计算,自定残之月起最长赔偿( )。

A. 20年　　　　B. 30年　　　　C. 40年　　　　D. 50年

7. 《医疗事故处理条例》自( )起施行。

A. 1999年9月1日　　　　　　B. 2000年9月1日

C. 2001年9月1日　　　　　　D. 2002年9月1日

8. 医疗事故是医疗机构及其医务人员在医疗活动中,违反卫生管理法律、行政法规、部门规章和诊疗护理规范、常规,( )造成患者人身损害的事故。

A. 故意　　　B. 无过错　　　C. 过错　　　D. 过失

9. 发生导致患者死亡或者可能为二级以上医疗事故的重大医疗过失行为的,医疗机构应当在( )内向卫生行政部门报告。

A. 6小时　　　B. 12小时　　　C. 24小时　　　D. 48小时

10. 隐匿、伪造或者擅自销毁医学文书,构成犯罪的( )。

A. 给予刑事处罚　　　　　　B. 开除

C. 注销注册、收回医师执业证书　　D. 责令暂停执业活动3~6个月

【A2型题】

11. 内科医生王某,在春节回家的火车上遇到一位产妇临产,因车上无其他医务人员,王某遂协助产妇分娩。在分娩过程中,因牵拉过度,导致新生儿左上肢臂丛神经损伤。王某行为的性质为( )。

A. 属于违规操作,构成医疗事故　　B. 属于非法行医,不属医疗事故

C. 属于超范围职业,构成医疗事故　　D. 属于见义勇为,不构成医疗事故

E. 虽造成不良后果,但不属医疗事故

二、名词解释

1. 医疗损害责任

2. 医疗事故

三、简答题

1. 简述医疗损害责任特征。
2. 简述医疗损害纠纷解决途径。
3. 简述医疗损害赔偿项目及标准。

（皖西卫生职业学院　周娇）

参考答案
5-1

第六章 血液管理法律制度

1. 掌握：无偿献血概念及对象，血液制品、原料血浆概念。
2. 熟悉：采供血管理、血站设置审批、血液制品的生产经营。
3. 了解：违反血液管理制度的相关法律责任。

片面理解《中华人民共和国献血法》导致患者失血过多身亡

怀孕三个月的吴某因脾破裂做腹腔手术急需大量 A 型血，接诊的乡卫生院与市中心血站取得联系后，被告知血液将在一小时内送到。由于天黑路远，加之有一段路坎坷不平，血站的血迟迟未到。情况紧急，医生一边给吴某进行手术，一边打电话催促血站。吴某的弟弟见情况紧急，两次提出要给姐姐献血，均被医院拒绝。当血站的送血员赶到时，吴某已经因失血过多身亡。

思考：

根据《中华人民共和国献血法》及有关规定，导致吴某死亡的乡卫生院是否应该承担过错责任？

第一节 概　　述

一、血液管理法律制度概述

自 19 世纪 20 年代英国妇产科医生布伦德采用人血注入法开始，输血就成了临床医学重要的治疗手段，在医疗抢救中救治了无数人的生命，因此血液也有"生命之河"之称。医学的发展虽然创造了无数奇迹，但至今仍没有研制出一种能完全代替人体血液全部功能的人造血液，供给临床医疗、急救和战备使用。因此，血液的获得只能来自健康者的机体，其功能和作用是一般药物所不能取代的。制定和实施献血法律制度，提倡公民献血，救死扶伤，发扬人道主义精神，是履行社会义务、尊重社会公德的一种表现。血液管理法律制度中最重要的《中华人民共和国献血法》是保证临床用血需要和安全，保障献血者和用血者身体健康活动中产生的各种社会关系的法律。

二、我国血液管理法律制度的沿革

我国在实行和规范公民的献血制度过程中，经历了从有偿献血到无偿献血的转变，并通过一系列的方式保障公民献血事业的健康发展。为加强管理,1964年卫生部颁布了《关于加强输血管理的通知》,要求发展血源,扩大志愿献血者队伍。1978年,国务院转批了卫生部《关于加强输血工作的请示报告》,1979年12月,卫生部又发布了《全国血站工作条例》(试行草案)。自此,全国各地相继开展了公民义务献血活动,开始有组织、有计划地按部门、单位开展义务献血,并规定了公民义务献血的范围、献血量及时间间隔,还设立了健康检查制度。1984年全国开始倡导无偿献血。1996年,国务院发布了《血液制品管理条例》。为了保证临床用血的需要和安全,保障献血者和用血者的身体健康,1997年12月29日,第八届全国人大常委会第二十九次会议通过了《中华人民共和国献血法》,自1998年10月1日起施行。《中华人民共和国献血法》对公民献血、用血,血站采血、储血、供血以及医疗机构临床用血等作出了明确规定。

卫生部(现国家卫生健康委员会)根据《中华人民共和国献血法》,先后发布了《血站管理办法》《医疗机构临床用血管理办法》《临床输血技术规范》《脐带血造血干细胞库管理办法(试行)》等配套规章和规范性文件。卫生部、国家标准化管理委员会发布了《献血者健康检查要求》(GB 18467—2011)国家标准。为发扬人道主义精神,推动我国无偿献血事业的进一步发展,2014年国家卫生计生委、中国红十字会总会、中国人民解放军总后勤部卫生部联合印发了《全国无偿献血表彰奖励办法(2014年修订)》。《中华人民共和国献血法》(下称《献血法》)和配套法规的实施,标志着我国血液管理进入到一个崭新阶段。

第二节 无偿献血法律制度

一、无偿献血的概念

无偿献血,是指公民向血站自愿、无报酬地提供自身血液的行为。

无偿献血是国际红十字会和世界卫生组织从20世纪30年代建议和提倡的。1948年召开的第17次红十字国际委员会议明确提出了医疗用血应当来自无偿献血者,而患者也应该是无偿地使用血液。1991年,红十字联合会第八届大会做出决议,将无偿献血定义为:出于自愿提供自身的血液、血浆或者其他血液成分且不收取任何报酬的人,被称为"自愿无偿献血者"。世界上许多国家立法实行无偿献血制度。

献血行为是造福社会的行为,是履行社会义务、尊重社会公德的一种表现。献血制度的完善与否,可以体现出一个国家公民的文化知识程度、道德水准和社会公德水平的高低。

二、无偿献血的主体

《献血法》规定:国家提倡十八周岁至五十五周岁的健康公民自愿献血。2012年7月1日开始实施的《献血者健康检查要求》新国标规定既往无献血反应、符合健康检查要求的多次献血者主动要求再次献血的,年龄可延长至60周岁。《献血法》鼓励国家工作人员、现役军人和高等学校在校学生率先献血,为树立社会新风尚作表率。国家机关、军队、社会团体、企业事业组织、居民委员会、村民委员会,应当动员和组织本单位或者本居住区的适龄公民参加献血。对献血者,发给国务院卫生行政部门制作的无偿献血证书,有关单位可以给予适当补贴。无偿献血者临床需要用血时,免交血液的采集、储存、分离检验等费用,无偿献血者的配偶和直系亲属临床需要用血时,可以按照省、自治区、直辖市人民政府的规定免交或减交前述费用。各级人民政府和红十字会对积极参加献血和在献血工作中做出显著成绩的单位和个人,给予奖励。

三、无偿献血的组织与管理

(一)加强政府领导

《献血法》规定,地方各级人民政府领导本行政区域内的献血工作,统一规划并负责组织、协调有关部门共同做好献血工作。县级以上各级人民政府卫生行政部门监督管理献血工作。各级红十字会依法参与、推动献血工作。

(二) 强化宣传工作

各级人民政府采取措施广泛宣传献血的意义，普及献血的科学知识，开展预防和控制经血液途径传播的疾病的教育。新闻媒介应当开展献血的社会公益性宣传。医疗卫生教育机构应当利用各种形式和宣传工具进行健康教育，通俗易懂地宣传科学献血无损健康知识，组织卫生技术人员撰写血液科普知识资料，出版献血宣传读物等，在人民群众中广泛开展预防和控制经血液途径传播的疾病的教育。在中小学教材中编入血液生理常识和献血知识，使中小学生从小就懂得科学合理献血无损健康，培养他们献血助人的美德。

(三) 积极动员和组织献血

国家鼓励国家工作人员、现役军人和高等学校在校学生率先献血，为树立社会新风尚作表率。国家机关、军队、社会团体、企业事业组织、居民委员会、村民委员会，应当动员和组织本单位和本居住区的适龄公民参加献血。对献血者，发给国务院卫生行政部门制作的无偿献血证书，有关单位可以给予适当补贴。各级人民政府和红十字会对积极参加献血和在献血工作中做出显著成绩的单位和个人，给予奖励。

第三节　血站采供血管理

一、血站的概念

血站，是指不以营利为目的，采集、提供临床用血的公益性卫生机构。

二、血站的设置与审批

(一) 血站的分类

血站分为一般血站和特殊血站。一般血站包括血液中心、中心血站和中心血库。

特殊血站包括脐带血造血干细胞库和国务院卫生行政部门根据医学发展需要批准、设置的其他类型血库。

1. 一般血站的设置　血液中心设置在直辖市、省会市、自治区首府市，具有较高综合质量评价的技术能力。

中心血站设置在设区的市，直辖市、省会市、自治区首府市已经设置血液中心的，不再设置中心血站；尚未设置血液中心的，可以在已经设置的中心血站基础上加强能力建设，履行血液中心的职责。

中心血库设置在中心血站服务覆盖不到的县级综合医院内。其主要职责是，按照省级人民政府卫生行政部门的要求，在规定范围内开展无偿献血者的招募、血液的采集与制备、临床用血供应以及医疗用血业务指导等工作。

同一行政区域内不得重复设置血液中心、中心血站。

2. 特殊血站的设置　特殊血站，是指脐带血造血干细胞库和国务院卫生行政部门根据医学发展需要批准、设置的其他类型血库。脐带血造血干细胞库，是指以人体造血干细胞移植为目的，具有采集、处理、保存和提供造血干细胞的能力，并具有相当研究实力的特殊血站。

《脐带血造血干细胞库管理办法（试行）》规定，对脐带血造血干细胞库实行全国统一规划、统一布局、统一标准、统一规范和统一管理制度。符合规划的省级行政区域范围内，只能设置一个脐带血造血干细胞库。脐带血造血干细胞库不得在批准设置地以外的省、自治区、直辖市设置分支机构或采血点。

国家不批准设置以营利为目的的脐带血造血干细胞库等特殊血站。任何单位和个人不得以营利为目的进行脐带血采供活动。

申请设置脐带血造血干细胞库等特殊血站的,应当按照国务院卫生行政部门规定的条件向所在地省级人民政府卫生行政部门申请。省级人民政府卫生行政部门组织初审后报国务院卫生行政部门。国务院卫生行政部门对脐带血造血干细胞库等特殊血站的设置审批按照申请的先后顺序进行。脐带血造血干细胞库等特殊血站执业,应当向所在地省级人民政府卫生行政部门申请办理执业登记。

(二)血站的审批

血液中心、中心血站和中心血库的设置由所在地卫生行政部门初审后,报省、自治区、直辖市人民政府卫生行政部门审核批准。

申请设置脐带血造血干细胞库等特殊血站的,应当按照国家卫生和计划生育委员会(现变更为国家卫生健康委员会)规定的条件向所在地省级人民政府卫生行政部门申请。省级人民政府卫生行政部门组织初审后报国家卫生和计划生育委员会,国家卫生和计划生育委员会按照申请的先后次序进行设置审批。

(三)血站的执业登记

1. 登记机关和程序 血站开展采供血活动,应当向所在省、自治区、直辖市人民政府卫生行政部门申请办理执业登记,办理执业登记必须填写血站执业登记申请书,人民政府卫生行政部门在受理血站执业登记申请后,应当组织有关专家或者委托技术部门,根据《血站质量管理规范》和《血站实验室质量管理规范》,对申请单位进行技术审查,并提交技术审查报告。省级人民政府卫生行政部门应当在接到专家或者技术部门的技术审查报告后20日内对申请事项进行审核。审核合格的,予以执业登记,发给国家卫生和计划生育委员会统一样式的血站执业许可证及其副本。没有取得血站执业许可证的,不得开展采供血活动。

2. 血站执业许可证 注册登记的有效期为三年,血站在有效期满前三个月,血站应办理再次执业登记。

3. 不予执业登记的情形:①《血站质量管理规范》技术审查不合格的;②《血站实验室质量管理规范》技术审查不合格的;③血液质量检测结果不合格的。

(四)血站的监督管理

省级以上人民政府卫生行政部门可以成立血液管理委员会或血液中心,对血站进行管理、血液质检和技术指导。设区的市级以上人民政府卫生行政部门可以聘任血液管理监督员,执行同级人民政府交付的监督管理任务。县级以上人民政府卫生行政部门负责本行政区域内血站的监督管理工作。

三、采血管理与供血管理

(一)基本要求

血站必须按照执业登记的项目、内容、范围,开展采供血业务,并为献血者提供各种安全、卫生便利的条件。血站开展采供血业务应当实行全面质量管理。必须严格遵守各项技术操作规程和制度。血站技术人员必须经输血业务知识技术考试,取得考试合格证书后方可上岗。未取得采供血许可的单位和个人,不得开展供血业务。血站应当制定紧急灾害应急预案。并从血源、管理制度技术能力和设备条件等方面保证预案的实施。在紧急灾害发生时服从县级以上人民政府卫生行政部门的调遣。

(二)对献血者的健康检查

血站在采血前,必须对献血者按照《献血者健康检查要求》(GB 18467—2011)进行免费健康检查,健康检查不合格的,不得采集血液。

采血时要做到以下几点:①每次采血前必须免费对献血者进行必要的身体健康检查。②身份核对。③采集血液应当遵循自愿和知情同意的原则,对献血者履行规定的告知义务,并取得献血者签字的知情同意书。

（三）采血量和采血间隔

《献血法》规定，血站对献血者每次采集血液量一般为200～300毫升，最高不得超过400毫升；献血间隔不得少于6个月。严格禁止血站违反规定对献血者超量、频繁采集血液。根据《献血者健康检查要求》（GB 18467—2011），全血献血者每次可献全血400毫升，或者300毫升，或者200毫升。单采血小板献血者：每次可献1～2个治疗单位，或者1个治疗单位及不超过200毫升血浆。全年血小板和血浆采集总量不超过10升。上述血量均不包括血液检测留样的血量和保养液或抗凝剂的量。全血献血间隔不少于6个月。单采血小板献血间隔不少于2周，不大于24次/年。因特殊配型需要，由医生批准，最短间隔时间不少于1周。单采血小板后与全血献血间隔不少于4周。全血献血后与单采血小板献血间隔不少于3个月。

（四）血液质量保证

血站开展采供血业务应当实行全面质量管理，严格遵守《中国输血技术操作规程》《血站质量管理规范》和《血站实验室质量管理规范》等技术规范。血站采集血液必须使用有生产单位名称和批准文号的一次性采血器材，不得使用可重复使用的采血器材，不得使用无生产单位名称和批准文号的一次性采血器材。同时，一次性采血器材一次使用后必须销毁，不得再次使用。

血站采集血液后要建立献血档案，记录献血者的姓名、性别、出生日期、血型、献血日期、单位或地址、采血者签字并加盖该血站采血专用章。严禁采集冒名顶替。血液的包装、储存、运输应当符合国家规定的卫生标准和要求。

血液包装袋上应当标明：①血站的名称及其许可证号；②献血编号或者条形码；③血型；④血液品种；⑤采血日期及时间或者制备日期及时间；⑥有效期及时间；⑦储存条件。

血站应当加强消毒、隔离工作管理，预防和控制感染性疾病的传播，对所采集的血液由具有血液检测实验室资格的实验室进行检测。对检测不合格或者报废的血液，血站应当严格按照有关规定处理。血液检测的全血标本的保存期应当与全血有效期相同；血清（浆）标本的保存期应当在全血有效期满后半年。

（五）供血管理

血站应当保证发出的血液质量符合国家有关标准，其品种、规格、数量、活性、血型无差错；未经检测或者检测不合格的血液，不得向医疗机构提供。

血站应当加强对其所设储血点的质量监督。确保储存条件，保证血液储存质量；按照临床需要进行血液储存和调换。

特殊血型的血液需要从外省、自治区、直辖市调配的，由省级人民政府卫生行政部门批准。

科研或者特殊需要而进行血液调配的，由省级人民政府卫生行政部门批准。出于人道主义、救死扶伤的目的，需要向中国境外医疗机构提供血液及特殊血液成分的，应当严格按照有关规定办理手续。

无偿献血的血液必须用于临床不得买卖。血站剩余成分血浆由省、自治区、直辖市人民政府卫生行政部门协调血液制品生产单位解决，调配所得的收入，全部用于无偿献血者用血返还费用，血站不得挪作他用。

（六）监督管理

县级以上人民政府卫生行政部门对采供血活动进行监督管理。其职责为：①制定临床用血储存、配送管理办法，并监督实施；②对下级卫生行政部门履行本办法规定的血站管理职责进行监督检查；③对辖区内血站执业活动进行日常监督检查，组织开展对采供血质量的不定期抽检；④对辖区内临床供血活动进行监督检查；⑤对违反《血站管理办法》的行为依法进行查处。

各级人民政府卫生行政部门应当对无偿献血者的招募、采血、供血活动予以支持、指导。卫生部定期对血液中心执行有关规定情况和无偿献血比例、采供血服务质量、业务指导、人员培训、综合质量评价技术能力等情况以及脐带血造血干细胞库等特殊血站的质量管理状况进行评价及监督检查，并将结果向社会公布。省级人民政府卫生行政部门应当对本辖区内的血站执行有关规定情况和无偿献血比例、采供血服务质量、业务指导、人员培训、综合质量评价技术能力等情况进行评价及监督检查,按照卫生部的有关规定将结果上报,同时向社会公布。

国家实行血液质量监测、检定制度,对血站质量管理和血站实验室质量管理实行技术评审制度。

血站有下列情形之一的,由省级人民政府卫生行政部门注销其血站执业许可证:①血站执业许可证有效期届满未办理再次执业登记的;②取得血站执业许可证后一年内未开展采供血工作的。

第四节 临床用血管理

一、临床用血原则

为加强医疗机构临床用血管理,推进临床科学合理用血,保护血液资源,保障临床用血安全和医疗质量,根据《献血法》,2012年3月19日卫生部审议通过《医疗机构临床用血管理办法》,自2012年8月1日起施行。2019年对其进行了修订。

无偿献血的血液必须用于临床,不得买卖。

二、临床用血的管理

(一)预警机制

医疗机构应当配合血站建立血液库存动态预警机制,保障临床用血需求和正常医疗秩序;医疗机构应当对血液预订、接收、入库、储存、出库及库存预警等进行管理,保证血液储存、运送符合国家有关标准和要求。

医疗机构接收血站发送的血液后,应当对血袋标签进行核对。符合国家有关标准和要求的血液入库,做好登记;并按不同品种、血型和采血日期(或有效期),分别有序存放于专用储藏设施内。血袋标签核对的主要内容是:①血站的名称;②献血编号或者条形码、血型;③血液品种;④采血日期及时间或者制备日期及时间;⑤有效期及时间;⑥储存条件。禁止将血袋标签不合格的血液入库。

(二)临床用血申请

《医疗机构临床用血管理办法》规定,医疗机构应当建立临床用血申请管理制度。

同一患者一天申请备血量少于800毫升的,由具有中级以上专业技术职务任职资格的医师提出申请,上级医师核准签发后,方可备血。

同一患者一天申请备血量在800毫升至1600毫升的,由具有中级以上专业技术职务任职资格的医师提出申请,经上级医师审核,科室主任核准签发后,方可备血。

同一患者一天申请备血量达到或超过1600毫升的,由具有中级以上专业技术职务任职资格的医师提出申请,科室主任核准签发后,报医务部门批准,方可备血。

以上第二款、第三款和第四款规定不适用于急救用血。

(三)受血者血样采集与送检

确定输血后,医护人员应持输血申请单和贴好标签的试管,当面核对患者姓名、性别、年龄、病案号、门急诊/病室、床号、血型和诊断,采集血样。医护人员或专门人员将受血者血样与输血申请单送交输血科(血库),双方逐项核对。

(四)发血

《临床输血技术规范》规定,配血合格后,由医护人员到输血科(血库)取血。为保证所取血液与受血者资料吻合,取血与发血双方必须共同查对患者姓名、性别、病案号、门急诊/病室、床号、血型、有效期及配血试验结果,以及保存血的外观等,准确无误,双方共同签字后方可发出。

凡血袋有下列情形之一的,一律不得发出:①标签破损、漏血。②血袋有破损、漏血。③血液中有明显凝块。④血浆呈乳糜状或暗灰色。⑤血浆中有明显气泡、絮状物或粗大颗粒。⑥未摇动时血浆层与红细胞的界面不清或交界面上出现溶血。⑦红细胞层呈紫红色。⑧过期或其他须查证的情况。

血液发出后,受血者和供血者的血样保存于2~6℃冰箱,至少7天,以便对输血不良反应追查原因。血液发出后不得退回。

（五）输血

输血是临床输血治疗的最终落实环节。为了患者的生命安全,《临床输血技术规范》规定:①输血前由两名医护人员核对交叉配血报告单及血袋标签各项内容,检查血袋有无破损渗漏,血液颜色是否正常。准确无误方可输血。②输血时,由两名医护人员带病历共同到患者床旁核对患者姓名、性别、年龄、病案号、门急诊/病室、床号、血型等,确认与配血报告相符,再次核对血液后,用符合标准的输血器进行输血。③输血过程中应严密观察受血者有无输血不良反应,如出现异常情况应及时处理。

三、临床应急用血管理

（一）临时采集血液

《献血法》规定,为保证应急用血,医疗机构可以临时采集血液,但应当依照本法规定,确保采血用血安全。根据《医疗机构临床用血管理办法》的规定,医疗机构应当制订应急用血工作预案。为保证应急用血,医疗机构可以临时采集血液,但必须同时符合以下条件:①危及患者生命,急需输血。②所在地血站无法及时提供血液,且无法及时从其他医疗机构调剂血液,而其他医疗措施不能替代输血治疗。③具备开展交叉配血及乙型肝炎病毒表面抗原、丙型肝炎病毒抗体、艾滋病病毒抗体和梅毒螺旋体抗体的检测能力。④遵守采供血相关操作规程和技术标准。医疗机构应当在临时采集血液后10日内将情况报告县级以上人民政府卫生行政部门。各省、自治区、直辖市人民政府卫生行政部门应当制订临床用血保障措施和应急预案,保证自然灾害、突发事件等大量伤员和特殊病例、稀缺血型等应急用血的供应和安全。因应急用血或者避免血液浪费,在保证血液安全的前提下,经省、自治区、直辖市人民政府卫生行政部门核准,医疗机构之间可以调剂血液。

（二）患者自身储血

《献血法》规定,为保障公民临床急救用血的需要,国家提倡并指导择期手术的患者自身储血,动员家庭、亲友、所在单位以及社会互助献血。《医疗机构临床用血管理办法》规定,医疗机构应当积极推行节约用血的新型医疗技术。三级医院、有条件的二级医院和妇幼保健院应当开展自体输血技术,建立并完善管理制度和技术规范,提高合理用血水平,保证医疗质量和安全。医疗机构应当动员符合条件的患者接受自体输血技术,提高输血治疗效果和安全性。

第五节　血液制品管理

知识链接
6-1

Note

一、概述

血液制品,是特指各种人血浆蛋白制品。

原料血浆,是指由单采血浆站采集的专用于血液制品生产原料的血浆。

单采血浆站,是指根据地区血源资源,按照有关标准和要求并经严格审批设立,采集供应血液制品生产用原料血浆的单位。

二、原料血浆的管理

原料血浆的采集活动由单采血浆站专门从事,国家实行单采血浆站统一规划、设置的制度。

（一）单采血浆站的设置

国务院卫生行政部门根据核准的全国生产用原料血浆的需求，对单采血浆站的布局、数量和规模制定总体规划。省、自治区、直辖市人民政府卫生行政部门根据总体规划制定本行政区域内单采血浆站设置规划和采集血浆的区域规划，并报国务院卫生行政部门备案。

单采血浆站由血液制品生产单位设置或者由县级人民政府卫生行政部门设置，专门从事单采血浆活动，具有独立法人资格。其他任何单位和个人不得从事单采血浆活动。

设置单采血浆站，必须具备下列条件：①符合单采血浆站布局、数量、规模的规划；②具有与所采集原料血浆相适应的卫生专业技术人员；③具有与所采集原料血浆相适应的场所与卫生环境；④具有识别供血浆者的身份识别系统；⑤具有与所采集原料血浆相适应的单采血浆机械及其他设施；⑥具有对所采集原料血浆进行质量检验的技术人员以及必要的仪器设备。

在一个采血浆区域内，只能设置一个单采血浆站。单采血浆站只能对省、自治区、直辖市人民政府卫生行政部门划定区域内的供血浆者进行筛查和采集血浆。严禁单采血浆站采集非划定区域内的供血浆者和其他人员的血浆。

申请设置单采血浆站的，由县级人民政府卫生行政部门初审，经设区的市、自治州人民政府卫生行政部门或省、自治区人民政府设立的派出机关的卫生行政机构审查同意，报省、自治区、直辖市人民政府卫生行政部门审批；经审查符合条件的，由省、自治区、直辖市人民政府卫生行政部门核发单采血浆许可证，并报国务院卫生行政部门备案。

（二）原料血浆的采集

1. 健康检查 单采血浆站必须对供血浆者进行健康检查，检查合格的，由县级人民政府卫生行政部门核发供血浆证。单采血浆站在采集血浆前，必须对供血浆者进行身份识别并核实其供血浆证，确认无误的，方可按照规定程序进行健康检查和血液化验；对检查、化验合格的，按照有关技术操作标准及程序采集血浆，并建立供血浆者健康检查及供血浆记录档案；对检查、化验不合格的，由单采血浆站收缴供血浆证，并由所在地县级人民政府卫生行政部门监督销毁。严禁采集无供血浆证者的血浆。

2. 血浆采集 单采血浆站必须使用单采血浆机械采集血浆，严禁手工操作采集血浆。采集的血浆必须按单人份冰冻保存，不得混浆。

单采血浆站必须使用有产品批准文号并经国家药品生物制品检定机构逐批检定合格的体外诊断试剂以及合格的一次性采血浆器材。采血浆器材等一次性消耗品使用后，必须按照国家有关规定予以销毁，并做记录。

3. 血浆供应 单采血浆站采集的原料血浆的包装、储存、运输，必须符合国家规定的卫生标准和要求。单采血浆站只能向一个与其签订质量责任书的血液制品生产单位供应原料血浆，严禁向其他任何单位供应原料血浆。严禁单采血浆站采集血液或者将所采集的原料血浆用于临床。

三、血液制品生产经营管理

（一）血液制品生产经营机构的设置

新建、改建或者扩建血液制品生产单位，经国务院卫生行政部门根据总体规划进行立项审查同意后，由省、自治区、直辖市人民政府卫生行政部门依照药品管理法的规定审核批准。

血液制品生产单位必须达到国务院卫生行政部门制定的《药品生产质量管理规范》规定的标准，经国务院卫生行政部门审查合格，并依法向工商行政管理部门申领营业执照后，方可从事血液制品的生产活动。

严禁血液制品生产单位出让、出租、出借以及与他人共用药品生产企业许可证和产品批准文号。

开办血液制品经营单位，由省、自治区、直辖市人民政府卫生行政部门审核批准。血液制品经营单位应当具备与所经营的产品相适应的冷藏条件和熟悉所经营品种的业务人员。

（二）血液制品的生产经营管理

血液制品生产单位生产国内已经生产的品种，必须依法向国务院卫生行政部门申请产品批准文号。

血液制品生产单位不得向无单采血浆许可证的单采血浆站或者未与其签订质量责任书的单采血浆站及其他任何单位收集原料血浆。血液制品生产单位不得向其他任何单位供应原料血浆。

血液制品生产单位在原料血浆生产前,必须使用有产品批准文号并经国家药品生物制品检定机构逐批检定合格的体外诊断试剂,对每一人份血浆进行全面复检,并做检测记录。原料血浆经复检不合格的,不得投料生产,并必须在省级药品监督员监督下按照规定程序和方法予以销毁,并做记录。原料血浆经复检发现有经血液途径传播的疾病的,必须通知供应血浆的单采血浆站,并及时上报所在地省、自治区、直辖市人民政府卫生行政部门。

血液制品出厂前,必须经过质量检验;经检验不符合国家标准的,严禁出厂。

血液制品生产经营单位生产、包装、储存、运输、经营血液制品,应当符合国家规定的卫生标准和要求。

四、血液制品的监督管理

县级以上地方各级人民政府卫生行政部门负责本行政区域内的单采血浆站、供血浆者、原料血浆的采集及血液制品生产经营单位的监督管理。国务院卫生行政部门负责全国进出口血液制品的审批及监督管理。

省、自治区、直辖市人民政府卫生行政部门每年组织一次对本行政区域内单采血浆站的监督检查并进行年度注册。

第六节 法律责任

无偿献血是一种高尚的行为,应当得到社会的肯定和褒扬。所以《献血法》规定对献血者,发给国务院卫生行政部门制作的无偿献血证书,有关单位可以给予适当补贴。同时,对违反《献血法》有关规定的,视情节轻重,分别承担行政责任,民事责任和刑事责任。

一、行政责任

(一) 非法设立血液、血液制品生产单位及非法采集血液的行政责任

(1) 违反《献血法》规定,应承担的责任。《献血法》规定,有下列行为之一的,由县级以上地方人民政府卫生行政部门予以取缔,没收违法所得,可以并处10万元以下的罚款;构成犯罪的,依法追究刑事责任:①非法采集血液的;②血站、医疗机构出售无偿献血的血液的;③非法组织他人出卖血液的。

非法采集血液必须与医疗机构临床应急临时采集血液相区别。非法采集是指没有获得血站执业许可证、中心血库采供血许可证,以营利为目的,非法从事组织、采集、供应、倒卖血液的活动。

(2) 违反《血液制品管理条例》的规定,应承担的责任。未取得省、自治区、直辖市人民政府卫生行政部门核发的单采血浆许可证,非法从事组织、采集、供应、倒卖原料血浆活动的,由县级以上地方人民政府卫生行政部门予以取缔,没收违法所得和从事违法活动的器材、设备,并处违法所得5倍以上10倍以下的罚款,没有违法所得的,并处5万元以上10万元以下的罚款。

(二) 违反血液及血液制品生产操作规程的行政责任

(1) 血站违反有关操作规程和制度采集血液,由县级以上地方人民政府卫生行政部门责令改正;给献血者健康造成损害的,对直接负责的主管人员和其他直接责任人员,依法给予行政处分。

(2) 临床用血的包装、储存、运输,不符合国家规定的卫生标准和要求的,由县级以上地方人民政府卫生行政部门责令改正,给予警告,可以并处1万元以下的罚款。

(3) 血站违反《献血法》规定,向医疗机构提供不符合国家规定标准的血液的,由县级以上地方人民政府卫生行政部门责令改正;情节严重,造成经血液途径传播的疾病或者有传播严重危险的,限期整顿,

对直接负责的主管人员和其他直接责任人员,依法给予行政处分。

(4) 违反《血液制品管理条例》的规定,应承担的行政责任。根据《血液制品管理条例》的规定,单采血浆站有下列行为之一的,由县级以上地方人民政府卫生行政部门责令限期改正,处 5 万元以上 10 万元以下的罚款;有第八项所列行为的,或者有下列其他行为并且情节严重的,由省、自治区、直辖市人民政府卫生行政部门吊销单采血浆许可证:①采集血浆前,未按照国务院卫生行政部门颁布的健康检查标准对供血浆者进行健康检查和血液化验的;②采集非划定区域的供血浆者或者其他人员的血浆的,或者不对供血浆者进行身份识别,采集冒名顶替者、健康检查不合格者或者无供血浆证者的血浆的;③违反国务院卫生行政部门制定的血浆采集技术操作标准和程序,过频过量采集血浆的;④向医疗机构直接供应原料血浆或者擅自采集血液的;⑤未使用单采血浆机械进行血浆采集的;⑥未使用有产品批准文号并经国家药品生物制品检定机构逐批检定合格的体外诊断试剂以及合格的一次性采血浆器材的;⑦未按照国家规定的卫生标准和要求包装、储存、运输原料血浆的;⑧对国家规定检测项目检测结果呈阳性的血浆不清除、不及时上报的;⑨对污染的注射器、采血浆器材及不合格血浆等不经消毒处理,擅自倾倒,污染环境,造成社会危害的;⑩重复使用一次性采血浆器材的;⑪向与其签订质量责任书的血液制品生产单位以外的其他单位供应原料血浆的。

此外,《血液制品管理条例》还规定了血液制品生产单位其他违反该条例规定的行政责任。

(三) 医疗机构违反规定非法使用血液制品的行政责任

医疗机构的医务人员违反《献血法》规定,将不符合国家规定标准的血液用于患者的,由县级以上地方人民政府卫生行政部门责令改正;给患者健康造成损害的,对直接负责的主管人员和其他直接责任人员,依法给予行政处分。

(四) 卫生行政部门监管不力的行政责任

卫生行政部门及其工作人员在献血、用血的监督管理工作中,在血液制品生产加工的监管中,滥用职权、玩忽职守、徇私舞弊、索贿受贿,造成严重后果,构成犯罪的,依法追究刑事责任;尚不构成犯罪的,依法给予行政处分。

二、民事责任

(一) 血液与疾病传播的关系

目前所知,很多传染病(乙型和丙型肝炎、艾滋病等)均与输血有关,但是输血又不是这些传染病的唯一传播途径,其他一些输血外的传播途径也广泛存在,这给输血后发生传染病的发生原因的认定带来极大困难。要想准确地判断某人感染的传染病与某次输血之间具有直接的因果关系几乎是非常困难的。因此,在输血后发生传染病的民事责任的构成上,法律界所主张的归责原则非常重要,各国做法不一。在美国最早实行的是过错责任原则,血液供应者只要能够举证证明他们没有过错,便不承担损害赔偿责任,往往血库都能够做到这一点,因此患者获得赔偿的机会非常少,患者方面要证明血库存在过错责任几乎不可能。至 1997 年开始有法官主张实行,至今没有明确的规则。在欧洲几乎从一开始就采用了过错责任原则。

《侵权责任法》第五十九条规定:因药品、消毒药剂、医疗器械的缺陷,或者输入不合格的血液造成患者损害的,患者可以向生产者或者血液提供机构请求赔偿,也可以向医疗机构请求赔偿。患者向医疗机构请求赔偿的,医疗机构赔偿后,有权向负有责任的生产者或者血液提供机构追偿。因此,我国在因输血感染疾病的医疗损害中,坚持过错责任原则。

(二) 损害献血者健康的民事责任

献血者的身体健康因输血而受伤害,血液采集单位的责任比较容易确定。因为献血者在献血之前基本上都进行系统详细的身体检查,在确诊没有健康问题的前提下血液采集单位才对献血者实施血液采集。

《献血法》规定,血站违反有关操作规程和制度,采集血液给献血者健康造成损害的,应当依法赔偿。

(三)损害受血者健康的民事责任

医疗机构的医务人员违反《献血法》规定,将不符合国家规定标准的血液用于患者的,给患者健康造成损害的,应当依法赔偿。

受血者身体健康受到损害,可以向人民法院起诉,要求医疗机构和血液采集单位承担民事责任。

三、刑事责任

《献血法》规定,非法采集血液的;血站、医疗机构出售无偿献血的血液;非法组织他人出卖血液的;血站违反有关操作规程和制度采集血液,给献血者健康造成损害的;血站向医疗机构提供不符合国家规定标准的血液,情节严重,造成经血液途径传播的疾病的或者有严重传播危险的;医疗机构的医务人员违反法律规定,将不符合国家规定标准的血液用于患者,给患者造成损害,构成犯罪的,都要依法追究刑事责任。在《中华人民共和国刑法》(简称《刑法》)第三百三十三条中规定了两条共4种犯罪,它们属于危害公共卫生罪类。

(一)非法组织卖血罪

《刑法》第三百三十三条中规定,非法组织他人出卖血液的,处五年以下有期徒刑,并处罚金。第三百三十三条第二款规定,上述行为对他人造成伤害的,依照本法第二百三十四条规定,处三年以下有期徒刑、拘役或者管制;致人重伤的,处三年以上十年以下有期徒刑;致人死亡或者以特别残忍手段致人重伤的造成严重残疾的,处十年以上有期徒刑、无期徒刑或者死刑。

(二)强迫卖血罪

《刑法》第三百三十三条第一款规定:以暴力、威胁方法强迫他人出卖血液的,处五年以上十年以下有期徒刑,并处罚金。与前罪类似,因强迫他人卖血而造成他人身体损害构成轻伤或者重伤结果的,以故意伤害罪论处。

(三)采集、供应血液,制作、供应血液制品事故罪

选择性罪名,根据犯罪行为人的具体犯罪行为选择确定罪名。根据《刑法》第三百三十四条第一款的规定,非法采集、供应血液或者制作、供应血液制品,不符合国家规定的标准,足以危害人体健康的,处五年以下有期徒刑或者拘役,并处罚金;对人体健康造成严重危害的,处五年以上十年以下有期徒刑,并处罚金;造成特别严重后果的,处十年以上有期徒刑或无期徒刑或者死刑,并处罚金或者没收财产。

本章小结

血液管理法律制度	学 习 要 点
概念	血站、血液制品、原料血浆、单采血浆站
对象	无偿献血对象为18~55周岁健康公民
原则	无偿献血的血液只能用于临床,不得买卖

目标检测

一、选择题

【A1 型题】

1.《献血法》是经第八届全国人大常委会第 29 次会议通过的,通过的时间是( )。

A. 1996年12月29日 B. 1997年12月29日 C. 1997年10月1日
D. 1998年12月29日 E. 1998年10月1日

2. 我国在《献血法》实施以后实行的献血制度是（　　）。
   A. 个体供血制度　　　B. 义务献血制度　　　C. 无偿献血制度
   D. 自愿献血制度　　　E. 有偿献血制度

3. 2012年7月1日开始实施的《献血者健康检查要求》(GB 18467—2011)规定,既往无献血反应,符合健康检查要求的,多次献血者主动要求再次献血的,年龄可延长至（　　）。
   A. 55周岁　　　B. 60周岁　　　C. 65周岁　　　D. 70周岁

4. 《献血法》规定的无偿献血年龄是（　　）。
   A. 15周岁至50周岁　　　B. 18周岁至55周岁
   C. 18周岁至60周岁　　　D. 20周岁至60周岁

5. 医疗机构临床用血应遵循的原则为（　　）。
   A. 遵照合理、科学的原则制订用血计划,不得浪费和滥用血液
   B. 沿用传统输血,患者失多少血,补多少的输血原则
   C. 随时与血站联系,急用急取的原则
   D. 根据临床需要,随用随取的原则

6. 为安全输血,临床医生需对需要输血的患者做哪些工作？（　　）
   A. 动员患者自身储血,手术回收血,动员亲友献血
   B. 让患者及家属自行解决
   C. 向本院输血科申请
   D. 放弃治疗

7. 在一个采血浆区域内,可设置（　　）个单采血浆站。
   A. 1　　　B. 2　　　C. 3　　　D. 4

8. 血站对献血者（　　）免费进行必要的健康体检。
   A. 应当　　　B. 应该　　　C. 必须　　　D. 可以

9. 血站对献血者每次采集血液量一般（　　）。
   A. 每次采集血液量至少为200毫升,一般为400毫升
   B. 每次采集血液量一般为200毫升,最高不得超过400毫升
   C. 每次采集血液量一般为200毫升,最高不得超过600毫升
   D. 每次采集血液量一般为200毫升,身体健康者可以超过400毫升

10. 下列不是《献血法》立法目的的选项（　　）。
    A. 保护职业献血者的权益　　　B. 保护用血者的健康
    C. 保证献血者健康　　　　　　D. 保证医疗、临床用血需要

【A2型题】

11. 某乡卫生院3名医务人员违反《献血法》规定,将不符合国家规定标准的血液用于患者,由于患者家属及时发现,经主治医师采取果断措施,幸好未给受血者健康造成损害。根据《献血法》规定,当地县卫生行政部门应对3名医务人员给予的行政处理是（　　）。
    A. 责令改正　　　B. 警告
    C. 罚款1万元以下　　　D. 暂停执业活动6个月以上1年以下
    E. 吊销其医师执业证书

12. 某县血站,在《献血法》颁布之前,通过供血获得不少利润,《献血法》颁布后,有关部门对该血站进行了整顿,现在该血站的性质应属于（　　）。
    A. 仍是营利性单位,只是营利较少　　　B. 事业单位
    C. 不以营利为目的的公益性组织　　　　D. 卫生行政部门的派出机构

E. 以上都不是

二、名词解释

1. 无偿献血
2. 血站
3. 血液制品
4. 原料血浆
5. 单采血浆站

三、简答题

1. 简述无偿献血的对象和采血量及间隔。
2. 简述临床用血申请制度。

（皖西卫生职业学院　周娇）

第七章 母婴保健法律制度

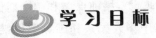

1. 掌握:婚前保健、孕产妇保健、新生儿保健、产前诊断等相关概念。
2. 熟悉:母婴保健法具体规定。
3. 了解:母婴保健相关法律责任。

某医院超出核准登记诊疗科目开展执业活动案例

2012年7月19日上午9时,某县卫生执法监督大队接到举报投诉,称某医院未取得母婴保健技术服务执业许可证,擅自从事终止妊娠手术等医疗行为。卫生监督员立即前往调查,发现该医院现场不能出示母婴保健技术服务执业许可证,但是却有众多与母婴保健相关的仪器、设备、药品和一本印有"治疗情况统计表"的登记本,登记时间从2012年5月18日至2012年7月18日,记载有多份终止妊娠的记录。

医院未取得母婴保健技术服务执业许可证擅自从事终止妊娠手术,违反了《医疗机构管理条例》第二十七条规定,超出核准登记的诊疗科目开展执业活动,同时也违反了《中华人民共和国母婴保健法》的相关规定,卫生行政部门对该医院给予警告,责令立即改正,没收违法所得1326.5元,罚款15000元。

第一节 概 述

一、母婴保健法的概念

母婴保健法是调整母亲和婴儿健康,提高出生人口素质活动中产生的各种社会关系的法律规范的总和,形式上包括《中华人民共和国母婴保健法》(下称《母婴保健法》)及其配套实施的各种相关法规、规章和规范性文件。

二、母婴保健法律关系

母婴保健法律关系是发生在母婴保健机构和个人之间,以母婴保健机构提供母婴保健服务和个人接受母婴保健服务为内容的法律关系。母婴保健机构的权利包括获得国家财政拨款、收取个人费用等;义务包括为个人提供婚前检查、产前检查、分娩服务、儿童保健在内的母婴保健服务及说明建议等义务。

个人的权利包括获得母婴保健服务的权利和优生优育选择权、知情同意权等权利;义务包括配合母婴保健机构进行检查并交纳费用等义务。

三、母婴保健立法概述

在我国,党和政府都非常重视保障妇女和儿童的健康权益。我国《宪法》第四十九条第一款明确规定:婚姻、家庭、母亲和儿童受国家的保护。为了保障母亲和婴儿健康,提高出生人口素质,第八届全国人民代表大会常务委员会第十次会议于 1994 年 10 月 27 日通过了《中华人民共和国母婴保健法》,该法自 1995 年 6 月 1 日起施行。此后,该法分别于 2009 年 8 月 27 日、2017 年 11 月 4 日进行了两次修正。该法是我国第一部专门保护妇女儿童健康的法律,是《宪法》对人民的健康和对妇女、儿童保护原则规定的具体化。母婴保健关系中国公民的生存权与发展权,属于基本人权。向公民提供基本的母婴保健属于行政给付的内容之一,是政府的法定职责。婚前保健和孕产期保健是我国母婴保健的两个核心阶段。

2001 年 6 月 20 日,国务院发布了《中华人民共和国母婴保健法实施办法》,卫生部发布了《产前诊断技术管理办法》《新生儿疾病筛查管理办法》《婚前保健工作规范》《孕前保健服务工作规范(试行)》《孕产期保健工作管理办法》《孕产期保健工作规范》《母婴保健医学技术鉴定管理办法》《关于禁止非医学需要的胎儿性别鉴定和选择性别的人工终止妊娠的规定》等规范性文件。

第二节 婚前保健和孕产期保健

一、婚前保健

婚前保健是指对准备结婚的男女双方在结婚登记前所进行的婚前卫生指导、婚前卫生咨询和婚前医学检查。医疗保健机构应当为公民提供婚前保健服务。

(一) 婚前卫生指导

婚前卫生指导,指为公民提供性卫生知识、生育知识和遗传病知识的教育,具体包括:有关性卫生的保健和教育;新婚避孕知识及计划生育指导;受孕前的准备、环境和疾病对后代影响等孕前保健知识;遗传病的基本知识;其他生殖健康知识。

(二) 婚前卫生咨询

婚前卫生咨询,指对公民有关婚配、生育保健等问题提供医学意见。医师进行婚前咨询时,应当为服务对象提供科学的信息,对可能产生的后果进行指导,并提出适当的建议。

(三) 婚前医学检查

婚前医学检查,指对准备结婚的男女双方可能患影响结婚和生育的疾病进行医学检查。婚前医学检查包括对下列疾病的检查:严重遗传性疾病,指定传染病,有关精神病。婚前医学检查包括询问病史、体格及相关检查。婚前医学检查应当遵守婚前保健工作规范并按照婚前医学检查项目进行。婚前保健工作规范和婚前医学检查项目由国务院卫生行政部门规定。

1. 申请婚前医学检查的条件 申请婚前医学检查的医疗保健机构应当具备下列条件:分别设置专用的男、女婚前医学检查室,配备常规检查和专科检查设备;设置婚前生殖健康宣传教育室;具有符合条件的进行男、女婚前医学检查的执业医师。从事婚前医学检查的医疗保健机构,由其所在地设区的市级卫生行政部门进行审查。符合条件的,在其医疗机构执业许可证上注明。

2. 婚前医学检查证明 在实行婚前医学检查的地区,准备结婚的男女双方在办理结婚登记前应当到医疗保健机构进行婚前医学检查。经婚前检查,医疗保健机构应当向接受婚前医学检查当事人出具婚前医学检查证明。

婚前医学检查证明应当列明是否发现下列疾病。

（1）严重遗传性疾病：指由于遗传因素先天形成，患者全部或者部分丧失自主生活能力，而且后代再现风险高，医学上认为不宜生育的疾病。

（2）指定传染病：指《中华人民共和国传染病防治法》中规定的艾滋病、淋病、梅毒、麻风病以及医学上认为影响结婚和生育的其他传染病。

（3）有关精神病：指精神分裂症、躁狂抑郁型精神病以及其他重型精神病。

（4）医学上认为不宜结婚的其他疾病。

经婚前医学检查，对患指定传染病在传染期内或者有关精神病在发病期内的，医师应提出医学意见；准备结婚的男女双方应当暂缓结婚。经婚前医学检查，对诊断患医学上认为不宜生育的严重遗传性疾病的，医师应当向男女双方说明情况，提出医学意见；经男女双方同意，采取长效避孕措施或者实行结扎手术后不生育的，可以结婚。但《中华人民共和国婚姻法》禁止结婚的除外。

经婚前医学检查，医疗、保健机构不能确诊的，应当转到设区的市级以上人民政府卫生行政部门指定医疗、保健机构确诊。2003年颁布的《婚姻登记条例》中对婚前检查未作规定，结婚登记时不再要求婚前医学检查证明，婚前检查与否，只是个人的自由选择，这是充分尊重个人隐私权的表现。

二、孕产期保健

孕产期保健是指各级各类医疗保健机构为准备妊娠至产后42天的妇女及胎婴儿提供全程系列的医疗保健服务。医疗保健机构应当为育龄妇女提供有关避孕、节育、生育、不育、和生殖健康的咨询和医疗保健服务。

知识链接
7-1

根据2011年卫生部发布的《孕产期保健工作管理办法》及《孕产期保健工作规范》，孕产期保健应当以保障母婴安全为目的，遵循保健与临床相结合的工作方针。

（一）孕前保健

孕前保健，是指为准备妊娠的夫妇提供以健康教育与咨询、孕前医学检查、健康状况评估和健康指导为主要内容的系列保健服务。孕前保健是婚前保健的延续，是孕产期保健的前移。孕前保健服务的内容主要有以下方面。

1. 健康教育与咨询　包括：①生理和心理保健知识。②有关生育的基本知识（如生命的孕育过程等）。③生活方式、孕前及孕期运动方式、饮食营养和环境因素等对生育的影响。④出生缺陷及遗传性疾病的防治等。

2. 健康状况检查　通过咨询和孕前医学检查，对准备怀孕夫妇的健康状况作出初步评估。针对存在的可能影响生育的健康问题，提出建议。孕前医学检查（包括体格检查、实验室和影像学等辅助检查）应在知情选择的基础上进行，同时应保护服务对象的隐私。

3. 健康指导　根据一般情况了解和孕前医学检查结果对孕前保健对象的健康状况进行综合评估。遵循普遍性指导和个性化指导相结合的原则，对计划怀孕的夫妇进行怀孕前、孕早期及预防出生缺陷的指导等。

（二）孕期保健

孕期保健，是指从确定妊娠之日开始至临产前，为孕妇及胎儿提供的系列保健服务。孕期保健服务包括：健康教育与咨询指导、全身体格检查、产科检查及辅助检查。在整个妊娠期间至少提供5次产前检查，发现异常者应当酌情增加检查次数。根据妊娠不同时期可能发生的危险因素、合并症、并发症及胎儿发育等情况，确定孕期各阶段保健重点。对高危孕妇进行专案管理，密切观察并及时处理危险因素。

（三）分娩期保健

分娩期保健，是指由医疗机构提供的包括对孕产妇与胎儿的全产程监护、安全助产及对新生儿进行评估及处理的系列保健服务。分娩期保健服务的内容主要包括：①对产妇的健康状况及产科情况进行全面了解和动态评估。②严密观察产程进展,正确绘制产程图,尽早发现产程异常,及时诊治或转诊。③鼓励阴道分娩,在具备医学指征的情况下实施剖宫产。④规范应用助产技术,正确使用缩宫素。⑤加强分娩室的规范管理,严格无菌操作,预防和控制医源性感染。⑥分娩后产妇需在分娩室内观察2小时,预防产后出血。⑦预防新生儿窒息,对窒息新生儿及时进行复苏。⑧对新生儿进行全面体检和评估,做好出生缺陷诊断与报告。⑨按照规定对新生儿进行预防接种。

国家提倡住院分娩。对因地理环境等因素不能住院分娩的,有条件的地区应当由医疗保健机构派出具有执业资质的医务人员进行家庭接生;无条件的地区,应当由依法取得家庭接生员技术合格证书的接生员实施家庭接生;发现异常情况的应当及时与当地医疗保健机构联系并进行转诊。

(四)产褥期保健

医疗保健机构应当对产妇及新生儿提供产褥期保健。包括为产妇及新生儿进行健康评估,开展母乳喂养、产后营养、心理、卫生及避孕指导,为新生儿进行预防接种和新生儿疾病筛查等。新生儿保健的内容主要包括:①新生儿出生后1小时内,实行早接触、早吸吮、早开奶。②对新生儿进行全面体检和胎龄、生长发育评估,及时发现异常,及时处理。做好出生缺陷的诊断与报告。③加强对高危新生儿的监护,必要时应当转入有条件的医疗保健机构进行监护及治疗。④进行新生儿疾病筛查及预防接种。⑤出院时对新生儿进行全面健康评估。对有高危因素者,应当转交当地医疗保健机构实施高危新生儿管理。

(五)医学指导和医学意见

医疗保健机构发现孕妇患有下列严重疾病或者接触物理、化学、生物等有毒有害因素,可能危及孕妇生命安全或者可能严重影响孕妇健康和胎儿正常发育的,应当对孕妇进行医学指导:①严重的妊娠合并症或者并发症。②严重的精神性疾病。③国务院卫生行政部门规定的严重影响生育的其他疾病。医师发现或者怀疑患严重遗传性疾病的育龄夫妻,应当提出医学意见。限于现有医疗技术水平难以确诊的,应当向当事人说明情况。育龄夫妻可以选择避孕、节育、不孕等相应的医学措施。

(六)新生儿出生医学证明

医疗保健机构和从事家庭接生的人员按照国务院卫生行政部门的规定,出具统一制发的新生儿出生医学证明;有产妇和婴儿死亡以及新生儿出生缺陷情况的,应当向卫生行政部门报告。出生医学证明是新生儿申报户口的证明。

三、产前诊断

(一)产前诊断的概念

产前诊断是指对胎儿进行先天性缺陷和遗传性疾病的诊断,包括相应筛查。产前诊断技术项目包括遗传咨询、医学影像、生化免疫、细胞遗传和分子遗传等。

产前诊断技术的应用应当以医疗为目的,符合国家有关法律规定和伦理原则,由经资格认定的医务人员在经许可的医疗保健机构中进行。医疗保健机构和医务人员不得实施任何非医疗目的的产前诊断技术。

(二)产前诊断机构的条件

《产前诊断技术管理办法》规定,申请开展产前诊断技术的医疗保健机构,必须明确提出拟开展的产前诊断具体技术项目,并符合下列所有条件:①设有妇产科诊疗科目;②具有与所开展技术相适应的卫生专业技术人员;③具有与所开展技术相适应的技术条件和设备;④设有医学伦理委员会;⑤符合开展产前诊断技术医疗保健机构的基本条件及相关技术规范。

(三)产前诊断技术人员的条件

从事产前诊断的卫生专业技术人员应符合以下所有条件:①从事临床工作的,应取得执业医师资格;②从事医技和辅助工作的,应取得相应卫生专业技术职称;③符合从事产前诊断卫生专业技术人员的基本条件;④经省级卫生行政部门批准,取得从事产前诊断的母婴保健技术考核合格证书。从事产前诊断的人员不得在未许可开展产前诊断技术的医疗保健机构中从事相关工作。

(四)产前诊断的实施

1. 产前诊断的告知　孕妇有下列情形之一的,经主治医师应当建议其进行产前诊断:①羊水过多或者过少的;②胎儿发育异常或者胎儿有可疑畸形的;③孕早期时接触过可能导致胎儿先天缺陷的物质的;④有遗传病家族史或者曾经分娩过先天性严重缺陷婴儿的;⑤年龄超过35周岁的。既往生育过严重遗传性疾病或者严重缺陷患儿的,再次妊娠前,夫妻双方应当到医疗保健机构进行遗传咨询。医务人员应当对当事人介绍有关知识,给予咨询和指导。经治医师根据咨询的结果,对当事人提出医学建议。

2. 确定产前诊断重点疾病的条件　《产前诊断技术管理办法》规定确定产前诊断重点疾病,应当符合下列条件:①疾病发生率较高;②疾病危害严重,社会、家庭和个人疾病负担大;③疾病缺乏有效的临床治疗方法;④诊断技术成熟、可靠、安全和有效。

四、新生儿疾病筛查

新生儿疾病筛查是指在新生儿期对严重危害新生儿健康的先天性、遗传性疾病施行专项检查,提供早期诊断和治疗的母婴保健技术。

新生儿疾病筛查是提高出生人口素质、减少出生缺陷的预防措施之一。各级各类医疗机构和医务人员应当在工作中开展新生儿疾病筛查的宣传教育工作。

(一)新生儿疾病筛查的病种

根据2009年卫生部《新生儿疾病筛查管理办法》,全国新生儿疾病筛查病种包括先天性甲状腺功能减低症、苯丙酮尿症等新生儿遗传代谢病和听力障碍。

国务院卫生行政部门根据需要对全国新生儿疾病筛查病种进行调整。省、自治区、直辖市人民政府卫生行政部门可以根据本行政区域的医疗资源、群众需求、疾病发生率等实际情况,增加本行政区域内新生儿疾病筛查病种,并报国务院卫生行政部门备案。

(二)新生儿疾病筛查的原则和程序

新生儿疾病筛查遵循自愿和知情选择的原则。医疗机构在实施新生儿疾病筛查前,应当将新生儿疾病筛查的项目、条件、方式、灵敏度和费用等情况如实告知新生儿的监护人,并取得签字同意。

新生儿遗传代谢病筛查程序包括血片采集、送检、实验室检测、阳性病例确诊和治疗。新生儿听力筛查程序包括初筛、复筛、阳性病例确诊和治疗。

五、婴幼儿保健

婴幼儿保健指对从出生到3周岁以内的儿童进行的保健。其卫生保健内容如下。

(1)医疗、保健机构应当按照国家有关规定开展新生儿先天性、遗传代谢病筛查、诊断治疗和监测。

(2)医疗、保健机构应当按照规定进行新生儿访视,建立儿童保健手册(卡),定期对其进行健康检查,提供有关预防疾病、合理膳食、促进智力发育等科学知识,做好婴儿多发病、常见病防治等医疗保健服务。

(3)医疗、保健机构应当按照规定的程序和项目对婴儿进行预防接种。婴儿的监护人应当保证婴儿及时接受预防接种。

(4)国家推行母乳喂养。医疗、保健机构应当为实施母乳喂养提供技术指导,为住院分娩的产妇提供必要的母乳喂养条件。医疗、保健机构不得向孕产妇和婴儿家庭宣传、推荐母乳代用品。

(5)母乳代用品产品包装标签应当在显著位置标明母乳喂养的优越性。母乳代用品生产者、销售者不得向医疗、保健机构赠送产品样品或者以推销为目的有条件地提供设备、资金和资料。

(6)妇女享有国家规定的产假。有不满1周岁婴儿的妇女,所在单位应当在劳动时间内为其安排一定的哺乳时间。

六、母婴保健机构和母婴保健工作人员

(一)母婴保健机构

母婴保健机构以及其他母婴保健机构是指依据《母婴保健法》开展母婴保健业务的各级妇幼保健机构以及其他开展母婴保健技术服务的机构。

县级以上地方人民政府卫生行政部门管理本行政区域内的母婴保健工作。省、自治区、县级以上地方人民政府卫生行政部门指定的医疗保健机构负责本行政区域内的母婴保健监测和技术指导。医疗保健机构按照国务院卫生行政部门的规定,负责其职责范围内的母婴保健工作,建立医疗保健工作规范,提高医学技术水平,采取各种措施方便人民群众,做好母婴保健服务工作。

从事产前诊断的医疗、保健机构和人员,须经省、自治区、直辖市人民政府卫生行政部门许可。从事婚前医学检查的医疗、保健机构和人员,须经设区的市级人民政府卫生行政部门许可。从事助产技术服务、结扎手术和终止妊娠手术的医疗、保健机构和人员以及从事家庭接生的人员,须经县级人民政府卫生行政部门许可,并取得相应的合格证书。

(二)母婴保健工作人员

医疗、保健机构应当根据其从事的业务,配备相应的人员和医疗设备,对从事母婴保健工作的人员加强岗位业务培训和职业道德教育,并定期对其进行检查、考核。医师和助产人员(包括家庭接生人员)应当严格遵守有关技术操作规范,认真填写各项记录,提高助产技术和服务质量。在医疗保健机构从事母婴保健技术服务的人员和从事家庭接生的人员,应当依法取得母婴保健技术考核合格证和家庭接生技术合格证书后方可从事母婴保健技术工作。

七、母婴保健医学技术鉴定

母婴保健医学技术鉴定,是指接受母婴保健服务的公民或者提供母婴保健服务的医疗保健机构,对婚前医学检查、遗传病诊断、产前诊断的结果或医学技术鉴定结论持有异议所进行的医学技术鉴定。母婴保健医学技术鉴定工作必须坚持实事求是、尊重科学、公正鉴定、保守秘密的原则。

(一)医学技术鉴定组织

《母婴保健法》第二十五条规定:县级以上地方人民政府可以设立医学技术鉴定组织,负责对婚前医学检查、遗传病诊断和产前诊断结果有异议的进行医学技术鉴定。

医学技术鉴定委员会应当由妇产科、儿科、妇女保健、儿童保健、生殖保健、医学遗传、神经病学、精神病学、传染病学等医学专家组成。从事医学技术鉴定的人员,必须由具有以下条件的人员担任:①具有认真负责的精神和良好的医德风尚。②具有丰富的医疗保健实践经验和相关学科理论知识。③县级应具有主治医师以上的专业技术职务;市级应具有副主任以上的专业技术职务;省级应具有主任或教授技术职务。医学技术鉴定委员会的组成人员,由卫生行政部门提名,同级人民政府聘任,组成人员任期4年,可以连任。

(二)医学技术鉴定的程序

公民对许可的医疗保健机构出具的婚前医学检查、遗传病诊断、产前诊断结果持有异议的,可在接到诊断结果证明之日起15日内,向当地医学技术鉴定委员会办事机构提出书面申请,同时填写母婴保健医学技术鉴定申请表,提供与鉴定有关的材料。医学技术鉴定委员会应当在接到母婴保健医学技术鉴定申请表之日起30日内作出医学技术鉴定结论,如有特殊情况,最长不得超过90日。如鉴定有困难,可向上一级医学技术鉴定委员会提出鉴定申请,上级医学技术鉴定委员会在接到鉴定申请后30日内作出鉴定结论。如省级技术鉴定有困难,可转至有条件的医疗保健机构进行检查确诊,出具检测报告,由省级医学技术鉴定委员会作出鉴定结论。

医学技术鉴定委员会进行医学技术鉴定时必须有5个以上相关专业医学技术鉴定委员会成员参加。参加鉴定人员中与当事人有利害关系的,应当回避。医学技术鉴定委员会成员在发表鉴定意见前,

可以要求当事人及有关人员到会陈述理由和事实经过,当事人应当如实回答提出的询问。当事人无正当理由不到会的,鉴定仍可照常进行。医学技术鉴定委员会成员发表医学技术鉴定意见时,当事人应当回避。医学技术鉴定委员会成员应当在鉴定结论上署名;不同意见应当如实记录。医学技术鉴定委员会根据鉴定结论向当事人出具鉴定意见书。

当事人对鉴定结论有异议的,可在接到母婴保健医学技术鉴定证明之日起15日内向上一级医学技术鉴定委员会申请重新鉴定。省级医学技术鉴定委员会的医学技术鉴定结论为最终鉴定结论。

第三节 法律责任

违反母婴保健法行政法规及部门规章规定的医疗机构和工作人员,需要承担相应的行政责任、民事责任和刑事责任。

一、行政责任

(1) 未取得母婴保健技术服务执业许可证、母婴保健技术考核合格证书和家庭接生员技术合格证书,而从事婚前医学检查、遗传病诊断,产前诊断、结扎手术终止妊娠手术和家庭接生,以及出具《母婴保健法》规定的婚前医学证明新生儿出生医学证明和医学鉴定证明书的,由县级以上地方人民政府卫生行政部门予以制止,并给予以下处罚,责令停止,警告;处500元以上5000元以下的罚款;情节严重或经制止仍不改正的,处以5000元以上2万元以下的罚款。以上处罚可单独或合并使用。

(2) 从事母婴保健专项技术工作和医学技术鉴定的人员出具虚假医学证明文件或违反《母婴保健法》规定进行胎儿性别鉴定的,由所在的医疗保健机构或卫生行政部门根据情节给予行政处分。

(3) 从事母婴保健专项技术工作和医学技术鉴定的人员有下列情形之一的,由卫生行政部门取消其执业资格:①出具虚假医学证明或违法进行胎儿性别鉴定经制止仍不改正的;②出具虚假医学证明给当事人造成严重后果的;③违法进行胎儿性别鉴定给当事人身心造成严重伤害的。

二、民事责任

(1) 医疗保健机构及其母婴保健工作人员在提供母婴保健服务过程中,造成就诊人人身损害的,承担相应的损害赔偿责任。

(2) 未取得国家颁发的有关母婴保健技术许可的人员,擅自提供母婴保健服务,造成当事人人身损害的,承担相应的人身损害赔偿责任。

三、刑事责任

(1) 医疗事故罪:具有执业资格的母婴保健工作人员由于严重不负责任,造成就诊人员死亡或者严重损害就诊人身体健康的,依照《刑法》第三百三十五条的规定追究医疗事故罪的刑事责任。

(2) 非法行医罪:未取得医师执业资格的人员,施行终止妊娠手术或者采取其他方法终止妊娠,致人死亡、残疾或者基本丧失劳动能力的,依照《刑法》第三百三十六条第一款的规定,追究非法行医罪的刑事责任。

(3) 非法进行节育手术罪:《刑法》第三百三十六条第二款规定,未取得医生执业资格的人员擅自为他人进行节育复通手术、假节育手术、终止妊娠手术或者摘取宫内节育器,情节严重的,处三年以下有期徒刑、拘役或者管制,并处或者单处罚金;严重损害就诊人身体健康的,处三年以上十年以下有期徒刑,并处罚金;造成就诊人死亡的,处十年以上有期徒刑,并处罚金。

本章小结

母婴保健法律制度	学习要点
概念	母婴保健、婚前卫生指导、婚前卫生咨询、婚前医学检查
意义	婚前保健、产前诊断
资质	母婴保健技术考核合格证、家庭接生技术合格证

目标检测

一、选择题

【A1 型题】

1. 《母婴保健法》从何时开始正式实施？（　　）
A. 1994 年 10 月 27 日　　　　　　　　B. 1995 年 1 月 1 日
C. 1995 年 6 月 1 日　　　　　　　　　D. 1995 年 10 月 27 日

2. 下面哪项是《母婴保健法》立法的目的？（　　）
A. 保障母亲和婴儿的健康　　　　　　B. 控制人口数量
C. 提高出生人口质量　　　　　　　　D. 加强妇幼卫生管理

3. 根据《母婴保健法》规定，下面哪项不正确？（　　）
A. 除医学上确有需要外，严禁采用技术手段对胎儿进行性别鉴定
B. 医师根据《母婴保健法》提出医学意见，当事人必须无条件执行
C. 医师依法施行终止妊娠手术或者结扎手术需经当事人同意并签署意见
D. 有产妇死亡及新生儿出生缺陷情况应向卫生行政部门报告

4. 对婚前医学检查、遗传病诊断、产前诊断的结果有异议的，应在（　　）日内向所在地母婴保健医学技术鉴定委员会申请医学技术鉴定。
A. 12　　　　　B. 13　　　　　C. 15　　　　　D. 16

5. 有关母婴保健医学技术鉴定，下列哪项是错误的？（　　）
A. 公民和医疗保健机构均可以申请母婴保健医学技术鉴定
B. 母婴保健医学技术鉴定结果不具备法律效力
C. 对产前诊断结果有异议也可以申请鉴定
D. 县以上地方政府可以设立母婴保健医学技术鉴定组织

6. 根据《母婴保健法》的规定，婚前医学检查的疾病是（　　）。
A. 遗传性疾病、艾滋病、有关精神病
B. 严重遗传性疾病、指定传染病、有关精神病
C. 遗传性疾病、传染病、精神病
D. 严重遗传性疾病、传染病、精神病
E. 严重遗传性疾病、传染病、有关性病

7. 下列属于《母婴保健法》规定可以申请医学技术鉴定的是（　　）。
A. 对母婴保健服务有异议的　　　　　　B. 对孕产期保健服务有异议的
C. 对婚前卫生咨询有异议的　　　　　　D. 对医学指导意见有异议的
E. 对婚前医学检查结果有异议的

8. 孕产期保健的内容不包括（　　）。

A. 母婴保健指导 B. 孕产妇保健 C. 胎儿保健
D. 新生儿保健 E. 婚前卫生咨询

9. 以下内容属于婚前卫生指导的是( )。
A. 有关性卫生的保健和教育
B. 遗传病的基本知识
C. 新婚避孕知识及计划生育指导
D. 受孕前的准备环境和疾病对后代影响等孕前保健知识
E. 以上都是

10. 以下检查内容中属于新生儿保健服务的是( )。
A. 为孕产妇建立保健手册
B. 为孕产妇提供医学指导
C. 为孕产妇提供安全分娩技术服务等医疗保健与服务
D. 为新生儿生长发育、哺乳和护理提供医疗保健服务
E. 为孕妇提供卫生、营养、心理等方面的咨询

【A2型题】

11. 某男青年婚前医学检查发现患有淋病,按照《母婴保健法》,该青年( )。
A. 不能结婚 B. 应暂缓结婚 C. 可以结婚
D. 可以结婚不宜生育 E. 禁止结婚

二、名词解释

1. 婚前保健
2. 孕产期保健
3. 产前诊断
4. 新生儿疾病筛查

三、简答题

1. 简述婚前保健服务内容。
2. 简述婴幼儿保健服务内容。

(皖西卫生职业学院 周娇)

参考答案
7-1

第八章 传染病防治法律制度

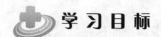

学习目标

1. 掌握：传染病防治法的概念及分类；传染病疫情报告及控制。
2. 熟悉：传染病的预防与医疗救治；违反传染病防治的法律责任。
3. 了解：艾滋病、结核病、传染性非典型肺炎防治管理。

案例导入

某区疾病预防控制中心接到辖区内一所小学发生传染病疫情的报告，该小学共有学生585名，教师和工人20名，患者均为学生，共有31例，首发病例于4月22日出现发热皮疹，当天最高体温38.5℃，一天后热退，皮疹涉及面部躯干和四肢，最严重部位是背部，可同时见不同形式的皮肤损害，皮疹持续2周。

思考：
1. 接到该传染病疫情报告后，区疾病预防控制中心应当采取哪些控制措施？
2. 什么是传染病？应当如何进行医疗救治？
3. 法律对于传染病的预防以及疫情的报告、通报和公布是如何规定的？

第一节 概　　述

一、传染病的概念及分类管理

（一）传染病的概念与特点

传染病是指由于具有传染性的致病性微生物，如细菌、病毒、立克次体、寄生虫等侵入人体，使人体健康受到某种损害以至危及不特定的多数人生命健康甚至整个社会的疾病。传染病能够在人与人，动物与动物或人与动物之间相互传播。传染病具有传染性、流行性、反复性、地方性和季节性等特点。

（二）传染病的分类管理

根据传染病病种的传播方式、传播速度、流行强度以及对人体健康、社会危害程度的不同，参照国际统一分类标准，《中华人民共和国传染病防治法》（下称《传染病防治法》）将在我国发病率较高、流行面积大、危害较严重的40种急慢性传染病定为法定传染病，分为甲、乙、丙三类，实行分类管理。

1. 甲类传染病　甲类传染病包括鼠疫和霍乱，为强制管理类传染病。对该类传染病人、病原携带者、疑似病人的隔离、治疗采取强制措施。

2. 乙类传染病 乙类传染病为监测传染病,包括新型冠状病毒肺炎(简称新冠肺炎)、传染性非典型肺炎、艾滋病、病毒性肝炎、脊髓灰质炎、人感染高致病性禽流感、麻疹、流行性出血热、狂犬病、流行性乙型脑炎、登革热、炭疽、细菌性和阿米巴性痢疾、肺结核、伤寒和副伤寒、流行性脑脊髓膜炎、百日咳、白喉、新生儿破伤风、猩红热、布鲁氏菌病、淋病、梅毒、钩端螺旋体病、血吸虫病、疟疾 27 种。对此类传染病病人的管理,要严格按照有关规定和防治方案,采取必要的治疗和控制措施。

对乙类传染病中的新冠肺炎、传染性非典型肺炎、炭疽中的肺炭疽和人感染高致病性禽流感采取甲类传染病的预防、控制措施。

3. 丙类传染病 流行性感冒(含甲型 H_1N_1 流感)、流行性腮腺炎、风疹、急性出血性结膜炎、麻风病、流行性和地方性斑疹伤寒、黑热病、包虫病、丝虫病,除霍乱、细菌性和阿米巴性痢疾、伤寒和副伤寒以外的感染性腹泻病 11 种。对此类传染病,按照有关规定和防治。

国务院卫生行政部门根据传染病暴发、流行情况和危害程度,可以决定增加、减少或者调整乙类、丙类传染病病种并予以公布。

非洲猪瘟(african swine fever,ASF)是由非洲猪瘟病毒(african swine fever virus,ASFV)感染家猪和各种野猪(非洲野猪、欧洲野猪等)引起的一种急性、出血性、烈性传染病。世界动物卫生组织(OIE)将其列为法定报告动物疫病,该病也是各国重点防范的一类动物疫情。

二、传染病防治法概述

(一) 传染病防治法的概念

传染病防治法是调整预防、控制和消除传染病的发生和流行,保障人体健康和公共卫生活动中产生的各种社会关系的法律规范的总和。

新中国成立以后,党和政府非常重视传染病的防治和管理工作,采取了各种积极、有效的传染病防治措施。1950 年,国务院颁布《关于发动秋季种痘运动的指示》,同年 10 月,卫生部制定了《种痘暂行办法》。1955 年卫生部颁布了《传染病管理办法》,1978 年颁布《中华人民共和国急性传染病管理条例》等一系列规范性文件,确定了法定管理传染病的范围及分类管理原则。由于传染病防治法规的实施,各级医疗卫生机构的严格管理和广大医务人员的积极参与,我国传染病防治工作取得了巨大成绩,发病率明显下降,但是传染病的威胁依然很大。一些已经消灭的传染病死灰复燃,被控制的传染病呈现上升趋势,新发传染病传入我国,并且进入高发期。预防、控制和消除传染病发生与流行的任务依然十分艰巨。

1989 年 2 月 21 日,第七届全国人民代表大会常务委员会第六次会议通过了《中华人民共和国传染病防治法》,并于同年 9 月 1 日起施行,2004 年 8 月 28 日,第十届全国人民代表大会常务委员会第十一次会议对其进行了修订,并于 2004 年 12 月 1 日起施行,2013 年 6 月 29 日第十二届全国人民代表大会常务委员会第三次会议通过《全国人民代表大会常务委员会关于修改〈中华人民共和国文物保护法〉等十二部法律的决定》对其进行了第二次修订。

《传染病防治法》是我国传染病防治的最基本法律,其他的有关传染病防治的现行法律法规还有《传染病医院建设标准》《卫生部关于将手足口病纳入法定传染病管理的通知》《突发公共卫生事件与传染病疫情监测信息报告管理办法》《传染病病人或疑似病人尸体解剖查验规定》《医疗机构传染病预检分诊管理办法》《疫苗流通和预防接种管理条例》等。

(二) 传染病防治法的调整对象

在中国领域内的一切单位(包括我国的机关、团体、企事业单位、外资企业、中外合资合作企业等)和个人(指我国领域内的一切自然人,包括中国人、具有外国国籍的人和无国籍人,外交人员也不例外),必须接受疾病预防控制机构、医疗机构有关传染病的调查、检验、采集样本、隔离治疗等预防、控制措施,如实提供有关情况。

(三) 传染病防治方针

国家对传染病防治实行预防为主、防治结合、分类管理、依靠科学、依靠群众。

知识链接 8-1

第二节 传染病的预防与疫情报告

一、传染病预防

采取切实可行的预防措施做好预防教育工作,切断传播途径,保护易感人群,控制传染源,对防止传染病的发生和流行具有重要意义。

(一)开展卫生健康教育、提高全民卫生健康意识

各级人民政府组织开展群众性卫生运动,进行预防传染病的健康教育,倡导文明健康的生活方式,提高公众对传染病的防治意识和应对能力。

(二)国家实行有计划的预防接种制度

国家对儿童实行预防接种证制度。国家免疫规划项目的预防接种实行免费。医疗机构、疾病预防控制机构与儿童的监护人应当相互配合,保证儿童及时接受预防接种,具体办法由国务院制定。

(三)各级各部门各司其职,消除各种传染病的传播媒介

各级人民政府及有关行政部门按照职责共同负责,积极采取预防、控制措施,防止空气污染、保护水资源和灭鼠除害等,消除各种传染媒介。

(四)建立传染病监测制度和预警制度

国务院卫生行政部门制定国家传染病监测规划和方案。省、自治区、直辖市人民政府卫生行政部门根据国家传染病监测规划和方案,制定本行政区域的传染病监测计划和工作方案。传染病监测是各级疾病预防控制机构的主要职责,内容涉及监测人群的基本情况、易感性、监测传染病的动态分布等,也包括对国外发生国内尚未发生的传染病或者国内新发生的传染病的监测。

国务院卫生行政部门和省、自治区、直辖市人民政府根据传染病发生、流行趋势的预测,及时发出传染病预警,根据情况予以公布。

(五)传染病预防控制措施

1. 控制传染源 传染病病人、病原携带者和疑似传染病病人,在治愈或者排除嫌疑前,不得从事法律、行政法规和国务院卫生行政部门规定禁止从事的易使该传染病扩散的工作。

2. 防止医源性感染和医院感染 防止传染病的医源性感染和医院感染,医疗机构应当确定专门的部门或者人员,承担传染病疫情报告,本单位的传染病预防、控制以及责任区域内的传染病预防工作;承担医疗活动中与医院感染有关的危险因素监测、安全防护、消毒、隔离和医疗废物处置工作。医疗机构与疾病预防控制机构互相协作,有效防治传染病的医源性感染和医院感染。

3. 加强消毒管理 对被传染病病原体污染的污水、污物、场所和物品,有关单位和个人必须在疾病预防控制机构的指导下或者按照其提出的卫生要求,进行严格消毒处理;拒绝消毒处理的,由当地卫生行政部门或者疾病预防控制机构进行强制消毒处理。

4. 加强血液管理 采供血机构、生物制品生产单位必须严格执行国家有关规定,保证血液、血液制品的质量;禁止非法采集血液或者组织他人出卖血液;疾病预防控制机构、医疗机构使用血液、血液制品,必须遵守国家有关规定,防止因输入血液、使用血液制品引起经血液传播疾病的发生。

5. 加强菌种、毒种管理 国家建立传染病菌种、毒种库。对传染病菌种、毒种和传染病检测样本的采集、保藏、携带、运输和使用实行分类管理,建立健全严格的管理制度;对可能导致甲类传染病传播的以及国务院卫生行政部门规定的菌种、毒种和传染病检测样本,确需采集、保藏、携带、运输和使用的,须经省级以上人民政府卫生行政部门批准。

二、传染病疫情报告、通报和公布

(一)传染病疫情报告

传染病疫情报告是为各级政府提供传染病发生、发展信息的重要渠道。只有建立起一套完整的传染病报告制度,并且保证其正常运转,才能保证信息的通畅,这是政府决策者准确掌握事件动态、及时正确进行决策与有关部门及时采取预防控制措施的重要前提。

1. 传染病疫情报告人 传染病疫情报告人分为:①责任疫情报告人。包括疾病预防控制机构、医疗机构和采供血机构及其执行职务的人员。②义务疫情报告人。除上述机构和人员以外的任何单位和个人。

2. 疫情报告的内容 疫情报告内容包括常规疫情报告(法定传染病报告)、特殊疫情报告(暴发疫情、重大疫情、灾区疫情、新发现的传染病、突发原因不明的传染病)和传染病菌种、毒种丢失的报告。

3. 疫情报告的要求 传染病报告实行属地化管理。实行首诊医生负责制,医院内诊断的传染病病例的报告卡由首诊医生负责填写,由医院预防保健科的专业人员负责进行网络直报。暴发疫情现场调查的院外传染病病例报告卡由属地疾病预防控制机构的现场调查人员填写,并由疾病预防控制机构进行报告。

依法负有传染病疫情报告职责的人民政府有关部门、疾病预防控制机构、医疗机构、采供血机构及其工作人员,不得隐瞒、谎报、缓报传染病疫情。

知识链接
8-2

(二)传染病疫情的通报和公布

1. 传染病疫情的通报 为了使各级政府及相关部门尽快掌握传染病疫情,及时有效的采取防范措施,国务院卫生行政部门应当及时向国务院其他有关部门和各省、自治区、直辖市人民政府卫生行政部门及时互相通报本行政区域的传染病疫情以及监测、预警的相关信息;县级以上人民政府有关部门发现传染病疫情时,应当及时向同级人民政府卫生行政部门通报。县级以上地方人民政府卫生行政部门应当及时向本行政区域内的疾病预防控制机构和医疗机构通报传染病疫情以及监测、预警的相关信息;中国人民解放军卫生主管部门发现传染病疫情时应当向国务院卫生行政部门通报。

发生人畜共患传染病疫情时,动物防疫机构和疾病预防控制机构,应当及时互相通报动物间和人间发生的人畜共患传染病疫情以及相关信息。

国境口岸所在地和港口、机场、铁路等疾病预防控制机构及国境卫生检疫机构,发现国境卫生检验法规定的检疫传染病时,应当互相通报疫情;发现甲类传染病病人、病原携带者、疑似传染病病人时,应当按照国家有关规定立即向国境口岸所在地的疾病预防控制机构或者所在地县级以上地方人民政府卫生行政部门报告并互相通报。

2. 传染病疫情的公布 《传染病防治法》建立了传染病疫情信息公布制度,要求国务院卫生行政部门定期公布全国传染病疫情信息,要求省、自治区、直辖市人民政府卫生行政部门定期公布本行政区域的传染病疫情信息。

当传染病暴发、流行时,国务院卫生行政部门负责向社会公布传染病疫情信息,并可以授权省、自治区、直辖市人民政府卫生行政部门向社会公布本行政区域的传染病疫情信息,同时要求公布传染病疫情信息应当及时、准确。

第三节 疫情控制与医疗救治措施

一、疫情控制措施

(一)一般控制措施

1. 医疗机构采取的措施 对甲类传染病和乙类传染病中的传染性非典型肺炎、肺炭疽,医疗机构一经发现,应当及时采取下列措施:①对病人、病原携带者,予以隔离治疗,隔离期限根据医学检查结果确定;②对疑似病人,确诊前在指定场所单独隔离治疗;③对医疗机构内的病人、病原携带者、疑似病人的密切接触者,在指定场所进行医学观察和采取其他必要的预防措施。拒绝隔离治疗或者隔离期未满擅自脱离隔离治疗的,可以由公安机关协助医疗机构采取强制隔离治疗措施。

医疗机构发现乙类或者丙类传染病病人,应当根据病情采取必要的治疗和控制传播措施。对本单位内被传染病病原体污染的场所、物品以及医疗废物,医疗机构必须依照法律、法规的规定实施消毒和无害化处置。

2. 疾病预防控制机构采取的措施 疾病预防控制机构发现传染病疫情或者接到传染病疫情报告时,应当及时采取下列措施:①对传染病疫情进行流行病学调查,根据调查情况提出划定疫点、疫区的建议,对被污染的场所进行卫生处理,对密切接触者,在指定场所进行医学观察和采取其他必要的措施,并向卫生行政部门提出疫情控制方案;②传染病暴发流行时,对疫点、疫区进行卫生处理,向卫生行政部门提出疫情控制方案,并按照卫生行政部门的要求采取措施;③指导下级疾病预防控制机构实施传染病预防、控制措施,组织、指导有关单位对传染病疫情进行处理。

(二)紧急控制措施

1. 紧急措施 为了控制传染病暴发、流行,必要时,县级以上地方人民政府应当立即组织力量,按照预防、控制预案进行防治,切断传染病的传播途径。必要时,报经上一级人民政府决定,可以采取下列紧急措施并予以公告:①限制或者停止集市、影剧院演出或者其他人群聚集的活动;②停工、停业、停课;③封闭或者封存被传染病病原体污染的公共饮用水源、食品以及相关物品;④控制或者扑杀染疫野生动物、家畜家禽;⑤封闭可能造成传染病扩散的场所。

2. 疫区封锁 甲类、乙类传染病暴发、流行时,县级以上地方人民政府报经上一级人民政府决定,可以宣布本行政区域部分或者全部为疫区;国务院可以决定并宣布跨省、自治区、直辖市的疫区。县级以上地方人民政府可以在疫区内采取相应的紧急措施,并可以对出入疫区的人员、物资和交通工具实施卫生检疫。

省、自治区、直辖市人民政府可以决定对本行政区域内的甲类传染病疫区实施封锁;但是,封锁大、中城市的疫区或者封锁跨省、自治区、直辖市的疫区,以及封锁疫区导致中断干线交通或者封锁国境的,由国务院决定。疫区封锁的解除,由原决定机关决定并宣布。

3. 隔离措施 对已经发生甲类传染病病例的场所或者该场所内的特定区域的人员可以实施隔离措施。具体要求如下。

(1)由所在地的县级以上地方人民政府实施并向上一级人民政府报告、批准;上级人民政府作出不予批准决定的,实施隔离措施的人民政府应当立即解除隔离措施。

(2)在隔离期间,实施隔离措施的人民政府应当对被隔离人员提供生活保障;被隔离人员有工作单位的,所在单位不得停止支付其隔离期间的工作报酬。

(3)拒绝隔离治疗或者隔离期未满擅自脱离隔离治疗的,可以由公安机关协助医疗机构采取强制隔离治疗措施。

4. 尸体处理 对患鼠疫、霍乱、炭疽死亡的病人尸体,由负责病人治疗的医疗单位负责消毒处理,处理后应当立即就近火化。患传染性非典型肺炎、人感染高致病性禽流感、病毒性肝炎、伤寒和副伤寒、艾滋病、白喉、炭疽、脊髓灰质炎死亡的病人尸体,亦应在对尸体进行卫生处理后火化。不具备火化条件的农村和边远地区,由医疗单位或当地卫生防疫部门负责消毒后,选择远离居民点500米以外、远离饮用水源(10米以上)的地方,将尸体在距地面2米以下深埋。

5. 人员和物资保障 根据传染病疫情控制的需要,国务院有权在全国范围或者跨省、自治区、直辖市范围内,县级以上地方人民政府有权在本行政区域内紧急调集人员并按照规定给予合理报酬;或者调用储备物资,临时征用房屋、交通工具以及相关设施、设备,并依法给予补偿,及时返还药品和医疗器械生产、供应单位在传染病暴发流行时,应当及时生产、供应防治传染病的药品和医疗器械。铁路、交通、民用航空经营单位必须优先运送处理传染病疫情的人员以及防治传染病的药品和医疗器械。县级以上人民政府有关部门应当做好组织协调工作。

二、传染病的医疗救治措施

对传染病病人实施医疗救治是传染病防治工作不可或缺的组成部分,在传染病暴发、流行时,显得尤其重要,具体措施有以下三个方面。

(一) 医疗救治服务网络建设

县级以上人民政府应当加强和完善传染病医疗救治服务网络的建设,指定具备传染病救治条件和能力的医疗机构承担传染病救治任务或者根据传染病救治需要设置传染病医院。

医疗救治服务网络由医疗救治机构、医疗救治信息网络和医疗救治专业技术人员组成。

(二) 提高医疗机构的传染病医疗救治能力

医疗机构应当严格按照预防传染病医院感染的要求,制定基本标准、建筑设计和服务流程,应当按照国务院卫生行政部门规定的传染病诊断标准和治疗要求,采取相应措施,提高传染病医疗救治能力。

(三) 医疗机构开展医疗救治的管理制度

1. 医疗救治的内容　医疗机构应当对传染病病人或者疑似传染病病人提供医疗救护、现场救援和接诊治疗,书写病历记录以及其他有关资料,并妥善保管。

2. 建立传染病预检、分诊制度　《医疗机构传染病预检分诊管理办法》已于 2005 年 2 月 28 日由卫生部颁布并实施。医疗机构应当实行传染病预检、分诊制度,对传染病病人、疑似传染病病人,应当引导至相对隔离的分诊点进行初诊。

3. 转院制度　医疗机构不具备相应救治能力的,应当将患者及其病历记录复印件并转至具备相应救治能力的医疗机构。转诊传染病病人或疑似传染病病人时,应当按照当地卫生行政部门的规定使用专用车辆。

非　典

重症急性呼吸综合征(SARS)是由 SARS 冠状病毒引起的急性呼吸道传染病。SARS 患者是本病明确的传染源。重症急性呼吸综合征主要传播方式为近距离飞沫传播或接触患者呼吸道分泌物传播。人群普遍易感。

重症急性呼吸综合征潜伏期为 1~16 天,常见为 3~5 天。起病急,传染性强,以发热为首发症状,可有畏寒,体温常超过 38℃,呈不规则热或弛张热、稽留热等,热程多为 1~2 周;伴有头痛、肌肉酸痛、全身乏力和腹泻。起病 3~7 天后出现干咳、少痰,偶有血丝痰,肺部体征不明显。病情于 10~14 天达到高峰,发热、乏力等感染中毒症状加重,并出现频繁咳嗽、气促和呼吸困难,略有活动则气喘、心悸,被迫卧床休息。这个时期易发生呼吸道的继发感染。

易感人群应保持乐观稳定的心态,注意保暖,避免疲劳,充足睡眠,不随地吐痰,避免在人前打喷嚏、咳嗽、清洁鼻腔,且事后应洗手;确保住所或活动场所通风;勤洗手;避免去人多或相对密闭的地方,注意戴口罩。

第四节　几种传染病防治的法律规定

一、艾滋病防治管理

(一) 艾滋病防治立法

我国先后制定了一系列艾滋病防治的法规。1988 年,经国务院批准,卫生部等多部委联合发布了

《艾滋病监测管理的若干规定》。1995年,国务院批准下发了《关于加强预防和控制艾滋病工作的意见》。1999年,卫生部颁布了《关于对艾滋病病毒感染者和艾滋病病人的管理意见》。2006年,国务院通过了《艾滋病防治条例》。上述法规为预防艾滋病发生和流行,保护艾滋病病毒感染者和病人及其他公民的合法权益,保护国民健康提供了法律保障。

(二)艾滋病防治原则

艾滋病防治工作坚持预防为主、防治结合的方针,建立政府组织领导、部门各司其责、全社会共同参与的机制,加强宣传教育,采取行为干预和关怀救助等措施,实行综合防治。

(三)艾滋病防治管理机关

县级以上人民政府统一领导艾滋病防治工作,建立健全艾滋病防治工作协调机制和工作责任制,对有关部门承担的艾滋病防治工作进行考核、监督。

二、结核病防治管理

(一)结核病防治机构与职责

结核病的防治监督工作由各级卫生行政部门负责。

卫计委(现为卫健委)负责组织制定全国结核病防治规划、技术规范和标准;统筹医疗卫生资源,建设和管理全国结核病防治服务体系;对全国结核病防治工作进行监督检查及评价。

县级以上地方卫生行政部门负责拟订本辖区内结核病防治规划并组织实施;组织协调辖区内结核病防治服务体系的建设和管理,指定结核病定点医疗机构;统筹规划辖区内结核病防治资源,对结核病防治服务体系给予必要的政策和经费支持;组织开展结核病防治工作的监督检查和绩效评估。

各级各类医疗卫生机构应当按照有关法律法规和卫生行政部门的规定,在职责范围内做好结核病防治的疫情监测和报告、诊断治疗、感染控制、转诊服务、病人管理、宣传教育。

(二)结核病的预防管理

1. 宣传教育 各级各类医疗卫生机构应当开展结核病防治的宣传教育,对就诊的肺结核病人及家属进行健康教育,宣传结核病防治政策和知识。基层医疗卫生机构定期对辖区内居民进行健康教育和宣传。疾病预防控制机构对易患结核病重点人群和重点场所进行有针对性的健康教育和宣传工作。

2. 卡介苗的预防接种 我国对适龄儿童开展卡介苗的规划免疫接种。承担预防接种工作的医疗卫生机构应当按照《疫苗流通和预防接种管理条例》和预防接种工作规范的要求,规范提供预防接种服务。

3. 重点人群的医学筛查 医疗卫生机构在组织开展健康体检和预防性健康检查时,应当重点做好以下人群的肺结核筛查工作:①从事结核病防治的医疗卫生人员;②食品、药品、化妆品从业人员;③《公共场所卫生管理条例》中规定的从业人员;④各级各类学校、托幼机构的教职员工及学校入学新生;⑤接触粉尘或者有害气体的人员;⑥乳牛饲养业从业人员;⑦其他易使肺结核扩散的人员。

4. 防治医源性和医院感染 医疗卫生机构要制订结核病感染预防与控制计划,严格管理开展结核病感染预防与控制相关工作,落实各项结核病感染防控措施,防止医源性感染和传播。结核病定点医疗机构应当按照规定,从病房设置、环境卫生、病人管理等多角度,采取措施预防与控制感染。

医务人员在工作中严格遵守个人防护的基本原则,接触传染性肺结核病人或者疑似肺结核病人时,应当采取必要的防护措施。

三、传染性非典型肺炎防治管理

(一)传染性非典型肺炎防治立法

传染性非典型肺炎是一种由SARS冠状病毒引起的具有明显传染性,可累及多个脏器和系统,以肺炎为主要临床表现的急性呼吸道传染病,又称为严重急性呼吸综合征。该病具有传染性强、人群普遍易感、病情进展快、预后较差和危害大的特点。

为了有效预防和控制传染性非典型肺炎的发生与流行,保障公众的身体健康和生命安全,2003年5

月12日,卫生部发布了《传染性非典型肺炎防治管理办法》。

(二)防治管理的对象

传染性非典型肺炎病人或者疑似传染性非典型肺炎病人都是防治管理对象。任何单位和个人必须接受疾病预防控制机构、医疗机构、卫生监督机构有关传染性非典型肺炎的查询、检验、调查取证、监督检查以及预防控制措施,并有权检举、控告违反《传染性非典型肺炎防治管理办法》的行为。

(三)预防和控制

1. 健全疫情报告体系 任何单位和个人发现传染性非典型肺炎病人或者疑似病人时,都应当及时向当地疾病预防控制机构报告。任何单位和个人对传染性非典型肺炎疫情,不得隐瞒、缓报、谎报或者授意他人隐瞒、缓报、谎报。

2. 严格执行各项预防制度 疾病预防控制机构、医疗机构、从事传染性非典型肺炎科学研究机构,必须严格执行有关管理制度、操作规程,防止医源性感染、医院内感染、实验室感染和致病性微生物的扩散。

3. 及时采取控制措施 医疗机构、疾病预防控制机构发现传染性非典型肺炎病人或者疑似病人时,应当及时采取控制措施。传染性非典型肺炎病人或者疑似病人以及密切接触者及其他有关单位和人员,应当配合疾病预防控制机构和医疗机构采取预防控制措施。

四、新型冠状病毒肺炎防治管理

(一)新型冠状病毒肺炎防治立法

2019年底迅速传播的冠状病毒为一种新发现的冠状病毒,国际病毒分类委员会命名为SARS-Cov-2。新型冠状病毒肺炎由SARS-Cov-2引起,WHO将SARS-Cov-2感染导致的疾病命名为COVID-19,其中多数感染可以导致肺炎,我国就称其为新型冠状病毒肺炎/新冠肺炎,已纳入乙类传染病,按甲类传染病管理。

截至目前,根据《新型冠状病毒感染的肺炎诊疗方案(试行第六版)》所述,传染源主要是新型冠状病毒肺炎病人,无症状感染者也可能成为传染源。病毒主要经呼吸道飞沫和密切接触传播,在相对封闭的环境中长时间暴露于高浓度气溶胶情况下存在经气溶胶传播的可能,其他传播途径尚待明确。基于目前的流行病学调查,潜伏期为1~14天,多为3~7天。因为人群缺少对新型病毒株的免疫力,所以人群普遍易感。

(二)预防和控制

2020年2月21日国家卫生健康委发布的《新型冠状病毒肺炎防控方案(第五版)》,提出新型冠状病毒肺炎的防控措施。具体措施摘要如下。

1. 健全防控机制,加强组织领导 高度重视新型冠状病毒肺炎疫情防控工作。各级卫生健康行政部门在本级政府领导下,加强对本地疫情防控工作的指导,组建防控技术专家组,按照"预防为主、防治结合、科学指导、及时救治"的工作原则,组织有关部门制订并完善相关工作和技术方案等,规范开展新型冠状病毒肺炎防控工作。强化联防联控,加强部门间信息互通和措施互动,定期会商研判疫情发展趋势,商定防控政策。

各级卫生健康行政部门负责疫情控制的总体指导工作,落实防控资金和物资。各级疾控机构负责开展监测工作的组织、协调、督导和评估,进行监测资料的收集、分析、上报和反馈;开展现场调查、实验室检测和专业技术培训;开展对公众的健康教育与风险沟通,指导做好公众和特定人群的个人防护,指导开展特定场所的消毒。各级各类医疗机构负责病例的发现与报告、隔离、诊断、救治和临床管理,开展标本采集工作,并对本机构的医务人员开展培训,做好院内感染防控。

2. 科学划分疫情风险等级,分区分级精准防控 根据《中华人民共和国传染病防治法》《突发公共卫生事件应急条例》等法律法规,实施分区分级精准防控。以县(区)为单位,依据人口、发病情况综合研判,科学划分疫情风险等级,明确分级分类的防控策略。低风险地区实施"外防输入"策略。中风险地区实施"外防输入、内防扩散"策略。高风险地区实施"内防扩散、外防输出、严格管控"策略。动态开展分析研判,及时调整风险等级,在病例数保持稳定下降、疫情扩散风险得到有效管控后,及时分地区降低应急响应级别或终止应急响应。

3. 病例与突发事件的发现与报告　各级各类医疗机构、疾控机构按照《新型冠状病毒肺炎病例监测方案》开展新型冠状病毒肺炎病例和无症状感染者的监测、发现和报告工作。

4. 流行病学调查　县(区)级疾控机构接到辖区内医疗机构或医务人员报告新型冠状病毒肺炎疑似病例、确诊病例和无症状感染者,以及聚集性疫情后,应当按照《新型冠状病毒肺炎病例流行病学调查方案》,在24小时内完成流行病学调查。县(区)级疾控机构完成确诊病例和无症状感染者的个案调查后,应当于2个小时内将个案调查表通过传染病网络报告信息系统进行上报。

5. 标本采集与检测　收治病例的医疗机构要及时采集病例相关临床标本,尽快将标本送至当地指定的疾控机构或医疗机构或第三方检测机构实验室进行相关病原检测。承担检测工作的机构,切实加强生物安全防护,严格按照实验室生物安全规定开展检测工作。

6. 病例救治及院内感染预防控制　病例需收治在指定医疗机构,承担新型冠状病毒肺炎病例救治的医疗机构,应当做好医疗救治所需的人员、药品、设施、设备、防护用品等保障工作。医疗机构应当按照《医疗机构内新型冠状病毒感染预防与控制技术指南(第一版)》的要求,重视和加强隔离、消毒和防护工作,全面落实防止院内感染的各项措施,做好预检分诊工作,做好发热门诊、急诊及其他所有普通病区(房)的院内感染控制管理。

7. 密切接触者的追踪和管理　由县(区)级卫生健康行政部门会同相关部门组织实施密切接触者的追踪和管理。对密切接触者实行集中隔离医学观察,不具备条件的地区可采取居家隔离医学观察,每日至少进行2次体温测定,并询问是否出现急性呼吸道症状或其他相关症状及病情进展。密切接触者医学观察期为与病例或无症状感染者末次接触后14天。具体要求参见《新型冠状病毒肺炎病例密切接触者管理方案》。

8. 加强重点场所、机构、人群的防控工作　强化多部门联防联控工作机制,最大程度减少公众聚集性活动,因地制宜落实车站、机场、码头、商场、公共卫生间等公众场所和汽车、火车、飞机等密闭交通工具的通风、消毒、体温监测等措施。企业复工复产后,指导企业组织员工有序返岗,做好通风、消毒、体温检测等防控工作,为员工配备必要的个人防护用品,采取分区作业、分散就餐等方式,有效减少人员聚集。指导做好农民工的健康教育和返岗复工前体温检测工作,发现异常情况,及时报告处置,加强排查识别,阻断风险人员外出。学校、托幼机构复课复园后,指导做好返校师生的健康提示和健康管理,督促落实入学入托晨(午)检和因病缺课(勤)病因追查与登记等防控措施。接到疫情报告后,及时开展流行病学调查及疫情处置,指导做好区域消毒等工作。指导养老机构、残障人员福利机构以及监管场所等特殊机构进一步规范出入人员管理,严格通风、日常清洁、消毒等卫生措施,加强个人防护,健康监测与管理,做好失能半失能人群日常管理等工作。

9. 及时做好特定场所的消毒　及时做好病例和无症状感染者居住过的场所,如病家、医疗机构隔离病房、转运工具以及医学观察场所等特定场所的消毒工作,必要时应当及时对物体表面、空气和手等消毒效果进行评价。

10. 宣传教育与风险沟通　积极开展舆情监测,普及疫情防控知识,开展群防群控,及时向公众解疑释惑,回应社会关切,做好疫情防控风险沟通工作。要加强重点人群、重点场所以及大型人群聚集活动的健康教育和风险沟通工作,特别是通过多种途径做好公众和特定人群个人防护的指导,减少人群中可能的接触或暴露。在疫情发展不同阶段,通过对社会公众心理变化及关键信息的分析及时调整健康教育策略,及时组织相应的科普宣传。

11. 加强专业人员培训和相关调查研究　对医疗卫生等相关机构的专业人员开展新型冠状病毒肺炎病例监测、流行病学调查、标本采集与检测、医疗救治与院感防控、个人防护等内容的培训。根据防控工作需要,有条件的医疗卫生机构可开展有关疾病传播特点、临床特征、策略评估等相关调查研究,为优化防控策略提供科学证据。

第五节　法律责任

一、行政责任

（一）地方各级人民政府的行政责任

地方各级人民政府未依照规定履行报告职责，或者隐瞒、谎报、缓报传染病疫情，或者在传染病暴发、流行时，未及时组织救治、采取控制措施的，由上级人民政府责令改正，通报批评；造成传染病传播、流行或者其他严重后果的，对负有责任的主管人员和其他直接责任人员，依法给予行政处分。

（二）县级以上人民政府卫生行政部门的行政责任

县级以上人民政府有关部门未依照规定履行传染病防治和保障职责的，由本级人民政府或者上级人民政府有关部门责令改正，通报批评；造成传染病传播、流行或者其他严重后果的，对负有责任的主管人员和其他直接责任人员，依法给予行政处分。

（三）医疗机构及工作人员的法律责任

医疗机构违反本法规定，有下列情形之一的，由县级以上人民政府卫生行政部门责令改正，通报批评，给予警告；造成传染病传播、流行或者其他严重后果的，对负有责任的主管人员和其他直接责任人员，依法给予降级、撤职、开除的处分，并可以依法吊销有关责任人员的执业证书。

（1）未按照规定承担本单位的传染病预防、控制工作、医院感染控制任务和责任区域内的传染病预防工作的。

（2）未按照规定报告传染病疫情，或者隐瞒、谎报、缓报传染病疫情的。

（3）发现传染病疫情时，未按照规定对传染病病人、疑似传染病病人提供医疗救护、现场救援、接诊、转诊的，或者拒绝接受转诊的。

（4）未按照规定对本单位内被传染病病原体污染的场所、物品以及医疗废物实施消毒或者无害化处置的。

（5）未按照规定对医疗器械进行消毒，或者对按照规定一次使用的医疗器具未予销毁，再次使用的。

（6）在医疗救治过程中未按照规定保管医学记录资料的。

（7）故意泄露传染病病人、病原携带者、疑似传染病病人、密切接触者涉及个人隐私的有关信息、资料的。

（四）疾病预防控制机构的行政责任

疾病预防控制机构有下列 5 种情形之一的，由县级以上人民政府卫生行政部门责令限期改正，通报批评，给予警告；对负有责任的主管人员和其他直接责任人员，依法给予降级、撤职、开除的处分，并可以依法吊销有关责任人员的执业证书。

（1）未依法履行传染病监测职责的。

（2）未依法履行传染病疫情报告、通报职责，或者隐瞒、谎报、缓报传染病疫情的。

（3）未主动收集传染病疫情信息，或者对传染病疫情信息和疫情报告未及时进行分析、调查、核实的。

（4）发现传染病疫情时，未依据职责及时采取《传染病防治法》规定的措施的。

（5）故意泄露传染病病人、病原携带者、疑似传染病病人、密切接触者涉及个人隐私的有关信息、资料的。

（五）其他机构的行政责任

采供血机构未按照规定报告传染病疫情，或者隐瞒、谎报、缓报传染病疫情，或者未执行国家有关规定，导致因输入血液引起经血液传播疾病发生的，由县级以上人民政府卫生行政部门责令改正；国境卫生检疫机关、动物防疫机构未依法履行传染病疫情通报职责的，铁路、交通、民用航空经营单位未依照规定优先运送处理传染病疫情的人员以及防治传染病的药品和医疗器械的，由有关部门责令限期改正，给予警告；造成严重后果的，对负有责任的主管人员和其他直接责任人员，依法给予降级、撤职、开除的处分。

二、民事责任

单位和个人导致传染病传播、流行，给他人人身、财产造成损害的，应当依法承担民事责任。

三、刑事责任

违反《传染病防治法》规定，有下列情形之一，引起甲类传染病传播或者有传播严重危险的，处三年以下有期徒刑或者拘役；后果特别严重的，处三年以上七年以下有期徒刑。

（1）供水单位供应的饮用水不符合国家规定的卫生标准的。

（2）拒绝按照卫生防疫机构提出的卫生要求，对传染病病原体污染的污水、污物、粪便进行消毒处理的。

（3）准许或者纵容传染病病人、病原携带者和疑似传染病病人从事国务院卫生行政部门规定禁止从事的易使该传染病扩散的工作的。

（4）拒绝执行卫生防疫机构依照《传染病防治法》提出的预防、控制措施的。

本章小结

传染病防治法律制度	学习要点
概念	传染病的概念与特点、传染病防治法、传染病的预防
特征	具有传染性、流行性、反复性、地方性和季节性等特点
分类	甲类传染病、乙类传染病、丙类传染病
原则	预防为主、防治结合、分类管理、依靠科学、依靠群众

目标检测

一、选择题

【A1 型题】

1. 国家实行艾滋病预防控制的一项重要制度是（ ）。
   A. 无偿献血制度　　　　　　B. 自我防护制度　　　　　　C. 义务干预制度
   D. 自愿检测制度　　　　　　E. 强制筛查制度

2. 属于甲类传染病的是（ ）。
   A. 霍乱　　　　　　　　　　B. 肺结核　　　　　　　　　C. 登革热
   D. 百日咳　　　　　　　　　E. 手足口病

3. 属于丙类传染病的是（ ）。
   A. 霍乱　　　　　　　　　　B. 肺结核　　　　　　　　　C. 登革热

D. 百日咳 E. 手足口病

4. 有权增加甲类传染病病种的部门是（　　）。
   A. 国务院
   B. 卫生部
   C. 县级以上地方政府
   D. 县级以上卫生行政部门
   E. 省、自治区、直辖市人民政府

5. 某机构想保藏霍乱的菌种,请问需要经过哪个部门的批准？（　　）
   A. 县级以上人民政府卫生行政部门
   B. 县级以上人民政府
   C. 省级以上人民政府卫生行政部门
   D. 省级以上人民政府
   E. 国务院

6. 根据病原微生物的传染性、感染性、对个体或者群体的危害程度,我国病原微生物分类是（　　）。
   A. 二类 B. 三类 C. 四类 D. 五类 E. 六类

7. 对于因有接种禁忌而不能接种的受种者,医疗卫生人员应当对受种者或者其监护人提出的相关事项是（　　）。
   A. 医学评价 B. 医学要求 C. 医学诊断
   D. 医学建议 E. 医学结论

8. 某医院收治一名腹泻病人,无发热、腹痛等症状,伴有喷射性呕吐和水样便,粪便培养显示霍乱弧菌阳性,医生应在几小时内报告至相关部门？（　　）
   A. 2 小时 B. 6 小时 C. 12 小时 D. 24 小时 E. 48 小时

9. 《传染病防治法》规定,国家对传染病实行的方针与管理办法是（　　）。
   A. 预防为主,防治结合,统一管理
   B. 预防为主,防治结合,分类管理
   C. 预防为主,防治结合,划区管理
   D. 预防为主,防治结合,分片管理
   E. 预防为主,防治结合,层级管理

10. 对于人感染高致病性禽流感病人应当采取的预防控制措施是（　　）。
    A. 为甲类传染病,按照甲类处理
    B. 为乙类传染病,按照甲类处理
    C. 为丙类传染病,按照丙类处理
    D. 为两类传染病,按照乙类处理
    E. 未发现流行的证据,按常规处理

【A2 型题】

11. 近期,某医院收治了 5 名霍乱病人和 1 名疑似病人,医院采取了预防、控制和医疗救治措施,以下哪项措施是不正确的？（　　）
    A. 每例病例应在 2 小时内报告至相关部门
    B. 应采取措施防止医院感染
    C. 对拒绝隔离的病人进行强制性隔离
    D. 被传染病病原体污染的污水、污物、场所和物品应在疾病预防控制中心指导下消毒
    E. 对疑似病人,确诊前在指定场所单独隔离治疗

12. 艾滋病病人赵某因拒绝出入境检验检疫机构的流行病学调查和指导受到批评教育,为了保护社会和其他公民的健康权益,赵某应当履行相关义务,但不包括（　　）。
    A. 采取必要的防护措施,防止感染他人
    B. 就医时将感染或者发病的事实如实告知接诊医生
    C. 公开本人及家属的姓名、住址、工作单位等信息
    D. 将感染或者发病的事实及时告知与其有性关系者
    E. 接受疾病预防控制机构或出入境检验检疫机构的流行病学调查和指导

二、名词解释

1. 传染病

2. 传染病防治法

3. 艾滋病

三、简答题

1. 传染病分为哪几类?

2. 请列举 10 种乙类传染病。

3. 传染病防治基本方针是什么?

(铜仁职业技术学院　廖淋森)

第九章 突发公共卫生事件应急管理法律制度

学习目标

1. 掌握：突发公共卫生事件的分级；突发公共卫生事件应急报告内容；突发公共卫生事件的分类；突发公共卫生事件应急处理的基本原则。
2. 熟悉：突发公共卫生事件预防控制体系；突发公共卫生事件应急工作方针和原则；突发公共卫生事件的特征；医疗卫生机构的法律责任。
3. 了解：突发公共卫生事件的概念；突发公共卫生事件预案的内容。

案例导入

2020年1月28日晚，湖北省召开新型冠状病毒感染肺炎疫情防控工作新闻发布会，通报疫情和防控工作最新进展。会上，针对"武汉新增确诊病例一夜增加892例，是否意味着疫情扩散加剧"这一焦点问题，武汉市委书记表示，确诊病例的增加，是检测效率提高，并不代表疫情扩散加剧。确诊新型冠状病毒感染的肺炎需要试剂盒检测，而试剂盒是为该病毒新研发的，检测的权限有逐渐放宽的过程。现在为做到早诊断、早治疗，检测权限逐步下放到地方，检测速度得到提升，且很多新确诊的病例是此前的疑似病例，所以确诊病例大幅增加，并不代表疫情蔓延速度正在大幅度提升。

思考：
1. 什么是突发公共卫生事件？
2. 突发公共卫生事件有什么特征？
3. 突发公共卫生事件有哪些危害性？

第一节 突发公共卫生事件概述

一、突发公共卫生事件的概念

突发公共卫生事件（以下简称突发事件），是指突然发生，造成或者可能造成社会公众健康严重损害的重大传染病疫情、群体性不明原因疾病、重大食物和职业中毒，以及其他严重影响公众健康的事件。突发事件是突然发生的，不易预测，具有公共卫生属性，针对不特定社会群体，并对公众健康的损害和影响达到一定程度。

二、突发公共卫生事件的特征

1. 突发性和意外性 突发性的含义是指突发事件在发生之前存在着一定程度的征兆,因此也能在一定程度上进行预警,但是要对其进行做出准确的判断预测并做出有针对性的预警是非常困难的;意外性是指事件的产生和进一步的发展往往是难以做出判断并且完全不在掌控当中的。当然,如果建立了一个行之有效并且监控全面的突发事件监测体系,更多的突发事件是能够做到预警有效、响应迅速并且能够让我们从容应对的。

2. 多元性和严重性 突发公共卫生事件的发生,没有特别的指定群体和人群,社会的每一份子都有可能成为突发公共卫生事件所危害的对象。所以这类事件具有很强的公共属性。另外我国的国土面积宽广,人口数量多而且分布不均,人口密度由东向西逐渐递减,各地区的自然环境、气候条件、经济发展各不相同,由此也造成我国的社会发展程度和自然环境千差万别、情况复杂。所以,我国发生的各类突发事件种类呈现多样化的特点,这其中就包括了各类群体疾病、各类病毒造成的疾病流行、食物药物中毒、职业健康危害等。

突发公共卫生事件所造成的危害范围包括了社会公众和社会环境,所涉及的领域包括了经济、文化、生态等各个方面,因此造成的危害是广泛而严重的。这种危害有的影响深远,比如核泄漏事故;有的影响短暂,比如自然灾害后的疫情;有的造成直接影响,比如疾病的突然暴发;有的造成间接影响,比如严重危害后给社会造成的恐慌心理等。可以说,突发公共卫生事件的危害具有相当程度的严重性。

3. 特定性 突发公共卫生事件是发生在公共卫生领域的突发事件,具有公共卫生的属性,它不针对特定的人群,也不是局限于某一个固定的领域或区域,而是牵涉广泛的社会群体,尤其是对儿童、老人、妇女和体弱多病者等特殊人群的影响更加突出。

4. 危害性 突发公共卫生事件后果往往较为严重,涉及范围广,它对公众健康的损害和影响达到一定的程度。

三、突发公共卫生事件的分类

1. 重大传染病疫情 重大传染病疫情指传染病的暴发和流行,具体是指某种传染病在短时间内发生、波及范围广泛,出现大量的患者或死亡病例,其发病率远远超过常年的发病率水平,这里的传染病主要指《传染病防治法》中规定的或依法增加的传染病。

2. 群体性不明原因疾病 群体性不明原因疾病是指在一定时间内,某个相对集中的区域内同时或者相继出现多个临床表现基本相似患者,又暂时不能明确诊断的疾病。这种疾病可能是传染病,可能是群体性癔症,也可能是某种中毒。

3. 重大食物和职业中毒 重大食物和职业中毒是指由于食品污染和职业危害的原因而造成的人数众多或者伤亡较重的中毒事件。

4. 其他严重影响公众健康事件 其他严重影响公众健康事件是指具有突发公共卫生事件特征,针对不特定的社会群体,造成或者可能造成社会公众健康严重损害,影响正常社会秩序的重大事件。

四、突发公共卫生事件的分级

根据突发公共卫生事件性质危害程度、涉及范围,将突发公共卫生事件划分为特别重大(Ⅰ级)、重大(Ⅱ级)、较大(Ⅲ级)和一般(Ⅳ级)四级。

(一)特别重大的突发公共卫生事件

特别重大的公共卫生事件包括:①肺鼠疫、肺炭疽在大、中城市发生并有扩散趋势,或肺鼠疫、肺炭疽疫情波及2个以上省份,并有进一步扩散趋势;②发生传染性非典型肺炎、人感染高致病性禽流感病例,并有扩散趋势;③涉及多个省份的群体性不明原因疾病,并有扩散趋势;④发生新传染病或我国尚未发现的传染病发生或传入,并有扩散趋势,或发现我国已消灭的传染病重新流行;⑤发生烈性病菌株、毒株、致病因子等丢失事件;⑥周边以及与我国通航的国家和地区发生特大传染病疫情,并出现输入性病例,严重危及我国公共卫生安全的事件;⑦国务院卫生行政部门认定的其他特别重大突发公共卫生事件。

(二) 重大的突发公共卫生事件

重大的突发公共卫生事件包括:①边远、地广人稀、交通不便地区发生肺鼠疫、肺炭疽病例,疫情波及2个及以上乡(镇),一个平均潜伏期内发病5例及以上,或其他地区出现肺鼠疫、肺炭疽病例;②发生传染性非典型肺炎续发病例,或疫情波及2个及以上地(市);③肺鼠疫发生流行,流行范围波及2个及以上县(区),在一个平均潜伏期内多点连续发病20例及以上;④霍乱在一个地(市)范围内流行,1周内发病30例及以上,或疫情波及2个及以上地(市),1周内发病50例及以上;⑤乙类、丙类传染病疫情波及2个及以上县(区),一周内发病水平超过前5年同期平均发病水平2倍以上;⑥发生群体性不明原因疾病,扩散到县(区)以外的地区;⑦预防接种或学生预防性服药出现人员死亡;⑧一次食物中毒人数超过100人并出现死亡病例,或已出现10例及以上死亡病例;⑨一次发生急性职业中毒50人以上,或死亡5人及以上;⑩一次放射事故超剂量照射人数101~200人,或轻、中度放射损伤人数21~50人,或重度放射损伤人数3~10人,或极重度放射损伤人数3~5人;⑪鼠疫、炭疽、传染性非典型肺炎、艾滋病、霍乱、脊髓灰质炎等菌种、毒种丢失;⑫省级以上人民政府卫生行政部门认定的其他严重突发公共卫生事件。

(三) 较大的突发公共卫生事件

较大的突发公共卫生事件包括:①发生肺鼠疫、肺炭疽病例,一个平均潜伏期内病例数未超过5例,流行范围在一个县(市)行政区域以内;②腺鼠疫发生流行,在一个县(市)行政区域内,一个平均潜伏期内连续发病10例以上,或波及2个以上县(市);③霍乱在一个县(市)行政区域内发生,1周内发病10~29例,或波及2个以上县(市),或市(地)级以上城市的市区首次发生;④1周内在一个县(市)行政区域内,乙、丙类传染病发病水平超过前5年同期平均发病水平1倍以上;⑤在一个县(市)行政区域内发现群体性不明原因疾病;⑥一次食物中毒人数超过100人,或出现死亡病例;⑦预防接种或群体预防性服药出现群体心因性反应或不良反应;⑧一次发生急性职业中毒10~49人,或死亡4人以下;⑨市(地)级以上人民政府卫生行政部门认定的其他较大突发公共卫生事件。

(四) 一般的突发公共卫生事件

一般的突发公共卫生事件包括:①鼠疫在县(区)域内发生,一个平均潜伏期内病例数未超过20例;②霍乱在县(区)域内发生,1周内发病在10例以下;③一次食物中毒人数30~100人,且无死亡病例报告;④一次性急性职业中毒10人以下,未出现死亡;⑤一次性放射事故超剂量照射人数10~50人,或轻、中度放射损伤人数3~10人;⑥县级以上人民政府卫生行政部门认定的其他一般突发公共卫生事件。

五、突发公共卫生事件应急工作方针和原则

根据《中华人民共和国突发事件应对法》和《突发公共卫生事件应急条例》的规定,突发公共卫生事件应急工作应当遵循下列方针和原则。

(一) 预防为主,常备不懈

提高全社会对突发公共卫生事件的防范意识,落实各项防范措施,做好人员、技术、物资和设备的应急储备工作。对各类可能引发突发公共卫生事件的情况要及时进行分析、预警,做到早发现、早报告、早处理。

(二) 统一领导,分级负责

统一领导,分级负责,就是根据突发公共卫生事件的范围、性质和危害程度,对突发公共卫生事件实行分级管理。各级人民政府负责突发公共卫生事件应急处理的统一领导和指挥,各有关部门按照预案规定,在各自的职责范围内做好突发公共卫生事件应急处理的有关工作。

(三)依法规范,措施果断

地方各级人民政府和卫生行政部门要按照相关法律、法规和规章的规定,完善突发公共卫生事件应急体系,建立健全系统、规范的突发公共卫生事件应急处理工作制度,对突发公共卫生事件和可能发生的公共卫生事件做出快速反应,及时、有效地开展监测、报告和处理工作。

(四)依靠科学,加强合作

突发公共卫生事件应急工作要充分重视和依靠科学,要重视开展防范和处理突发公共卫生事件的科研和培训,为突发公共卫生事件应急处理提供科技保障。各有关部门和单位要通力合作、资源共享,有效应对突发公共卫生事件。同时,要广泛组织、动员公众参与突发公共卫生事件的应急处理,普及和宣传应急处理知识,增强公众预防突发事件的自觉性。

第二节 突发公共卫生事件的预防与应急准备

一、突发公共卫生事件应急预案的制定与主要内容

(一)突发公共卫生事件预案的制定

应急预案是指经一定程序制定的处置突发事件的事先方案。制定应急预案是为了有效预防、及时控制和消除突发公共卫生事件及其危害,指导和规范各类突发公共卫生事件的应急处理工作,最大限度地减少危害,保障公众身心健康与生命安全。制定预案要坚持分类指导、快速反应、结合本地实际情况的原则。国务院制定国家突发公共卫生事件具体应急预案,组织制定国家突发公共卫生事件专项应急预案。国务院有关部门根据各自的职责和国务院相关应急预案,制定国家突发公共卫生事件部门应急预案。

(二)突发公共卫生事件预案的内容

突发公共卫生事件应急预案应当包括以下主要内容:①突发公共卫生事件应急处理指挥部的组成和相关部门的职责;②突发公共卫生事件的监测与预警;③突发公共卫生事件信息的收集、分析、报告、通报制度;④突发公共卫生事件应急处理技术和监测机构及其任务;⑤突发公共卫生事件的分级和应急处理工作方案;⑥突发公共卫生事件预防、现场控制应急设施、设备、救治药品和医疗器械以及其他物资和技术的储备与调度;⑦突发公共卫生事件应急处理专业队伍的建设和培训。

(三)法定传染病的宣布

国务院卫生行政主管部门对新发现的突发传染病,根据危害程度、流行强度,依照《传染病防治法》的规定及时宣布为法定传染病。宣布为甲类传染病的,由国务院决定;乙类、丙类传染病病种,由国务院卫生行政部门决定并予以公布。

二、突发公共卫生事件预防控制体系

(一)明确职责

在预防控制体系方面,政府突发公共卫生事件预防控制及卫生行政部门在建立和完善突发公共卫生事件预防控制体系方面的职责,可分为两个层次:一是中央应建立全国统一的预防控制体系,建立统一的工作机构以及统一的工作要求;二是县级以上地方人民政府的责任。

(二)应急知识教育

县级以上政府应组织有关部门利用多种形式对社会公众广泛开展突发公共卫生事件应急知识的普及教育,增强全社会的防范意识。

对于社会公众进行关于突发公共卫生事件应急知识的培训也能够提高大家对于预防与防护知识、医疗卫生常识、紧急避险知识、互救与自救知识的了解程度,使得社会公众增强防范潜在公共卫生风险的意识,提高大家在发生突发公共卫生事件时的应对能力。培训对于专业的卫生应急人员来说,也能起到更新知识、提高认识、增强专业能力素养的作用。针对公众和专业人员,可以采用不同的培训方式;对于公众,可以采用社区宣传、卫生讲座、海报看板等方式进行,也可以结合公众更易于接受的微信、邮件、短信等方式来进行;对于专业的应急人员可以采用学习调研、学术交流等方式进行,以达到卫生应急人员提高卫生应急意识、增强卫生应急综合处理能力的目的。

(三) 监测和预警

《突发公共卫生事件应急条例》规定,国家建立统一的突发事件预防控制体系,县级以上地方人民政府应当建立和完善突发事件监测与预警系统。监测与预警工作应当根据突发事件的类别,制订监测计划,科学分析、综合评价监测数据。对早期发现的潜在隐患以及可能发生的突发事件,应当依照本条例规定的报告程序和时限及时报告。

(四) 应急储备

突发公共卫生事件应急处置系统是一个较为繁杂的系统,这个系统中包含了许多的行政部门、医疗卫生机构及其他应急处置部门,这些部门在整个应急系统中分别承担着不同的职责,这也就决定了关于这些部门的应急物资储备调配也面临着多种情况。在兼顾效率的同时,又避免资源的重复与浪费,需要从总部层面统筹安排,需要加强应急装备的区域规划。

国务院有关部门和县级以上地方人民政府及其有关部门,根据突发公共卫生事件应急预案的要求,建立突发公共卫生事件应急流行病学调查、传染源隔离、医疗救护、现场处置、监督检查、监测检验、卫生防护等有关物资、设备、设施、技术与人才资源储备。发生突发公共卫生事件时,应根据应急处理工作需要调用储备物资。卫生应急储备物资使用后要及时补充。

(五) 急救医疗服务网络建设

提高医疗卫生机构应对各类突发事件救治能力,县级以上各级政府应加强急救医疗服务网络建设,配备救治药物、技术、设备和人员。设区的市级以上地方人民政府应设置与传染病防治工作需要相适应的传染病专科医院,或指定具备传染病防治条件和能力的医疗机构承担传染病防治任务。

县级以上地方政府卫生行政部门应定期对医疗卫生机构和人员开展突发事件应急处理相关知识技能的培训,定期组织突发事件应急演练,推广最新知识和先进技术。

突发公共卫生事件网络监测系统是在互联网的数据交流平台之上,综合了各级别的医疗卫生机构和疾病控制监测机构等所组成,在监测过程当中,通过对于所监控目标的数据采集、汇总、分析、处理等进行综合利用的专业系统。网络直报的实施原则:病例个案、网络直报,属地划分、管理分级,动态监测、实时预警,权限控制、数据共享。

第三节 突发公共卫生事件的报告与信息发布

一、突发公共卫生事件应急报告制度

《突发公共卫生事件应急条例》规定,国家建立突发公共卫生事件应急报告制度。国务院卫生行政部门制定突发事件应急报告规范,建立重大、紧急疫情信息报告系统。报告制度按照自下而上、横向通报的信息传递路径,立即或限时报告和通报发生或可能发生的传染病疫情、群体性疾病等突发公共卫生事件的相关情况。

(一) 报告主体

报告主体分为两种:①责任报告单位:县级以上各级人民政府卫生行政部门指定的突发公共卫生事

件监测机构、各级各类医疗卫生机构、县级以上地方人民政府和检验检疫机构、食品药品监督管理机构、环境保护监测机构、教育机构等有关单位为突发事件的责任报告单位。②责任报告人：执行职务的医疗卫生机构的医务人员、检疫人员、疾病预防控制人员、乡村医生和个体开业医生等是责任报告人。

(二) 报告内容

有下列情形之一的,省、自治区、直辖市人民政府应当在接到报告1小时内,向国务院卫生行政部门报告：①发生或者可能发生传染病暴发、流行的;②发生或者发现不明原因的群体性疾病的;③发生传染病菌种、毒种丢失的;④发生或者可能发生重大食物和职业中毒事件的。

(三) 报告时限

除省级人民政府向卫生部报告的时限为1小时,其他每一环节的报告时限为2小时。卫生部对可能造成重大社会影响的突发公共卫生事件,应当立即向国务院报告。

二、突发公共卫生事件通报制度

国务院卫生行政主管部门应当根据发生突发事件的情况,及时向国务院有关部门和各省、自治区、直辖市人民政府卫生行政主管部门以及军队有关部门通报。突发事件发生地的省、自治区、直辖市人民政府卫生行政主管部门,应当及时向毗邻省、自治区、直辖市人民政府卫生行政主管部门通报。接到通报的省、自治区、直辖市人民政府卫生行政主管部门,必要时应当及时通知本行政区域内的医疗卫生机构。县级以上地方人民政府有关部门,已经发生或者发现可能引起突发事件的情形时,应当及时向同级人民政府卫生行政主管部门通报。

三、突发公共卫生事件信息发布制度

《突发公共卫生事件应急条例》规定,国家建立突发事件的信息发布制度。国务院卫生行政主管部门负责向社会发布突发事件的信息。必要时,可以授权省、自治区、直辖市人民政府卫生行政主管部门向社会发布本行政区域内突发事件的信息。信息发布应当及时、准确、全面。国家建立突发事件举报制度,公布统一的突发事件报告、举报电话。

突发公共卫生事件和传染病疫情发布内容包括突发公共卫生事件和传染病疫情性质、原因、发生地及范围、发病、伤亡及涉及的人员范围、处理措施和预防控制情况,以及突发公共卫生事件和传染病疫情发生地的解除情况。

第四节 突发公共卫生事件的应急处理

一、突发公共卫生事件应急预案

国务院卫生行政部门按照分类指导、快速反应的要求,制定全国突发事件应急预案,报请国务院批准。省、自治区、直辖市人民政府根据全国突发事件应急预案,结合本地实际情况,制定本行政区的突发事件应急预案。国家突发事件总体预案由国家专项应急预案、国务院部门应急预案和省级地方应急预案构成。

全国突发事件应急预案应当包括：①突发事件应急处理指挥部的组成和相关部门的职责;②突发事件的监测与预警;③突发事件信息的收集、分析、报告、通报制度;④突发事件应急处理技术和监测机构及其任务;⑤突发事件的分级和应急处理工作方案;⑥突发事件预防、现场控制,应急设施、设备、救治药品和医疗器械,以及其他物资和技术的储备与调度;⑦突发事件应急处理专业队伍的建设和培训。

省、自治区、直辖市人民政府制定突发事件应急预案应依据全国突发事件应急预案,将全国突发事件应急预案融入本地区的突发事件应急预案中去,确保其保持正常运行状态;同时,还要根据自己的特点,结合本地实际情况,制定适合当地实际的突发事件应急预案。

二、突发公共卫生事件应急处理的基本原则

突发公共卫生事件的危害在于它的不可预见性,不能做到有效的应对和防范,为此,在应急反应方面必须遵循以下基本原则。

(一) 协调组织,明确分工

处理突发公共卫生事件,如重大疫情和中毒污染事故往往涉及多部门、多单位,因此各部门及相关人员必须明确分工、各司其职、通力协作、共同完成。

(二) 统一指挥,反应迅速

应急处理突出一个"急"字,通常要求高,需要投入多方面的人力、物力以及需要各部门的通力合作才能完成,所以必须加强领导,统一指挥,做到组织健全、责任明确、反应迅速、决策快捷、指挥有效。

(三) 信息互通、发布及时

各级业务机构对于群体性不明原因疾病事件的报告、调查、处置的相关信息应建立信息交换渠道。在调查处置过程中,发现属非本机构职能范围的,应及时将调查信息移交相应的责任机构;按规定权限,及时公布事件有关信息,并通过专家利用媒体向公众宣传防病知识,传达政府对群众的关心,正确引导群众积极参与疾病预防和控制工作。在调查处置结束后,应将调查结果相互通报。

(四) 了解现场,制订方案

及时熟悉和掌握现场情况,制订合理的应对方案,调查与控制并举。每一个事件的发生发展以及危害都不尽相同,即使在同一事件的不同阶段,其表现都各不相同。必须根据事件的变化调整调查和控制的侧重点。

三、突发公共卫生事件的应急措施

(一) 应急预案启动

突发公共卫生事件发生后,卫生行政主管部门应当组织专家对突发事件进行综合评估,初步判断突发事件的类型,提出是否启动突发事件应急预案的建议。启动应急预案的建议,主要考虑以下几个方面:①突发公共卫生事件的类型和性质;②突发公共卫生事件的影响面及严重程度;③目前已采取的紧急控制措施及控制效果;④突发公共卫生事件的未来发展趋势;⑤启动应急处理机制是否需要。

在全国范围内或者跨省、自治区、直辖市范围内启动全国突发事件应急预案,由国务院卫生行政主管部门报国务院批准后实施。省、自治区、直辖市启动突发事件应急预案,由省、自治区、直辖市人民政府决定,并向国务院报告。

应急预案启动后,突发事件发生地的人民政府有关部门,应当根据预案规定的职责要求,服从突发事件应急处理指挥部的统一指挥,立即到达规定岗位,采取有关的控制措施。医疗卫生机构、监测机构和科学研究机构,应当服从突发事件应急处理指挥部的统一指挥,相互配合、协作,集中力量开展相关的科学研究工作。

(二) 突发公共卫生事件的评价

省级以上人民政府卫生行政主管部门或者其他有关部门指定的突发事件应急处理专业技术机构,负责突发事件的技术调查、确证、处置、控制和评价工作。国务院卫生行政主管部门或者其他有关部门指定的专业技术机构,有权进入突发事件现场进行调查、采样、技术分析和检验,对地方突发事件的应急处理工作进行技术指导,有关单位和个人应当予以配合;任何单位和个人不得以任何理由予以拒绝。对新发现的突发传染病、不明原因的群体性疾病、重大食物和职业中毒事件,国务院卫生行政主管部门应当尽快组织力量制定相关的技术标准、规范和控制措施。

(三) 法定传染病的宣布

国务院卫生行政主管部门对新发现的突发传染病,根据危害程度、流行强度,依照《中华人民共和国

传染病防治法》的规定及时宣布为法定传染病。宣布为甲类传染病的,由国务院决定;乙类、丙类传染病病种,由国务院卫生行政部门决定并予以公布。

(四) 应急物资的生产、供应、运送和人员的调集

突发事件发生后,国务院有关部门和县级以上地方人民政府及其有关部门,应当保证突发事件应急处理所需的医疗救护设备、救治药品、医疗器械等物资的生产、供应;铁路、交通、民用航空行政主管部门应当保证及时运送。根据突发事件应急处理的需要,突发事件应急处理指挥部有权紧急调集人员、储备的物资、交通工具以及相应的设施、设备;必要时,对人员进行疏散或者隔离,并可以依法对传染病疫区实行封锁。

(五) 交通工具上传染病患者的处置

交通工具上发现根据国务院卫生行政主管部门的规定需要采取应急控制措施的传染病患者、疑似传染病患者,其负责人应当以最快的方式通知前方停靠点,并向交通工具的营运单位报告。交通工具的前方停靠点和营运单位应当立即向交通工具营运单位行政主管部门和县级以上地方人民政府卫生行政主管部门报告。卫生行政主管部门接到报告后,应当立即组织有关人员采取相应的医学处置措施。

交通工具上的传染病患者密切接触者,由交通工具停靠点的县级以上各级人民政府卫生行政主管部门或者铁路、交通、民用航空行政主管部门,根据各自的职责,依照传染病防治法律、行政法规的规定,采取控制措施。

涉及国境口岸和入出境的人员、交通工具、货物、集装箱、行李、箱包等需要采取传染病应急控制措施的,依照国境卫生检疫法律、行政法规的规定办理。

(六) 疫区和人员的控制

突发事件应急处理指挥部根据突发事件应急处理的需要,可以对疫区的食物和水采取控制措施。必要时,对人员进行疏散或者隔离,并可以依法对传染病疫区实行封锁,对传染病暴发、流行区域内流动人口,突发事件发生地的县级以上地方人民政府应当做好预防工作,落实有关卫生控制措施;对传染病患者和疑似传染病患者,应当采取就地隔离、就地观察、就地治疗的措施;对密切接触者根据情况采取集中或居家医学观察;对需要治疗和转诊的,依照规定执行。

四、突发公共卫生事件应急状态的终止

突发公共卫生事件的终结需符合以下条件:突发公共卫生事件隐患或相关危险因素消除后,或末例传染病病例发生后经过最长潜伏期无新的病例出现。一般而言,由政府卫生主管部门组织专家进行分析论证,提出终结建议,报请同级人民政府或突发公共卫生事件应急处理指挥部批准后实施,并向上一级人民政府卫生主管部门报告。

突发公共卫生事件结束后,各级卫生主管部门应在本级政府的领导下,组织有关人员对突发公共卫生事件的处理情况进行评估,评估内容主要包括事件概况、现场调查处理概况、患者救治情况、所采取措施的效果评价、应急处理过程中存在的问题和取得的经验,评估报告上报本级政府和上一级政府卫生主管部门。

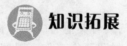

何为"PHEIC"?

根据《国际卫生条例(2005)》,国际关注的突发公共卫生事件(PHEIC)是指通过疾病的国际传播构成对其他国家的公共卫生风险,并可能需要采取协调一致的国际应对措施的不同寻常的事件。

该定义暗示出现了如下一种局面:严重、突然、不寻常、意外;对公共卫生的影响很可能超出受影响国国界;并且可能需要立即采取国际行动。世界卫生组织(WHO)总干事将征求由国

际专家组成的紧急情况委员会的意见,最终确定本轮新型冠状病毒疫情是否构成国际关注的突发公共卫生事件。在某种疫情被宣布为国际关注的突发公共卫生事件后,世界卫生组织总干事和各成员国需要根据委员会的建议,采取行动应对危机。根据《国际卫生条例(2005)》,各成员国均负有对"国际关注的突发公共卫生事件"作出迅速反应的法律责任。

此前,WHO共宣布了五起国际关注的突发公共卫生事件,分别为2009年的甲型H_1N_1流感、2014年的脊髓灰质炎疫情、2014年西非的埃博拉疫情、2015—2016年的"寨卡"疫情以及2018年开始的刚果(金)埃博拉疫情(于2019年7月宣布)。

第五节 法律责任

突发公共卫生事件的法律责任主要分为行政责任和刑事责任两类。突发公共卫生事件处理法律制度主要调整在预防、控制、消除突发事件危害过程中产生的社会关系,这种关系主要是行政法律关系,因此,法律责任主要是行政法律责任。为加大处罚力度,法律责任同时规定了与刑法相衔接的过渡性条款,即规定了有关人员没有履行突发公共卫生事件应急处理的法定义务时所应当承担的刑事法律责任。司法机关在追究应急处理工作中有关人员的刑事责任时,应当严格依照刑法的具体规定适用。

一、行政责任

县级以上地方人民政府及其卫生行政主管部门未依照《突发公共卫生事件应急条例》的规定履行报告职责,对突发事件隐瞒、缓报、谎报或者授意他人隐瞒、缓报、谎报的,对政府主要领导人及其卫生行政主管部门主要负责人,依法给予降级或者撤职的行政处分;造成传染病传播、流行或者对社会公众健康造成其他严重危害后果的,依法给予开除的行政处分;构成犯罪的,依法追究刑事责任。

国务院有关部门、县级以上地方人民政府及其有关部门未按《突发公共卫生事件应急条例》的规定,完成突发事件应急处理所需要的设施、设备、药品和医疗器械等物资的生产、供应、运输和储备的,对政府主要领导人和政府部门主要负责人依法给予降级或者撤职的行政处分;造成传染病传播、流行或者对社会公众健康造成其他严重危害后果的,依法给予开除的行政处分;构成犯罪的,依法追究刑事责任。

县级以上各级人民政府卫生行政主管部门和其他有关部门在突发事件调查、控制、医疗救治工作中玩忽职守、失职、渎职的,由本级人民政府或者上级人民政府有关部门责令改正、通报批评、给予警告;对主要负责人、负有责任的主管人员和其他责任人员依法给予降级、撤职的行政处分;造成传染病传播、流行或者对社会公众健康造成其他严重危害后果的,依法给予开除的行政处分;构成犯罪的,依法追究刑事责任。

突发事件发生后,县级以上地方人民政府及其有关部门对上级人民政府有关部门的调查不予配合,或者采取其他方式阻碍、干涉的,对政府主要领导人和政府部门主要负责人给予降级或者撤职的行政处分。

县级以上各级人民政府有关部门拒不履行应急处理职责的,由同级人民政府或者上级人民政府有关部门责令改正、通报批评、给予警告;对主要负责人、负有责任的主管人员和其他责任人员依法给予降级、撤职的行政处分;造成传染病传播、流行或者对社会公众健康造成其他严重危害后果的,依法给予开除的行政处分;构成犯罪的,依法追究刑事责任。

医疗卫生机构有下列行为之一的,由卫生行政主管部门责令改正、通报批评、给予警告;情节严重的,吊销医疗机构执业许可证;对主要负责人、负有责任的主管人员和其他直接责任人员依法给予降级或者撤职的纪律处分;造成传染病传播、流行或者对社会公众健康造成其他严重危害后果,构成犯罪的,依法追究刑事责任:①未依照《突发公共卫生事件应急条例》的规定履行报告职责,隐瞒、缓报或者谎报的;②未依照《突发公共卫生事件应急条例》的规定及时采取控制措施的;③未依照《突发公共卫生事件应急条例》的规定履行突发事件监测职责的;④拒绝接诊患者的;⑤拒不服从突发事件应急处理指挥部调度的。

二、刑法责任

《刑法》第四百零九条规定:从事传染病防治的政府卫生行政部门的工作人员严重不负任,导致传染病传播或者流行,情节严重的,处3年以下有期徒刑或者拘役。

《刑法》第三百三十一条规定:从事实验、保藏、携带、运输传染病菌种、毒种的人员,违反国务院卫生行政部门的有关规定,造成传染病菌种、毒种扩散,后果严重的,处3年以下有期徒刑或者拘役;后果特别严重的,处3年以上7年以下有期徒刑。

《刑法》第二百二十五条第(四)项规定:违反国家规定,有其他严重扰乱市场秩序的非法经营行为,情节严重的,处5年以下有期徒刑或者拘役,并处或者单处违法所得1倍以上5倍以下罚金;情节特别严重的,处5年以上有期徒刑,并处违法所得1倍以上5倍以下罚金或者没收财产。

《最高人民法院、最高人民检察院关于办理妨害预防、控制突发传染病疫情等灾害的刑事案件具体应用法律若干问题的解释》规定:违反国家在预防、控制突发传染病疫情等灾害期间有关市场经营、价格管理等规定,哄抬物价、牟取暴利,严重扰乱市场秩序,违法所得数额较大或者有其他严重情节的,依照《刑法》第二百二十五条第(四)项的规定,以非法经营罪定罪,依法从重处罚。

《刑法》第二百九十一条之一规定:投放虚假的爆炸性、毒害性、放射性、传染病病原体等物质,或者编造爆炸威胁、生化威胁、放射威胁等恐怖信息,或者明知是编造的恐怖信息而故意传播,严重扰乱社会秩序的,处5年以下有期徒刑、拘役或者管制;造成严重后果的,处5年以上有期徒刑。

根据《最高人民法院、最高人民检察院关于办理妨害预防、控制突发传染病疫情等灾害的刑事案件具体应用法律若干问题的解释》,编造与突发传染病疫情等灾害有关的恐怖信息,或者明知是编造的此类恐怖信息而故意传播,严重扰乱社会秩序的,依照《刑法》第二百九十一条之一规定,以编造、故意传播虚假恐怖信息罪定罪处罚。

本章小结

突发公共卫生事件应急管理法律制度	学习要点
概念	突发公共卫生事件、应急预案
特征	突发公共卫生事件的特征
分类	突发公共卫生事件的分类
原则	突发公共卫生事件应急工作方针和原则、突发公共卫生事件应急处理的基本原则

目标检测

一、选择题

【A1 型题】

1.《突发公共卫生事件应急条例》颁布实施的时间是(　　)。
A. 2002 年 5 月 1 日　　　　B. 2003 年 5 月 9 日　　　　C. 2003 年 5 月 12 日
D. 2002 年 11 月 7 日　　　E. 2004 年 12 月 1 日

2. 省、自治区、直辖市人民政府发生或者可能发生传染病暴发流行时( )。
   A. 应当在1小时内向国务院卫生行政部门报告
   B. 应当在2小时内向国务院卫生行政部门报告
   C. 应当在4小时内向国务院卫生行政部门报告
   D. 应当在6小时内向国务院卫生行政部门报告
   E. 应当在8小时内向国务院卫生行政部门报告

3. 《突发公共卫生事件应急条例》规定,医疗卫生机构应当对传染病做到( )。
   A. 早发现、早观察、早隔离、早治疗
   B. 早发现、早观察、早治疗、早康复
   C. 早发现、早报告、早隔离、早治疗
   D. 早发现、早报告、早隔离、早康复
   E. 早预防、早发现、早治疗、早康复

4. 突发公共卫生事件分为( )。
   A. 三级   B. 四级   C. 五级   D. 六级   E. 七级

5. 医疗机构发现发生或者可能发生传染病暴发流行时,应当( )。
   A. 在1小时内向所在地县级人民政府卫生行政主管部门报告
   B. 在2小时内向所在地县级人民政府卫生行政主管部门报告
   C. 在4小时内向所在地县级人民政府卫生行政主管部门报告
   D. 在6小时内向所在地县级人民政府卫生行政主管部门报告
   E. 在8小时内向所在地县级人民政府卫生行政主管部门报告

6. 在突发公共卫生事件应急处理工作中,有关单位和个人不配合有关专业技术人员调查、采样、技术分析和检验的,对有关责任人给予( )。
   A. 警告   B. 吊销执照
   C. 降级或者撤职的纪律处分   D. 行政处分或纪律处分
   E. 追究刑事责任

7. 检测机构发现突发公共卫生事件,所在地县人民政府卫生行政部门报告的时限是( )。
   A. 1小时   D. 2小时   C. 3小时   D. 4小时   E. 6小时

8. 下列事件不属于突发公共卫生事件的是( )。
   A. 突然发生的造成社会公众健康损害的食物中毒
   B. 突然发生的造成社会公众健康严重损害的重大传染病疫情
   C. 突然发生的造成社会公众健康严重损害的群体性不明原因疾病
   D. 突然发生的可能造成社会公众健康严重损害的重大传染病疫情
   E. 突然发生的可能造成社会公众健康严重损害的群体性不明原因疾病

9. 在突发公共生事件应急处理工作中,有关单位和个人不配合有关技术人员抽查、采样、技术分析和检验的,对有关责任人给予( )。
   A. 警告   B. 吊销执照
   C. 降级或者撤职的纪律处分   D. 行政处分或者纪律处分
   E. 追究刑事责任

10. 2004年6月2日,某县第一中学发生学生集体食物中毒,按照《突发公共卫生事件应急条例》的规定,合法的措施是( )。
    A. 第一中学在事发2小时内向县卫生局报告
    B. 省人民政府接到报告后2小时内向卫生部报告
    C. 县医院收治中毒学生后,对中毒严重的学生采取就地隔离观察措施
    D. 县政府对当地水源和食物采取紧急控制措施

E. 疾病预防控制中心对中毒事件进行确证

【A2 型题】

11. 2008 年 9 月 11 日晚,电视台发布新闻:近期,甘肃江苏等地报告多例婴幼儿泌尿系统结石病例,调查发现与患儿食用三鹿牌婴幼儿配方奶粉有关。国务院对此高度重视并做出重要批示,要求有关部门立即组织开展调查,主动、及时、准确地公布事实真相,立即采取停产、召回等措施,确保消费者安全,严肃处理责任人。卫生部会同有关部门成立联合调查组于 9 月 12 日凌晨到石家庄与河北省人民政府及相关部门对事件开展深入调查。

现已初步查明,导致多名儿童泌尿系统结石的主要原因是患儿服用的奶粉中含有三聚氰胺。三聚氰胺是一种非食品化工原料,按照国家规定,严禁用作食品添加物,卫生部已将事件有关情况向世界卫生组织及有关国家通报。调查处理进展情况将及时向社会发布。三鹿牌婴幼儿奶粉事件是一起重大的( )事件。

A. 食品安全　　　C. 公共卫生　　　B. 生产安全　　　D. 经济危机

12. 2008 年 8 月 5 日上午 9 点 10 分,某县人民医院急诊室收治了该县第三中学学生王某,因发热(体温 39 ℃)伴有腹痛、腹泻、呕吐及有里急后重感前来就诊,10 点 20 分,又有 2 名中学生有同样的症状前来就诊,到下午 3 时,该中学已经有 32 名学生发生了类似症状住院治疗。8 月 6 日上午 8 时,有 3 个班的班主任发现住院的学生未上课,便打电话向学生家长询问,知道情况后立即告诉了校长,校长去县人民医院看望了学生并与主治医师进行了交流后便回学校。当日下午,有 2 个学生的家长向县疾病预防控制中心(简称疾控中心)报告了有多名学生住院之事,县疾控中心立即向县卫生局报告,卫生局同时立即上报了县政府及市卫生局,并组织疾控中心和卫监所的人员到学校进行调查处理。县政府高度重视,不惜一切代价治疗学生,经过院方的努力,8 月 8 日下午,所有住院学生全部治愈出院。如果不是学生家属向疾控中心举报,校方不准备将此事件向教育行政部门和卫生行政部门报告,你认为校方的做法是( )。

A. 迟报　　　B. 谎报　　　C. 瞒报　　　D. 漏报　　　E. 虚报

二、名词解释

1. 突发公共卫生事件
2. PHEIC

三、简答题

1. 突发公共卫生事件的特征有哪些?
2. 突发公共卫生事件应急工作方针和原则有哪些?
3. 在突发公共卫生事件中,医疗卫生机构追究刑事责任的情形有哪些?

(铜仁职业技术学院　廖淋森　　邢台医学高等专科学校　王永红)

第十章 药品管理法律制度

学习目标

1. 掌握：药品的含义、分类及其特殊性；GMP、GSP、GLP 及 GAP 等的概念，医疗机构配制制剂法律规定；药品标准及药品注册的法律规定；药品召回制度及药品不良反应报告制度；预防接种异常反应的处理。
2. 熟悉：生物制品与特殊药品管理的法律规定。
3. 了解：新药、仿制药品管理及药品管理中的法律责任。

案例导入

案例一：有人举报，某市一新开业药店还没有办理药品经营许可证。药品监督管理部门人员前去检查，发现该药店是正在办理药品经营许可证的一家零售企业。

思考：
1. 该药店是否违法？请根据最新药品管理法进行判断。
2. 对该药店应当如何处置？

案例二：2019 年 9 月 1—15 日，执法人员在检查中发现：某商店在取得药品经营许可证的情况下，擅自销售感冒通（1000 元）、感康（3000 元）、大青叶片（1000 元）。经检验，感冒通为劣药，感康为假药，大青叶片为合格药品。作为执法人员，该对其进行怎样的处罚？

本章内容中的法律责任给出了以上两个案例的参考答案。

第一节 概 述

一、药品含义及其特殊性

《中华人民共和国药品管理法》（以下简称《药品管理法》）中对于药品的定义如下：药品是指用于预防、治疗、诊断人的疾病，有目的地调节人的生理机能并规定有适应证或者功能主治、用法和用量的物质，包括中药、化学药和生物制品等。

药品作为一种商品，具有一般商品的共同属性。但是由于药品直接关系到每一个人的生命健康和社会共同利益，它又是一种特殊的商品。

1. 药品作用的两重性 药品可以防病治病，康复保健，但多数药品具有一定的毒、副作用。因此，药品用之得当，方可发挥治病救人、维护健康的功能。

2. 药品质量的严格性 由于药品直接关系到疾病防治的效果，关系到患者的身体健康和生命安危。因此,药品应当符合质量标准要求。为此,国家制定了一系列的法律法规和技术标准,加强对药品质量的监督管理。

3. 药品鉴定的科学性 药品具有很强的专业性和技术性。对于药品的质量和疗效,应当由专门的技术人员和专门的机构,依照法定的标准和技术方法,才能做出鉴定或评价。

4. 药品使用的专门性 人们只能在医师的指导下甚至医药专业人员的监护下才能合理用药,以达到防病治病和保护健康的目的。同时,药品的使用具有专门性,在一般情况下不能用于非医疗途径。

药品管理法是调整药品监督管理,确保药品质量,增进药品疗效,保障用药安全,维护人体健康活动中产生的各种社会关系的法律规范的总和。

二、药品管理立法及其适用范围

(一)药品管理立法

新中国成立后,党和政府十分重视药品管理法制建设,国家制定了一系列有关药品管理的法律、法规。1950年,我国颁布了《管理麻醉药品暂行条例》。1963年,卫生部、化工部和商业部联合颁布了《关于加强药政管理的若干规定》。1978年,国务院发布了《药政管理条例》。

为了进一步健全药事法制,保证药品管理法的贯彻实施,并完善药品管理法律制度,国家相关机构和部门先后发布多部配套行政法规及规章,如《中华人民共和国药品管理法实施条例》《药品生产质量管理规范》《药品广告审查办法》等,各省、自治区、直辖市也相应制定了一系列有关药品管理的地方性法规和规章,形成了以《药品管理法》为核心的药品监督管理的法律体系。从1980年底开始,以《药政管理条例》为基础,起草《药品管理法》,1984年9月20日第六届全国人民代表大会常务委员会第七次会议通过了《中华人民共和国药品管理法》,2001年2月28日,第九届全国人民代表大会常务委员会第二十次会议对该法进行了修订;为了简政放权,配合行政审批改革,继2013年修正后,2015年4月24日第十二届全国人民代表大会常务委员会第十四次会议再次修正了该法,本次修改主要是减少药品生产许可证和药品经营许可证在工商行政管理部门注册、变更和注销环节,以及根据最新药品价格管理改革方向正式将药品价格市场化。

2019年8月26日,第十三届全国人民代表大会常务委员会第十二次会议表决通过《中华人民共和国药品管理法》修订案,于2019年12月1日施行。

(二)药品管理法的适用范围

《药品管理法》第二条规定,在中华人民共和国境内从事药品的研制、生产、经营、使用和监督管理活动,适用本法。

知识链接
10-1

第二节 药品生产经营管理

一、药品生产企业管理

药品生产企业是指生产药品的专营企业或兼营企业。为确保药品质量,国家依法对药品生产企业实行药品生产许可证制度和药品生产质量管理规范认证制度。

(一)药品生产许可证制度

药品生产许可证制度,是指国家通过对药品生产企业条件的审核,确定企业是否具有药品生产或继续生产的资格,对符合条件的企业发给药品生产许可证,无此证的,不得生产药品。从事药品生产活动,应当经企业所在地省、自治区、直辖市人民政府药品监督管理部门批准,取得并发放药品生产许可证。无药品生产许可证的,不得生产药品。药品生产许可证应当标明有效期和生产范围,到期重新审查发证。药品生产许可证制度涉及以下内容。

1. 开办药品生产企业的条件 开办药品生产企业应当具备以下条件：①有依法经过资格认定的药学技术人员、工程技术人员及相应的技术工人；②有与药品生产相适应的厂房、设施和卫生环境；③有能对所生产药品进行质量管理和质量检验的机构、人员以及必要的仪器设备；④有保证药品质量的规章制度，并符合国务院药品监督管理部门依据本法制定的药品生产质量管理规范要求。

从事药品生产活动，应当遵守药品生产质量管理规范，建立健全药品生产质量管理体系，保证药品生产全过程持续符合法定要求。

药品生产企业的法定代表人、主要负责人对本企业的药品生产活动全面负责。

2. 药品生产企业的审批 开办药品生产企业，由开办企业或者企业的上级部门向企业所在地省级药品监督管理部门申报，经审核批准并发给药品生产许可证。新开办药品生产企业在工商行政管理部门办理登记注册的时候，只需要按常规企业来办理登记注册。药品生产许可证应当标明有效期和生产范围，有效期为5年，到期后，重新审查颁发许可证。

（二）药品生产质量管理规范认证制度

药品生产企业应当按照国务院药品监督管理部门制定的《药品生产质量管理规范》（GMP）的要求组织生产。药品监督管理部门按照《药品生产质量管理规范》的要求对药品生产企业进行认证，发给认证证书。取得认证证书的药品生产企业方可进行药品生产或继续生产。

2011年3月1日卫生部施行的《药品生产质量管理规范》（2010年修订）（新版药品GMP）与上一版相比从管理和技术要求上有相当大的进步。新版药品GMP认证有两个时间节点：血液制品、疫苗、注射剂等无菌药品的生产，应在2013年12月31日前达到新版药品GMP要求；其他类别药品的生产均应在2015年12月31日前达到新版药品GMP要求。未达到新版药品GMP要求的企业（车间），在上述规定期限后不得继续生产药品。

（三）药品生产的质量管理

药品生产企业除了应当遵照《药品生产质量管理规范》外，还应当遵守以下要求。

1. 按照批准的生产工艺进行生产 药品应当按照国家药品标准和经药品监督管理部门批准的生产工艺进行生产，生产记录应当完整准确。药品生产企业改变影响药品质量的生产工艺的，应当报原批准部门审核批准。生产药品所需的原料、辅料，应当符合药用要求。

2. 药品质量检验 为保证合格的药品投入市场，药品生产企业应当对其生产的药品进行质量检验；不符合国家药品标准或者中药饮片不按照国家药品标准炮制的，不得出厂，药品生产企业应当建立药品出厂放行规程，明确出厂放行的标准、条件。符合标准、条件的，经质量受权人签字后方可放行。

3. 药品委托生产的管理 药品委托生产，是指药品生产企业在因技术改造暂不具备生产条件和能力或产能不足暂不能保障市场供应的情况下，将其持有药品批准文号的药品委托其他药品生产企业全部生产的行为，不包括部分工序的委托加工行为。经国务院药品监督管理部门或者国务院药品监督管理部门授权的省级药品监督管理部门批准，药品生产企业可以接受委托生产药品。但麻醉药品、精神药品、药品类易制毒化学品及其复方制剂，以及医疗用毒性药品、生物制品、多组分生化药品、中药注射剂和原料药不得委托生产。

4. 药品包装管理 ①直接接触药品的包装材料和容器，应当符合药用要求，符合保障人体健康、安全的标准，并由药品监督管理部门在审批药品时一并审批。②药品包装应当适合药品质量的要求，方便储存、运输和医疗使用。发运中药材应当有包装。在每件包装上，应当注明品名产地、日期、供货单位，并附有质量合格的标志。③药品包装应当按照规定印有或者贴有标签并附有说明书。标签或者说明书上应当注明药品的通用名称、成分、规格、上市许可持有人及其地址、生产企业及其地址、批准文号、产品批号、生产日期、有效期、适应证或者功能主治、用法、用量、禁忌、不良反应和注意事项。标签、说明书中的文字应当清晰，生产日期、有效期等事项应当显著标注，容易辨识。④麻醉药品、精神药品、医疗用毒性药品、放射性药品、外用药品和非处方药的标签、说明书应当印有规定的标志。

药品上市许可持有人、药品生产企业、药品经营企业和医疗机构中直接接触药品的工作人员，应当每年进行健康检查。患有传染病或者其他可能污染药品的疾病的,不得从事直接接触药品的工作。

二、药品经营企业管理

药品经营企业主要指药品批发和零售企业。

(一)药品经营许可证制度

从事药品批发活动,应当经所在地省、自治区、直辖市人民政府药品监督管理部门批准,取得药品经营许可证。从事药品零售活动,应当经所在地县级以上地方人民政府药品监督管理部门批准,取得药品经营许可证。无药品经营许可证的,不得经营药品。

药品经营许可证应当标明有效期和经营范围,到期重新审查发证。

1. 药品经营条件　从事药品经营活动应当具备以下条件:①有依法经过资格认定的药师或者其他药学技术人员;②有与所经营药品相适应的营业场所、设备、仓储设施、卫生环境;③有与所经营药品相适应的质量管理机构或者人员;④有保证所经营药品质量的规章制度,并符合国务院药品监督管理部门依据本法制定的《药品经营质量管理规范》要求。

药品监督管理部门实施药品经营许可,除《药品管理法》规定的条件外,还应当遵循方便群众购药的原则。

2. 药品经营企业的审批　开办药品批发企业,须经企业所在地省级药品监督管理部门批准并发给药品经营许可证;开办药品零售企业,须经企业所在地县级药品监督管理部门批准并发给药品经营许可证。无药品经营许可证的,不得从事药品经营活动。药品经营许可证应当标明有效期和经营范围,许可证有效期为5年,到期重新审查发证。

(二)药品经营企业质量管理规范认证制度

药品经营企业应当按照国务院药品监督管理部门制定的《药品经营质量管理规范》进行药品经营活动。2015年6月25日国家食品药品监督管理总局发布了《药品经营质量管理规范》(GSP)。《药品经营质量管理规范》分总则、药品批发的质量管理、药品零售的质量管理、附则4章184条,自发布之日起施行,药品监督管理部门按照规定对药品经营企业是否符合GSP的要求进行认证;认证合格的,发给认证证书。

(三)药品经营企业的质量管理

药品经营企业除了要遵循《药品经营质量管理规范》,还要遵循以下管理制度。

1. 执行进货检查验收制度　药品经营企业购进药品,应当建立并执行进货检查验收制度,验明药品合格证明和其他标识;不符合规定要求的,不得购进和销售。

2. 具有真实完整的购销记录　药品经营企业购销药品,应当有真实、完整的购销记录。购销记录应当注明药品的通用名称、剂型、规格、产品批号、有效期、上市许可持有人、生产企业、购(销)货单位、购(销)货数量、购销价格、购(销)货日期及国务院药品监督管理部门规定的其他内容。

3. 正确调配处方　药品经营企业零售药品应当准确无误,并正确说明用法、用量和注意事项;调配处方应当经过核对,对处方所列药品不得擅自更改或者代用。对有配伍禁忌或者超剂量的处方,应当拒绝调配;必要时,经处方医师更正或者重新签字,方可调配。药品经营企业销售中药材,应当标明产地。

依法经过资格认定的药师或者其他药学技术人员负责本企业的药品管理、处方审核和调配、合理用药指导等工作。

4. 制定和执行药品保管制度　药品经营企业应当制定和执行药品保管制度,采取必要的冷藏、防冻、防潮、防虫、防鼠等措施,保证药品质量。药品入库和出库应当执行检查制度。

5. 药品采购　药品经营企业应当从具有药品生产、经营资格的企业购进药品,但是购进没有实施审批管理的中药材除外。

三、医疗机构配制制剂管理

医疗机构制剂是指医疗机构根据本单位临床需要经批准而配制、自用的固定处方制剂。国家对医疗机构制剂也采取了严格的管理制度。

（一）医疗机构制剂许可证制度

医疗机构制剂许可证制度指国家通过对医疗单位配制制剂条件的审核，确定其是否具备配制制剂的资格。对符合条件的单位发给医疗机构制剂许可证。医疗机构制剂许可证制度涉及的内容主要如下。

1. 医疗机构配制制剂的条件　医疗单位配制制剂应当具备以下条件：①配备依法经过资格认定的药学技术人员，非药学技术人员不得直接从事药剂技术工作；②具有能够保证制剂质量的设施、管理制度、检验仪器和卫生条件。

2. 医疗机构配制制剂的审批　医疗机构配制的制剂，应当是本单位临床需要而市场上没有供应的品种，并须经所在地省级卫生行政部门审核同意，由省级药品监督管理部门批准，发给医疗机构制剂许可证。无医疗机构制剂许可证的，不得配制制剂。医疗机构制剂许可证有效期为5年，到期重新审查发证。《药品管理法实施条例》规定，医疗机构配制制剂，还需获得制剂批准文号后，方可配制。

（二）医疗机构配制制剂的注册

1. 医疗机构配制制剂注册的申请人　根据《医疗机构制剂注册管理办法》（试行），医疗机构制剂的申请人，应当是持有医疗机构执业许可证并取得医疗机构制剂许可证的医疗机构。未取得医疗机构制剂许可证或者医疗机构制剂许可证无相应制剂剂型的"医院"类别的医疗机构可以申请医疗机构中药制剂，但是应当同时提出委托配制制剂的申请。

2. 医疗机构配制制剂的申报与审批　申请配制医疗机构制剂，申请人应当填写医疗机构制剂注册申请表，向所在地省、自治区、直辖市（食品）药品监督管理部门或者其委托的设区的市级（食品）药品监督管理机构提出申请，报送有关资料和制剂实样。

省级药品监督管理部门收到全部申报资料后组织完成技术审评，作出是否准予许可的决定。符合规定的，应当自作出准予许可决定之日起10日内向申请人核发医疗机构制剂注册批件及制剂批准文号，同时报国家食品药品监督管理局备案。

有下列情形之一的，不得作为医疗机构制剂申报：①市场上已有供应的品种；②含有未经国家食品药品监督管理局批准的活性成分的品种；③除变态反应原外的生物制品；④中药注射剂；⑤中药、化学药组成的复方制剂；⑥麻醉药品、精神药品、医疗用毒性药品、放射性药品；⑦其他不符合国家有关规定的制剂。

（三）医疗机构配制制剂的使用

《药品管理法》规定，医疗机构配制的制剂应当按照规定进行质量检验；合格的，凭医师处方在本医疗机构使用。特殊情况下，经国务院药品监督管理部门或者省、自治区、直辖市人民政府药品监督管理部门批准，医疗机构配制的制剂可以在指定的医疗机构之间调剂使用。医疗机构配制的制剂不得在市场销售。

四、禁止生产、销售的药品

禁止生产（包括配制，下同）、销售、使用假药、劣药。
有下列情形之一的，为假药：
①药品所含成分与国家药品标准规定的成分不符的；
②以非药品冒充药品或者以他种药品冒充此种药品的；
③变质的药品；
④药品所标明的适应证或者功能主治超出规定范围。
有下列情形之一的，为劣药：
①药品成分的含量不符合国家药品标准的；
②被污染的药品；

③未标明或者更改有效期的药品；
④未注明或者更改产品批号的药品；
⑤超过有效期的药品；
⑥擅自添加防腐剂、辅料的药品；
⑦其他不符合药品标准的药品。

禁止未取得药品批准证明文件生产、进口药品；禁止使用未按照规定审评、审批的原料药、包装材料和容器生产药品。

五、药品流通管理

为了规范药品流通秩序，保证药品质量，《药品流通监督管理办法》规定药品生产企业只能销售本企业生产的药品，不得销售本企业受委托生产的或者他人生产的药品；销售药品时，应当出示有关证件。医疗机构以集中招标方式采购药品的，应当遵守《药品管理法》《药品管理法实施条例》及《药品流通监督管理办法》的有关规定。

药品经营企业应当按照药品经营许可证许可的经营范围经营药品，未经药品监督管理部门审核同意，药品经营企业不得改变经营方式。药品生产、经营企业不得为他人以本企业的名义经营药品提供场所，或者资质证明文件，或者票据等便利条件。禁止非法收购药品。

六、药品召回管理

药品召回是指药品生产企业（包括进口药品的境外制药厂商）按照规定的程序收回已上市销售的存在安全隐患的药品。为加强药品安全监管，保障公众用药安全，2007年12月国家食品药品监督管理局局务会审议通过了《药品召回管理办法》。

1. 根据药品安全隐患的严重程度分类 药品召回分为：①一级召回：使用该药品可能引起严重健康危害的；②二级召回：使用该药品可能引起暂时的或者可逆的健康危害的；③三级召回：使用该药品一般不会引起健康危害，但由于其他原因需要收回的。药品生产企业应当根据召回分级与药品销售和使用情况，科学设计药品召回计划并组织实施。

2. 根据药品召回发起者的不同分类 分为主动召回和责令召回两类。主动召回是指药品生产企业对收集的信息进行分析，对可能存在安全隐患的药品进行调查评估，发现药品存在安全隐患所实施的召回。责令召回是指药品监督管理部门经过调查评估，认为存在安全隐患，药品生产企业应当召回药品而未主动召回的，责令药品生产企业召回药品。

七、药品价格管理

2015年4月24日，第十二届全国人民代表大会常务委员会第十四次会议通过对《药品管理法》修订，删去第五十五条。第五十五条原文规定，依法实行政府定价、政府指导价的药品，政府价格主管部门应当依照《中华人民共和国价格法》规定的定价原则，依据社会平均成本、市场供求状况和社会承受能力合理制定和调整价格，做到质价相符，消除虚高价格，保护用药者的正当利益。药品的生产企业、经营企业和医疗机构应当执行政府定价、政府指导价，不得以任何形式擅自提高价格。药品生产企业应当依法向政府价格主管部门如实提供药品的生产经营成本，不得拒报、虚报、瞒报。

2015年5月4日，国家发展和改革委员会等部门发布《关于印发推进药品价格改革意见的通知》，要求自2015年6月1日起，除麻醉药品和第一类精神药品外，取消原政府制定的药品价格。此前有关药品价格管理政策规定，凡与此通知规定不符的一律废止，以此通知规定为准。

2015年10月15日，新华社授权播发《中共中央国务院关于推进价格机制改革的若干意见》，公立医疗机构医疗服务项目价格实行分类管理，对市场竞争比较充分、个性化需求比较强的医疗服务项目价格实行市场调节价，其中医保基金支付的服务项目由医保经办机构与医疗机构谈判合理确定支付标准，进一步完善药品采购机制，发挥医保控费作用，药品实际交易价格主要由市场竞争形成。

八、药品广告管理

药品广告是指利用各种媒介或者形式发布的含有药品名称、药品适应证、功能主治或者与药品有关的其他内容的广告。药品广告包括药品生产、经营企业的产品宣传材料,发布药品广告应当遵守《中华人民共和国广告法》《中华人民共和国药品管理法》《中华人民共和国药品管理法实施条例》《中华人民共和国反不正当竞争法》及国家有关法规。

(一) 药品广告内容的管理

1. 不得发布广告的药品 药品广告应当经广告主所在地省、自治区、直辖市人民政府确定的广告审查机关批准,未取得药品广告批准文号的,未经批准的,不得发布。

2. 药品广告不得含有下列内容 药品广告不得含有表示功效、安全性的断言或者保证;不得利用国家机关、科研单位、学术机构、行业协会或者专家、学者、医师、药师、患者等的名义或者形象作推荐、证明。

非药品广告不得有涉及药品的宣传。

药品价格和广告,《药品管理法》未规定的,适用《中华人民共和国价格法》《中华人民共和国反垄断法》《中华人民共和国反不正当竞争法》《中华人民共和国广告法》等的规定。

(二) 处方药与非处方药广告的管理

药品广告中应当标明药品的通用名称、忠告语、药品广告批准文号、药品生产批准文号;以非处方药商品名称为各种活动冠名的,可以只发布药品商品名称。非处方药广告应当同时标明非处方药专用标识(OTC)。非处方药广告不得利用公众对于医药学知识的缺乏,使用公众难以理解和容易引起混淆的医学、药学术语,造成公众对药品功效与安全性的误解。

(三) 药品广告的监管及查处

我国现行的药品广告监管体制是药品广告审批权和监督管理权相分离的行政管理体制。省级药品管理部门为药品广告的审批机关,负责本行政区域内药品广告的审查工作。《中华人民共和国广告法》规定国务院市场监督管理部门主管全国的广告监督管理工作,国务院有关部门在各自的职责范围内负责广告管理相关工作,县级以上地方市场监督管理部门在各自的职责范围内负责广告管理相关工作。

第三节 药品监督与管理

一、药品标准管理

药品标准是国家对药品质量规格及检验方法所作出的技术性规范,由一系列反映药品的特征的技术参数和技术指标组成,是药品生产、经营、使用、检验和管理部门应当共同遵循的法定依据。

我国实行国家药品标准制度。药品标准属于强制性标准。国务院药品监督管理部门颁布的《中华人民共和国药典》和药品标准为国家药品标准。

《中华人民共和国药典》(以下简称《中国药典》)是国家为保证药品质量可控,确保人民用药安全有效,由国家药典委员会主持制订和修改并由政府颁布实施,是具有法律约束力的药品质量规格标准。现行药典是2015年版的《中国药典》,是新中国成立以来的第十版药典。

二、药品注册管理

药品注册是指国家食品药品监督管理局(现变更为国家市场监督管理总局)根据药品注册申请人的申请,依照法定程序对拟上市销售药品的安全、有效性、质量可控性等进行系统评价,并决定是否同意其申请的审批过程。药品注册管理是控制药品市场准入的前置性管理制度,是对药品上市的事前管理。

(一) 药品注册的原则和制度

《药品注册管理办法》规定,以临床价值为导向,鼓励研究和创制新药,积极推动仿制药发展。药品注册管理遵循公开、公平、公正的原则。

国家食品药品监督管理局主管全国药品注册工作,负责对药物临床试验药品生产和进口进行审批。药品监督管理部门应当向申请人提供可查询的药品注册受理、检查、检验、审评、审批的进度和结论等信息。药品监督管理部门、相关单位以及参与药品注册工作的人员,对申请人提交的技术秘密和实验数据负有保密的义务。

(二) 药品注册申请的内容

药品注册申请包括新药申请、仿制药申请、进口药品申请及其补充申请和再注册申请。境内申请人申请药品注册按照新药申请、仿制药申请的程序和要求办理,境外申请人申请进口药品注册按照进口药品申请的程序和要求办理。

申请药品注册,应当提供真实、充分、可靠的数据、资料和样品,证明药品的安全性、有效性和质量可控性。对申请注册的药品,国务院药品监督管理部门应当组织药学、医学和其他技术人员进行审评,对药品的安全性、有效性和质量可控性以及申请人的质量管理、风险防控和责任赔偿等能力进行审查;符合条件的,颁发药品注册证书。

国务院药品监督管理部门在审批药品时,对化学原料药一并审评审批,对相关辅料、直接接触药品的包装材料和容器一并审评,对药品的质量标准、生产工艺、标签和说明书一并核准。

三、药品监督管理

药品监督管理部门进行监督检查时,应当出示证明文件,对监督检查中知悉的商业秘密应当保密。

药品监督管理部门根据监督管理的需要,可以对药品质量进行抽查检验。抽查检验应当按照规定抽样,且不得收取任何费用。抽样应当购买样品,所需费用按照国务院规定列支。对有证据证明可能危害人体健康的药品及其有关材料,药品监督管理部门可以查封、扣押,并在七日内作出行政处理决定;药品需要检验的,应当自检验报告书发出之日起十五日内作出行政处理决定。对有证据证明可能危害人体健康的药品及其有关材料,药品监督管理部门可以查封、扣押,并在七日内作出行政处理决定;药品需要检验的,应当自检验报告书发出之日起十五日内作出行政处理决定。

国务院和省、自治区、直辖市人民政府的药品监督管理部门应当定期公告药品质量抽查检验的结果;公告不当的,必须在原公告范围内予以更正。

当事人对药品检验结果有异议的,可以自收到药品检验结果之日起七日内向原药品检验机构或者上一级药品监督管理部门设置或者指定的药品检验机构申请复验,也可以直接向国务院药品监督管理部门设置或者指定的药品检验机构申请复验。受理复验的药品检验机构应当在国务院药品监督管理部门规定的时间内作出复验结论。

药品监督管理部门应当对药品上市许可持有人、药品生产企业、药品经营企业和药物非临床安全性评价研究机构、药物临床试验机构等遵守《药品生产质量管理规范》《药品经营质量管理规范》《药物非临床研究质量管理规范》《药物临床试验质量管理规范》等情况进行检查,监督其持续符合法定要求。

国家建立职业化、专业化药品检查员队伍。检查员应当熟悉药品法律法规,具备药品专业知识。

药品监督管理部门建立药品上市许可持有人、药品生产企业、药品经营企业、药物非临床安全性评价研究机构、药物临床试验机构和医疗机构药品安全信用档案,记录许可颁发、日常监督检查结果、违法行为查处等情况,依法向社会公布并及时更新;对有不良信用记录的,增加监督检查频次,并可以按照国家规定实施联合惩戒。

药品监督管理部门应当公布本部门的电子邮件地址、电话,接受咨询、投诉、举报,并依法及时答复、核实、处理。对查证属实的举报,按照有关规定给予举报人奖励。

药品监督管理部门应当对举报人的信息予以保密,保护举报人的合法权益。举报人举报所在单位的,该单位不得以解除、变更劳动合同或者其他方式对举报人进行打击报复。

国家实行药品安全信息统一公布制度。国家药品安全总体情况、药品安全风险警示信息、重大药品安全事件及其调查处理信息和国务院确定需要统一公布的其他信息由国务院药品监督管理部门统一公布。药品安全风险警示信息和重大药品安全事件及其调查处理信息的影响限于特定区域的,也可以由有关省、自治区、直辖市人民政府药品监督管理部门公布。未经授权不得发布上述信息。

公布药品安全信息,应当及时、准确、全面,并进行必要的说明,避免误导。任何单位和个人不得编造、散布虚假药品安全信息。

县级以上人民政府应当制定药品安全事件应急预案。药品上市许可持有人、药品生产企业、药品经营企业和医疗机构等应当制定本单位的药品安全事件处置方案,并组织开展培训和应急演练。

发生药品安全事件,县级以上人民政府应当按照应急预案立即组织开展应对工作;有关单位应当立即采取有效措施进行处置,防止危害扩大。

药品监督管理部门未及时发现药品安全系统性风险,未及时消除监督管理区域内药品安全隐患的,本级人民政府或者上级人民政府药品监督管理部门应当对其主要负责人进行约谈。

地方人民政府未履行药品安全职责,未及时消除区域性重大药品安全隐患的,上级人民政府或者上级人民政府药品监督管理部门应当对其主要负责人进行约谈。被约谈的部门和地方人民政府应当立即采取措施,对药品监督管理工作进行整改。约谈情况和整改情况应当纳入有关部门和地方人民政府药品监督管理工作评议、考核记录。

地方人民政府及其药品监督管理部门不得以要求实施药品检验、审批等手段限制或者排斥非本地区药品上市许可持有人、药品生产企业生产的药品进入本地区。

药品监督管理部门及其设置的或者指定的药品专业技术机构不得参与药品生产经营活动,不得以其名义推荐或者监制、监销药品。

药品监督管理部门及其设置或者指定的药品专业技术机构的工作人员不得参与药品生产经营活动。

国务院对麻醉药品、精神药品、医疗用毒性药品、放射性药品、药品类易制毒化学品等有其他特殊管理规定的,依照其规定。

四、新药、仿制药品管理

(一)新药

1. 新药的概念 《国务院关于改革药品医疗器械审评审批制度的意见》(国发〔2015〕44号)规定,将新药由现行的"未曾在中国境内上市销售的药品"调整为"未在中国境内外上市销售的药品"。根据物质基础的原创性和新颖性,将新药分为创新药和改良型新药。国家鼓励研究和创制新药,保护公民、法人和其他组织研究、开发新药的合法权益。

2. 新药的审批 新药从研究到生产大致需经过临床前研究、临床研究和生产上市三个阶段。新药研制应当向国家或省级药品监督管理部门报送研究方法、质量标准、药理及毒理试验报告等有关资料及样品,经批准后,方可进行临床试验或验证。临床研究应当符合国家药品监督管理局制定的《药品临床试验管理规范》有关规定。经临床验证后,通过新药鉴定,由国家药品监督管理部门批准,发给新药证书和批准文号,方能生产新药。

(二)仿制药

1. 仿制药的概念 《国务院关于改革药品医疗器械审评审批制度的意见》规定,将仿制药由现行的"仿已有国家标准的药品"调整为"仿与原研药品质量和疗效一致的药品"。

2. 仿制药的审批 《国务院关于改革药品医疗器械审评审批制度的意见》规定,将仿制药生物等效性试验由审批改为备案,仿制药审评审批要以原研药品作为参比制剂,确保新批准的仿制药质量和疗效与原研药品一致。对改革前受理的药品注册申请,继续按照原规定进行审评审批,在质量一致性评价工作中逐步解决与原研药品质量和疗效一致性问题。凡申请仿制药品的企业,由所在省级药品监督管理部门初审后,报国家药品监督管理部门核准,并编排统一的批准文号,方可仿制生产。

五、药品上市许可持有人制度管理

国家对药品管理实行药品上市许可持有人制度。药品上市许可持有人制度是指将上市许可与生产许可分离的管理模式。这种机制下,上市许可和生产许可相互独立,上市许可持有人可以将产品委托给不同的生产商生产,药品的安全性、有效性和质量可控性均由上市许可人对公众负责。药品上市许可持有人依法对药品研制、生产、经营、使用全过程中药品的安全性、有效性和质量可控性负责。

药品上市许可持有人制度是当今国际社会普遍实行的药品管理制度。只有药品生产企业才可以申请药品注册,取得药品批准文号。随着我国药品产业的快速发展,以及药品监管理念与制度的不断进步,这一产品注册与生产许可相捆绑的管理制度的弊端逐渐出现,不利于鼓励药物创新和资源配置。2015年11月4日,第十二届全国人民代表大会常务委员会第十七次会议表决通过《关于授权国务院在部分地方开展药品上市许可持有人制度试点和有关问题的决定》,授权国务院在北京、天津、河北、上海、江苏、浙江、福建、山东、广东、四川十个省、直辖市,开展为期三年的药品上市许可持有人制度试点,允许试点省市药品研发机构和科研人员取得药品批准文号,对药品质量承担相应责任。

知识拓展

药品上市许可持有人

药品上市许可持有人是指取得药品注册证书的企业或者药品研制机构等。药品上市许可持有人应当对受托药品生产企业、药品经营企业的质量管理体系进行定期审核,监督其持续具备质量保证和控制能力。药品上市许可持有人和受托生产企业应当签订委托协议和质量协议,并严格履行协议约定的义务。国务院药品监督管理部门制定药品委托生产质量协议指南,指导、监督药品上市许可持有人和受托生产企业履行药品质量保证义务。

六、处方药和非处方药管理

根据药品品种、规格、适应证、剂量及给药途径不同,《药品管理法》规定,国家对药品实行处方药和非处方药分类管理制度。处方药是指应当凭执业医师或执业助理医师处方才能调配购买和使用的药品。非处方药(OTC)是指由国家食品药品监督管理部门公布,不通过医师诊断和开具处方,消费者可以自行判断、购买和使用的药品。国家药品监督管理局负责非处方药目录的遴选、审批、发布和调整工作。

根据《处方药与非处方药分类管理办法》(试行)的规定,处方药必须凭执业医师或执业助理医师处方才可调配、购买和使用。非处方药标签和说明书除符合规定外,用语应当科学、易懂,便于消费者自行判断、选择和使用。非处方药的包装应当印有国家指定的非处方药专有标识,必须符合质量要求,方便储存、运输和使用。对处方药和非处方药进行分类管理,有助于保护药品消费者的合法权益,有利于我国药品管理模式与国际接轨。

七、进出口药品管理

《药品管理法》规定,禁止进口疗效不确切、不良反应大或者因其他原因危害人体健康的药品。药品进口,须经国务院药品监督管理部门组织审查,经审查确认符合质量标准、安全有效的,方可批准进口,并发给进口药品注册证书。医疗单位临床急需或者个人自用进口的少量药品,按照国家有关规定办理进口手续。

对国内供应不足的药品,国务院有权限制或者禁止出口。进口、出口麻醉药品和国家规定范围内的精神药品,应当持有国务院药品监督管理部门发给的进口准许证、出口准许证。

八、药品再评价管理

药品审评包括通过临床用药评定新药、老药的再评价,以及淘汰危害严重、疗效不确切或不合理的组方,是药品管理的一项重要内容。国务院药品监督管理部门和省级药品监督管理部门可成立药品评审委员会,对新药进行评审,对已经生产的药品进行再评价。国务院药品监督管理部门组织药学、医学和其他技术人员,对新药进行审评,对已经批准生产的药品进行再评价。对已经批准生产或者进口的药品,应当组织调查;对疗效不确切、不良反应大或者因其他原因危害人体健康的药品,应当撤销批准文号或者进口药品注册证书。已被撤销批准文号或者进口药品注册证书的药品,不得生产或者进口、销售和使用;已经生产或者进口的,由当地药品监督管理部门监督销毁或者处理。

九、药品不良反应报告管理

为加强药品的上市后监管,规范药品不良反应报告和监测,及时、有效控制药品风险,保障公众用药安全,2010年12月13日,卫生部通过了《药品不良反应报告和监测管理办法》。所谓药品不良反应,是指合格药品在正常用法用量下出现的与用药目的无关的有害反应。

(一)药品不良反应报告的主体

《药品管理法》规定,药品上市许可持有人、药品生产企业、药品经营企业和医疗机构应当经常考察本单位所生产、经营、使用的药品质量、疗效和不良反应。发现疑似不良反应的,应当及时向药品监督管理部门和卫生健康主管部门报告。

(二)药品不良反应报告的基本要求

(1)药品生产、经营企业和医疗机构获知或者发现可能与用药有关的不良反应,应当通过国家药品不良反应监测信息网络报告,报告内容应当真实、完整、准确。

(2)各级药品不良反应监测机构应当对本行政区域内的药品不良反应报告和监测资料进行评价和管理。

(3)药品生产、经营企业和医疗机构应当配合药品监督管理部门、卫生行政部门和药品不良反应监测机构对药品不良反应或者群体不良事件的调查,并提供调查所需的资料。

(4)药品生产、经营企业和医疗机构应当建立并保存药品不良反应报告和监测档案。

(三)药品不良反应报告的时限

1. 个例药品不良反应报告 药品生产、经营企业和医疗机构发现或者获知新的、严重的药品不良反应应当在15日内报告,其中死亡病例须立即报告;其他药品不良反应应当在30日内报告。个人发现新的或者严重的药品不良反应,可以向经治医师报告,也可以向药品生产、经营企业或者当地的药品不良反应监测机构报告,必要时提供相关的病历资料。

2. 药品群体不良事件报告 药品生产、经营企业和医疗机构获知或者发现药品群体不良事件后,应当立即通过电话或者传真等方式报所在地的县级药品监督管理部门、卫生行政部门和药品不良反应监测机构,必要时可以越级报告;药品经营企业发现药品群体不良事件应当立即告知药品生产企业,同时迅速开展自查,必要时应当暂停药品的销售,并协助药品生产企业采取相关控制措施。医疗机构发现药品群体不良事件后应当积极救治患者,迅速开展临床调查,分析事件发生的原因,必要时可采取暂停药品的使用等紧急措施。

3. 境外发生的严重药品不良反应 进口药品和国产药品在境外发生的严重药品不良反应(包括自发报告系统收集的、上市后临床研究发现的、文献报道的),药品生产企业应当填写境外发生的药品不良反应/事件报告表,自获知之日起30日内报送国家药品不良反应监测中心。国家药品不良反应监测中心要求提供原始报表及相关信息的,药品生产企业应当在5日内提交。

(四)药品不良反应的评价与控制

药品生产企业应对收集到的药品不良反应报告和监测资料进行分析、评价,并主动开展药品安全性研究。药品生产企业对已确认发生严重不良反应的药品,应当通过各种有效途径将药品不良反应、合理用药信息及时告知医务人员、患者和公众。对不良反应大的药品,应当主动申请注销其批准证明文件。

药品经营企业和医疗机构应当对收集到的药品不良反应报告和监测资料进行分析和评价,并采取有效措施减少和防止药品不良反应的重复发生。

第四节　生物制品与特殊药品管理的法律规定

一、生物制品管理

生物制品指以微生物、寄生虫、动物毒素、生物组织作为起始材料,采用生物学工艺或分离纯化技术制备,并以生物学技术和分析技术控制中间产物和成品质量制成的生物活性制剂,包括菌苗、疫苗、毒素、类毒素、免疫血清、血液制品、免疫球蛋白、抗原、变态反应原、细胞因子、激素、酶、发酵产品、单克隆抗体、DNA重组产品、体外免疫诊断制品等。

《中国生物制品规程》是我国生物制品生产、检定、经营和使用的技术法规,是监督检验生物制品质量的法定标准。自第一部生物制品国家标准《生物制品法规》(1952年版)颁布以来历经《生物制品制造及检定规程》(1959年版)、《生物制品规程》(1979年版)、《中国生物制品规程》(1990年版、1995年版、2000年版),2002年10月,第八届药典委员会成立后,《中国生物制品规程》并入《中国药典》。2015版《中国药典》在生物制品部分增加相关总论的要求,严格生物制品全过程质量控制要求,以保证产品的安全有效性,同时增订生物制品生产用原辅材料质量控制通用性技术要求,加强源头控制,最大限度降低安全性风险。

为加强生物制品质量管理,保证生物制品安全、有效,2017年国家食品药品监督管理总局发布实施了《生物制品批签发管理办法》(2004年发布的《生物制品批签发管理办法》废止)。国家食品药品监督管理总局主管全国生物制品批签发工作;承担生物制品批签发检验或者审核工作的药品检验机构由国家食品药品监督管理局指定。

二、特殊药品

《药品管理法》规定,国务院对麻醉药品、精神药品、医疗用毒性药品、放射性药品、药品类易制毒化学品等实行特殊的管理。

(一)麻醉药品和精神药品的管理

为加强麻醉药品和精神药品的管理,保证麻醉药品和精神药品的合法、安全、合理使用,防止流入非法渠道,2005年8月国务院发布了《麻醉药品和精神药品管理条例》,自2005年11月1日起施行,后经过了两次修订。

麻醉药品和精神药品,是指列入麻醉药品目录、精神药品目录(以下称目录)的药品和其他物质。具体而言,麻醉药品是指对中枢神经有麻醉作用,连续使用后易产生生理依赖性、能形成瘾癖的药品。精神药品是指直接作用于中枢神经系统,使之兴奋或抑制,连续使用能产生依赖性的药品。精神药品分为第一类精神药品和第二类精神药品。麻醉药品目录和精神药品目录由国务院药品监督管理部门会同国务院公安部门、国务院卫生主管部门制定、调整并公布。

1. 麻醉药品和精神药品的监督管理机关　国家对麻醉药品药用原植物以及麻醉药品和精神药品实行管制。国务院药品监督管理部门负责全国麻醉药品和精神药品的监督管理工作,并会同国务院农业主管部门对麻醉药品药用原植物实施监督管理。国务院公安部门负责对造成麻醉药品药用原植物、麻醉药品和精神药品流入非法渠道的行为进行查处。国务院其他有关主管部门在各自的职责范围内负责与麻醉药品和精神药品有关的管理工作。

2. 麻醉药品和精神药品的生产 国家根据麻醉药品和精神药品的医疗、国家储备和企业生产所需原料的需要确定需求总量,对麻醉药品药用原植物的种植、麻醉药品和精神药品的生产实行总量控制。国务院药品监督管理部门根据麻醉药品和精神药品的需求总量制定年度生产计划。国务院药品监督管理部门和国务院农业主管部门根据麻醉药品年度生产计划,制定麻醉药品药用原植物年度种植计划。国家对麻醉药品和精神药品实行定点生产制度。定点生产企业生产麻醉药品和精神药品,应当依照《药品管理法》的规定取得药品批准文号。

3. 麻醉药品和精神药品的供应 国家对麻醉药品和精神药品实行定点经营制度。国务院药品监督管理部门应当根据麻醉药品和第一类精神药品的需求总量,确定麻醉药品和第一类精神药品的定点批发企业布局,并应当根据年度需求总量对布局进行调整、公布。药品经营企业不得经营麻醉药品原料药和第一类精神药品原料药。但是,供医疗、科学研究、教学使用的小包装的上述药品可以由国务院药品监督管理部门规定的药品批发企业经营。麻醉药品和第一类精神药品不得零售。禁止使用现金进行麻醉药品和精神药品交易,但是个人合法购买麻醉药品和精神药品的除外。

4. 麻醉药品和精神药品的运输 托运、承运和自行运输麻醉药品和精神药品的,应当采取安全保障措施,应当向所在地设区的市级药品监督管理部门申请领取运输证明,防止麻醉药品和精神药品在运输过程中被盗、被抢、丢失。

5. 麻醉药品和精神药品的使用 医疗机构需要使用麻醉药品和第一类精神药品的,应当经所在地设区的市级人民政府卫生主管部门批准,取得麻醉药品、第一类精神药品购用印鉴卡。医疗机构应当凭印鉴卡向本省、自治区、直辖市行政区域内的定点批发企业购买麻醉药品和第一类精神药品。医疗机构应当按照国务院卫生主管部门的规定,对本单位执业医师进行有关麻醉药品和精神药品使用知识的培训、考核,经考核合格的,授予麻醉药品和第一类精神药品处方资格。医疗机构应当对麻醉药品和精神药品处方进行专册登记,加强管理。麻醉药品处方至少保存 3 年,精神药品处方至少保存 2 年。

(二) 医疗用毒性药品

医疗用毒性药品(以下简称毒性药品)是指毒性剧烈、治疗剂量与中毒剂量相近,使用不当会致人中毒或死亡的药品。

《医疗用毒性药品管理办法》规定,毒性药品年度生产、收购、供应和配制计划,由省、自治区、直辖市医药管理部门根据医疗需要制定,经省、自治区、直辖市卫生行政部门审核后,由医药管理部门下达给指定的毒性药品生产、收购、供应单位,并抄报国家卫生部(现变更为国家卫生健康委员会)、国家医药管理局和国家中医药管理局。

生产单位不得擅自改变生产计划自行销售。药厂必须由医药专业人员负责生产、配制和质量检验,并建立严格的管理制度,严防与其他药品混杂。毒性药品的收购、经营,由各级医药管理部门指定的药品经营单位负责;收购、经营、加工、使用毒性药品的单位应当建立健全保管、验收、领发、核对等制度;医疗单位凭医生签名的正式处方供应和调配毒性药品。

(三) 放射性药品的管理

放射性药品是指用于临床诊断或者治疗的放射性核素制剂或者其标记药物。

根据国务院食品药品监督管理体制改革精神,国家食品药品监督管理总局(现变更为国家市场监督管理总局)主管全国放射性药品监督管理工作,能源部主管放射性药品生产、经营管理工作。

放射性药品的生产、经营、使用单位应当持有相应的许可证方能生产、经营或使用。放射性药品的包装应当安全实用,符合放射性药品质量要求,具有与放射性剂量相适应的防护装置,包装应当分内包装和外包装两部分,外包装应当贴有商标、标签、说明书和放射性药品标志,内包装应当贴有标签。放射性药品的运输,按国家运输、邮政等部门制订的有关规定执行。严禁任何单位和个人随身携带放射性药品乘坐公共交通运输工具。

第五节 疫苗管理

一、疫苗概念

疫苗,是指为了预防、控制传染病的发生、流行,用于人体预防接种的疫苗类预防性生物制品。

2005年3月,国务院发布《疫苗流通和预防接种管理条例》(以下简称《条例》),2016年4月23日,国务院公布了《国务院关于修改〈疫苗流通和预防接种管理条例〉的决定》(以下简称《决定》),自公布之日起施行。《决定》对疫苗流通、疫苗接种、保障措施、预防接种异常反应处理等作出了明确规定;确定了政府对预防接种工作的保障机制;明确了卫生行政部门以及医疗卫生机构的职责,规范了疫苗接种单位的接种行为。

二、疫苗分类管理制度

为了实现国家免疫规划所要求的疫苗接种率,我国对疫苗实行分类管理,疫苗分为两类。

(一)第一类疫苗

第一类疫苗是政府免费向公民提供,公民应当依照政府的规定受种的疫苗,包括国家免疫规划确定的疫苗,省级人民政府在执行国家免疫规划时增加的疫苗,以及县级以上人民政府或者其卫生主管部门组织的应急接种或者群体性预防接种所使用的疫苗。接种第一类疫苗由政府承担费用。

(二)第二类疫苗

第二类疫苗是由公民自费并且自愿受种的其他疫苗。接种第二类疫苗由受种者或者其监护人承担费用。

三、疫苗流通

(一)疫苗集中采购

山东济南非法经营疫苗系列案件发生后,暴露出第二类疫苗流通链条长、牟利空间大等问题,《决定》删除了《条例》原有的关于药品批发企业经批准可以经营疫苗的条款,不再允许药品批发企业经营疫苗。同时明确规定,疫苗的采购全部纳入省级公共资源交易平台;第二类疫苗由省级疾病预防控制机构组织在平台上集中采购,由县级疾病预防控制机构向生产企业采购后供应给本行政区域的接种单位。

(二)第一类疫苗的使用计划和供应

1. 使用计划 省级疾病预防控制机构应当根据国家免疫规划和本地区预防、控制传染病的发生、流行的需要,制定本地区第一类疫苗的使用计划,并向依照国家有关规定负责采购第一类疫苗的部门报告,同时报同级人民政府卫生主管部门备案。依照国家有关规定负责采购第一类疫苗的部门应当依法与疫苗生产企业签订政府采购合同,约定疫苗的品种、数量、价格等内容。

2. 疫苗供应 疫苗生产企业应当按照政府采购合同的约定,向省级疾病预防控制机构或者其指定的其他疾病预防控制机构供应第一类疫苗,不得向其他单位或者个人供应。疫苗生产企业应当在其供应的纳入国家免疫规划疫苗的最小外包装的显著位置,标明"免费"字样以及国务院卫生主管部门规定的"免疫规划"专用标识。

3. 疫苗分发 省级疾病预防控制机构应当做好分发第一类疫苗的组织工作,并按照使用计划将第一类疫苗组织分发到设区的市级疾病预防控制机构或者县级疾病预防控制机构。县级疾病预防控制机构应当按照使用计划将第一类疫苗分发到接种单位和乡级医疗卫生机构。乡级医疗卫生机构应当将第一类疫苗分发到承担预防接种工作的村医疗卫生机构。医疗卫生机构不得向其他单位或者个人分发第一类疫苗;分发第一类疫苗,不得收取任何费用。

(三) 第二类疫苗的销售和供应

《决定》规定,第二类疫苗由省级疾病预防控制机构组织在省级公共资源交易平台集中采购,由县级疾病预防控制机构向疫苗生产企业采购后供应给本行政区域的接种单位。疫苗生产企业应当直接向县级疾病预防控制机构配送第二类疫苗,或者委托具备冷链储存、运输条件的企业配送。接受委托配送第二类疫苗的企业不得委托配送。县级疾病预防控制机构向接种单位供应第二类疫苗可以收取疫苗费用以及储存、运输费用。

(四) 疫苗质量控制

疾病预防控制机构、接种单位、疫苗生产企业、接受委托配送疫苗的企业应当遵守疫苗储存、运输管理规范,保证疫苗质量。疫苗储存、运输的全过程应当始终处于规定的温度环境,不得脱离冷链,并定时监测、记录温度。疾病预防控制机构接种单位接收或者购进疫苗时,应当索要储存、运输全过程的温度监测记录,发现无全过程温度监测记录或者温度控制不符合要求的疫苗,不得接收或者购进,并应向药品监督管理、卫生主管部门报告。

疫苗生产企业在销售疫苗时,应当提供由药品检验机构依法签发的生物制品每批检验合格或者审核批准证明复印件,并加盖企业印章;销售进口疫苗的,还应当提供进口药品通关单复印件,并加盖企业印章。疾病预防控制机构、接种单位在接收或者购进疫苗时,应当向疫苗生产企业索取规定的证明文件,并保存至超过疫苗有效期2年备查。

(五) 疫苗全程追溯管理制度

针对山东济南非法经营疫苗系列案件暴露出来的疫苗全程追溯制度不完善、接种记录制度落实不到位等问题,《决定》在现有疫苗购销、接种记录制度的基础上进一步规定,国家建立疫苗全程追溯制度,生产企业、疾病预防控制机构、接种单位应当依照《药品管理法》《疫苗流通和预防接种管理条例》和国务院有关部门的规定记录疫苗流通、使用信息,实现疫苗最小包装单位的生产、储存、运输、使用全程可追溯;对包装无法识别、超过有效期、脱离冷链、经检验不符合标准、来源不明的疫苗,应当如实登记并向药品监督管理部门报告,由药品监督管理部门会同卫生主管部门按规定监督销毁。

生物制药(包括疫苗)的冷链运输箱

目前国内大部分的生物制药(包括疫苗)的冷链运输箱普遍为两种,一是泡沫箱,二是大家常见的吹塑或注塑冷藏箱。前者在日常生活中很常见,果蔬、高端海鲜肉类都会用到,泡沫箱的定义是:可发性聚苯乙烯泡沫塑料是一种新型的防震包装材料、保温材料,它具有比重轻、耐冲击、易成型、造型美观、色泽鲜艳、高效节能、价格低廉、用途广泛等优点,同时也有保温功能,但更重要的是价格低廉。往往制药企业的此类包装都是一次性的,到达目的地,客户收到药品后,包装就作为垃圾被扔掉,基本无回收的可能。使用泡沫箱基本能达到国家明确规定的2~8℃的运输控制温度。吹塑或注塑冷藏箱(里面为EPS保温层)密封效果较好,所以维持温度更持久一点。此类产品在快递外卖行业中运用最广,在生物制药领域,主要用于高端产品、小批量运输、医院诊所等,因为在这些过程中冷藏箱都是可以回收的,即使前期投入成本较高,但可重复利用,边际成本也就下来了。

四、疫苗接种

(一) 接种单位的管理制度

1. 接种单位的许可条件及职责 接种单位应当具备下列条件:①具有医疗机构执业许可证件;

②具有经过县级人民政府卫生主管部门组织的预防接种专业培训并考核合格的执业医师、执业助理医师、护士或者乡村医生；③具有符合疫苗储存、运输管理规范的冷藏设施、设备和冷藏保管制度。接种单位应当承担责任区域内的预防接种工作，并接受所在地的县级疾病预防控制机构的技术指导。

2. 接种单位的工作规范　接种单位接种疫苗，应当遵守预防接种工作规范、免疫程序、疫苗使用指导原则和接种方案，并在其接种场所的显著位置公示第一类疫苗的品种和接种方法。医疗卫生人员应当对符合接种条件的受种者实施接种，并依照国务院卫生主管部门的规定，记录疫苗的品种、生产企业、最小包装单位的识别信息、有效期、接种时间、实施接种的医疗卫生人员、受种者等内容。接种记录保存时间不得少于5年。

3. 受种者的知情同意　医疗卫生人员在实施接种前，应当告知受种者或者其监护人所接种疫苗的品种、作用、禁忌、不良反应以及注意事项，询问受种者的健康状况以及是否有接种禁忌等情况，并如实记录告知和询问情况。受种者或者其监护人应当了解预防接种的相关知识，并如实提供受种者的健康状况和接种禁忌等情况。

对于因有接种禁忌而不能接种的受种者，医疗卫生人员应当对受种者或者其监护人提出医学建议。

（二）儿童预防接种证制度

国家对儿童实行预防接种证制度。在儿童出生后1个月内，其监护人应当到儿童居住地承担预防接种工作的接种单位为其办理预防接种证。接种单位对儿童实施接种时，应当查验预防接种证，并做好记录。

五、预防接种异常反应的处理

预防接种异常反应，是指合格的疫苗在实施规范接种过程中或者实施规范接种后造成受种者机体组织器官、功能损害，相关各方均无过错的药品不良反应。

（一）不属于预防接种异常反应的情形

下列情形不属于预防接种异常反应：①因疫苗本身特性引起的接种后一般反应；②因疫苗质量不合格给受种者造成的损害；③因接种单位违反预防接种工作规范、免疫程序、疫苗使用指导原则、接种方案给受种者造成的损害；④受种者在接种时正处于某种疾病的潜伏期或者前驱期，接种后偶合发病；⑤受种者有疫苗说明书规定的接种禁忌，在接种前受种者或者其监护人未如实提供受种者的健康状况和接种禁忌等情况，接种后受种者原有疾病急性复发或者病情加重；⑥因心理因素发生的个体或者群体的心因性反应。

（二）预防接种异常反应的处理

发现预防接种异常反应、疑似预防接种异常反应或者接到相关报告的，应当依照预防接种工作规范及时处理，并立即报告所在地的县级人民政府卫生主管部门和药品监督管理部门。

县级以上地方人民政府卫生主管部门、药品监督管理部门应当将本行政区域内发生的预防接种异常反应及其处理情况，分别逐级上报至国务院卫生主管部门和药品监督管理部门。

因预防接种导致受种者死亡、严重残疾或者群体性疑似预防接种异常反应，接种单位或者受种方请求县级人民政府卫生主管部门处理的，接到处理请求的卫生主管部门应当采取必要的应急处置措施，及时向本级人民政府报告，并移送上一级人民政府卫生主管部门处理。

（三）预防接种异常反应的补偿

因预防接种异常反应造成受种者死亡、严重残疾或者器官组织损伤的，应当给予一次性补偿，补偿费用由省、自治区、直辖市人民政府财政部门在预防接种工作经费中安排，具体补偿办法由省、自治区、直辖市人民政府制定。因接种第二类疫苗引起预防接种异常反应需要对受种者予以补偿的，补偿费用由相关的疫苗生产企业承担。

国家鼓励建立通过商业保险等形式对预防接种异常反应受种者予以补偿的机制。因疫苗质量不合格给受种者造成损害的，或因接种单位违反预防接种工作规范、免疫程序、疫苗使用指导原则、接种方案给受种者造成损害的,依照《中华人民共和国侵权责任法》以及《中华人民共和国药品管理法》的有关规定处理。

六、加大处罚力度及问责力度

为进一步惩治疫苗流通、预防接种过程中的违法犯罪行为和监管不力现象,《决定》加大了处罚及问责力度。①针对向县级疾病预防控制机构以外的单位或者个人销售第二类疫苗,存在未在规定的冷藏条件下储存、运输疫苗等严重违法行为的,提高罚款金额,增设给予责任人员五年至十年的禁业处罚;②增加规定未通过省级公共资源交易平台采购疫苗、未索要温度监测记录等行为的法律责任;③为严格落实地方政府的属地监管责任,增加了地方政府及监管部门主要负责人应当引咎辞职的规定;④针对疾病预防控制机构、接种单位违法购进第二类疫苗以及生产企业违法销售第二类疫苗的行为,作了刑事的衔接规定。

第六节 法律责任

一、行政责任

《中华人民共和国药品管理法》规定,药品监督管理部门发现药品违法行为涉嫌犯罪的,应当及时将案件移送公安机关。对依法不需要追究刑事责任或者免予刑事处罚,但应当追究行政责任的,公安机关、人民检察院、人民法院应当及时将案件移送药品监督管理部门。公安机关、人民检察院、人民法院商请药品监督管理部门、生态环境主管部门等部门提供检验结论、认定意见以及对涉案药品进行无害化处理等协助的,有关部门应当及时提供,予以协助。

(一)未取得许可证生产、经营药品的法律责任

未取得药品生产许可证、药品经营许可证或者医疗机构制剂许可证生产、销售药品的,责令关闭,没收违法生产、销售的药品和违法所得,并处违法生产、销售的药品(包括已售出的和未售出的药品,下同)货值金额十五倍以上三十倍以下的罚款;货值金额不足十万元的,按十万元计算。

(二)生产、销售假药、劣药的法律责任

生产、销售假药的,没收违法生产、销售的药品和违法所得,责令停产停业整顿,吊销药品批准证明文件,并处违法生产、销售的药品货值金额十五倍以上三十倍以下的罚款;货值金额不足十万元的,按十万元计算;情节严重的,吊销药品生产许可证、药品经营许可证或者医疗机构制剂许可证,十年内不受理其相应申请;药品上市许可持有人为境外企业的,十年内禁止其药品进口。

生产、销售劣药的,没收违法生产、销售的药品和违法所得,并处违法生产、销售的药品货值金额十倍以上二十倍以下的罚款;违法生产、批发的药品货值金额不足十万元的,按十万元计算,违法零售的药品货值金额不足一万元的,按一万元计算;情节严重的,责令停产停业整顿直至吊销药品批准证明文件、药品生产许可证、药品经营许可证或者医疗机构制剂许可证。

生产、销售的中药饮片不符合药品标准,尚不影响安全性、有效性的,责令限期改正,给予警告;可以处十万元以上五十万元以下的罚款。

生产、销售假药,或者生产、销售劣药且情节严重的,对法定代表人、主要负责人、直接负责的主管人员和其他责任人员,没收违法行为发生期间自本单位所获收入,并处所获收入百分之三十以上三倍以下的罚款,终身禁止从事药品生产经营活动,并可以由公安机关处五日以上十五日以下的拘留。

对生产者专门用于生产假药、劣药的原料、辅料、包装材料、生产设备予以没收。

药品使用单位使用假药、劣药的,按照销售假药、零售劣药的规定处罚;情节严重的,法定代表人、主要负责人、直接负责的主管人员和其他责任人员有医疗卫生人员执业证书的,还应当吊销执业证书。

知道或者应当知道属于假药、劣药或者《药品管理法》第一百二十四条第一款第一项至第五项规定的药品,而为其提供储存、运输等便利条件的,没收全部储存、运输收入,并处违法收入一倍以上五倍以下的罚款;情节严重的,并处违法收入五倍以上十五倍以下的罚款;违法收入不足五万元的,按五万元计算。

对假药、劣药的处罚决定,应当依法载明药品检验机构的质量检验结论。

案例导入

长春长生生物科技有限责任公司于1992年8月27日成立,法定代表人高俊芳。从2014年4月起,在生产狂犬病疫苗过程中严重违反药品生产质量管理规范和国家药品标准的有关规定,其有的批次疫苗混入过期原液、不如实填写日期和批号、部分批次疫苗向后标示生产日期。2018年7月15日,国家药品监督管理局发布通告称,国家药监局在对长春长生生物科技有限责任公司开展飞行检查中,发现该企业冻干人用狂犬病疫苗生产存在记录造假等严重违反《药品生产质量管理规范》行为,对此责令吉林省食品药品监督管理局收回该企业药品 GMP 证书,并责令狂犬疫苗停产、立案调查,并处罚款1203万元。吉林省食品药品监督管理局吊销其药品生产许可证;没收违法生产的疫苗、违法所得18.9亿元,处违法生产、销售货值金额三倍罚款 72.1 亿元。

2018年7月23日消息,深交所对长生生物相关股东所持股份实施限售处理。长生内部员工均已放假,所有生产线全部停产。2018年8月1日,长春长生9处房产和61台车辆被查封。2018年9月,ST 长生公告称,决定从2017年度起取消长春长生生物科技有限责任公司高新技术企业资格。2018年10月16日,国家药监局和吉林省食品药品监督管理局分别对长春长生公司作出多项行政处罚。

2019年5月,长生生物公司被立案调查。11月7日,依照《中华人民共和国企业破产法》第二条第一款第一百零七条规定,裁定宣告长春长生生物科技有限责任公司破产。11月27日,长生生物公司股票已被深圳证券交易所予以摘牌。

分析:所有药品生产经营者都得遵守《中华人民共和国药品管理法》,否则都会受到应有的惩处!

(三) 药品的生产企业、经营企业在药品购销中收受利益的法律责任

药品上市许可持有人、药品生产企业、药品经营企业或者医疗机构在药品购销中给予、收受回扣或者其他不正当利益的,药品上市许可持有人、药品生产企业、药品经营企业或者代理人给予使用其药品的医疗机构的负责人、药品采购人员、医师、药师等有关人员财物或者其他不正当利益的,由市场监督管理部门没收违法所得,并处三十万元以上三百万元以下的罚款;情节严重的,吊销药品上市许可持有人、药品生产企业、药品经营企业营业执照,并由药品监督管理部门吊销药品批准证明文件、药品生产许可证、药品经营许可证。

药品上市许可持有人、药品生产企业、药品经营企业在药品研制、生产、经营中向国家工作人员行贿的,对法定代表人、主要负责人、直接负责的主管人员和其他责任人员终身禁止从事药品生产经营活动。

药品上市许可持有人、药品生产企业、药品经营企业的负责人、采购人员等有关人员在药品购销中收受其他药品上市许可持有人、药品生产企业、药品经营企业或者代理人给予的财物或者其他不正当利益的,没收违法所得,依法给予处罚;情节严重的,五年内禁止从事药品生产经营活动。

医疗机构的负责人、药品采购人员、医师、药师等有关人员收受药品上市许可持有人、药品生产企业、药品经营企业或者代理人给予的财物或者其他不正当利益的,由卫生健康主管部门或者本单位给予处分,没收违法所得;情节严重的,还应当吊销其执业证书。

禁止药品上市许可持有人、药品生产企业、药品经营企业和医疗机构在药品购销中给予、收受回扣或者其他不正当利益。

禁止药品上市许可持有人、药品生产企业、药品经营企业或者代理人以任何名义给予使用其药品的医疗机构的负责人、药品采购人员、医师、药师等有关人员财物或者其他不正当利益。禁止医疗机构的负责人、药品采购人员、医师、药师等有关人员以任何名义收受药品上市许可持有人、药品生产企业、药品经营企业或者代理人给予的财物或者其他不正当利益。

（四）药品广告管理

药品广告应当经广告主所在地省、自治区、直辖市人民政府确定的广告审查机关批准；未经批准的，不得发布。

药品广告的内容应当真实、合法，以国务院药品监督管理部门核准的药品说明书为准，不得含有虚假的内容。

药品广告不得含有表示功效、安全性的断言或者保证；不得利用国家机关、科研单位、学术机构、行业协会或者专家、学者、医师、药师、患者等的名义或者形象作推荐、证明。

非药品广告不得有涉及药品的宣传。

药品价格和广告，《药品管理法》未做规定的，适用《中华人民共和国价格法》《中华人民共和国反垄断法》《中华人民共和国反不正当竞争法》《中华人民共和国广告法》等的规定。

（五）医疗机构管理

未取得药品生产许可证、药品经营许可证或者医疗机构制剂许可证生产、销售药品的，责令关闭，没收违法生产、销售的药品和违法所得，并处违法生产、销售的药品（包括已售出和未售出的药品，下同）货值金额十五倍以上三十倍以下的罚款；货值金额不足十万元的，按十万元计算。

生产、销售假药的，没收违法生产、销售的药品和违法所得，责令停产停业整顿，吊销药品批准证明文件，并处违法生产、销售的药品货值金额十五倍以上三十倍以下的罚款；货值金额不足十万元的，按十万元计算；情节严重的，吊销药品生产许可证、药品经营许可证或者医疗机构制剂许可证，十年内不受理其相应申请；药品上市许可持有人为境外企业的，十年内禁止其药品进口。

生产、销售劣药的，没收违法生产、销售的药品和违法所得，并处违法生产、销售的药品货值金额十倍以上二十倍以下的罚款；违法生产、批发的药品货值金额不足十万元的，按十万元计算，违法零售的药品货值金额不足一万元的，按一万元计算；情节严重的，责令停产停业整顿直至吊销药品批准证明文件、药品生产许可证、药品经营许可证或者医疗机构制剂许可证。

（六）药品检验机构出其虚假检验报告的法律责任

药品检验机构出具虚假检验报告的，责令改正，给予警告，对单位并处二十万元以上一百万元以下的罚款；对直接负责的主管人员和其他直接责任人员依法给予降级、撤职、开除处分，没收违法所得，并处五万元以下的罚款；情节严重的，撤销其检验资格。

（七）药品检验机构、生产企业、经营企业及医疗机构的赔偿责任

药品检验机构出具的检验结果不实造成损失的，应当承担相应的赔偿责任；药品的生产企业、经营企业，医疗机构违反《药品管理法》规定，给药品使用者造成损害的，依法承担赔偿责任。

《中华人民共和国侵权责任法》第五十九条规定，因药品、消毒药剂、医疗器械的缺陷，或者输入不合格的血液，造成患者损害的，患者可以向生产者或者血液提供机构请求赔偿，也可以向医疗机构请求赔偿。患者向医疗机构请求赔偿的，医疗机构赔偿后，有权向负有责任的生产者或者血液提供机构追偿。

（八）药品监督管理部门的管理

药品监督管理部门或者其设置、指定的药品专业技术机构参与药品生产经营活动的，由其上级主管机关责令改正，没收违法收入；情节严重的，对直接负责的主管人员和其他直接责任人员依法给予处分。

药品监督管理部门或者其设置、指定的药品专业技术机构的工作人员参与药品生产经营活动的，依法给予处分。

药品监督管理部门或者其设置、指定的药品检验机构在药品监督检验中违法收取检验费用的，由政府有关部门责令退还，对直接负责的主管人员和其他直接责任人员依法给予处分；情节严重的，撤销其

检验资格。

违反《药品管理法》规定,药品监督管理部门有下列行为之一的,应当撤销相关许可,对直接负责的主管人员和其他直接责任人员依法给予处分:

(1) 不符合条件而批准进行药物临床试验;

(2) 对不符合条件的药品颁发药品注册证书;

(3) 对不符合条件的单位颁发药品生产许可证、药品经营许可证或者医疗机构制剂许可证。

违反《药品管理法》规定,县级以上地方人民政府有下列行为之一的,对直接负责的主管人员和其他直接责任人员给予记过或者记大过处分;情节严重的,给予降级、撤职或者开除处分:

(1) 瞒报、谎报、缓报、漏报药品安全事件;

(2) 未及时消除区域性重大药品安全隐患,造成本行政区域内发生特别重大药品安全事件,或者连续发生重大药品安全事件;

(3) 履行职责不力,造成严重不良影响或者重大损失。

违反《药品管理法》规定,药品监督管理等部门有下列行为之一的,对直接负责的主管人员和其他直接责任人员给予记过或者记大过处分;情节较重的,给予降级或者撤职处分;情节严重的,给予开除处分:

(1) 瞒报、谎报、缓报、漏报药品安全事件;

(2) 对发现的药品安全违法行为未及时查处;

(3) 未及时发现药品安全系统性风险,或者未及时消除监督管理区域内药品安全隐患,造成严重影响;

(4) 其他不履行药品监督管理职责,造成严重不良影响或者重大损失。

药品监督管理人员滥用职权、徇私舞弊、玩忽职守的,依法给予处分。

查处假药、劣药违法行为有失职、渎职行为的,对药品监督管理部门直接负责的主管人员和其他直接责任人员依法从重给予处分。

二、刑事责任

我国《刑法》规定了非国家工作人员受贿罪。

1. 生产、销售假药罪　《刑法》第一百四十一条规定:生产、销售假药的,处三年以下有期徒刑或者拘役,并处罚金;对人体健康造成严重危害或者有其他严重情节的,处三年以上十年以下有期徒刑,并处罚金;致人死亡或者有其他严重情节的,处十年以上有期徒刑、无期徒刑或者死刑,并处罚金或者没收财产。

2. 生产、销售劣药罪　《刑法》第一百四十二条规定:生产、销售劣药,对人体健康造成严重危害的,处三年以上十年以下有期徒刑,并处销售金额百分之五十以上二倍以下罚金;后果特别严重的,处十年以上有期徒刑或者无期徒刑,并处销售金额百分之五十以上二倍以下罚金或者没收财产。

从事生产、销售劣药情节严重的企业或者其他单位,其直接负责的主管人员和其他直接责任人员十年内不得从事药品生产、经营活动。

本章小结

药品管理法律制度	学习要点
名词	药品的概念与特点,假药、劣药、新药,仿制药、生物制剂、中成药、医院制剂、疫苗等的定义
管理规范	GMP,GSP,GAP,GCP,GLP
生产经营条件	开办药厂条件,药品经营条件

目标检测

一、选择题

【A1 型题】

1. GMP 是（　　）。
   A. 药品生产管理规范　　　　B. 药品经营管理规范　　　　C. 药品临床试验管理规范
   D. 药材种植基地管理规范　　E. 药品销售管理规范

2. GSP 是（　　）。
   A. 药品生产管理规范　　　　B. 药品经营管理规范　　　　C. 药品临床试验管理规范
   D. 药材种植基地管理规范　　E. 药品销售管理规范

3. GLP 是（　　）。
   A. 药品生产管理规范　　　　B. 药品经营管理规范　　　　C. 药品非临床试验管理规范
   D. 药材种植基地管理规范　　E. 药品销售管理规范

4. 药品是（　　）。
   A. 治病的物品
   B. 保健食品
   C. 营养身体的物质
   D. 用于预防、治疗、诊断人的疾病，有目的地调节人的生理机能并规定有适应证或者功能主治、用法和用量的物质，包括中药、化学药和生物制品等
   E. 中药、化学药

5. 疫苗是（　　）。
   A. 治病的物品
   B. 保健食品
   C. 为了预防、控制传染病的发生、流行，用于人体预防接种的疫苗类预防性生物制品
   D. 用于预防、治疗、诊断人的疾病，有目的地调节人的生理机能并规定有适应证或者功能主治、用法和用量的物质，包括中药、化学药和生物制品等
   E. 中药、化学药

6. 最新《药品管理法》实施的时间是（　　）。
   A. 2020 年 1 月 1 日　　　　B. 2019 年 12 月 12 日　　　　C. 2015 年 3 月 1 日
   D. 2019 年 12 月 1 日　　　　E. 2018 年 12 月 1 日

7. 对假劣药违法行为责任人的处罚由十年禁业提高到（　　），对生产销售假药被吊销许可证的企业，十年内不受理相应申请。
   A. 终身禁业　　B. 刑事处罚　　C. 民事处罚　　D. 三十年禁业　　E. 终身禁业

8.《药品管理法》规定建立（　　）制度，持有人每年将药品生产销售、上市后研究、风险管理等情况按照规定向药品监督管理部门报告。
   A. 年度回顾　　　　　　　　B. 年度评估　　　　　　　　C. 年度报告
   D. 药品上市许可持有人　　　E. 不追究连带责任

9. （　　）依法对药品研制、生产、经营、使用全过程中药品的安全性、有效性和质量可控性负责。
   A. 药品生产企业　　　　　　B. 药品经营企业
   C. 药品上市许可持有人　　　D. 药品监督管理部门
   E. 购买者

10. 从事药品生产活动，应当经所在地省、自治区、直辖市人民政府药品监督管理部门批准，取

得( )。

A. 药品经营许可证　　B. 药品注册证书　　C. GMP 证书
D. 药品生产许可证　　E. 营业执照

【A2 型题】

11. 国家完善药品采购管理制度的措施不包括( )。

A. 对药品价格进行监测　　B. 调高价格
C. 加强药品价格监督检查　　D. 依法查处价格垄断、哄抬药品价格等违法行为
E. 维护药品价格秩序

12. 从事药品生产活动,应当经所在地省、自治区、直辖市人民政府药品监督管理部门批准,要取得药品生产许可证,但不必取得( )。

A. 药品经营许可证　　B. 药品注册证书　　C. GMP 证书
D. 药品专利许可证　　E. 药品企业工商执照

二、名词解释

1. 假药
2. 劣药
3. 新药
4. 药品标准
5. 疫苗

三、简答题

1. 开办药品生产企业有哪些条件？
2. 开办药品经营企业有哪些条件？
3. 药品召回分级和主体有哪些？
4. 药品广告不得含有的内容有哪些？

(广东岭南职业技术学院　陈辉芳　　广东岭南职业技术学院　程漩格)

第十一章 医疗器械管理法律制度

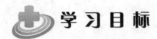
学习目标

1. 掌握:医疗器械的概念;医疗器械标准及分类;医疗器械生产、经营和使用的管理规定。
2. 熟悉:医疗器械的分类依据和判定原则;医疗器械的监管。
3. 了解:违反医疗器械管理规定的法律责任。

案例导入

近日,县药品监管局执法人员对一家医疗器械经营企业进行监督检查时,发现其有经营三类物理治疗及康复设备的行为。经核实,该医疗器械经营企业的经营范围只包括二类物理治疗及康复设备和外科手术器械,该企业没有变更经营范围的记录。

分析:

本案中涉及超范围经营,《医疗器械经营监督管理办法》的相关文件中表明:列明的经营范围应当按照医疗器械分类目录中规定的管理类别、类代号名称确定。

因此,在确定医疗器械经营企业的经营范围时,应当同时明确其所经营的医疗器械的管理类别和类代号。例如,获准经营属于二类医疗器械的医用电子仪器设备的,其许可证上列明的经营范围应当包含"二类医用电子仪器设备"的内容。与此相对应,相关文件对"医疗器械经营企业擅自扩大经营范围"作了严格规定,针对的是医疗器械经营企业未经批准,擅自经营不同管理类别的医疗器械产品的行为,未经批准经营三类医疗器械。

根据《医疗器械监督管理办法》,本案中医疗器械经营企业的经营范围只包括二类物理治疗及康复设备和外科手术器械,其经营三类物理治疗及康复设备,属于未经批准擅自经营不同管理类别的医疗器械产品的行为,应根据相关规定进行处罚。

第一节 概 述

为了保证医疗器械的安全、有效,保障人体健康和生命安全,制定了《医疗器械监督管理条例》。

在中华人民共和国境内从事医疗器械的研制、生产、经营、使用活动及其监督管理,应当遵守《医疗器械监督管理条例》。

《医疗器械监督管理条例》规定,国务院食品药品监督管理部门负责全国医疗器械监督管理工作。国务院有关部门在各自的职责范围内负责与医疗器械有关的监督管理工作。县级以上地方人民政府食品药品监督管理部门负责本行政区域的医疗器械监督管理工作。县级以上地方人民政府有关部门在各自的职责范围内负责与医疗器械有关的监督管理工作。国务院食品药品监督管理部门应当配合国务院有关部门,贯彻实施国家医疗器械产业规划和政策。

医疗器械的研制应当遵循安全、有效和节约的原则。国家鼓励医疗器械的研究与创新,发挥市场机制的作用,促进医疗器械新技术的推广和应用,推动医疗器械产业的发展。

医疗器械产品应当符合医疗器械强制性国家标准;尚无强制性国家标准的,应符合医疗器械强制性行业标准。

一次性使用的医疗器械目录由国务院食品药品监督管理部门会同国务院卫生计生主管部门制定、调整并公布。重复使用可以保证安全、有效的医疗器械,不列入一次性使用的医疗器械目录。对因设计、生产工艺、消毒灭菌技术等改进后重复使用可以保证安全、有效的医疗器械,应当调整出一次性使用的医疗器械目录。

医疗器械行业组织应当加强行业自律,推进诚信体系建设,督促企业依法开展生产经营活动,引导企业诚实守信。

一、医疗器械的概念

医疗器械(medical devices),是指单独或者组合使用于人体的仪器、设备、器具、材料或者其他物品,包括所需要的软件;其用于人体体表及体内的作用不是用药理学、免疫学或者代谢的手段获得,但是可能有这些手段参与并起一定的辅助作用。其使用旨在达到下列预期目的:①对疾病的预防、诊断、治疗、监护、缓解;②对损伤或者残疾的诊断、治疗、监护、缓解、补偿;③对解剖或者生理过程的研究、替代、调节;④妊娠控制。

二、医疗器械的分类

国家对医疗器械按照风险程度实行分类管理。第一类是风险程度低,实行常规管理可以保证其安全、有效的医疗器械。第二类是具有中度风险,需要严格控制管理以保证其安全、有效的医疗器械。第三类是具有较高风险,需要采取特别措施严格控制管理以保证其安全、有效的医疗器械。

第一类医疗器械主要有基础外科用刀,如手术刀柄和刀片、皮片刀、疣体剥离刀、柳叶刀、铲刀、剃毛刀、皮屑刮刀、挑刀、锋刀、修脚刀、修甲刀、解剖刀等。

第二类医疗器械包括:①普通诊察器械类:体温计、血压计;②物理治疗及康复设备类:磁疗器具;③临床检验分析仪器类:家庭用血糖分析仪及试纸;④手术室、急救室、诊疗室设备及器具类:医用小型制氧机、手提式氧气发生器;⑤医用卫生材料及敷料类:医用脱脂棉、医用脱脂纱布;⑥医用高分子材料及制品类:避孕套、避孕帽等。

第三类医疗器械是指植入人体,用于支持、维持生命,对人体具有潜在危险,对其安全性、有效性必须严格控制的医疗器械,主要有植入式心脏起搏器、体外震波碎石机、患者有创监护系统、人工晶体、有创内窥镜、超声手术刀、彩色超声成像设备、激光手术设备、高频电刀、微波治疗仪、医用核磁共振成像设备、X线治疗设备、200 mA以上X线机、医用高能设备、人工心肺机、内固定器材、人工心脏瓣膜、人工肾、呼吸麻醉设备、一次性使用无菌注射器、一次性使用输液器、输血器、CT设备等。

评价医疗器械风险程度,应当考虑医疗器械的预期目的、结构特征、使用方法等因素。国务院食品药品监督管理部门负责制定医疗器械的分类规则和分类目录,并根据医疗器械生产、经营、使用情况,及时对医疗器械的风险变化进行分析、评价,对分类目录进行调整。制定、调整分类目录,应当充分听取医疗器械生产经营企业以及使用单位、行业组织的意见,并参考国际医疗器械分类实践。医疗器械分类目录应当向社会公布。

医疗器械许可范围:①经营第二类和第三类医疗器械产品的法人单位、非法人单位和法人单位设立的分支机构应当申办医疗器械经营企业许可证。国家食品药品监督管理局另有规定的除外。②融资租赁医疗器械产品、医疗器械经营企业或医疗器械生产企业在本企业医疗器械经营企业许可证或医疗器械生产企业许可证载明的注册地址以外的地方设立经营场所经营医疗器械产品,以及医疗器械生产企业销售自产产品范围以外的医疗器械产品,应当申办医疗器械经营企业许可证。③非法人单位申请医疗器械经营企业许可证,仅限经营第二类医疗器械产品或第三类医疗器械产品中的隐形眼镜及护理用液。

第二节 医疗器械产品注册与备案管理

第一类医疗器械实行产品备案管理,第二类、第三类医疗器械实行产品注册管理。

第一类医疗器械产品备案和申请第二类、第三类医疗器械产品注册,应当提交下列资料:①产品风险分析资料;②产品技术要求;③产品检验报告;④临床评价资料;⑤产品说明书及标签样稿;⑥与产品研制、生产有关的质量管理体系文件;⑦证明产品安全、有效所需的其他资料。

医疗器械注册申请人、备案人应当对所提交资料的真实性负责。

第一类医疗器械产品备案,由备案人向所在地设区的市级人民政府食品药品监督管理部门提交备案资料。其中,产品检验报告可以是备案人的自检报告;临床评价资料不包括临床试验报告,可以是通过文献、同类产品临床使用获得的数据证明该医疗器械安全、有效的资料。

向我国境内出口第一类医疗器械的境外生产企业,由其在我国境内设立的代表机构或者指定我国境内的企业法人作为代理人,向国务院食品药品监督管理部门提交备案资料和备案人所在国(地区)主管部门准许该医疗器械上市销售的证明文件。

备案资料载明的事项发生变化的,应当向原备案部门变更备案。

申请第二类医疗器械产品注册,注册申请人应当向所在地省、自治区、直辖市人民政府食品药品监督管理部门提交注册申请资料。申请第三类医疗器械产品注册,注册申请人应当向国务院食品药品监督管理部门提交注册申请资料。

向我国境内出口第二类、第三类医疗器械的境外生产企业,应当由其在我国境内设立的代表机构或者指定我国境内的企业法人作为代理人,向国务院食品药品监督管理部门提交注册申请资料和注册申请人所在国(地区)主管部门准许该医疗器械上市销售的证明文件。

第二类、第三类医疗器械产品注册申请资料中的产品检验报告应当是医疗器械检验机构出具的检验报告;临床评价资料应当包括临床试验报告,但依照《医疗器械监督管理条例》第十七条的规定免于进行临床试验的医疗器械除外。

受理注册申请的食品药品监督管理部门应当自受理之日起3个工作日内将注册申请资料转交技术审评机构。技术审评机构应当在完成技术审评后向食品药品监督管理部门提交审评意见。

受理注册申请的食品药品监督管理部门应当自收到审评意见之日起20个工作日内作出决定。对符合安全、有效要求的,准予注册并发给医疗器械注册证;对不符合要求的,不予注册并书面说明理由。

国务院食品药品监督管理部门在组织对进口医疗器械的技术审评时认为有必要对质量管理体系进行核查的,应当组织质量管理体系检查技术机构开展质量管理体系核查。

已注册的第二类、第三类医疗器械产品,其设计、原材料、生产工艺、适用范围、使用方法等发生实质性变化,有可能影响该医疗器械安全、有效的,注册人应当向原注册部门申请办理变更注册手续;发生非实质性变化,不影响该医疗器械安全、有效的,应当将变化情况向原注册部门备案。

医疗器械注册证有效期为5年。有效期届满需要延续注册的,应当在有效期届满6个月前向原注册部门提出延续注册的申请。

接到延续注册申请的食品药品监督管理部门应当在医疗器械注册证有效期届满前作出准予延续的决定。逾期未作决定的,视为准予延续。

有下列情形之一的,不予延续注册:

(1)注册人未在规定期限内提出延续注册申请的;

(2)医疗器械强制性标准已经修订,申请延续注册的医疗器械不能达到新要求的;

(3)对用于治疗罕见疾病以及应对突发公共卫生事件急需的医疗器械,未在规定期限内完成医疗器械注册证载明事项的。

对新研制的尚未列入分类目录的医疗器械,申请人可以依照《医疗器械监督管理条例》有关第三类医疗器械产品注册的规定直接申请产品注册,也可以依据分类规则判断产品类别并向国务院食品药品监督管理部门申请类别确认后依照《医疗器械监督管理条例》的规定申请注册或者进行产品备案。

直接申请第三类医疗器械产品注册的,国务院食品药品监督管理部门应按照风险程度确定类别,对准予注册的医疗器械及时纳入分类目录。申请类别确认的,国务院食品药品监督管理部门应当自受理申请之日起20个工作日内对该医疗器械的类别进行判定并告知申请人。

第一类医疗器械产品备案,不需要进行临床试验。申请第二类、第三类医疗器械产品注册,应当进行临床试验;但是,有下列情形之一的,可以免于进行临床试验:

(1) 工作机理明确、设计定型,生产工艺成熟,已上市的同品种医疗器械临床应用多年且无严重不良事件记录,不改变常规用途的;

(2) 通过非临床评价能够证明该医疗器械安全、有效的;

(3) 通过对同品种医疗器械临床试验或者临床使用获得的数据进行分析评价,能够证明该医疗器械安全、有效的。

免于进行临床试验的医疗器械目录由国务院食品药品监督管理部门制定、调整并公布。

开展医疗器械临床试验,应当按照医疗器械临床试验质量管理规范的要求,在具备相应条件的临床试验机构进行,并向临床试验提出者所在地省、自治区、直辖市人民政府食品药品监督管理部门备案。接受临床试验备案的食品药品监督管理部门应当将备案情况通报临床试验机构所在地的同级食品药品监督管理部门和卫生计生主管部门。

第三类医疗器械进行临床试验对人体具有较高风险的,应当经国务院食品药品监督管理部门批准。临床试验对人体具有较高风险的第三类医疗器械目录由国务院食品药品监督管理部门制定、调整并公布。

国务院食品药品监督管理部门审批临床试验,应当对拟承担医疗器械临床试验的机构的设备、专业人员等条件,该医疗器械的风险程度,临床试验实施方案,临床受益与风险对比分析报告等进行综合分析。准予开展临床试验的,应当通报临床试验提出者以及临床试验机构所在地省、自治区、直辖市人民政府食品药品监督管理部门和卫生计生主管部门。

知识链接
11-1

第三节 医疗器械生产管理

从事医疗器械生产活动,应当具备下列条件:

(1) 有与生产的医疗器械相适应的生产场地、环境条件、生产设备以及专业技术人员;

(2) 有对生产的医疗器械进行质量检验的机构或者专职检验人员以及检验设备;

(3) 有保证医疗器械质量的管理制度;

(4) 有与生产的医疗器械相适应的售后服务能力;

(5) 产品研制、生产工艺文件规定的要求。

从事第一类医疗器械生产的,由生产企业向所在地设区的市级人民政府食品药品监督管理部门备案并提交其符合以上条件的证明资料。

从事第二类、第三类医疗器械生产的,生产企业应当向所在地省、自治区、直辖市人民政府食品药品监督管理部门申请生产许可并提交其符合以上条件的证明资料以及所生产医疗器械的注册证。

受理生产许可申请的食品药品监督管理部门应当自受理之日起30个工作日内对申请资料进行审核,按照国务院食品药品监督管理部门制定的医疗器械生产质量管理规范的要求进行核查。对符合规定条件的,准予许可并发给医疗器械生产许可证;对不符合规定条件的,不予许可并书面说明理由。

医疗器械生产许可证有效期为5年。有效期届满需要延续的,依照有关行政许可的法律规定办理延续手续。

医疗器械生产质量管理规范应当对医疗器械的设计开发、生产设备条件、原材料采购、生产过程控制、企业的机构设置和人员配备等影响医疗器械安全、有效的事项作出明确规定。

医疗器械生产企业应当按照医疗器械生产质量管理规范的要求，建立健全与所生产医疗器械相适应的质量管理体系并保证其有效运行；严格按照经注册或者备案的产品技术要求组织生产，保证出厂的医疗器械符合强制性标准以及经注册或者备案的产品技术要求。

医疗器械生产企业应当定期对质量管理体系的运行情况进行自查，并向所在地省、自治区、直辖市人民政府食品药品监督管理部门提交自查报告。

医疗器械生产企业的生产条件发生变化，不再符合医疗器械质量管理体系要求的，医疗器械生产企业应当立即采取整改措施；可能影响医疗器械安全、有效的，应当立即停止生产活动，并向所在地县级人民政府食品药品监督管理部门报告。

医疗器械应当使用通用名称。通用名称应当符合国务院食品药品监督管理部门制定的医疗器械命名规则。

医疗器械应当有说明书、标签。说明书、标签的内容应当与经注册或者备案的相关内容一致。

医疗器械的说明书、标签应当标明下列事项：

(1) 通用名称、型号、规格；
(2) 生产企业的名称和住所、生产地址及联系方式；
(3) 产品技术要求的编号；
(4) 生产日期和使用期限或者失效日期；
(5) 产品性能、主要结构、适用范围；
(6) 禁忌证、注意事项以及其他需要警示或者提示的内容；
(7) 安装和使用说明或者图示；
(8) 维护和保养方法，特殊储存条件、方法；
(9) 产品技术要求规定应当标明的其他内容。

第二类、第三类医疗器械还应当标明医疗器械注册证编号和医疗器械注册人的名称、地址及联系方式。

由消费者个人自行使用的医疗器械还应当具有安全使用的特别说明。

委托生产医疗器械，由委托方对所委托生产的医疗器械质量负责。受托方应当是符合《医疗器械监督管理条例》规定、具备相应生产条件的医疗器械生产企业。委托方应当加强对受托方生产行为的管理，保证其按照法定要求进行生产。

具有高风险的植入性医疗器械不得委托生产，具体目录由国务院食品药品监督管理部门制定、调整并公布。

第四节 医疗器械经营与使用管理

医疗器械使用单位是指使用医疗器械为他人提供医疗等技术服务的机构，包括取得医疗机构执业许可证的医疗机构、取得计划生育技术服务机构执业许可证的计划生育技术服务机构，以及依法不需要取得医疗机构执业许可证的血站、单采血浆站、康复辅助器具适配机构等。

一、医疗器械经营管理

从事医疗器械经营活动，应当有与经营规模和经营范围相适应的经营场所和储存条件，以及与经营的医疗器械相适应的质量管理制度和质量管理机构或者人员。

从事第二类医疗器械经营的,由经营企业向所在地设区的市级人民政府食品药品监督管理部门备案并提交其符合相关规定条件的证明资料。

从事第三类医疗器械经营的,经营企业应当向所在地设区的市级人民政府食品药品监督管理部门申请经营许可并提交其符合相关规定条件的证明资料。

受理经营许可申请的食品药品监督管理部门应当自受理之日起30个工作日内进行审查,必要时组织核查。对符合规定条件的,准予许可并发给医疗器械经营许可证;对不符合规定条件的,不予许可并书面说明理由。

医疗器械经营许可证有效期为5年。有效期届满需要延续的,依照有关行政许可的法律规定办理延续手续。

医疗器械经营企业、使用单位购进医疗器械,应当查验供货者的资质和医疗器械的合格证明文件,建立进货查验记录制度。从事第二类、第三类医疗器械批发业务以及第三类医疗器械零售业务的经营企业,还应当建立销售记录制度。

记录事项包括:

(1) 医疗器械的名称、型号、规格、数量;

(2) 医疗器械的生产批号、有效期、销售日期;

(3) 生产企业的名称;

(4) 供货者或者购货者的名称、地址及联系方式;

(5) 相关许可证明文件编号等。

进货查验记录和销售记录应当真实,并按照国务院食品药品监督管理部门规定的期限予以保存。国家鼓励采用先进技术手段进行记录。

运输、储存医疗器械,应当符合医疗器械说明书和标签标示的要求;对温度、湿度等环境条件有特殊要求的,应当采取相应措施,保证医疗器械的安全、有效。

二、医疗器械使用管理

医疗器械使用单位应当有与在用医疗器械品种、数量相适应的储存场所和条件。

医疗器械使用单位应当加强对工作人员的技术培训,按照产品说明书、技术操作规范等要求使用医疗器械。

医疗器械使用单位对重复使用的医疗器械,应当按照国务院卫生主管部门制定的消毒和管理的规定进行处理。

一次性使用的医疗器械不得重复使用,对使用过的应当按照国家有关规定销毁并记录。

医疗器械使用单位对需要定期检查、检验、校准、保养、维护的医疗器械,应当按照产品说明书的要求进行检查、检验、校准、保养、维护并予以记录,及时进行分析、评估,确保医疗器械处于良好状态,保障使用质量;对使用期限长的大型医疗器械,应当逐台建立使用档案,记录其使用、维护、转让、实际使用时间等事项。记录保存期限不得少于医疗器械规定使用期限终止后5年。

医疗器械使用单位应当妥善保存购入第三类医疗器械的原始资料,并确保信息具有可追溯性。

使用大型医疗器械以及植入和介入类医疗器械的,应当将医疗器械的名称、关键性技术参数等信息以及与使用质量安全密切相关的必要信息记载到病历等相关记录中。

发现使用的医疗器械存在安全隐患的,医疗器械使用单位应当立即停止使用,并通知生产企业或者其他负责产品质量的机构进行检修;经检修仍不能达到使用安全标准的医疗器械,不得继续使用。

食品药品监督管理部门和卫生计生主管部门依据各自职责,分别对使用环节的医疗器械质量和医疗器械使用行为进行监督管理。

医疗器械经营企业、使用单位不得经营、使用未依法注册、无合格证明文件以及过期、失效、淘汰的医疗器械。

医疗器械使用单位之间转让在用医疗器械,转让方应当确保所转让的医疗器械安全、有效,不得转让过期、失效、淘汰以及检验不合格的医疗器械。

进口的医疗器械应当是依照《医疗器械监督管理条例》有关规定已注册或者已备案的医疗器械。

进口的医疗器械应当有中文说明书、中文标签。说明书、标签应当符合《医疗器械监督管理条例》规定以及相关强制性标准的要求,并在说明书中载明医疗器械的原产地以及代理人的名称、地址、联系方式。没有中文说明书、中文标签或者说明书、标签不符合本条规定的,不得进口。

出入境检验检疫机构依法对进口的医疗器械实施检验;检验不合格的,不得进口。

国务院食品药品监督管理部门应当及时向国家出入境检验检疫部门通报进口医疗器械的注册和备案情况。进口口岸所在地出入境检验检疫机构应当及时向所在地设区的市级人民政府食品药品监督管理部门通报进口医疗器械的通关情况。

出口医疗器械的企业应当保证其出口的医疗器械符合进口国(地区)的要求。

三、医疗器械说明书和标签管理

为规范医疗器械说明书和标签,保证医疗器械使用的安全,根据《医疗器械监督管理条例》,制定了《医疗器械说明书和标签管理规定》。

凡在中华人民共和国境内销售、使用的医疗器械,应当按照《医疗器械说明书和标签管理规定》要求附有说明书和标签。

医疗器械说明书是指由医疗器械注册人或者备案人制作,随产品提供给用户,涵盖该产品安全有效的基本信息,用以指导正确安装、调试、操作、使用、维护、保养的技术文件。

医疗器械标签是指在医疗器械或者其包装上附有的用于识别产品特征和标明安全警示等信息的文字说明及图形、符号。

医疗器械说明书和标签的内容应当科学、真实、完整、准确,并与产品特性相一致。医疗器械说明书和标签的内容应当与经注册或者备案的相关内容一致。

医疗器械标签的内容应当与说明书有关内容相符合。

医疗器械说明书和标签对疾病名称、专业名词、诊断治疗过程和结果的表述,应当采用国家统一发布或者规范的专用词汇,度量衡单位应当符合国家相关标准的规定。医疗器械说明书和标签中使用的符号或者识别颜色应当符合国家相关标准的规定;无相关标准规定的,该符号及识别颜色应当在说明书中描述。

医疗器械最小销售单元应当附有说明书。

医疗器械的使用者应当按照说明书使用医疗器械。

医疗器械的产品名称应当使用通用名称,通用名称应当符合国家食品药品监督管理总局制定的医疗器械命名规则。第二类、第三类医疗器械的产品名称应当与医疗器械注册证中的产品名称一致。产品名称应当清晰地标明在说明书和标签的显著位置。

医疗器械说明书和标签文字内容应当使用中文,中文的使用应当符合国家通用的语言文字规范。医疗器械说明书和标签可以附加其他文种,但应当以中文表述为准。

医疗器械说明书和标签中的文字、符号、表格、数字、图形等应当准确、清晰、规范。

医疗器械说明书一般应当包括以下内容:

(1) 产品名称、型号、规格;

(2) 注册人或者备案人的名称、住所、联系方式及售后服务单位,进口医疗器械还应当载明代理人的名称、住所及联系方式;

(3) 生产企业的名称、住所、生产地址、联系方式及生产许可证编号或者生产备案凭证编号,委托生产的还应当标注受托企业的名称、住所、生产地址、生产许可证编号或者生产备案凭证编号;

(4) 医疗器械注册证编号或者备案凭证编号;

(5) 产品技术要求的编号;

(6) 产品性能、主要结构组成或者成分、适用范围;

(7) 禁忌证、注意事项、警示以及提示的内容;

(8) 安装和使用说明或者图示,由消费者个人自行使用的医疗器械还应当具有安全使用的特别说明;

(9) 产品维护和保养方法,特殊储存、运输条件、方法;

(10) 生产日期,使用期限或者失效日期;

(11) 配件清单,包括配件、附属品、损耗品更换周期以及更换方法的说明等;

(12) 医疗器械标签所用的图形、符号、缩写等内容的解释;

(13) 说明书的编制或者修订日期;

(14) 其他应当标注的内容。

医疗器械说明书中有关注意事项、警示以及提示性内容主要包括:

(1) 产品使用的对象;

(2) 潜在的安全危害及使用限制;

(3) 产品在正确使用过程中出现意外时,对操作者、使用者的保护措施以及应当采取的应急和纠正措施;

(4) 必要的监测、评估、控制手段;

(5) 一次性使用产品应当注明"一次性使用"字样或者符号,已灭菌产品应当注明灭菌方式以及灭菌包装损坏后的处理方法,使用前需要消毒或者灭菌的应当说明消毒或者灭菌的方法;

(6) 产品需要同其他医疗器械一起安装或者联合使用时,应当注明联合使用器械的要求、使用方法、注意事项;

(7) 在使用过程中,与其他产品可能产生的相互干扰及其可能出现的危害;

(8) 产品使用中可能带来的不良事件或者产品成分中含有的可能引起副作用的成分或者辅料;

(9) 医疗器械废弃处理时应当注意的事项,产品使用后需要处理的,应当注明相应的处理方法;

(10) 根据产品特性,应当提示操作者、使用者注意的其他事项。

重复使用的医疗器械应当在说明书中明确重复使用的处理过程,包括清洁、消毒、包装及灭菌的方法和重复使用的次数或者其他限制。

医疗器械标签一般应当包括以下内容:

(1) 产品名称、型号、规格;

(2) 注册人或者备案人的名称、住所、联系方式,进口医疗器械还应当载明代理人的名称、住所及联系方式;

(3) 医疗器械注册证编号或者备案凭证编号;

(4) 生产企业的名称、住所、生产地址、联系方式及生产许可证编号或者生产备案凭证编号,委托生产的还应当标注受托企业的名称、住所、生产地址、生产许可证编号或者生产备案凭证编号;

(5) 生产日期,使用期限或者失效日期;

(6) 电源连接条件、输入功率;

(7) 根据产品特性应当标注的图形、符号以及其他相关内容;

(8) 必要的警示、注意事项;

(9) 特殊储存、操作条件或者说明;

(10) 使用中对环境有破坏或者负面影响的医疗器械,其标签应当包含警示标志或者中文警示说明;

(11) 带放射或者辐射的医疗器械,其标签应当包含警示标志或者中文警示说明。

医疗器械标签因位置或者大小受限而无法全部标明上述内容的,至少应当标注产品名称、型号、规格、生产日期和使用期限或者失效日期,并在标签中明确"其他内容详见说明书"。

医疗器械说明书和标签不得有下列内容:

(1) 含有"疗效最佳""保证治愈""包治""根治""即刻见效""完全无毒副作用"等表示功效的断言或

者保证的；

（2）含有"最高技术""最科学""最先进""最佳"等绝对化语言和表示的；

（3）说明治愈率或者有效率的；

（4）与其他企业产品的功效和安全性相比较的；

（5）含有"保险公司保险""无效退款"等承诺性语言的；

（6）利用任何单位或者个人的名义、形象作证明或者推荐的；

（7）含有误导性说明，使人感到已经患某种疾病，或者使人误解不使用该医疗器械会患某种疾病或者加重病情的表述，以及其他虚假、夸大、误导性的内容；

（8）法律、法规规定禁止的其他内容。

医疗器械说明书应当由注册申请人或者备案人在医疗器械注册或者备案时，提交食品药品监督管理部门审查或者备案，提交的说明书内容应当与其他注册或者备案资料相符合。

经食品药品监督管理部门注册审查的医疗器械说明书的内容不得擅自更改。

已注册的医疗器械发生注册变更的，申请人应当在取得变更文件后，依据变更文件自行修改说明书和标签。

说明书的其他内容发生变化的，应当向医疗器械注册的审批部门书面告知，并提交说明书更改情况对比说明等相关文件。审批部门自收到书面告知之日起20个工作日内未发出不予同意通知件的，说明书更改生效。

已备案的医疗器械，备案信息表中登载内容、备案产品技术要求以及说明书其他内容发生变化的，备案人自行修改说明书和标签的相关内容。

说明书和标签不符合本规定要求的，由县级以上食品药品监督管理部门按照《医疗器械监督管理条例》第六十七条的规定予以处罚。

《医疗器械说明书和标签管理规定》自2014年10月1日起施行。2004年7月8日公布的《医疗器械说明书、标签和包装标识管理规定》同时废止。

四、医疗器械广告管理

为加强对医疗器械广告的管理，保障人民身体健康，根据《广告管理条例》和国家有关医疗器械管理的规定，制定了《医疗器械广告管理办法》。

凡利用各种媒介或形式发布有关用于人体疾病诊断、治疗、预防，调节人体生理功能或替代人体器官的仪器、设备、装置、器具、植入物、材料及其相关物品的广告，均属《医疗器械广告管理办法》管理范围。

医疗器械广告的管理机关是国家工商行政管理局和地方各级工商行政管理局；医疗器械广告证明的出具机关是国家医药管理局和省、自治区、直辖市医药管理局或同级医药行政管理部门。

医疗器械广告必须真实、科学、准确，不得进行虚假、不健康宣传。

发布医疗器械广告，必须持有经过国家医药管理局或省、自治区、直辖市医药管理局或同级医药行政管理部门核发的医疗器械广告证明。未有《医疗器械广告证明》的，不得发布广告。

医疗器械广告证明出具机关在办理广告证明手续时，应当查验有关证明、审查广告内容。对不符合《医疗器械广告管理办法》规定的，不得出具医疗器械广告证明。

《医疗器械广告证明》有效期以医疗器械生产或经营准许证的有效时间为准。医疗器械生产或经营准许证有效期满后，《医疗器械广告证明》自动失效。

国内广告客户申请办理医疗器械广告证明，应当提供下列文件、证件：

（1）营业执照（副本）；

（2）生产或经营准许证，已实施生产许可证的产品，应同时提供生产许可证；

（3）产品鉴定证书；

（4）产品说明书；

(5)法律、法规规定应当提交的其他证明。

国外广告客户申请办理医疗器械广告证明,应当提交所属国(地区)政府医疗器械管理部门颁发的生产许可的证明文件和产品说明书。

进口医疗器械广告证明由国家医药管理局出具;其他医疗器械广告证明由广告客户所在地的省、自治区、直辖市医药管理局或同级医药行政管理部门出具。

医疗器械广告证明出具机关在向广告客户核发医疗器械广告证明的同时,应将医疗器械广告证明(副本)抄送广告客户和广告发布单位所在地的省、自治区、直辖市工商行政管理局。

国内广告客户可以委托广告经营者向广告客户所在地省、自治区、直辖市医药管理局或同级医药行政管理部门代为办理医疗器械广告证明;国外广告客户可以委托在中国的医疗器械经销企业或广告经营者代为办理医疗器械广告证明。

广告经营者承办或代理医疗器械广告,应当查验医疗器械广告证明,并按照规定的内容设计、制作、代理、发布。对无医疗器械广告证明的广告,不得承办或代理。

医疗器械广告证明应当存档备查。存档的医疗器械广告证明为复制件时,必须有广告经营单位证明复制件与原件相一致的文字记录并加章公章。

下列医疗器械,禁止发布广告:

(1)未经国家医药管理局或省、自治区、直辖市医药管理局或同级医药行政管理部门批准生产的医疗器械;

(2)临床试用、试生产的医疗器械;

(3)已实施生产许可证而未取得生产许可证生产的医疗器械;

(4)有悖于中国社会习俗和道德规范的医疗器械。

医疗器械广告不得出现下列内容:

(1)使用专家、医生、患者、未成年人或医疗科研、学术机构、医疗单位的名义进行广告宣传;

(2)使用"保证治愈"等有关保证性的断语;

(3)有与同类产品功效、性能进行比较的言论或画面、形象;

(4)运用数字或图表宣传治疗效果;

(5)宣传不使用做广告的产品可能导致或加重某种疾病的语言、文字、画面;

(6)可能使人得出使用做广告的产品可以使疾病迅速治愈、身体迅速康复的印象或结论的语言、文字、画面、形象。

标明获专利权的医疗器械广告,必须说明获得专利的类型。在专利获批准之前,不得进行与专利有关的宣传。

国内外广告客户在医疗器械广告中使用"第一""首创"等绝对性的语言,必须有国家医药管理局出具的证明,方可使用。

标明获奖的医疗器械广告,其标明的获奖必须是获得省级以上(含省级)政府授予的各类奖。其他各种获奖,一律不准在广告中标明。

推荐给个人使用的具有治疗疾病作用或调节生理功能的医疗器械,除医疗器械广告证明出具机关批准可以不在广告中标明忠告性语言的以外,均须在广告中标明对患者的忠告语言:"请在医生指导下使用。"

经批准发布的医疗器械广告,如发生下列情况之一的,广告客户和广告经营者必须立即停止发布广告:

(1)使用中发现医疗器械有异常反应或不安全现象;

(2)医疗器械质量下降,不能达到产品质量标准的;

(3)因质量问题用户或消费者投诉情况属实的。

违反《医疗器械广告管理办法》发布虚假广告的,依照《广告管理条例施行细则》(以下简称《细则》)第十九条规定处罚;发布不健康广告的,依照《细则》第二十三条规定处罚。

违反《医疗器械广告管理办法》第五条规定的,依照《细则》第二十二条规定处罚。

国内广告客户申请办理医疗器械广告证明,应当提供下列文件、证件:

(1) 营业执照(副本);

(2) 生产或经营准许证,已实施生产许可证的产品,应同时提供生产许可证;

(3) 产品鉴定证书;

(4) 产品说明书;

(5) 法律、法规规定应当提交的其他证明;国外广告客户申请办理《医疗器械广告证明》,应当提交所属国(地区)政府医疗器械管理部门颁发的生产许可的证明文件和产品说明书。提供伪造、涂改、盗用的证明文件、材料的,依照《细则》第二十七条规定处罚。

违反《医疗器械广告管理办法》第十一条至第十七条规定的,依照《细则》第二十三条规定处罚。

《医疗器械广告管理办法》广告管理部分由国家工商行政管理局负责解释,有关医疗器械管理内容由国家医药管理局负责解释。

医疗器械广告应当真实合法,不得含有虚假、夸大、误导性的内容。

医疗器械广告应当经医疗器械生产企业或者进口医疗器械代理人所在地省、自治区、直辖市人民政府食品药品监督管理部门审查批准,并取得医疗器械广告批准文件。广告发布者发布医疗器械广告,应当事先核查广告的批准文件及其真实性;不得发布未取得批准文件、批准文件的真实性未经核实或者广告内容与批准文件不一致的医疗器械广告。省、自治区、直辖市人民政府食品药品监督管理部门应当公布并及时更新已经批准的医疗器械广告目录以及批准的广告内容。

省级以上人民政府食品药品监督管理部门责令暂停生产、销售、进口和使用的医疗器械,在暂停期间不得发布涉及该医疗器械的广告。

医疗器械广告的审查办法由国务院食品药品监督管理部门会同国务院工商行政管理部门制定。

第五节　医疗器械的不良事件的处理与召回管理

国家建立医疗器械不良事件监测制度,对医疗器械不良事件及时进行收集、分析、评价、控制。

医疗器械生产经营企业、使用单位应当对所生产经营或者使用的医疗器械开展不良事件监测;发现医疗器械不良事件或者可疑不良事件,应当按照国务院食品药品监督管理部门的规定,向医疗器械不良事件监测技术机构报告。

任何单位和个人发现医疗器械不良事件或者可疑不良事件,有权向食品药品监督管理部门或者医疗器械不良事件监测技术机构报告。

国务院食品药品监督管理部门应当加强医疗器械不良事件监测信息网络建设。

医疗器械不良事件监测技术机构应当加强医疗器械不良事件信息监测,主动收集不良事件信息;发现不良事件或者接到不良事件报告的,应当及时进行核实、调查、分析,对不良事件进行评估,并向食品药品监督管理部门和卫生计生主管部门提出处理建议。

医疗器械不良事件监测技术机构应当公布联系方式,方便医疗器械生产经营企业、使用单位等报告医疗器械不良事件。

食品药品监督管理部门应当根据医疗器械不良事件评估结果及时采取发布警示信息以及责令暂停生产、销售、进口和使用等控制措施。

省级以上人民政府食品药品监督管理部门应当会同同级卫生计生主管部门和相关部门组织对引起突发、群发的严重伤害或者死亡的医疗器械不良事件及时进行调查和处理,并组织对同类医疗器械加强监测。

医疗器械生产经营企业、使用单位应当对医疗器械不良事件监测技术机构、食品药品监督管理部门开展的医疗器械不良事件调查予以配合。

有下列情形之一的,省级以上人民政府食品药品监督管理部门应当对已注册的医疗器械组织开展再评价:

(1) 根据科学研究的发展,对医疗器械的安全、有效有认识上的改变的;
(2) 医疗器械不良事件监测、评估结果表明医疗器械可能存在缺陷的;
(3) 国务院食品药品监督管理部门规定的其他需要进行再评价的情形。

再评价结果表明已注册的医疗器械不能保证安全、有效的,由原发证部门注销医疗器械注册证,并向社会公布。被注销医疗器械注册证的医疗器械不得生产、进口、经营、使用。

医疗器械生产企业发现其生产的医疗器械不符合强制性标准、经注册或者备案的产品技术要求或者存在其他缺陷的,应当立即停止生产,通知相关生产经营企业、使用单位和消费者停止经营和使用,召回已经上市销售的医疗器械,采取补救、销毁等措施,记录相关情况,发布相关信息,并将医疗器械召回和处理情况向食品药品监督管理部门和卫生计生主管部门报告。

医疗器械经营企业发现其经营的医疗器械存在前款规定情形的,应当立即停止经营,通知相关生产经营企业、使用单位、消费者,并记录停止经营和通知情况。医疗器械生产企业认为属于依照前款规定需要召回的医疗器械,应当立即召回。

医疗器械生产经营企业未依照规定实施召回或者停止经营的,食品药品监督管理部门可以责令其召回或者停止经营。

第六节　医疗器械监督检查管理

食品药品监督管理部门应当对医疗器械的注册、备案、生产、经营、使用活动加强监督检查,并对下列事项进行重点监督检查:

(1) 医疗器械生产企业是否按照经注册或者备案的产品技术要求组织生产;
(2) 医疗器械生产企业的质量管理体系是否保持有效运行;
(3) 医疗器械生产经营企业的生产经营条件是否持续符合法定要求。

食品药品监督管理部门在监督检查中有下列职权:

(1) 进入现场实施检查、抽取样品;
(2) 查阅、复制、查封、扣押有关合同、票据、账簿以及其他有关资料;
(3) 查封、扣押不符合法定要求的医疗器械,违法使用的零配件、原材料以及用于违法生产医疗器械的工具、设备;
(4) 查封违反《医疗器械监督管理条例》规定从事医疗器械生产经营活动的场所。

食品药品监督管理部门进行监督检查,应当出示执法证件,保守被检查单位的商业秘密。

有关单位和个人应对食品药品监督管理部门的监督检查予以配合,不得隐瞒有关情况。

对人体造成伤害或者有证据证明可能危害人体健康的医疗器械,食品药品监督管理部门可以采取暂停生产、进口、经营、使用的紧急控制措施。

食品药品监督管理部门应当加强对医疗器械生产经营企业和使用单位生产、经营、使用的医疗器械的抽查检验。抽查检验不得收取检验费和其他任何费用,所需费用纳入本级政府预算。

省级以上人民政府食品药品监督管理部门应当根据抽查检验结论及时发布医疗器械质量公告。

医疗器械检验机构资质认定工作按国家有关规定实行统一管理。经国务院认证认可监督管理部门会同国务院食品药品监督管理部门认定的检验机构,方可对医疗器械实施检验。

食品药品监督管理部门在执法工作中需要对医疗器械进行检验的,应当委托有资质的医疗器械检验机构进行,并支付相关费用。

当事人对检验结论有异议的,可以自收到检验结论之日起7个工作日内选择有资质的医疗器械检验机构进行复检。承担复检工作的医疗器械检验机构应当在国务院食品药品监督管理部门规定的时间内作出复检结论。复检结论为最终检验结论。

对可能存在有害物质或者擅自改变医疗器械设计、原材料和生产工艺并存在安全隐患的医疗器械,按照医疗器械国家标准、行业标准规定的检验项目和检验方法无法检验的,医疗器械检验机构可以补充检验项目和检验方法进行检验;使用补充检验项目、检验方法得出的检验结论,经国务院食品药品监督管理部门批准,可以作为食品药品监督管理部门认定医疗器械质量的依据。

设区的市级和县级人民政府食品药品监督管理部门应当加强对医疗器械广告的监督检查;发现未经批准、篡改经批准的广告内容的医疗器械广告,应当向所在地省、自治区、直辖市人民政府食品药品监督管理部门报告,由其向社会公告。

工商行政管理部门应当依照有关广告管理的法律、行政法规的规定,对医疗器械广告进行监督检查,查处违法行为。食品药品监督管理部门发现医疗器械广告违法发布行为,应当提出处理建议并按照有关程序移交所在地同级工商行政管理部门。

国务院食品药品监督管理部门建立统一的医疗器械监督管理信息平台。食品药品监督管理部门应当通过信息平台依法及时公布医疗器械许可、备案、抽查检验、违法行为查处情况等日常监督管理信息。但是,不得泄露当事人的商业秘密。

食品药品监督管理部门对医疗器械注册人和备案人、生产经营企业、使用单位建立信用档案,对有不良信用记录的增加监督检查频次。

食品药品监督管理等部门应当公布本单位的联系方式,接受咨询、投诉、举报。食品药品监督管理等部门接到与医疗器械监督管理有关的咨询,应当及时答复;接到投诉、举报,应当及时核实、处理、答复。对咨询、投诉、举报情况及其答复、核实、处理情况,应当予以记录、保存。

有关医疗器械研制、生产、经营、使用行为的举报经调查属实的,食品药品监督管理等部门对举报人应当给予奖励。

国务院食品药品监督管理部门制定、调整、修改《医疗器械监督管理条例》规定的目录以及与医疗器械监督管理有关的规范,应当公开征求意见;采取听证会、论证会等形式,听取专家、医疗器械生产经营企业和使用单位、消费者以及相关组织等方面的意见。

知识拓展

非营利的避孕医疗器械相关管理办法以及医疗卫生机构为应对突发公共卫生事件而研制的医疗器械的相关管理办法,由国务院食品药品监督管理部门会同国务院卫生计生主管部门制定。

中医医疗器械的管理办法,由国务院食品药品监督管理部门会同国务院中医药管理部门依据《医疗器械监督管理条例》的规定制定;康复辅助器具类医疗器械的范围及其管理办法,由国务院食品药品监督管理部门会同国务院民政部门依据《医疗器械监督管理条例》的规定制定。

军队医疗器械使用的监督管理,由军队卫生主管部门依据《医疗器械监督管理条例》和军队有关规定组织实施。

第七节 法律责任

《医疗器械监督管理条例》规定,有下列情形之一的,由县级以上人民政府食品药品监督管理部门没收违法所得、违法生产经营的医疗器械和用于违法生产经营的工具、设备、原材料等物品;违法生产经营的医疗器械货值金额不足 1 万元的,并处 5 万元以上 10 万元以下罚款;货值金额 1 万元以上的,并处货值金额 10 倍以上 20 倍以下罚款;情节严重的,5 年内不受理相关责任人及企业提出的医疗器械许可申请:

(1) 生产、经营未取得医疗器械注册证的第二类、第三类医疗器械的;

(2) 未经许可从事第二类、第三类医疗器械生产活动的;

(3) 未经许可从事第三类医疗器械经营活动的。

有前面(1)中情形、情节严重的,由原发证部门吊销医疗器械生产许可证或者医疗器械经营许可证。

提供虚假资料或者采取其他欺骗手段取得医疗器械注册证、医疗器械生产许可证、医疗器械经营许可证、大型医用设备配置许可证、广告批准文件等许可证件的,由原发证部门撤销已经取得的许可证件,并处 5 万元以上 10 万元以下罚款,5 年内不受理相关责任人及企业提出的医疗器械许可申请。

伪造、变造、买卖、出租、出借相关医疗器械许可证件的,由原发证部门予以收缴或者吊销,没收违法所得;违法所得不足 1 万元的,处 1 万元以上 3 万元以下罚款;违法所得 1 万元以上的,处违法所得 3 倍以上 5 倍以下罚款;构成违反治安管理行为的,由公安机关依法予以治安管理处罚。

未依照《医疗器械监督管理条例》规定备案的,由县级以上人民政府食品药品监督管理部门责令限期改正;逾期不改正的,向社会公告未备案单位和产品名称,可以处 1 万元以下罚款。

备案时提供虚假资料的,由县级以上人民政府食品药品监督管理部门向社会公告备案单位和产品名称;情节严重的,直接责任人员 5 年内不得从事医疗器械生产经营活动。

有下列情形之一的,由县级以上人民政府食品药品监督管理部门责令改正,没收违法生产、经营或者使用的医疗器械;违法生产、经营或者使用的医疗器械货值金额不足 1 万元的,并处 2 万元以上 5 万元以下罚款;货值金额 1 万元以上的,并处货值金额 5 倍以上 10 倍以下罚款;情节严重的,责令停产停业,直至由原发证部门吊销医疗器械注册证、医疗器械生产许可证、医疗器械经营许可证:

(1) 生产、经营、使用不符合强制性标准或者不符合经注册或者备案的产品技术要求的医疗器械的;

(2) 医疗器械生产企业未按照经注册或者备案的产品技术要求组织生产,或者未依照《医疗器械监督管理条例》规定建立质量管理体系并保持有效运行的;

(3) 经营、使用无合格证明文件、过期、失效、淘汰的医疗器械,或者使用未依法注册的医疗器械的;

(4) 食品药品监督管理部门责令其依照《医疗器械监督管理条例》规定实施召回或者停止经营后,仍拒不召回或者停止经营医疗器械的;

(5) 委托不具备《医疗器械监督管理条例》规定条件的企业生产医疗器械,或者未对受托方的生产行为进行管理的。

有下列情形之一的,由县级以上人民政府食品药品监督管理部门责令改正,处 1 万元以上 3 万元以下罚款;情节严重的,责令停产停业,直至由原发证部门吊销医疗器械生产许可证、医疗器械经营许可证:

(1) 医疗器械生产企业的生产条件发生变化、不再符合医疗器械质量管理体系要求,未依照《医疗器械监督管理条例》规定整改、停止生产、报告的;

(2) 生产、经营说明书、标签不符合《医疗器械监督管理条例》规定的医疗器械的;

(3) 未按照医疗器械说明书和标签标示要求运输、储存医疗器械的;

(4) 转让过期、失效、淘汰或者检验不合格的在用医疗器械的。

有下列情形之一的,由县级以上人民政府食品药品监督管理部门和卫生计生主管部门依据各自职责责令改正,给予警告;拒不改正的,处 5000 元以上 2 万元以下罚款;情节严重的,责令停产停业,直至由原发证部门吊销医疗器械生产许可证、医疗器械经营许可证:

(1) 医疗器械生产企业未按照要求提交质量管理体系自查报告的;

(2) 医疗器械经营企业、使用单位未依照《医疗器械监督管理条例》规定建立并执行医疗器械进货查验记录制度的；

(3) 从事第二类、第三类医疗器械批发业务以及第三类医疗器械零售业务的经营企业未依照《医疗器械监督管理条例》规定建立并执行销售记录制度的；

(4) 对重复使用的医疗器械，医疗器械使用单位未按照消毒和管理的规定进行处理的；

(5) 医疗器械使用单位重复使用一次性使用的医疗器械，或者未按照规定销毁使用过的一次性使用的医疗器械的；

(6) 对需要定期检查、检验、校准、保养、维护的医疗器械，医疗器械使用单位未按照产品说明书要求检查、检验、校准、保养、维护并予以记录，及时进行分析、评估，确保医疗器械处于良好状态的；

(7) 医疗器械使用单位未妥善保存购入第三类医疗器械的原始资料，或者未按照规定将大型医疗器械以及植入和介入类医疗器械的信息记载到病历等相关记录中的；

(8) 医疗器械使用单位发现使用的医疗器械存在安全隐患未立即停止使用、通知检修，或者继续使用经检修仍不能达到使用安全标准的医疗器械的；

(9) 医疗器械生产经营企业、使用单位未依照《医疗器械监督管理条例》规定开展医疗器械不良事件监测，未按照要求报告不良事件，或者对医疗器械不良事件监测技术机构、食品药品监督管理部门开展的不良事件调查不予配合的。

违反《医疗器械监督管理条例》规定开展医疗器械临床试验的，由县级以上人民政府食品药品监督管理部门责令改正或者立即停止临床试验，可以处 5 万元以下罚款；造成严重后果的，依法对直接负责的主管人员和其他直接责任人员给予降级、撤职或者开除的处分；有医疗器械临床试验机构资质的，由授予其资质的主管部门撤销医疗器械临床试验机构资质，5 年内不受理其资质认定申请。

医疗器械临床试验机构出具虚假报告的，由授予其资质的主管部门撤销医疗器械临床试验机构资质，10 年内不受理其资质认定申请；由县级以上人民政府食品药品监督管理部门处 5 万元以上 10 万元以下罚款；有违法所得的，没收违法所得；对直接负责的主管人员和其他直接责任人员，依法给予撤职或者开除的处分。

医疗器械检验机构出具虚假检验报告的，由授予其资质的主管部门撤销检验资质，10 年内不受理其资质认定申请；处 5 万元以上 10 万元以下罚款；有违法所得的，没收违法所得；对直接负责的主管人员和其他直接责任人员，依法给予撤职或者开除的处分；受到开除处分的，自处分决定作出之日起 10 年内不得从事医疗器械检验工作。

违反《医疗器械监督管理条例》规定，发布未取得批准文件的医疗器械广告，未事先核实批准文件的真实性即发布医疗器械广告，或者发布广告内容与批准文件不一致的医疗器械广告的，由工商行政管理部门依照有关广告管理的法律、行政法规的规定给予处罚。

篡改经批准的医疗器械广告内容的，由原发证部门撤销该医疗器械的广告批准文件，2 年内不受理其广告审批申请。

发布虚假医疗器械广告的，由省级以上人民政府食品药品监督管理部门决定暂停销售该医疗器械，并向社会公布；仍然销售该医疗器械的，由县级以上人民政府食品药品监督管理部门没收违法销售的医疗器械，并处 2 万元以上 5 万元以下罚款。

医疗器械技术审评机构、医疗器械不良事件监测技术机构未依照《医疗器械监督管理条例》规定履行职责，致使审评、监测工作出现重大失误的，由县级以上人民政府食品药品监督管理部门责令改正，通报批评，给予警告；造成严重后果的，对直接负责的主管人员和其他直接责任人员，依法给予降级、撤职或者开除的处分。

食品药品监督管理部门及其工作人员应当严格依照《医疗器械监督管理条例》规定的处罚种类和幅度，根据违法行为的性质和具体情节行使行政处罚权，具体办法由国务院食品药品监督管理部门制定。

违反《医疗器械监督管理条例》规定，县级以上人民政府食品药品监督管理部门或者其他有关部门不履行医疗器械监督管理职责或者滥用职权、玩忽职守、徇私舞弊的，由监察机关或者任免机关对直接负责的主管人员和其他直接责任人员依法给予警告、记过或者记大过的处分；造成严重后果的，给予降级、撤职或者开除的处分。

违反《医疗器械监督管理条例》规定,构成犯罪的,依法追究刑事责任;造成人身、财产或者其他损害的,依法承担赔偿责任。

本章小结

医疗器械管理法律制度	学习要点
概念	医疗器械的概念与分类
管理法律制度	医疗器械生产经营管理法律制度
监督管理	医疗器械监督管理部门职责

目标检测

一、选择题

【A1型题】

1. 在中国_____从事医疗器械_____活动及其监督管理应当遵守本办法。(　　)
   A. 境内;经营　　B. 境外;经营　　C. 境外;生产　　D. 境内;生产

2. 《医疗器械经营监督管理办法》是2014年国家食品药品监督管理总局第_____号令公布。根据_____年11月7日国家食品药品监督管理总局局务会议《关于修改部分规章的决定》修订。(　　)
   A. 8;2014　　B. 18;2017　　C. 68;2014　　D. 8;2017

3. 负责全国医疗器械经营监督管理工作的监督管理部门是(　　)。
   A. 国家食品药品监督管理总局　　B. 总局医疗器械标准管理中心
   C. 总局医疗器械技术审评中心　　D. 中国医疗器械行业协会

4. 医疗器械按照风险程度,经营实施分类管理:经营第_____类医疗器械不需许可和备案;经营第_____类医疗器械实行备案管理;经营第_____类医疗器械实行许可管理。(　　)
   A. 一;二;三　　　　　　　　　　B. 二;一;三
   C. 三;二;一　　　　　　　　　　D. 一;二和三;二或三

5. 医疗器械经营许可证有效期为(　　)年。
   A. 2　　B. 3　　C. 4　　D. 5

6. 第三类医疗器械经营企业自行停业(　　)以上,重新经营时,应提前书面报告所在地设区的市级食品药品监督管理部门,经核查符合要求后方可恢复经营。
   A. 一年　　B. 二年　　C. 三年　　D. 五年

7. 医疗器械经营许可证的有效期届满需要延续的,医疗器械经营企业应当在有效期前(　　)个月前,向原发证部门提出医疗器械经营许可证延续申请。
   A. 3　　B. 6　　C. 12　　D. 24

8. 从事第二类医疗器械经营的,经营企业应当在(　　)备案,经监管部门对所提交资料审核通过后,发给第二类医疗器械经营备案凭证。
   A. 省食品药品监督管理局　　　　B. 国家食品药品监督管理总局
   C. 所在地县级以上食品药品监督管理局　　D. 总局医疗器械标准管理中心

9. 《医疗器械监督管理条例》把医疗器械分为(　　)类。

A. 1　　　　　　B. 2　　　　　　　C. 3　　　　　　　D. 4

10. 第三类医疗器械注册证的有限期限是（　　）。

A. 1年　　　　　B. 2年　　　　　　C. 5年　　　　　　D. 无限期

【A2型题】

11. 从事医疗器械生产活动，非必须具备的条件是（　　）。

A. 有与生产的医疗器械相适应的生产场地、环境条件、生产设备以及专业技术人员

B. 有对生产的医疗器械进行质量检验的机构或者专职检验人员以及检验设备

C. 产品标准

D. 有保证医疗器械质量的管理制度

12. 第一类医疗器械产品备案和申请第二类、第三类医疗器械产品注册，不用提交的资料是（　　）。

A. 仓库地址的地理位置图、平面图、房屋产权证明（或租赁协议）复印件产品、技术要求

B. 产品检验报告

C. 注册产品标准

D. 产品检验报告和注册产品标准

二、名词解释

1. 医疗器械
2. 医疗器械使用单位

三、简答题

1. 《医疗器械生产质量管理规范》中要求生产企业建立质量管理体系，请列举8个应当建立的文件（含与生产、质量相关的文件各2个）。
2. 企业经营的医疗器械产品应符合什么条件？
3. 医疗器械注册证书哪五项内容变化需要进行重新注册？

（浙江大学　杨传家　　广东岭南职业技术学院　陈辉芳）

参考答案
11-1

第十二章　食品安全法律制度

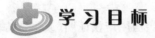

1. 掌握：掌握食品安全法的概念、食品安全标准、食品安全事故处置以及法律责任。
2. 熟悉：食品安全法的适用对象、食品生产经营者的法律要求以及食品检验。
3. 了解：我国食品安全管理的法制建设、食品安全监管体制以及食品安全风险监测和评估制度。

三鹿奶粉事件

2008年6月至9月间，全国多地发生婴幼儿肾结石病例，甚至还有的孩子医治无效死亡。调查发现，这些婴幼儿多有食用石家庄三鹿集团生产的三鹿婴幼儿配方奶粉的经历。后经检测认定，三鹿奶粉含有大量的三聚氰胺，严重损害了婴幼儿的身体健康，卫生部宣布这是一起重大的食品安全事故。三鹿集团由此破产，相关领导和责任人员都被依法追究责任。牛奶和奶粉中添加三聚氰胺，主要是提升蛋白质检测值；三聚氰胺是一种化工原料，为白色结晶粉末，没有气味和味道，含氮量为66%。婴幼儿食用含三聚氰胺的奶粉会导致肾结石、并发生肾衰竭，长期摄入会造成生殖系统、泌尿系统的损害，并可诱发膀胱癌。2008年9月17日，中国国家质检总局宣布取消食品业的国家免检制度，所有已生产的产品和印制在包装上已使用的国家免检标志不再有效；几天后该局宣布撤销蒙牛、伊利和光明三个牌子液态奶产品的"中国名牌"产品称号。

10多年前喝三鹿奶粉的孩子，现在怎么样了？据报道，喝三鹿奶粉的孩子症状有头特别大、抵抗力很弱、身体特别差、爱感冒、经常便秘、个头小等问题。如今，三鹿奶粉事件早已被有些人淡忘，但毒奶粉留下的后遗症却伴随着这些孩子及其家庭一辈子。

企业的食品安全义务何在？应当怎样防范食品安全风险？如何有效监管食品安全问题？本章内容将给出回答。

第一节　概　　述

民以食为天，我们要时时刻刻保证食品的安全，为了达到这点，必须立法。

一、食品安全及食品安全法的概念

食品指各种供人食用或者饮用的成品和原料以及按照传统既是食品又是药品的物品，但是不包括以治疗为目的的物品。

食品安全是指人们食用的食品必须具备无毒、无害,符合应有的营养要求,对人体健康不造成任何急性、亚急性或者慢性危害。

广义的食品安全法是调整人们在生产、加工、存储、销售食品过程中产生的食品安全相关关系的法律规范的总称,包括制定的《中华人民共和国食品安全法》及其他法律法规中关于食品安全的法律规定,以及相关的行政法规和司法解释。狭义的食品安全法就是指《中华人民共和国食品安全法》这部专门法律。

二、食品安全立法的产生及发展

1995 年 10 月 30 日,第八届全国人民代表大会常务委员会第十六次会议通过《中华人民共和国食品卫生法》(简称《食品卫生法》),自颁布之日起开始实施。这部法律的出台,有力地推动了我国食品卫生事业的发展,但随着时间的推移和社会的发展进步,加上后来若干起重大食品安全事故的负面影响,这部法律日益显现出其局限性。2009 年 2 月 28 日第十一届全国人民代表大会常务委员会第七次会议通过《中华人民共和国食品安全法》(简称《食品安全法》),取代了《食品卫生法》。与《食品卫生法》相比,《食品安全法》在许多方面进行了调整、补充和完善,能够更好地适应现实需要。对食品安全的要求更加细致、严格。具体来说,大致有以下几个方面的改变。

第一,调整范围扩大。食品卫生是食品安全的一个方面的要求,安全的食品是卫生的,但卫生的食品不一定安全。《食品卫生法》所称的食品是狭义的食品,即生产、销售阶段的食品,而《食品安全法》所称的食品不仅指上述过程的食品,还指种植、养殖、加工、包装、存储、运输等过程中的食品,以及与食品相关的食品添加剂、饲料及饲料添加剂等,《食品安全法》扩大了调整范围,覆盖了从农田到餐桌的全过程。

第二,安全监管措施增加。主要体现为:安全评价从事后提前到事前,《食品安全法》规定了食品安全风险监测与评估制度;对现行的食用农产品质量安全标准、食品卫生标准、食品质量标准进行整合,统一公布食品安全国家标准;建立问题食品召回制度等。

第三,加大监管处罚力度。如:取消食品免检制度,规定食品出厂必须检验;代言虚假广告者与生产销售者承担连带责任;大幅提高违法生产经营的行政处罚力度;生产或销售不符合食品安全标准的食品,消费者可以要求生产者或销售者支付 10 倍价款的赔偿金,严重的甚至要被追究刑事责任。

第四,明确食品安全责任的承担。法律首次明确了食品销售者是食品安全的第一责任人;国务院设立了食品安全委员会。

2015 年 4 月 24 日,第十二届全国人民代表大会常务委员会第十四次会议修订通过了《食品安全法》,于同年 10 月 1 日起施行。修订的《食品安全法》突出了标准最严谨、监管最严格、处罚最严厉等特点,加强了以下几个方面的制度构建:一是完善统一权威的食品安全监管机构,由分段监管变成食药监部门统一监管;二是明确建立最严格的全过程的监管制度,进一步强调了食品生产经营者的主体责任和监管部门的监管责任;三是更加突出预防为主、风险防范,增设了责任约谈、风险分级管理等重点制度;四是实行食品安全社会共治,充分发挥媒体、广大消费者等在食品安全治理中的作用;五是突出对保健食品、特殊医学用途配方食品、婴幼儿配方食品等特殊食品的严格监管;六是加强了对农药的管理;七是加强对食用农产品的管理;八是建立最严格的法律责任制度。

2018 年 12 月 29 日,第十三届全国人民代表大会常务委员会第七次会议对《食品安全法》进行了修正。

三、食品安全法的立法宗旨、基本原则、适用范围

(一)食品安全法的立法宗旨

食品安全法的立法宗旨是保证食品安全,保障公众身体健康和生命安全。

(二)食品安全法的基本原则

1. 预防为主原则　食品安全必须预防在先,注重事前主动防范,而不是事后被动处理,从而降低食

品安全事故发生率,也降低事故的处置成本。

2. 风险管理原则　通过建立食品安全风险监测和风险评估制度,对食品的安全实施风险管理,把风险降到最低限度。

3. 全程控制原则　对食品的种植、养殖、生产、储存、包装、运输、销售、消费等各个环节实施质量安全控制,从而保证食品的安全性。

4. 社会共治原则　发动全社会的力量,包括社会公众和媒体舆论的力量,运用各种手段和方式,共同推进食品安全监管,保证食品安全。

(三) 食品安全法的适用范围

《食品安全法》第二条明确规定,在中华人民共和国境内从事下列活动,应当遵守本法:①食品生产和加工(以下称食品生产),食品销售和餐饮服务(以下称食品经营);②食品添加剂的生产经营;③用于食品的包装材料、容器、洗涤剂、消毒剂和用于食品生产经营的工具、设备(以下称食品相关产品)的生产经营;④食品生产经营者使用食品添加剂、食品相关产品;⑤食品的储存和运输;⑥对食品、食品添加剂、食品相关产品的安全管理。供食用的源于农业的初级产品(以下称食用农产品)的质量安全管理,遵守《中华人民共和国农产品质量安全法》的规定。但是,食用农产品的市场销售、有关质量安全标准的制定、有关安全信息的公布和本法对农业投入品作出规定的,应当遵守本法的规定。

第二节　食品安全风险监测与评估

一、食品安全风险监测

(一) 食品安全风险监测的概念

食品安全风险监测,是指系统和持续地收集食源性疾病、食品污染以及食品中有害因素的监测数据及相关信息,并进行综合分析和及时通报的活动。检测结果将作为制定食品安全标准、确定检查对象和检查频率的科学依据。

(二) 食品安全风险监测的内容

1. 食源性疾病监测　食品中致病因素进入人体引起的感染性、中毒性等疾病。

2. 食品污染监测　根据国际食品安全管理的一般规则,在食品生产、加工或流通等过程中因非故意原因使外来污染物进入食品的。

3. 食品中有害因素监测　在食品生产、流通、餐饮服务等环节,通过除了食品污染以外的其他可能途径进入食品的有害因素。

(三) 食品安全风险监测的实施

1. 食品安全风险监测工作　国务院卫生行政部门会同国务院食品安全监督管理等部门,制定、实施国家食品安全风险监测计划。省、自治区、直辖市人民政府卫生行政部门会同同级食品安全监督管理等部门,根据国家食品安全风险监测计划,结合本行政区域的具体情况,制定、调整本行政区域的食品安全风险监测方案,报国务院卫生行政部门备案并实施。食品安全风险监测工作人员有权进入相关食用农产品种植养殖、食品生产经营场所采集样品、收集相关数据。采集样品应当按照市场价格支付费用。

2. 食品安全风险监测结果通报　食品安全风险监测结果表明可能存在食品安全隐患的,县级以上人民政府卫生行政部门应当及时将相关信息通报同级食品安全监督管理等部门,并报告本级人民政府和上级人民政府卫生行政部门。食品安全监督管理等部门应当组织开展进一步调查。医疗机构发现其接收的患者属于食源性疾病患者、食物中毒患者,或疑似食源性疾病患者、疑似食物中毒患者的,应当及

知识链接
12-1

时向所在地县级人民政府卫生行政部门报告有关疾病信息。

二、食品安全风险评估

（一）食品安全风险评估的概念

食品安全风险评估是指运用科学方法，根据食品安全风险监测信息、科学数据以及有关信息，对食品、食品添加剂、食品相关产品中生物性、化学性和物理性危害对人体健康可能造成的不良影响所进行的科学评估。

食品安全风险评估结果是制定、修订食品安全标准以及实施食品安全监督管理的科学依据之一。

（二）食品安全风险评估的内容

1. 危害识别 根据流行病学、动物试验、体外试验、结构活性关系等科学数据和文献信息，确定人体暴露于某种危害后果后是否会对健康造成不良影响，造成不良影响的可能性多大，以及可能处于风险之中的人群和范围。

2. 危害描述 对与危害相关的不良健康作用进行定性或定量描述。对危害因素进行剂量反应评估，如果可能，对于毒性作用有阈值的危害应建立人体安全摄入量标准。

3. 暴露评估 对于通过食品的可能摄入和其他有关途径暴露的生物、化学和物理等危害因素的定性或定量评价，估算不同人群摄入危害的水平。

4. 风险描述 根据危害识别、危害描述和暴露评估，综合分析危害对人群健康产生不良作用的风险及其程度，并描述和解释风险评估过程中的不确定性。

（三）食品安全风险评估的实施

国务院卫生行政部门负责组织食品安全风险评估工作，成立由医学、农业、食品、营养、生物、环境等方面的专家组成的食品安全风险评估专家委员会进行食品安全风险评估。对农药、肥料、兽药、饲料和饲料添加剂等的安全性评估，应当有食品安全风险评估专家委员会的专家参加。食品安全风险评估不得向生产经营者收取费用，采集样品应当按照市场价格支付费用。

（四）应当进行食品安全风险评估的情形

（1）通过食品安全风险监测或者接到举报发现食品、食品添加剂、食品相关产品可能存在安全隐患的；

（2）为制定或者修订食品安全国家标准提供科学依据需要进行风险评估的；

（3）为确定监督管理的重点领域、重点品种需要进行风险评估的；

（4）发现新的可能危害食品安全因素的；

（5）需要判断某一因素是否构成食品安全隐患的；

（6）国务院卫生行政部门认为需要进行风险评估的其他情形。

（五）食品安全风险评估结果

经食品安全风险评估，得出食品、食品添加剂、食品相关产品不安全结论的，国务院食品安全监督管理等部门应当依据各自职责立即向社会公告，告知消费者停止食用或者使用，并采取相应措施，确保该食品、食品添加剂、食品相关产品停止生产经营；需要制定、修订相关食品安全国家标准的，国务院卫生行政部门应当会同国务院食品安全监督管理部门立即制定、修订。

国务院卫生行政、农业行政部门应当及时相互通报食品、食用农产品安全风险评估结果等信息。

三、食品安全标准

（一）食品安全标准的概念

食品安全标准，是指为了保证食品安全，对在食品、食品添加剂、食品相关产品的生产经营过程中，影响食品安全的各种要素以及各关键环节规定的统一技术要求，是保障公众身体健康和生命安全的强制性标准,并供公众免费查阅。制定食品安全标准,应当以保障公众身体健康为宗旨,做到科学合理、安全可靠。食品安全标准是强制执行的标准。除食品安全标准外,不得制定其他食品强制性标准。

（二）食品安全标准的内容

（1）食品、食品添加剂、食品相关产品中的致病性微生物,农药残留、兽药残留、生物毒素、重金属等污染物质以及其他危害人体健康物质的限量规定;

（2）食品添加剂的品种、使用范围、用量;

（3）专供婴幼儿和其他特定人群的主辅食品的营养成分要求;

（4）对与卫生、营养等食品安全要求有关的标签、标志、说明书的要求;

（5）食品生产经营过程的卫生要求;

（6）与食品安全有关的质量要求;

（7）与食品安全有关的食品检验方法与规程;

（8）其他需要制定为食品安全标准的内容。

（三）食品安全标准的类型

1. 国家标准　食品安全国家标准由国务院卫生行政部门会同国务院食品安全监督管理部门制定、公布,国务院标准化行政部门提供国家标准编号。食品中农药残留、兽药残留的限量规定及其检验方法与规程由国务院卫生行政部门、国务院农业行政部门会同国务院食品安全监督管理部门制定。屠宰畜、禽的检验规程由国务院农业行政部门会同国务院卫生行政部门制定。

2. 地方标准　没有食品安全国家标准,又需要在省、自治区、直辖市范围内统一实施的,由省级卫生行政部门制定的,适用于本行政区域范围内的食品安全标准为食品安全地方标准,但食品添加剂、保健食品、食品相关产品等不得制定食品安全地方标准。食品安全国家标准制定后,地方标准废止。

3. 企业标准　没有食品安全国家标准或地方标准的,由企业制定企业标准,作为组织生产的依据。国家鼓励食品生产企业制定严于国家和地方标准的企业标准。该标准应当报省级卫生行政部门备案,在本企业内部适用。

四、食品检验

国家实行的食品检验制度是按照国家认证认可的有关规定取得资质的食品检验机构,依法按照食品安全标准和检验规范对食品质量进行检验的制度,包括食品监管部门的监管检验及食品生产者的自觉检验。县级以上人民政府食品安全监督管理部门应当对食品进行定期或者不定期的抽样检验,并依据有关规定公布检验结果,不得免检;不得向食品生产经营者收取检验费和其他费用。

五、食品进出口管理

国家实行进出口检验制度,由国家出入境检验检疫部门对进出口食品安全实施监督管理。

1. 进口食品检验许可制度　进口的食品、食品添加剂应当经出入境检验检疫机构依照进出口商品检验相关法律、行政法规的规定检验合格,方可进口。进口尚无食品安全国家标准的食品,由境外出口商、境外生产企业或者其委托的进口商向国务院卫生行政部门提交所执行的相关国家（地区）标准或者国际标准,并提交相关安全性评估材料,获得许可方可进口。

2. 进口食品的标签要求　进口的预包装食品、食品添加剂应当有中文标签;依法应当有说明书的,还应当有中文说明书。标签、说明书应当符合《食品安全法》以及我国其他有关法律、行政法规的规定和食品安全国家标准的要求,并载明食品的原产地以及境内代理商的名称、地址、联系方式。预包装食品没有中文标签、中文说明书或者标签、说明书不符合《食品安全法》规定的,不得进口。

3. 进出口企业信用管理制度　国家出入境检验检疫部门应当对进出口食品的进口商、出口商和出口食品生产企业实施信用管理,建立信用记录,并依法向社会公布。

六、食品广告监管

食品广告的内容应当真实合法,不得含有虚假内容,不得涉及疾病预防、治疗功能,不得欺骗和误导消费者,不得使用医疗用语或者易与药品混淆的用语,必须符合卫生许可的事项。

食品生产经营者对食品广告内容的真实性、合法性负责。县级以上人民政府食品安全监督管理部门和其他有关部门以及食品检验机构、食品行业协会不得以广告或者其他形式向消费者推荐食品。消费者组织不得以收取费用或者其他牟取利益的方式向消费者推荐食品。

第三节 食品生产经营制度

一、食品生产经营的一般管理

食品生产经营应当符合食品安全标准,并符合下列要求。

(1) 具有与生产经营的食品品种、数量相适应的食品原料处理和食品加工、包装、储存等场所,保持该场所环境整洁,并与有毒、有害场所以及其他污染源保持规定的距离。

(2) 具有与生产经营的食品品种、数量相适应的生产经营设备或者设施,有相应的消毒、更衣、盥洗、采光、照明、通风、防腐、防尘、防蝇、防鼠、防虫、洗涤以及处理废水、存放垃圾和废弃物的设备或者设施。

(3) 有专职或者兼职的食品安全专业技术人员、食品安全管理人员和保证食品安全的规章制度。

(4) 具有合理的设备布局和工艺流程,防止待加工食品与直接入口食品、原料与成品交叉污染,避免食品接触有毒物、不洁物。

(5) 餐具、饮具和盛放直接入口食品的容器,使用前应当洗净、消毒,炊具、用具用后应当洗净,保持清洁。

(6) 储存、运输和装卸食品的容器、工具和设备应当安全、无害,保持清洁,防止食品污染,并符合保证食品安全所需的温度、湿度等特殊要求,不得将食品与有毒、有害物品一同储存、运输。

(7) 直接入口的食品应当使用无毒、清洁的包装材料、餐具、饮具和容器。

(8) 食品生产经营人员应当保持个人卫生,生产经营食品时,应当将手洗净,穿戴清洁的工作衣、帽等;销售无包装的直接入口食品时,应当使用无毒、清洁的容器、售货工具和设备。

(9) 用水应当符合国家规定的生活饮用水卫生标准。

(10) 使用的洗涤剂、消毒剂应当对人体安全、无害。

(11) 法律、法规规定的其他要求。

非食品生产经营者从事食品储存、运输和装卸的,应当符合以上第六项的规定。

禁止生产经营下列食品、食品添加剂、食品相关产品:

(1) 用非食品原料生产的食品或者添加食品添加剂以外的化学物质和其他可能危害人体健康物质的食品,或者用回收食品作为原料生产的食品;

(2) 致病性微生物,农药残留、兽药残留、生物毒素、重金属等污染物质以及其他危害人体健康的物质含量超过食品安全标准限量的食品、食品添加剂、食品相关产品;

(3) 用超过保质期的食品原料、食品添加剂生产的食品、食品添加剂;

(4) 超范围、超限量使用食品添加剂的食品;

(5) 营养成分不符合食品安全标准的专供婴幼儿和其他特定人群的主辅食品;

(6) 腐败变质、油脂酸败、霉变生虫、污秽不洁、混有异物、掺假掺杂或者感官性状异常的食品、食品添加剂;

(7) 病死、毒死或者死因不明的禽、畜、兽、水产动物肉类及其制品；

(8) 未按规定进行检疫或者检疫不合格的肉类，或者未经检验或者检验不合格的肉类制品；

(9) 被包装材料、容器、运输工具等污染的食品、食品添加剂；

(10) 标注虚假生产日期、保质期或者超过保质期的食品、食品添加剂；

(11) 无标签的预包装食品、食品添加剂；

(12) 国家为防病等特殊需要明令禁止生产经营的食品；

(13) 其他不符合法律、法规或者食品安全标准的食品、食品添加剂、食品相关产品。

二、食品生产经营许可

国家对食品生产经营实行许可制度。从事食品生产、食品销售、餐饮服务，应当依法取得许可。但是，销售食用农产品，不需要取得许可。

县级以上地方人民政府食品安全监督管理部门应当依照《中华人民共和国行政许可法》的规定，审核申请人提交的《食品安全法》第三十三条第一款第一项至第四项规定要求的相关资料，必要时对申请人的生产经营场所进行现场核查；对符合规定条件的，准予许可；对不符合规定条件的，不予许可并书面说明理由。

食品生产加工小作坊和食品摊贩等从事食品生产经营活动，应当符合《食品安全法》规定的与其生产经营规模、条件相适应的食品安全要求，保证所生产经营的食品卫生、无毒、无害，食品安全监督管理部门应当对其加强监督管理。

县级以上地方人民政府应当对食品生产加工小作坊、食品摊贩等进行综合治理，加强服务和统一规划，改善其生产经营环境，鼓励和支持其改进生产经营条件，进入集中交易市场、店铺等固定场所经营，或者在指定的临时经营区域、时段经营。

食品生产加工小作坊和食品摊贩等的具体管理办法由省、自治区、直辖市制定。

利用新的食品原料生产食品，或者生产食品添加剂新品种、食品相关产品新品种，应当向国务院卫生行政部门提交相关产品的安全性评估材料。国务院卫生行政部门应当自收到申请之日起六十日内组织审查；对符合食品安全要求的，准予许可并公布；对不符合食品安全要求的，不予许可并书面说明理由。

生产经营的食品中不得添加药品，但是可以添加按照传统既是食品又是中药材的物质。按照传统既是食品又是中药材的物质目录由国务院卫生行政部门会同国务院食品安全监督管理部门制定、公布。

国家对食品添加剂生产实行许可制度。从事食品添加剂生产，应当具有与所生产食品添加剂品种相适应的场所、生产设备或者设施、专业技术人员和管理制度，并依照《食品安全法》第三十五条第二款规定的程序，取得食品添加剂生产许可。

生产食品添加剂的规定

生产食品添加剂应当符合法律、法规和食品安全国家标准。

食品添加剂应在技术上确有必要且经过风险评估证明安全可靠，方可列入允许使用的范围；有关食品安全国家标准应当根据技术必要性和食品安全风险评估结果及时修订。

食品生产经营者应当按照食品安全国家标准使用食品添加剂。

生产食品相关产品应当符合法律、法规和食品安全国家标准。对直接接触食品的包装材料等具有较高风险的食品相关产品，按照国家有关工业产品生产许可证管理的规定实施生产许可。食品安全监督管理部门应当加强对食品相关产品生产活动的监督管理。

国家建立食品安全全程追溯制度。

食品生产经营者应当依照《食品安全法》的规定，建立食品安全追溯体系，保证食品可追溯。国家鼓励食品生产经营者采用信息化手段采集、留存生产经营信息，建立食品安全追溯体系。

国务院食品安全监督管理部门会同国务院农业行政等有关部门建立食品安全全程追溯协作机制。

地方各级人民政府应当采取措施鼓励食品规模化生产和连锁经营、配送。

国家鼓励食品生产经营企业参加食品安全责任保险。

三、食品生产经营过程管理

食品生产经营企业应当建立健全食品安全管理制度，对职工进行食品安全知识培训，加强食品检验工作，依法从事生产经营活动。

食品生产经营企业的主要负责人应当落实企业食品安全管理制度，对本企业的食品安全工作全面负责。

食品生产经营企业应当配备食品安全管理人员，加强对其培训和考核。经考核不具备食品安全管理能力的，不得上岗。食品安全监督管理部门应当对企业食品安全管理人员随机进行监督抽查考核并公布考核情况。监督抽查考核不得收取费用。

食品生产经营者应当建立并执行从业人员健康管理制度。患有国务院卫生行政部门规定的有碍食品安全疾病的人员，不得从事接触直接入口食品的工作。

从事接触直接入口食品工作的食品生产经营人员应当每年进行健康检查，取得健康证明后方可上岗工作。

食品生产企业应当就下列事项制定并实施控制要求，保证所生产的食品符合食品安全标准：

(1) 原料采购、原料验收、投料等原料控制；

(2) 生产工序、设备、储存、包装等生产关键环节控制；

(3) 原料检验、半成品检验、成品出厂检验等检验控制；

(4) 运输和交付控制。

食品生产经营者应当建立食品安全自查制度，定期对食品安全状况进行检查评价。生产经营条件发生变化，不再符合食品安全要求的，食品生产经营者应当立即采取整改措施；有发生食品安全事故潜在风险的，应当立即停止食品生产经营活动，并向所在地县级人民政府食品安全监督管理部门报告。

国家鼓励食品生产经营企业符合良好生产规范要求，实施危害分析与关键控制点体系，提高食品安全管理水平。

对通过良好生产规范、危害分析与关键控制点体系认证的食品生产经营企业，认证机构应当依法实施跟踪调查；对不再符合认证要求的企业，应当依法撤销认证，及时向县级以上人民政府食品安全监督管理部门通报，并向社会公布。认证机构实施跟踪调查不得收取费用。

食用农产品生产者应当按照食品安全标准和国家有关规定使用农药、肥料、兽药、饲料和饲料添加剂等农业投入品，严格执行农业投入品使用安全间隔期或者休药期的规定，不得使用国家明令禁止的农业投入品。禁止将剧毒、高毒农药用于蔬菜、瓜果、茶叶和中草药材等国家规定的农作物。

食用农产品的生产企业和农民专业合作经济组织应当建立农业投入品使用记录制度。

县级以上人民政府农业行政部门应当加强对农业投入品使用的监督管理和指导，建立健全农业投入品安全使用制度。

食品生产者采购食品原料、食品添加剂、食品相关产品，应当查验供货者的许可证和产品合格证明；对无法提供合格证明的食品原料，应当按照食品安全标准进行检验；不得采购或者使用不符合食品安全标准的食品原料、食品添加剂、食品相关产品。

食品生产企业应当建立食品原料、食品添加剂、食品相关产品进货查验记录制度，如实记录食品原料、食品添加剂、食品相关产品的名称、规格、数量、生产日期或者生产批号、保质期、进货日期以及供货者名称、地址、联系方式等内容，并保存相关凭证。记录和凭证保存期限不得少于产品保质期满后6个月；没有明确保质期的，保存期限不得少于2年。

食品生产企业应当建立食品出厂检验记录制度,查验出厂食品的检验合格证和安全状况,如实记录食品的名称、规格、数量、生产日期或者生产批号、保质期、检验合格证号、销售日期以及购货者名称、地址、联系方式等内容,并保存相关凭证。记录和凭证保存期限应当符合《食品安全法》第五十条第二款的规定。

食品、食品添加剂、食品相关产品的生产者,应当按照食品安全标准对所生产的食品、食品添加剂、食品相关产品进行检验,检验合格后方可出厂或者销售。

食品经营者采购食品,应当查验供货者的许可证和食品出厂检验合格证或者其他合格证明(以下称合格证明文件)。

食品经营企业应当建立食品进货查验记录制度,如实记录食品的名称、规格、数量、生产日期或者生产批号、保质期、进货日期以及供货者名称、地址、联系方式等内容,并保存相关凭证。记录和凭证保存期限应当符合《食品安全法》第五十条第二款的规定。

实行统一配送经营方式的食品经营企业,可以由企业总部统一查验供货者的许可证和食品合格证明文件,进行食品进货查验记录。

从事食品批发业务的经营企业应当建立食品销售记录制度,如实记录批发食品的名称、规格、数量、生产日期或者生产批号、保质期、销售日期以及购货者名称、地址、联系方式等内容,并保存相关凭证。记录和凭证保存期限应当符合《食品安全法》第五十条第二款的规定。

食品经营者应当按照保证食品安全的要求储存食品,定期检查库存食品,及时清理变质或者超过保质期的食品。

食品经营者储存散装食品,应当在储存位置标明食品的名称、生产日期或者生产批号、保质期、生产者名称及联系方式等内容。

餐饮服务提供者应当制定并实施原料控制要求,不得采购不符合食品安全标准的食品原料。倡导餐饮服务提供者公开加工过程,公示食品原料及其来源等信息。

餐饮服务提供者在加工过程中应当检查待加工的食品及原料,发现有腐败变质、油脂酸败、霉变生虫、污秽不洁、混有异物、掺假掺杂或者感官性状异常的食品、食品添加剂的,不得加工或者使用。

餐饮服务提供者应当定期维护食品加工、储存、陈列等设施、设备;定期清洗、校验保温设施及冷藏、冷冻设施。

餐饮服务提供者应当按照要求对餐具、饮具进行清洗消毒,不得使用未经清洗消毒的餐具、饮具;餐饮服务提供者委托清洗消毒餐具、饮具的,应当委托符合《食品安全法》规定条件的餐具、饮具集中消毒服务单位。

学校、托幼机构、养老机构、建筑工地等集中用餐单位的食堂应当严格遵守法律、法规和食品安全标准;从供餐单位订餐的,应当从取得食品生产经营许可的企业订购,并按照要求对订购的食品进行查验。供餐单位应当严格遵守法律、法规和食品安全标准,当餐加工,确保食品安全。

学校、托幼机构、养老机构、建筑工地等集中用餐单位的主管部门应当加强对集中用餐单位的食品安全教育和日常管理,降低食品安全风险,及时消除食品安全隐患。

餐具、饮具集中消毒服务单位应当具备相应的作业场所、清洗消毒设备或者设施,用水和使用的洗涤剂、消毒剂应当符合相关食品安全国家标准和其他国家标准、卫生规范。

餐具、饮具集中消毒服务单位应当对消毒餐具、饮具进行逐批检验,检验合格后方可出厂,并应当随附消毒合格证明。消毒后的餐具、饮具应当在独立包装上标注单位名称、地址、联系方式、消毒日期以及使用期限等内容。

食品添加剂生产者应当建立食品添加剂出厂检验记录制度,查验出厂产品的检验合格证和安全状况,如实记录食品添加剂的名称、规格、数量、生产日期或者生产批号、保质期、检验合格证号、销售日期以及购货者名称、地址、联系方式等相关内容,并保存相关凭证。记录和凭证保存期限不得少于产品保质期满后六个月;没有明确保质期的,保存期限不得少于两年。

食品添加剂经营者采购食品添加剂,应当依法查验供货者的许可证和产品合格证明文件,如实记录食品添加剂的名称、规格、数量、生产日期或者生产批号、保质期、进货日期以及供货者名称、地址、联系方式等内容,并保存相关凭证。记录和凭证保存期限不得少于产品保质期满后六个月;没有明确保质期的,保存期限不得少于两年。

集中交易市场的开办者、柜台出租者和展销会举办者,应当依法审查入场食品经营者的许可证,明确其食品安全管理责任,定期对其经营环境和条件进行检查,发现其有违反《食品安全法》规定行为的,应当及时制止并立即报告所在地县级人民政府食品安全监督管理部门。

网络食品交易第三方平台提供者应当对入网食品经营者进行实名登记,明确其食品安全管理责任;依法应当取得许可证的,还应当审查其许可证。

网络食品交易第三方平台提供者发现入网食品经营者有违反《食品安全法》规定行为的,应当及时制止并立即报告所在地县级人民政府食品安全监督管理部门;发现严重违法行为的,应当立即停止提供网络交易平台服务。

国家建立食品召回制度。食品生产者发现其生产的食品不符合食品安全标准或者有证据证明可能危害人体健康的,应当立即停止生产,召回已经上市销售的食品,通知相关生产经营者和消费者,并记录召回和通知情况。

食品经营者发现其经营的食品有前款规定情形的,应当立即停止经营,通知相关生产经营者和消费者,并记录停止经营和通知情况。食品生产者认为应当召回的,应当立即召回。由于食品经营者的原因造成其经营的食品有前款规定情形的,食品经营者应当召回。

食品生产经营者应当对召回的食品采取无害化处理、销毁等措施,防止其再次流入市场。但是,对因标签、标志或者说明书不符合食品安全标准而被召回的食品,食品生产者在采取补救措施且能保证食品安全的情况下可以继续销售;销售时应当向消费者明示补救措施。

食品生产经营者应当将食品召回和处理情况向所在地县级人民政府食品安全监督管理部门报告;需要对召回的食品进行无害化处理、销毁的,应当提前报告时间、地点。食品安全监督管理部门认为必要的,可以实施现场监督。

食品生产经营者未依照规定召回或者停止经营的,县级以上人民政府食品安全监督管理部门可以责令其召回或者停止经营。

食用农产品批发市场应当配备检验设备和检验人员或者委托符合《食品安全法》规定的食品检验机构,对进入该批发市场销售的食用农产品进行抽样检验;发现不符合食品安全标准的,应当要求销售者立即停止销售,并向食品安全监督管理部门报告。

食用农产品销售者应当建立食用农产品进货查验记录制度,如实记录食用农产品的名称、数量、进货日期以及供货者名称、地址、联系方式等内容,并保存相关凭证。记录和凭证保存期限不得少于六个月。

进入市场销售的食用农产品在包装、保鲜、储存、运输中使用保鲜剂、防腐剂等食品添加剂和包装材料等食品相关产品,应当符合食品安全国家标准。

四、食品标签、说明书和广告

预包装食品的包装上应当有标签,标签应当标明下列事项:
(1) 名称、规格、净含量、生产日期;
(2) 成分或者配料表;
(3) 生产者的名称、地址、联系方式;
(4) 保质期;
(5) 产品标准代号;
(6) 储存条件;
(7) 所使用的食品添加剂在国家标准中的通用名称;
(8) 生产许可证编号;

知识链接
12-2

(9) 法律、法规或者食品安全标准规定应当标明的其他事项。

专供婴幼儿和其他特定人群的主辅食品,其标签还应当标明主要营养成分及其含量。

食品安全国家标准对标签标注事项另有规定的,从其规定。

食品经营者销售散装食品,应当在散装食品的容器、外包装上标明食品的名称、生产日期或者生产批号、保质期以及生产经营者名称、地址、联系方式等内容。

生产经营转基因食品应当按照规定显著标示。

食品添加剂应当有标签、说明书和包装。标签、说明书应当载明:名称、规格、净含量、生产日期;成分或者配料表;生产者的名称、地址、联系方式;保质期;产品标准代号;储存条件;生产许可证编号;法律、法规或者食品安全标准规定应当标明的其他事项;以及食品添加剂的使用范围、用量、使用方法,并在标签上载明"食品添加剂"字样。

食品和食品添加剂的标签、说明书,不得含有虚假内容,不得涉及疾病预防、治疗功能。生产经营者对其提供的标签、说明书的内容负责。

食品和食品添加剂的标签、说明书应当清楚、明显,生产日期、保质期等事项应当显著标注,容易辨识。

食品和食品添加剂与其标签、说明书的内容不符的,不得上市销售。

食品经营者应按照食品标签标示的警示标志、警示说明或者注意事项的要求销售食品。

五、特殊食品

国家对保健食品、特殊医学用途配方食品和婴幼儿配方食品等特殊食品实行严格监督管理。

保健食品声称保健功能,应当具有科学依据,不得对人体产生急性、亚急性或者慢性危害。保健食品原料目录和允许保健食品声称的保健功能目录,由国务院食品安全监督管理部门会同国务院卫生行政部门、国家中医药管理部门制定、调整并公布。保健食品原料目录应当包括原料名称、用量及其对应的功效;列入保健食品原料目录的原料只能用于保健食品生产,不得用于其他食品生产。

使用保健食品原料目录以外原料的保健食品和首次进口的保健食品应当经国务院食品安全监督管理部门注册。但是,首次进口的保健食品中属于补充维生素、矿物质等营养物质的,应当报国务院食品安全监督管理部门备案。其他保健食品应当报省、自治区、直辖市人民政府食品安全监督管理部门备案。

进口的保健食品应当是出口国(地区)主管部门准许上市销售的产品。

依法应当注册的保健食品,注册时应当提交保健食品的研发报告、产品配方、生产工艺、安全性和保健功能评价、标签、说明书等材料及样品,并提供相关证明文件。国务院食品安全监督管理部门经组织技术审评,对符合安全和功能声称要求的,准予注册;对不符合要求的,不予注册并书面说明理由。对使用保健食品原料目录以外原料的保健食品作出准予注册决定的,应当及时将该原料纳入保健食品原料目录。

依法应当备案的保健食品,备案时应当提交产品配方、生产工艺、标签、说明书以及表明产品安全性和保健功能的材料。

保健食品的标签、说明书不得涉及疾病预防、治疗功能,内容应当真实,与注册或者备案的内容相一致,载明适宜人群、不适宜人群、功效成分或者标志性成分及其含量等,并声明"本品不能代替药物"。保健食品的功能和成分应当与标签、说明书相一致。

保健食品广告除内容应当真实合法,不得含有虚假内容,不得涉及疾病预防、治疗功能,食品生产经营者对保健食品广告内容的真实性、合法性负责外,还应当声明"本品不能代替药物";其内容应当经生产企业所在地省、自治区、直辖市人民政府食品安全监督管理部门审查批准,取得保健食品广告批准文件。省、自治区、直辖市人民政府食品安全监督管理部门应当公布并及时更新已经批准的保健食品广告目录以及批准的广告内容。

特殊医学用途配方食品应当经国务院食品安全监督管理部门注册。注册时,应当提交产品配方、生产工艺、标签、说明书以及表明产品安全性、营养充足性和特殊医学用途临床效果的材料。

特殊医学用途配方食品广告适用《中华人民共和国广告法》和其他法律、行政法规关于药品广告管理的规定。

婴幼儿配方食品生产企业应当实施从原料进厂到成品出厂的全过程质量控制,对出厂的婴幼儿配方食品实施逐批检验,保证食品安全。

生产婴幼儿配方食品使用的生鲜乳、辅料等食品原料、食品添加剂等,应当符合法律、行政法规的规定和食品安全国家标准,保证婴幼儿生长发育所需的营养成分。

婴幼儿配方食品生产企业应当将食品原料、食品添加剂、产品配方及标签等事项向省、自治区、直辖市人民政府食品安全监督管理部门备案。

婴幼儿配方乳粉的产品配方应当经国务院食品安全监督管理部门注册。注册时,应当提交配方研发报告和其他表明配方科学性、安全性的材料。

不得以分装方式生产婴幼儿配方乳粉,同一企业不得用同一配方生产不同品牌的婴幼儿配方乳粉。

保健食品、特殊医学用途配方食品、婴幼儿配方乳粉的注册人或者备案人应当对其提交材料的真实性负责。

省级以上人民政府食品安全监督管理部门应当及时公布注册或者备案的保健食品、特殊医学用途配方食品、婴幼儿配方乳粉目录,并对注册或者备案中获知的企业商业秘密予以保密。

保健食品、特殊医学用途配方食品、婴幼儿配方乳粉生产企业应当按照注册或者备案的产品配方、生产工艺等技术要求组织生产。

生产保健食品、特殊医学用途配方食品、婴幼儿配方食品和其他专供特定人群的主辅食品的企业,应当按照良好生产规范的要求建立与所生产食品相适应的生产质量管理体系,定期对该体系的运行情况进行自查,保证其有效运行,并向所在地县级人民政府食品安全监督管理部门提交自查报告。

六、食品进出口的管理规定

国家出入境检验检疫部门对进出口食品安全实施监督管理。

进口的食品、食品添加剂、食品相关产品应当符合我国食品安全国家标准。

进口的食品、食品添加剂应当经出入境检验检疫机构依照进出口商品检验相关法律、行政法规的规定检验合格。

进口的食品、食品添加剂应当按照国家出入境检验检疫部门的要求随附合格证明材料。

进口尚无食品安全国家标准的食品,由境外出口商、境外生产企业或者其委托的进口商向国务院卫生行政部门提交所执行的相关国家(地区)标准或者国际标准。国务院卫生行政部门对相关标准进行审查,认为符合食品安全要求的,决定暂予适用,并及时制定相应的食品安全国家标准。进口利用新的食品原料生产的食品或者进口食品添加剂新品种、食品相关产品新品种,依照以下规定办理:利用新的食品原料生产食品,或者生产食品添加剂新品种、食品相关产品新品种,应当向国务院卫生行政部门提交相关产品的安全性评估材料。国务院卫生行政部门应当自收到申请之日起六十日内组织审查;对符合食品安全要求的,准予许可并公布;对不符合食品安全要求的,不予许可并书面说明理由。

出入境检验检疫机构按照国务院卫生行政部门的要求,对前款规定的食品、食品添加剂、食品相关产品进行检验。检验结果应当公开。

境外出口商、境外生产企业应当保证向我国出口的食品、食品添加剂、食品相关产品符合《食品安全法》以及我国其他有关法律、行政法规的规定和食品安全国家标准的要求,并对标签、说明书的内容负责。

进口商应当建立境外出口商、境外生产企业审核制度,重点审核前款规定的内容;审核不合格的,不得进口。

发现进口食品不符合我国食品安全国家标准或者有证据证明可能危害人体健康的,进口商应当立即停止进口,并依照以下规定召回:食品生产者发现其生产的食品不符合食品安全标准或者有证据证明可能危害人体健康的,应当立即停止生产,召回已经上市销售的食品,通知相关生产经营者和消费者,并记录召回和通知情况。

境外发生的食品安全事件可能对我国境内造成影响,或者在进口食品、食品添加剂、食品相关产品中发现严重食品安全问题的,国家出入境检验检疫部门应当及时采取风险预警或者控制措施,并向国务院食品安全监督管理、卫生行政、农业行政部门通报。接到通报的部门应当及时采取相应措施。

县级以上人民政府食品安全监督管理部门对国内市场上销售的进口食品、食品添加剂实施监督管理。发现存在严重食品安全问题的,国务院食品安全监督管理部门应当及时向国家出入境检验检疫部门通报。国家出入境检验检疫部门应当及时采取相应措施。

向我国境内出口食品的境外出口商或者代理商、进口食品的进口商应当向国家出入境检验检疫部门备案。向我国境内出口食品的境外食品生产企业应当经国家出入境检验检疫部门注册。已经注册的境外食品生产企业提供虚假材料,或者因其自身的原因致使进口食品发生重大食品安全事故的,国家出入境检验检疫部门应当撤销注册并公告。

国家出入境检验检疫部门应当定期公布已经备案的境外出口商、代理商、进口商和已经注册的境外食品生产企业名单。

进口商应当建立食品、食品添加剂进口和销售记录制度,如实记录食品、食品添加剂的名称、规格、数量、生产日期、生产或者进口批号、保质期、境外出口商和购货者名称、地址及联系方式、交货日期等内容,并保存相关凭证。记录和凭证保存期限不得少于产品保质期满后六个月;没有明确保质期的,保存期限不得少于两年。

出口食品生产企业应当保证其出口食品符合进口国(地区)的标准或者合同要求。

出口食品生产企业和出口食品原料种植、养殖场应当向国家出入境检验检疫部门备案。

国家出入境检验检疫部门应当收集、汇总下列进出口食品安全信息,并及时通报相关部门、机构和企业:

(1) 出入境检验检疫机构对进出口食品实施检验检疫发现的食品安全信息;

(2) 食品行业协会和消费者协会等组织、消费者反映的进口食品安全信息;

(3) 国际组织、境外政府机构发布的风险预警信息及其他食品安全信息,以及境外食品行业协会等组织、消费者反映的食品安全信息;

(4) 其他食品安全信息。

国家出入境检验检疫部门应当对进出口食品的进口商、出口商和出口食品生产企业实施信用管理,建立信用记录,并依法向社会公布。对有不良记录的进口商、出口商和出口食品生产企业,应当加强对其进出口食品的检验检疫。

国家出入境检验检疫部门可以对向我国境内出口食品的国家(地区)的食品安全管理体系和食品安全状况进行评估和审查,并根据评估和审查结果,确定相应检验检疫要求。

第四节 食品安全事故处置

一、食品安全事故应急预案

应急预案,是指针对可能发生的事故,为迅速、有序、有效地开展应急救援行动而预先制定的行动方案。

国务院组织制定国家食品安全事故应急预案。

县级以上地方人民政府应当根据有关法律、法规的规定和上级人民政府的食品安全事故应急预案以及本行政区域的实际情况,制定本行政区域的食品安全事故应急预案,并报上一级人民政府备案。

食品安全事故应急预案应当对食品安全事故分级、事故处置组织指挥体系与职责、预防预警机制、处置程序、应急保障措施等作出规定。

食品生产经营企业应当制定食品安全事故处置方案，定期检查本企业各项食品安全防范措施的落实情况，及时消除事故隐患。

二、食品安全事故的应急处理

发生食品安全事故的单位应当立即采取措施，防止事故扩大。事故单位和接收患者进行治疗的单位应当及时向事故发生地县级人民政府食品安全监督管理、卫生行政部门报告。

县级以上人民政府农业行政等部门在日常监督管理中发现食品安全事故或者接到事故举报，应当立即向同级食品安全监督管理部门通报。

发生食品安全事故，接到报告的县级人民政府食品安全监督管理部门应当按照应急预案的规定向本级人民政府和上级人民政府食品安全监督管理部门报告。县级人民政府和上级人民政府食品安全监督管理部门应当按照应急预案的规定上报。

任何单位和个人不得对食品安全事故隐瞒、谎报、缓报，不得隐匿、伪造、毁灭有关证据。

医疗机构发现其接收的患者属于食源性疾病患者或者疑似患者的，应当按照规定及时将相关信息向所在地县级人民政府卫生行政部门报告。县级人民政府卫生行政部门认为与食品安全有关的，应当及时通报同级食品安全监督管理部门。

县级以上人民政府卫生行政部门在调查处理传染病或者其他突发公共卫生事件中发现与食品安全相关的信息，应当及时通报同级食品安全监督管理部门。

县级以上人民政府食品安全监督管理部门接到食品安全事故的报告后，应当立即会同同级卫生行政、农业行政等部门进行调查处理，并采取下列措施，防止或者减轻社会危害：

（1）开展应急救援工作，组织救治因食品安全事故导致人身伤害的人员；

（2）封存可能导致食品安全事故的食品及其原料，并立即进行检验；对确认属于被污染的食品及其原料，责令食品生产经营者依照《食品安全法》第六十三条的规定召回或者停止经营；

（3）封存被污染的食品相关产品，并责令进行清洗消毒；

（4）做好信息发布工作，依法对食品安全事故及其处理情况进行发布，并对可能产生的危害加以解释、说明。

三、食品安全事故的调查

发生食品安全事故需要启动应急预案的，县级以上人民政府应当立即成立事故处置指挥机构，启动应急预案，依照前款和应急预案的规定进行处置。

发生食品安全事故，县级以上疾病预防控制机构应当对事故现场进行卫生处理，并对与事故有关的因素开展流行病学调查，有关部门应当予以协助。县级以上疾病预防控制机构应当向同级食品安全监督管理、卫生行政部门提交流行病学调查报告。

发生食品安全事故，设区的市级以上人民政府食品安全监督管理部门应当立即会同有关部门进行事故责任调查，督促有关部门履行职责，向本级人民政府和上一级人民政府食品安全监督管理部门提出事故责任调查处理报告。

涉及两个以上省、自治区、直辖市的重大食品安全事故由国务院食品安全监督管理部门依照前款规定组织事故责任调查。

调查食品安全事故，应当坚持实事求是、尊重科学的原则，及时、准确查清事故性质和原因，认定事故责任，提出整改措施。

调查食品安全事故，除了查明事故单位的责任，还应当查明有关监督管理部门、食品检验机构、认证机构及其工作人员的责任。

食品安全事故调查部门有权向有关单位和个人了解与事故有关的情况，并要求提供相关资料和样品。有关单位和个人应当予以配合,按照要求提供相关资料和样品,不得拒绝。

任何单位和个人不得阻挠、干涉食品安全事故的调查处理。

第五节 食品安全监督管理

一、食品安全监督管理机制

县级以上人民政府食品安全监督管理部门根据食品安全风险监测、风险评估结果和食品安全状况等,确定监督管理的重点、方式和频次,实施风险分级管理。

县级以上地方人民政府组织本级食品安全监督管理、农业行政等部门制定本行政区域的食品安全年度监督管理计划,向社会公布并组织实施。

食品安全年度监督管理计划应当将下列事项作为监督管理的重点:
(1) 专供婴幼儿和其他特定人群的主辅食品;
(2) 保健食品生产过程中的添加行为和按照注册或者备案的技术要求组织生产的情况,保健食品标签、说明书以及宣传材料中有关功能宣传的情况;
(3) 发生食品安全事故风险较高的食品生产经营者;
(4) 食品安全风险监测结果表明可能存在食品安全隐患的事项。

二、食品安全监督管理内容

县级以上人民政府食品安全监督管理部门履行食品安全监督管理职责,有权采取下列措施,对生产经营者遵守《食品安全法》的情况进行监督检查:
(1) 进入生产经营场所实施现场检查;
(2) 对生产经营的食品、食品添加剂、食品相关产品进行抽样检验;
(3) 查阅、复制有关合同、票据、账簿以及其他有关资料;
(4) 查封、扣押有证据证明不符合食品安全标准或者有证据证明存在安全隐患以及用于违法生产经营的食品、食品添加剂、食品相关产品;
(5) 查封违法从事生产经营活动的场所。

对食品安全风险评估结果证明食品存在安全隐患,需要制定、修订食品安全标准的,在制定、修订食品安全标准前,国务院卫生行政部门应当及时会同国务院有关部门规定食品中有害物质的临时限量值和临时检验方法,作为生产经营和监督管理的依据。

县级以上人民政府食品安全监督管理部门在食品安全监督管理工作中可以采用国家规定的快速检测方法对食品进行抽查检测。

对抽查检测结果表明可能不符合食品安全标准的食品,应当依照如下规定进行检验:县级以上人民政府食品安全监督管理部门应当对食品进行定期或者不定期的抽样检验,并依据有关规定公布检验结果,不得免检。进行抽样检验,应当购买抽取的样品,委托符合《食品安全法》规定的食品检验机构进行检验,并支付相关费用;不得向食品生产经营者收取检验费和其他费用。抽查检测结果确定有关食品不符合食品安全标准的,可以作为行政处罚的依据。

县级以上人民政府食品安全监督管理部门应当建立食品生产经营者食品安全信用档案,记录许可颁发、日常监督检查结果、违法行为查处等情况,依法向社会公布并实时更新;对有不良信用记录的食品生产经营者增加监督检查频次,对违法行为情节严重的食品生产经营者,可以通报投资主管部门、证券监督管理机构和有关的金融机构。

食品生产经营过程中存在食品安全隐患,未及时采取措施消除的,县级以上人民政府食品安全监督管理部门可以对食品生产经营者的法定代表人或者主要负责人进行责任约谈。食品生产经营者应当立即采取措施，进行整改，消除隐患。责任约谈情况和整改情况应当纳入食品生产经营者食品安全信用档案。

县级以上人民政府食品安全监督管理等部门应当公布本部门的电子邮件地址或者电话，接受咨询、投诉、举报。接到咨询、投诉、举报，对属于本部门职责的，应当受理并在法定期限内及时答复、核实、处理；对不属于本部门职责的，应当移交有权处理的部门并书面通知咨询、投诉、举报人。有权处理的部门应当在法定期限内及时处理，不得推诿。对查证属实的举报，给予举报人奖励。

有关部门应当对举报人的信息予以保密，保护举报人的合法权益。举报人举报所在企业的，该企业不得以解除、变更劳动合同或者其他方式对举报人进行打击报复。

县级以上人民政府食品安全监督管理等部门应当加强对执法人员食品安全法律、法规、标准和专业知识与执法能力等的培训，并组织考核。不具备相应知识和能力的，不得从事食品安全执法工作。

食品生产经营者、食品行业协会、消费者协会等发现食品安全执法人员在执法过程中有违反法律、法规规定的行为以及不规范执法行为的，可以向本级或者上级人民政府食品安全监督管理等部门或者监察机关投诉、举报。接到投诉、举报的部门或者机关应当进行核实，并将经核实的情况向食品安全执法人员所在部门通报；涉嫌违法违纪的，按照《食品安全法》和有关规定处理。

县级以上人民政府食品安全监督管理等部门未及时发现食品安全系统性风险，未及时消除监督管理区域内的食品安全隐患的，本级人民政府可以对其主要负责人进行责任约谈。

地方人民政府未履行食品安全职责，未及时消除区域性重大食品安全隐患的，上级人民政府可以对其主要负责人进行责任约谈。

被约谈的食品安全监督管理等部门、地方人民政府应当立即采取措施，对食品安全监督管理工作进行整改。

责任约谈情况和整改情况应当纳入地方人民政府和有关部门食品安全监督管理工作评议、考核记录。

国家建立统一的食品安全信息平台，实行食品安全信息统一公布制度。国家食品安全总体情况、食品安全风险警示信息、重大食品安全事故及其调查处理信息和国务院确定需要统一公布的其他信息由国务院食品安全监督管理部门统一公布。食品安全风险警示信息和重大食品安全事故及其调查处理信息的影响限于特定区域的，也可以由有关省、自治区、直辖市人民政府食品安全监督管理部门公布。未经授权不得发布上述信息。

县级以上人民政府食品安全监督管理、农业行政部门依据各自职责公布食品安全日常监督管理信息。

公布食品安全信息，应当做到准确、及时，并进行必要的解释说明，避免误导消费者和社会舆论。

县级以上地方人民政府食品安全监督管理、卫生行政、农业行政部门获知《食品安全法》规定需要统一公布的信息，应当向上级主管部门报告，由上级主管部门立即报告国务院食品安全监督管理部门；必要时，可以直接向国务院食品安全监督管理部门报告。

县级以上人民政府食品安全监督管理、卫生行政、农业行政部门应当相互通报获知的食品安全信息。

任何单位和个人不得编造、散布虚假食品安全信息。

县级以上人民政府食品安全监督管理部门发现可能误导消费者和社会舆论的食品安全信息，应当立即组织有关部门、专业机构、相关食品生产经营者等进行核实、分析，并及时公布结果。

县级以上人民政府食品安全监督管理等部门发现涉嫌食品安全犯罪的，应当按照有关规定及时将案件移送公安机关。对移送的案件，公安机关应当及时审查；认为有犯罪事实需要追究刑事责任的，应当立案侦查。

公安机关在食品安全犯罪案件侦查过程中认为没有犯罪事实，或者犯罪事实显著轻微，不需要追究刑事责任，但依法应当追究行政责任的，应当及时将案件移送食品安全监督管理等部门和监察机关，有关部门应当依法处理。

公安机关商请食品安全监督管理、生态环境等部门提供检验结论、认定意见以及对涉案物品进行无害化处理等协助的,有关部门应当及时提供,予以协助。

第六节 法律责任

一、食品安全法规定的法律责任的特点

《食品安全法》规定了非常严格的法律责任,主要体现在以下几个方面。

第一,大幅提高行政处罚的额度,最高罚款数额达到违法生产经营货值金额的10倍;新增更为严厉的限制人身自由的行政拘留处罚。

第二,打击连续反复违法行为的力度加大,一年中累计三次因违法受到警告、罚款处罚的食品生产经营者,由食品安全监督管理部门责令停产停业,直至吊销许可证。

第三,实行限业和终身禁业处罚,被吊销许可证的食品生产经营者及其法定代表人、直接负责的主管人员和其他直接责任人员自处罚决定做出之日起五年内不得申请食品生产经营许可,或者从事食品生产经营管理工作、担任食品生产经营企业食品安全管理人员,因食品安全犯罪被判处有期徒刑以上刑罚的,终身不得从事食品生产经营管理工作,也不得担任食品生产经营企业食品安全管理人员。

第四,民事赔偿数额体现惩罚性,生产不符合食品安全标准的食品或者经营明知是不符合食品安全标准的食品,消费者除要求赔偿损失外,还可以向生产者或者经营者要求支付价款十倍或者损失三倍的赔偿金。

第五,处罚对象扩大到与违法生产经营密切相关的人员,如明知无许可证仍为之提供场所和条件的,也要受到严惩,并与之对消费者的损害承担连带责任。

二、各主体的法律责任

(一)市场主体违法进行生产经营食品行为的行政与民事法律责任

1. 未取得食品生产经营许可而从事食品生产经营活动的法律责任 由县级以上人民政府食品安全监督管理部门没收违法所得和违法生产经营的食品、食品添加剂以及用于违法生产经营的工具、设备、原料等物品。明知从事上述违法行为,仍为其提供生产经营场所或者其他条件的,由县级以上人民政府食品安全监督管理部门责令停止违法行为,没收违法所得,并处五万元以上十万元以下罚款;使消费者的合法权益受到损害的,应当与食品、食品添加剂生产经营者承担连带责任。

2. 违反规定生产食品的法律责任 用非食品原料生产食品、在食品中添加食品添加剂以外的化学物质和其他可能危害人体健康的物质,或经营病死、毒死或者死因不明的禽、畜、兽、水产动物肉类,尚不构成犯罪的,由县级以上人民政府食品安全监督管理部门没收违法所得和违法生产经营的食品,没收用于违法生产经营的工具、设备、原料等物品,并处罚款;情节严重的,吊销许可证,并可以由公安机关对其直接负责的主管人员和其他直接责任人员处以拘留。

3. 生产不符合食品安全要求的食品的法律责任 生产经营致病性微生物,农药残留及重金属等污染物质以及其他危害人体健康的物质含量超过食品安全标准限量的食品、食品添加剂;或生产经营腐败变质、油脂酸败、掺假掺杂的食品、食品添加剂,尚不构成犯罪的,由县级以上人民政府食品安全监督管理部门没收违法所得和违法生产经营的食品、食品添加剂,并可以没收用于违法生产经营的工具、设备、原料等物品;可以并处罚款;情节严重的,吊销许可证。

(二)食品安全监测和评估、检验、认证的技术机构和技术人员的法律责任

1. 提供虚假信息的法律责任 承担食品安全风险监测、风险评估工作的技术机构、技术人员提供

虚假监测、评估信息的,依法对技术机构直接负责的主管人员和技术人员给予撤职、开除处分;有执业资格的,由授予其资格的主管部门吊销执业证书。

2. 出具虚假报告的法律责任 食品检验机构、食品检验人员出具虚假检验报告的,由授予其资质的主管部门或者机构撤销该食品检验机构的检验资质,没收所收取的检验费用,并处罚款。

3. 出具虚假认证结论的法律责任 认证机构出具虚假认证结论,由认证认可监督管理部门没收所收取的认证费用并处罚款,情节严重的,责令停业,对直接负责的主管人员和负有直接责任的认证人员,撤销其执业资格。

(三)广告经营者及政府部门等对食品进行虚假宣传的法律责任

1. 虚假食品广告的法律责任 在广告中对食品作虚假宣传,欺骗消费者,或者发布未取得批准文件、广告内容与批准文件不一致的保健食品广告的,依照《中华人民共和国广告法》的规定给予处罚。广告经营者、发布者设计、制作、发布虚假食品广告,使消费者的合法权益受到损害的,应当与食品生产经营者承担连带责任。

2. 违规推荐食品的法律责任 食品安全监督管理等部门、食品检验机构、食品行业协会以广告或者其他形式向消费者推荐食品,消费者组织以收取费用或者其他牟取利益的方式向消费者推荐食品的,由有关主管部门没收违法所得,依法对直接负责的主管人员和其他直接责任人员给予记大过、降级或者撤职处分;情节严重的,给予开除处分。

3. 编造、散布虚假食品安全信息的法律责任 编造、散布虚假食品安全信息,构成违反治安管理行为的,由公安机关依法给予治安管理处罚。

(四)食品安全监管机关及公务人员的法律责任

1. 隐瞒、谎报、缓报食品安全事故的法律责任 县级以上地方人民政府有隐瞒、谎报、缓报食品安全事故的,对直接负责的主管人员和其他直接责任人员给予记大过处分;情节较重的,给予降级或者撤职处分;情节严重的,给予开除处分;造成严重后果的,其主要负责人还应当引咎辞职。

2. 未按规定公布食品安全信息的法律责任 县级以上人民政府食品安全监督管理、卫生行政、农业行政等部门未按规定公布食品安全信息,造成不良后果的,对直接负责的主管人员和其他直接责任人员给予警告、记过或者记大过处分;情节较重的,给予降级或者撤职处分;情节严重的,给予开除处分。

3. 违规执法的法律责任 食品安全监督管理部门在履行食品安全监督管理职责过程中,违法实施检查、强制等执法措施,给生产经营者造成损失的,应当依法予以赔偿,对直接负责的主管人员和其他直接责任人员依法给予处分。

(五)刑法中规定的相关法律责任

1. 生产、销售不符合安全标准的食品罪 《刑法》第一百四十三条规定,生产、销售不符合食品安全标准的食品,足以造成严重食物中毒事故或者其他严重食源性疾病的,处三年以下有期徒刑或者拘役,并处罚金;对人体健康造成严重危害或者有其他严重情节的,处三年以上七年以下有期徒刑,并处罚金;后果特别严重的,处七年以上有期徒刑或者无期徒刑,并处罚金或者没收财产。

2. 生产、销售有毒、有害食品罪 《刑法》第一百四十四条规定,在生产、销售的食品中掺入有毒、有害的非食品原料的,或者销售明知掺有有毒、有害的非食品原料的食品的,处五年以下有期徒刑,并处罚金;对人体健康造成严重危害或者有其他严重情节的,处五年以上十年以下有期徒刑,并处罚金;致人死亡或者有其他特别严重情节的,依照《刑法》第一百四十一条的规定处罚,即处十年以上有期徒刑、无期徒刑或者死刑,并处罚金或者没收财产。

3. 食品监管失职罪 2011年《刑法》修正案(八)增加了监管主体的刑事责任,第四百零八条规定,负有食品安全监督管理职责的国家机关工作人员,滥用职权或者玩忽职守,导致发生重大食品安全事故或者造成其他严重后果的,处五年以下有期徒刑或者拘役;造成特别严重后果的,处五年以上十年以下有期徒刑。徇私舞弊犯前款罪的,从重处罚。

本章小结

食品安全法律制度	学习要点
概念	食品、食品安全、食品安全法、食品添加剂、食品安全标准
对象范围	食品安全法的适用对象和范围
管理制度	食品安全经营管理制度，食品安全事故处理制度

目标检测

一、选择题

【A1 型题】

1. 《食品安全法》规定,违反该法应当承担民事赔偿责任和缴纳罚款、罚金,其财产不足以同时支付时(   )。
   A. 先承担行政责任   B. 先承担民事赔偿责任
   C. 先承担刑事责任   D. 先缴纳罚款、罚金

2. 《食品安全法》规定,食品生产许可、食品流通许可和餐饮服务许可有效期为(   )年。
   A. 1   B. 2   C. 3   D. 5

3. 申请人申请餐饮服务许可证时所提供的申请材料不齐全或者不符合法定形式的,应当当场或者在(   )个工作日内一次性告知申请人需要补正的全部内容。
   A. 3   B. 5   C. 7   D. 10

4. 餐饮服务提供者应当建立健全食品安全管理制度,配备专职或者兼职(   )。
   A. 食品安全管理人员   B. 营养师
   C. 烹饪师   D. 选料师

5. 餐饮服务提供者应当制定(   )方案,定期检查各项食品安全防范措施的落实情况,及时消除食品安全事故隐患。
   A. 食品安全事故处置   B. 食品安全保障
   C. 食品保鲜制作   D. 食品运输保障

6. 食品安全监督管理部门作出责令停业、吊销餐饮服务许可证、较大数额罚款等行政处罚决定之前,应当告知当事人有(   )的权利。
   A. 拒绝   B. 要求行政复议   C. 重新要求审核   D. 要求举行听证

7. 《餐饮服务许可审查规范》规定,特大型餐馆,大型餐馆,供餐人数 300 人以上的学校(含托幼机构)食堂,供餐人数 500 人以上的机关、企事业单位食堂应距离粪坑、污水池、暴露垃圾场(站)、旱厕等污染源(   )以上。
   A. 25 米   B. 35 米   C. 45 米   D. 55 米

8. 有下列情形之一的,按未取得餐饮服务许可证查处。(   )
   A. 擅自改变餐饮服务经营地址、许可类别、备注项目的
   B. 餐饮服务许可证超过有效期限但不从事餐饮服务的
   C. 不使用以其他形式非法取得的餐饮服务许可证从事餐饮服务的
   D. 餐饮服务提供者违法受处罚的

9. 下列哪个物料应专人采购、专人保管、专人领用、专人登记、专柜保存?(   )
   A. 食品   B. 调味品   C. 洗涤用品   D. 食品添加剂

10. 下列哪个物品是食品添加剂？（　　）
   A. 豆酱 B. 鱼露 C. 鸡粉 D. 小苏打

【A2 型题】

11. 《食品安全法》规定，食品原料、食品添加剂、食品相关产品进货查验记录应当真实，保存期限不得少于（　　）。
   A. 6 个月 B. 1 年 C. 2 年 D. 3 年

12. 申请人隐瞒有关情况或者提供虚假材料的，食品安全监督管理部门发现后不予受理或者不予许可，并给予警告的，该申请人在（　　）年内不得再次申请餐饮服务许可。
   A. 1 B. 2 C. 3 D. 4

13. 生产经营的食品中不得添加下列哪种物质？（　　）
   A. 药品
   B. 既是食品又是药品的中药材
   C. 食品防腐剂
   D. 天然食用色素

二、名词解释

1. 食品安全
2. 食品安全风险监测
3. 食源性疾病
4. 食品添加剂

三、简答题

1. 应当进行食品安全风险评估的情形有哪些？
2. 食品安全国家标准审评委员会的组成情况是怎样的？
3. 食品生产经营的总体要求是怎样的？
4. 未取得食品生产经营许可从事食品生产经营活动的法律责任有哪些？

（广东岭南职业技术学院　陈辉芳）

参考答案 12-1

第十三章 职业病防治法律制度

学习目标

1. 掌握:职业病的前期预防、职业病的诊断。
2. 熟悉:职业病病人的保障措施、劳动过程中的职业保护。
3. 了解:职业病范围、职业病防治监督。

  卫某是某大型机械制造企业工程制造部的员工,从事铆焊已11年,其工作场所是大车间。近年来,卫某时常感觉耳膜震痛,与同事、朋友日常交谈力不从心,听力明显下降。2019年11月,卫某进行职业健康体检,专家调取了其近5年的体检资料,发现他的听力测试结果异常,但他没按医生建议定期复查,最终被诊断为职业性重度噪声聋。

  思考:
  1. 什么是职业病?应当如何预防职业病?
  2. 职业病病人的保障有哪些?

  为了更好地保护劳动者健康,预防、控制和消除职业病危害,2011年12月31日第十一届全国人大常委会第24次会议通过《关于修改〈中华人民共和国职业病防治法〉的决定》。

  《职业病防治法》分总则、前期预防、劳动过程中的防护与管理、职业病诊断与职业病病人保障、监督检查、法律责任、附则,共7章90条,自2011年12月31日起施行。2016年7月2日第二次修正,2017年11月4日第三次修正,2018年12月29日第四次修正。

  《职业病防治法》及配套规章的颁布与施行,使职业病防治工作走上了法制化轨道,不仅能够推动我国经济发展,而且适应了我国加入世界贸易组织后对外开放和全面发展的新形势要求。通过制定相关的职业病防治法律法规,可以有效地预防、控制和消除职业危害,避免或减少职业病的发生。

第一节 概 述

  随着市场经济的快速发展,各种职业危害日益严重,职业病发病率明显上升,劳动者的身体健康面临极大的威胁。通过制定相关的职业病防治法律法规,可以有效地预防、控制和消除职业危害,避免或减少职业病的发生。

一、职业病的概念、特点和范围

（一）职业病的概念

职业病是指企业、事业单位和个体经济组织（以下统称用人单位）的劳动者在职业活动中，因接触粉尘、放射性物质和其他有毒、有害物质等因素而引起的疾病。广义上，凡是由职业危害因素引起的疾病均称为职业病，但从立法意义、劳动保险待遇等方面考虑，国家根据经济状况、生产和技术条件、疾病的危害性等，对职业病范围加以控制，提出法定职业病病种。

（二）职业病的特点

1. 职业病的病因明确　职业病的病因指的是对从事职业活动的劳动者可能导致职业病的各种职业病危害因素。职业病危害因素包括职业活动中存在的各种有害的化学、物理、生物因素以及在作业过程中产生的其他职业有害因素。职业病的发生与其接触的职业病危害因素的种类、性质、浓度或强度有关。有些职业病病人，在医学检查时往往无特殊表现，或表现为一般症状，如头晕、头痛、无力、食欲减退以及白细胞减少等，如果该病人在劳动过程中经常接触浓度较高的苯，按照职业病诊断标准，应考虑到是否接触苯导致的职业病病变。一个在强噪声影响下的工人，听力逐渐下降，就要考虑是否属职业病病变。也就是说某种疾病如果与职业病危害因素无法联系，就不能称为有职业病病变。从另一个角度讲，只要控制和消除职业病危害因素这个职业病病因，职业病就不会发生。

2. 职业病的表现多样　职业病的发病表现多种多样，有急性的，也有慢性，还有接触职业病危害因素后经过一定时间缓缓发生的，也有长期潜伏性的。如吸入氯气、氨气等刺激性气体后，立即出现流泪、畏光、结膜充血、流涕、呛咳等不适，严重者可发生喉头痉挛水肿、化学性肺炎；如吸入二氧化氮、光气等刺激性气体后，往往要经过数小时至 24 小时的潜伏期才出现较明显的呼吸系统症状。从事开矿、石英喷砂等接触大量矽尘作业者，经过数年或 10 余年后可发生硅肺。还有接触石棉、苯氯乙烯等致癌物者，往往接触 1~20 年后才显示职业性癌肿。有时同一种毒物，其中毒表现也有不同，如硫化氢急性中毒可导致电击样猝死，而在低浓度作用时主要出现刺激症状；急性苯中毒表现为麻醉症状，慢性苯中毒主要是对血液系统的影响。职业病的病变不仅限于这些，它涉及精神科、神经科、血液科、肺科、皮肤科、眼科、耳鼻喉科等。由于职业病的表现多样，涉及的学科比较多，在诊断时应进行综合性分析，以保证诊断的正确性。

3. 职业病的联合作用　生产环境中，常有多种毒物同时存在，共存的毒物在体外环境中或在体内均可能产生相互作用，因而影响各个毒物的毒性表现，这类作用成为联合作用。例如，DDT 与氨基甲酸酯联合作用时，由于 DDT 诱导微粒体酶，使后者迅速代谢转化而解毒，即出现拮抗作用。一氧化碳如与氮氧化合物同时存在，其前者毒性增加 1.5 倍，后者毒性增加 3 倍，即出现加强作用。另外，高温与一氧化碳同时存在时，一氧化碳较易引起中毒。一氧化碳与二氧化氮同时存在，其毒性增大。

4. 职业病诊治的政策性强　职业病的诊断与治疗，应按照《中华人民共和国职业病防治法》及其配套规章、职业病诊断标准进行。职业病的诊断治疗机构应具备法律效力，必须由省级以上人民政府卫生行政部门批准的医疗卫生机构承担。职业病诊断的定性，必须具备诊断的依据。其病因是劳动者在企业、事业单位和个体经济组织从事职业活动中，接触粉尘、放射性物质和其他有毒、有害物质等因素。因此涉及用人单位的劳动生产环境等一系列的问题，对职业病的处理不能等同一般性疾病的诊断。职业病病人一经诊断，病人就有权按照有关工伤保险的规定，享受工伤保险待遇，如医疗费、住院伙食补助费、康复费、残疾用具费、停工留薪期待遇、生活护理补助费、一次性伤残补助费、伤残津贴、死亡补助金、丧葬补助金、供养亲属抚恤金及国家规定的其他工伤保险待遇。

（三）职业病的范围

根据造成职业病的职业危害因素，职业活动中存在的各种有害的化学、物理、生物因素以及在作业过程中产生的其他职业有害因素，原卫计委、人力资源和社会保障部等 4 个部门印发了《职业病分类和目录》，将职业病分为职业性尘肺病及其他呼吸系统疾病、职业性皮肤病、职业性放射性疾病、职业性化学中毒、物理因素所致职业病、职业性传染病、职业性眼病、职业性耳鼻喉口腔疾病、职业性肿瘤、其他职业病 10 大类 132 种。

二、职业病防治法概述

职业病防治法是在调整预防、控制和消除职业病,保护劳动者健康及其相关权益活动中产生的各种社会关系的法律规范的总和,狭义的职业病防治法仅指《中华人民共和国职业病防治法》(以下简称《职业病防治法》),广义的职业病防治法除《职业病防治法》外,还包括与职业病防治有关的规范性文件如《国家职业卫生标准管理办法》《职业病诊断与鉴定管理办法》和《职业病分类和目录》等。各地也相继出台一批职业病防治的地方性法规。中央和地方一系列职业病防治法律、法规和规章的颁布,形成了我国职业病防治的法律体系,对预防、控制和消除职业危害,防治职业病,保护和增进劳动者健康,促进社会经济发展产生了积极的作用。

三、职业病防治的方针和原则

鉴于职业病防治的特点和复杂性,我国职业病防治工作坚持预防为主、防治结合的方针,实行分类管理、综合治理原则。

(1) 预防为主:要把预防职业病的发生作为根本目的和首要措施,预防和控制各类职业病的致病因素。防治职业病关键在预防,控制职业病必须从源头抓起。《职业病防治法》规定了建设项目的预评价制度,职业病危害项目的申报制,"三同时"审查制度。这些都是预防为主的具体体现,力求做到预防控制措施提前到建设项目的论证、设计、施工阶段,从根本上消除有害因素对劳动者的危害。

(2) 防治结合:既要预防职业病的发生,又要在职业病发生后尽可能降低职业病危害的后果和损失。

(3) 分类管理:根据不同的职业病危害的致病因素和性质、严重程度等采取不同的管理措施。

(4) 综合治理:在职业病防治活动中采取一切有效的管理办法和技术措施,包括立法行政、经济、科技、民主管理和社会监督等。

为贯彻预防为主、防治结合的方针,国家鼓励研制、开发、推广、应用有利于职业病防治和保护劳动者健康的新技术、新工艺、新材料,加强对职业病的机制和发生规律的基础研究,提高职业病防治科学技术水平;积极采用有效的职业病防治技术、工艺、材料,限制使用或者淘汰职业病危害严重的技术、工艺、材料。

四、职业病防治法的适用范围

为了预防、控制和消除职业病危害,防治职业病,保护劳动者健康及其相关权益,促进经济发展,根据《宪法》,制定《职业病防治法》。职业病防治法适用于中华人民共和国领域内的职业病防治活动。

第二节 职业病的预防与保护制度

一、职业病的前期预防

1. 建设项目职业危害预评价报告 新建、扩建、改建建设项目和技术改造、技术引进项目(以下统称建设项目)可能产生职业病危害的,建设单位在可行性论证阶段应当进行职业病危害预评价。医疗机构建设项目可能产生放射性职业病危害的,建设单位应当向卫生行政部门提交放射性职业病危害预评价报告。卫生行政部门应当自收到预评价报告之日起 30 日内,作出审核决定并书面通知建设单位。未提交预评价报告或者预评价报告未经卫生行政部门审核同意的,有关部门不得批准该建设项目。

职业病危害预评价报告应当对建设项目可能产生的职业病危害因素及其对工作场所和劳动者健康的影响作出评价,确定危害类别和职业病防护措施。

2. 建设项目的职业卫生防护措施 建设项目的职业卫生防护措施应当与主体工程同时设计。①建设项目的职业病防护设施所需费用应当纳入建设项目工程预算,并与主体工程同时设计、同时施工、同时投入生产和使用;②医疗机构放射性职业病危害严重的建设项目的防护设施设计,应当经卫生行政部门审查,符合国家职业卫生标准和卫生要求的,方可施工;③建设项目在竣工验收前,建设单位应当进行职业病危害控制效果评价;建设项目验收时,其职业病防护设施经卫生行政部门验收合格后,方可投入正式生产和使用。

3. 工作场所的基本要求 产生职业病危害的用人单位的设立除应当符合法律、行政法规规定的设立条件外,其工作场所还应当符合下列职业卫生要求:①职业病危害因素的强度或者浓度符合国家职业卫生标准;②有与职业病危害防护相适应的设施;③生产布局合理,符合有害与无害作业分开的原则;④有配套的更衣间、洗浴间、孕妇休息间等卫生设施;⑤设备、工具、用具等设施符合保护劳动者生理、心理健康的要求;⑥法律、行政法规和国务院卫生行政部门关于保护劳动者健康的其他要求。

4. 职业危害项目申报 用人单位存在《职业病分类和目录》中所列职业病的危害因素的,应当及时、如实向卫生行政部门申报,接受监督。

二、劳动过程中的防护与管理

对劳动过程中职业病的防护与管理,按其活动过程所发生的社会关系,可分为以下几个方面。

1. 职业病防治管理措施 用人单位应当采取下列职业病防治管理措施:①设置和指定职业卫生管理机构或者组织,配备专业或兼职的职业卫生专业人员,负责本单位的职业病防治工作;②制订职业病防治计划和实施方案;③建立、健全职业卫生管理制度和操作规程;④建立、健全职业卫生档案和劳动者健康监护档案;⑤建立、健全工作场所职业病危害因素监测及评价机制;⑥建立、健全职业病危害事故应急救援措施。

防护不力导致职业病

2003年,福建省仙游县东×村有63户石英粉(砂)加工作坊,加工设备简陋、工艺落后。加工作业场所不具备基本的通风防尘设施,出料、筛粉、包装过程中扬尘严重,个人粉尘防护用品质量不合格,无法起到有效的防护作用,除经业主进行简单口头交代外,务工人员没有经过任何职业卫生培训。对其中4个作业场所的抽样结果表明,10个采样点中90%粉尘浓度严重超标,最高超标361倍,且60%的粉尘为极易吸入细微粉尘颗粒。10个沉降池游离二氧化硅含量均超过70%。对从东×村务工返乡的89名贵州籍农民工进行身体检查,其中46人确诊患矽肺。对东×村现有的201名外来农民工进行身体检查,发现14人患矽肺。

2. 职业病防护管理制度 用人单位应当采取下列职业病防护管理措施:①必须采用有效的职业病防护设施,并为劳动者提供个人使用的职业病防护用品;防护用品必须符合防治职业病的要求;不符合要求的,不得使用;②应当优先采用有利于防治职业病和保护劳动者健康的新技术、新工艺、新材料,逐步替代职业病危害严重危害的技术、工艺、材料;③产生职业病危害的用人单位,应当在醒目位置设置公告栏,公布有关职业病防治的规章制度等内容,对产生严重职业病危害的作业岗位,应当在其醒目位置,设置警示标识和中文警示说明;④对可能发生急性职业损伤的有毒、有害工作场所,应当设置报警装置,配备现场急救用品、冲洗设备、应急撤离通道和必要的泄险区;对放射工作场所和放射性同位素的运输、储存,用人单位必须装置防护设备和报警装置,保证接触放射线的工作人员佩戴个人剂量计;对职业病防护设备、应急救援设施和个人防护用品,用人单位应当进行经常性的维修、检修,确保其处于正常状态,不得擅自拆除或者停止使用。

3. 日常监测、检测与评价制度　用人单位应当实施由专人负责的职业病危害因素的日常监测,并确保监测系统处于正常状态;应当按照国务院卫生行政部门的规定,定期对工作场所进行职业病危害因素检测、评价,其结果存入用人单位职业卫生档案,定期向所在地卫生行政部门报告并向劳动者公布。

发现工作场所职业病危害因素不符合国家职业卫生标准和卫生要求时,用人单位应立即采取相应治理措施,仍然达不到的,必须停止存在职业危害因素的作业;职业病危害因素经治理后,符合国家职业卫生标准和卫生要求的,方可重新作业。

4. 设备与材料的管理制度　①向用人单位提供可能产生职业病危害的设备的,应当提供中文说明书,并在设备的醒目位置设置警示标识和中文警示说明。②向用人单位提供可能产生职业病危害的化学品、放射性同位素和含有放射性物质的材料的,要提供中文说明书;产品包装应当有醒目的警示标识和中文警示说明;储存上述材料的场所应当在规定的部位设置危险品标识或者放射性警示标识。③任何单位和个人不得生产、经营、进口和使用国家明令禁止使用的可能产生职业病危害的设备或者材料。④任何单位和个人不得将产生职业病危害的作业转移给不具备职业病防护条件的单位和个人;不具备职业病防护条件的单位和个人不得接受产生职业病危害的作业。⑤用人单位对采取的技术、工艺、材料,应当知悉其产生的职业病危害,隐瞒其危害而采用的,对所造成的职业病危害后果承担责任。

5. 劳动者的健康制度

(1) 订立劳动合同:要求用人单位与劳动者订立劳动合同,应当将工作过程中可能产生的职业病危害及其后果,职业病防护措施和待遇等如实告知劳动者,并在合同中写明,不得隐瞒或者欺骗。劳动者在已订立劳动合同期间因工作岗位或者工作内容变更,从事与所订立合同中未告知的存在职业病危害的作业时,用人单位应当向劳动者履行如实告知的义务,并协商变更原合同相关条款;用人单位违反上述规定的,劳动者有权拒绝从事存在职业病危害的作业,用人单位不得因此解除或者终止与劳动者所订立的劳动合同。

(2) 职业卫生培训:一方面要求用人单位的负责人应当接受职业卫生培训,遵守职业病防治法律、法规,依法组织本单位的职业病防治工作,另一方面要求用人单位应当对劳动者进行上岗前的职业卫生培训和在岗期间的定期职业卫生培训,普及职业卫生知识,督促劳动者遵守职业病防治法律、法规、规章和操作规程,指导劳动者正确使用职业病防护设备和个人使用的职业病防护用品。

(3) 健康检查:对从事接触职业病危害作业的劳动者,用人单位应当按照规定组织上岗前、在岗期间和离岗时的职业健康检查,并将检查结果书面告知劳动者;用人单位不得安排未经上岗前职业健康检查的劳动者从事接触职业病危害的作业,不得安排有职业禁忌的劳动者从事所禁忌的作业;对在职业健康检查中发现有与所从事的职业相关的健康损害的劳动者,应当调离原工作岗位,并妥善安置;对未进行离岗前职业健康检查的劳动者不得解除或者终止与其订立的劳动合同。用人单位应当为劳动者建立职业健康监护档案,并按照规定的期限妥善保存。劳动者离开用人单位时,有权索取本人职业健康监护档案复印件。用人单位不得安排未成年人从事接触职业病危害的作业;不得安排孕期、哺乳期的女职工从事对本人和胎儿、婴儿有危害的作业。

(4) 应急救援与控制措施:发生或者可能发生急性职业病危害事故时,用人单位应当立即采取应急救援和控制措施,并及时报告所在地卫生行政部门和有关部门。卫生行政部门接到报告后,应当及时会同有关部门组织调查处理;必要时,可以采取临时控制措施。对遭受或者可能遭受急性职业病危害的劳动者,用人单位应当及时组织救治,进行健康检查和医学观察。

6. 职业病危害事故的应急处理

发生或者可能发生急性职业病危害事故时,用人单位应当立即采取应急救援和控制措施,并及时报告所在地卫生行政部门和有关部门。卫生行政部门接到报告后,应当及时会同有关部门组织调查处理;必要时,可以采取临时控制措施。对遭受或者可能遭受急性职业病危害的劳动者,用人单位应当及时组织救治、进行健康检查和医学观察,所需费用由用人单位承担。

劳动者职业卫生保护权利

劳动者职业卫生保护权利,是指劳动者在就业或者从事职业活动中为了保护自身健康不受职业病危害,有权作为或者不作为的行为,也包括要求用人单位作为或者不作为的行为。《职业病防治法》立法的根本宗旨和核心内容是保护劳动者健康及相关权益。劳动者权利的保障措施依赖于用人单位建立、健全职业病防治制度,落实职业病防治责任制,制定各项程序文件,履行保护劳动者权利的义务;依赖于国家各部门职责明确、密切合作、各司其职、各负其责、加强监管;依赖于国家职业病防治法律体系的不断完善;依赖于国家产业政策的调整和职业病防治科学水平的不断提高;依赖于全社会职业病防治意识的提高和共同努力,也依赖于信息保障和救援体系的不断完善。

三、劳动者的职业卫生权利

1. 职业卫生权利

(1) 获得职业卫生教育、培训。

(2) 获得职业健康检查、职业病诊疗、康复等职业病防治服务。

(3) 了解工作场所产生或者可能产生的职业病危害因素、危害后果和应当采取的职业病防护措施。

(4) 要求用人单位提供符合防治职业病要求的职业病防护设施和个人使用的职业病防护用品,改善工作条件。

(5) 对违反职业病防治法律、法规以及危及生命健康的行为提出批评、检举和控告。

(6) 拒绝违章指挥和强令进行没有职业病防护措施的作业。

(7) 参与用人单位职业卫生工作的民主管理,对职业病防治工作提出意见和建议。

2. 职业卫生监督

(1) 国务院卫生行政部门、劳动保障行政部门依照《职业病防治法》和国务院确定的职责,负责全国职业病防治的监督管理工作。国务院有关部门在各自的职责范围内负责职业病防治的有关监督管理工作。

(2) 县级以上地方人民政府卫生行政部门、劳动保障行政部门依据各自职责,负责本行政区域内职业病防治的监督管理工作。县级以上地方人民政府有关部门在各自的职责范围内负责职业病防治的有关监督管理工作。

(3) 县级以上人民政府卫生行政部门、劳动保障行政部门(以下统称职业卫生监督管理部门)应当加强沟通,密切配合,按照各自职责分工,依法行使职权,承担责任。

(4) 国务院和县级以上地方人民政府应当制定职业病防治规划,将其纳入国民经济和社会发展计划,并组织实施。县级以上地方人民政府统一负责、领导、组织、协调本行政区域的职业病防治工作,建立健全职业病防治工作体制、机制,统一领导、指挥职业卫生突发事件应对工作;加强职业病防治能力建设和服务体系建设,完善、落实职业病防治工作责任制。乡、民族乡、镇的人民政府应当认真执行《职业病防治法》,支持职业卫生监督管理部门依法履行职责。

(5) 县级以上人民政府职业卫生监督管理部门应当加强对职业病防治的宣传教育,普及职业病防治的知识,增强用人单位的职业病防治观念,提高劳动者的职业健康意识、自我保护意识和行使职业卫生保护权利的能力。

(6) 有关防治职业病的国家职业卫生标准,由国务院卫生行政部门组织制定并公布。国务院卫生行政部门应当组织开展重点职业病监测和专项调查,对职业健康风险进行评估,为制定职业卫生标准和职业病防治政策提供科学依据。县级以上地方人民政府卫生行政部门应当定期对本行政区域的职业病防治情况进行统计和调查分析。

(7) 任何单位和个人有权对违反《职业病防治法》的行为进行检举和控告。有关部门收到相关的检举和控告后,应当及时处理。对防治职业病成绩显著的单位和个人,给予奖励。

职业病诊断

职业病诊断,应综合分析下列因素:病人的职业史;职业病危害接触史和现场危害调查与评价;临床表现以及辅助检查结果等。没有证据否定职业病危害因素与病人临床表现之间的必然联系的,在排除其他致病因素后,应当诊断为职业病。职业病诊断的医疗卫生机构在进行职业病诊断时,应组织三名以上取得职业病诊断资格的医师集体诊断。

第三节 职业病诊断与职业病病人的保障

职业病诊断与职业病病人保障的法律规定按其活动过程所发生的社会关系,可分为对职业病诊断的规定、对诊断鉴定的机构和程序的规定、对确诊职业病病人的待遇的规定。

一、职业病诊断

1. 职业病诊断的法律制度

(1) 职业病的诊断机构:职业病诊断应当由取得医疗机构执业许可证的医疗卫生机构承担;劳动者可以在用人单位所在地、本人户籍所在地或者经常居住地依法承担职业病诊断的医疗卫生机构进行职业病诊断。

(2) 职业病诊断的相关考虑因素:职业病诊断应当综合分析以下因素。①病人的职业史;②职业病危害接触史和工作场所职业病危害因素情况;③临床表现及辅助检查结果等。没有证据否定职业病危害因素与病人临床表现之间的必然联系的,在排除其他致病因素后,应当诊断为职业病。

(3) 职业病诊断的程序要求:承担职业病诊断的医疗卫生机构在进行职业病诊断时,应当组织 3 名以上取得职业病诊断资格的执业医师集体进行诊断,职业病诊断证明书应当由参与诊断的医师共同签署,并经承担职业病诊断的医疗卫生机构审核盖章。

(4) 职业病诊断的报告制度:用人单位和医疗卫生机构发现职业病病人或者疑似职业病病人时,应当及时向所在地卫生行政部门报告,诊断为职业病的,用人单位还应当向所在地劳动保障行政部门报告。县级以上地方人民政府卫生行政部门负责本行政区域内的职业病统计报告的管理工作,并按照规定上报。医疗卫生机构发现疑似职业病病人时,应当告知劳动者本人并及时通知用人单位,用人单位应当及时安排对疑似职业病病人进行诊断,在其诊断或者医学观察期间,不得解除或者终止与其订立的劳动合同。

2. 职业病诊断鉴定的机构与程序

(1) 当事人对职业病诊断有异议:可以向作出诊断的医疗卫生机构所在地地方人民政府卫生行政部门申请鉴定,职业病诊断争议由设区的市级以上地方人民政府卫生行政部门组织职业病诊断鉴定委员会进行鉴定,当事人对设区的市级职业病诊断鉴定委员会的鉴定结论不服的,可以向省、自治区、直辖市人民政府卫生行政部门申请再鉴定。

(2) 职业病诊断鉴定:职业病诊断鉴定委员会由相关专业的专家组成;职业病诊断鉴定委员会应当按照国务院卫生行政部门颁布的职业病诊断标准和职业病诊断、鉴定办法进行诊断鉴定,向当事人出具职业病诊断鉴定书。

（3）职业病诊断鉴定相关资料收集：职业病诊断、鉴定需要用人单位提供有关职业卫生和健康监护等资料时，用人单位应当如实提供，劳动者和有关机构也应当提供与职业病诊断、鉴定有关的资料。

3. 职业病诊断争议的鉴定

职业病诊断鉴定委员会由相关专业的专家组成。省、自治区、直辖市人民政府卫生行政部门应当设立相关的专家库，需要对职业病争议作出诊断鉴定时，由当事人或者当事人委托有关卫生行政部门从专家库中以随机抽取的方式确定参加诊断鉴定委员会的专家。职业病诊断鉴定费用由用人单位承担。

职业病诊断鉴定委员会组成人员应当遵守职业道德，客观、公正地进行诊断鉴定，并承担相应的责任。职业病诊断鉴定委员会组成人员不得私下接触当事人，不得收受当事人的财物或者其他好处，与当事人有利害关系的，应当回避。

二、职业病病人的保障

1. 职业病病人待遇 职业病病人依法享受国家规定的待遇；用人单位应当按照国家有关规定，安排职业病病人进行治疗、康复和定期检查；对不适宜继续从事原工作的职业病病人，应当调离原单位，并妥善安置；对从事接触职业病危害的作业的劳动者，应当给予适当岗位津贴；职业病病人的诊疗、康复费用，伤残以及丧失劳动能力的职业病病人的社会保障，按照国家有关工伤社会保险的规定执行。劳动者被诊断患有职业病，但用人单位没有依法参加工伤保险的，其医疗和生活保障由最后的用人单位承担；最后的用人单位有证据证明该职业病是先前用人单位的职业危害造成的，由先前用人单位承担；职业病病人变动工作单位，其依法享有的待遇不变。

2. 民事赔偿的规定 职业病病人除依法享有工伤保险外，依照有关民事法律，尚有获得赔偿的权利，有权向用人单位提出赔偿要求。

第四节 职业病防治的监督

《职业病防治法》规定，国家实行职业卫生监督制度。通过实行职业卫生监督制度，可以及时发现问题，能够最大限度地减少职业病危害，避免恶性事件的发生。

一、职业卫生监督管理机构

（1）县级以上人民政府职业卫生监督管理部门依照职业病防治法律、法规、国家职业卫生标准和卫生要求，依据职责划分，对职业病防治工作进行监督检查。

（2）卫生行政部门履行监督检查职责时，有权采取下列措施：①进入被检查单位和职业病危害现场，了解情况，调查取证。②查阅或者复制与违反职业病防治法律、法规的行为的有关资料和采集样品；责令违反职业病防治法律、法规的单位和个人停止违法行为。

（3）发生职业病危害事故或者有证据证明危害状态可能导致职业病危害时，卫生行政部门可以采取下列临时控制措施：①责令暂停导致职业病危害事故的作业；②封存造成职业病危害事故或者可能导致职业病危害事故发生的材料和设备；③组织控制职业病危害事故现场。在职业病危害事故或者危害状态得到有效控制后，卫生行政部门应当及时解除控制措施。

二、职业卫生监督执法

（1）职业卫生监督执法人员应当依法经过资格认定；卫生行政部门对工作人员执行法律、法规和遵守纪律的情况，进行监督检查。

（2）职业卫生监督执法人员依法执行职务时，应当出示监督执法证件；职业卫生监督执法人员应当忠于职守，秉公执法，严格遵守执法规范；涉及用人单位的秘密的，应当为其保密。

第五节 法律责任

为了对在职业病防治工作中侵害国家利益、公民利益的行为进行制裁和惩罚，确保职业病防治法律法规的实施，《职业病防治法》根据不同主体的不同违法行为规定了各自应承担的法律责任，主要包括行政责任和刑事责任。

一、行政责任

《职业病防治法》对违法行为进行了详细、具体的规定，并根据情节、后果轻重，处以警告、责令限期改正、罚款、取消资格、停建、关闭的处罚，有关负责人及有关人员给予行政处分。

建设单位违反《职业病防治法》规定，有下列行为之一的，由卫生行政部门给予警告，责令限期改正；逾期不改正的，处十万元以上五十万元以下的罚款；情节严重的，责令停止产生职业病危害的作业，或者提请有关人民政府按照国务院规定的权限责令停建、关闭。

(1) 未按照规定进行职业病危害预评价的。

(2) 医疗机构可能产生放射性职业病危害的建设项目未按照规定提交放射性职业病危害预评价报告，或者放射性职业病危害预评价报告未经卫生行政部门审核同意，开工建设的。

(3) 建设项目的职业病防护设施未按照规定与主体工程同时设计、同时施工、同时投入生产和使用的。

(4) 建设项目的职业病防护设施设计不符合国家职业卫生标准和卫生要求，或者医疗机构放射性职业病危害严重的建设项目的防护设施设计未经卫生行政部门审查同意擅自施工的。

(5) 未按照规定对职业病防护设施进行职业病危害控制效果评价的。

(6) 建设项目竣工投入生产和使用前，职业病防护设施未按照规定验收合格的。

违反《职业病防治法》规定，有下列行为之一的，由卫生行政部门给予警告，责令限期改正；逾期不改正的，处十万元以下的罚款。

(1) 工作场所职业病危害因素检测、评价结果没有存档、上报、公布的。

(2) 未采取《职业病防治法》第二十条规定的职业病防治管理措施的。

(3) 未按照规定公布有关职业病防治的规章制度、操作规程、职业病危害事故应急救援措施的。

(4) 未按照规定组织劳动者进行职业卫生培训，或者未对劳动者个人职业病防护采取指导、督促措施的。

(5) 国内首次使用或者首次进口与职业病危害有关的化学材料，未按照规定报送毒性鉴定资料以及经有关部门登记注册或者批准进口的文件的。

用人单位违反《职业病防治法》规定，有下列行为之一的，由卫生行政部门责令限期改正，给予警告，可以并处五万元以上十万元以下的罚款。

(1) 未按照规定及时、如实向卫生行政部门申报产生职业病危害的项目的。

(2) 未实施由专人负责的职业病危害因素日常监测，或者监测系统不能正常监测的。

(3) 订立或者变更劳动合同时，未告知劳动者职业病危害真实情况的。

(4) 未按照规定组织职业健康检查、建立职业健康监护档案或者未将检查结果书面告知劳动者的。

(5) 未依照《职业病防治法》规定在劳动者离开用人单位时提供职业健康监护档案复印件的。

用人单位违反《职业病防治法》规定，有下列行为之一的，由卫生行政部门给予警告，责令限期改正，逾期不改正的，处五万元以上二十万元以下的罚款；情节严重的，责令停止产生职业病危害的作业，或者提请有关人民政府按照国务院规定的权限责令关闭。

(1) 工作场所职业病危害因素的强度或者浓度超过国家职业卫生标准的。

(2) 未提供职业病防护设施和个人使用的职业病防护用品,或者提供的职业病防护设施和个人使用的职业病防护用品不符合国家职业卫生标准和卫生要求的。

(3) 对职业病防护设备、应急救援设施和个人使用的职业病防护用品未按照规定进行维护、检修、检测,或者不能保持正常运行、使用状态的。

(4) 未按照规定对工作场所职业病危害因素进行检测、评价的。

(5) 工作场所职业病危害因素经治理仍然达不到国家职业卫生标准和卫生要求时,未停止存在职业病危害因素的作业的。

(6) 未按照规定安排职业病病人、疑似职业病病人进行诊治的。

(7) 发生或者可能发生急性职业病危害事故时,未立即采取应急救援和控制措施或者未按照规定及时报告的。

(8) 未按照规定在产生严重职业病危害的作业岗位醒目位置设置警示标识和中文警示说明的。

(9) 拒绝职业卫生监督管理部门监督检查的。

(10) 隐瞒、伪造、篡改、毁损职业健康监护档案、工作场所职业病危害因素检测评价结果等相关资料,或者拒不提供职业病诊断、鉴定所需资料的。

(11) 未按照规定承担职业病诊断、鉴定费用和职业病病人的医疗、生活保障费用的。

向用人单位提供可能产生职业病危害的设备、材料,未按照规定提供中文说明书或者设置警示标识和中文警示说明的,由卫生行政部门责令限期改正,给予警告,并处五万元以上二十万元以下的罚款。

用人单位和医疗卫生机构未按照规定报告职业病、疑似职业病的,由有关主管部门依据职责分工责令限期改正,给予警告,可以并处一万元以下的罚款;弄虚作假的,并处二万元以上五万元以下的罚款;对直接负责的主管人员和其他直接责任人员,可以依法给予降级或者撤职的处分。

违反《职业病防治法》规定,有下列情形之一的,由卫生行政部门责令限期治理,并处五万元以上三十万元以下的罚款;情节严重的,责令停止产生职业病危害的作业,或者提请有关人民政府按照国务院规定的权限责令关闭。

(1) 隐瞒技术、工艺、设备、材料所产生的职业病危害而采用的。

(2) 隐瞒本单位职业卫生真实情况的。

(3) 使用国家明令禁止使用的可能产生职业病危害的设备或者材料的。

(4) 将产生职业病危害的作业转移给没有职业病防护条件的单位和个人,或者没有职业病防护条件的单位和个人接受产生职业病危害的作业的。

(5) 擅自拆除、停止使用职业病防护设备或者应急救援设施的。

(6) 安排未经职业健康检查的劳动者、有职业禁忌的劳动者、未成年工或者孕期、哺乳期女职工从事接触职业病危害的作业或者禁忌作业的。

(7) 违章指挥和强令劳动者进行没有职业病防护措施的作业的。

生产、经营或者进口国家明令禁止使用的可能产生职业病危害的设备或者材料的,依照有关法律、行政法规的规定给予处罚。

用人单位违反《职业病防治法》规定,已经对劳动者生命健康造成严重损害的,由卫生行政部门责令停止产生职业病危害的作业,或者提请有关人民政府按照国务院规定的权限责令关闭,并处十万元以上五十万元以下的罚款。

二、民事责任

用人单位违反《职业病防治法》规定,造成劳动者患职业病或者其他职业性健康损害的,依法承担民事赔偿责任。

三、刑事责任

从事职业卫生技术服务的机构和承担职业病诊断的医疗卫生机构违反《职业病防治法》规定,有下列行为之一:超出资质认证或者诊疗项目登记范围从事职业卫生技术服务或者职业病诊断、不按照《职业病防治法》规定履行法定职责、出具虚假证明文件,由卫生行政部门责令立即停止违法行为,给予警告,没收违法所得。构成犯罪的,对直接负责的主管人员和其他直接责任人员依法追究刑事责任。

卫生行政部门及其卫生监督执法人员在履行职责时违反本法规定,有下列行为之一:对不符合法定条件的,发给建设项目有关证明文件、资质证明文件或者予以批准;对已经取得有关证明文件的,不履行监督检查职责;发现用人单位存在职业病危害的,可能造成职业病危害事故,不及时依法采取控制措施的;其他违反职业病防治法行为,导致职业病危害事故发生,构成犯罪的,依法追究刑事责任。

违反《职业病防治法》规定,构成犯罪的,依法追究刑事责任。

本章小结

职业病防治法律制度	学习要点
概念	调整预防、控制和消除职业病,保护劳动者健康及其相关权益活动
特征	病因明确、表现多样、联合作用、政策性强
分类	劳动行政部门规定、调整、公布
原则	分类管理、综合治理

目标检测

一、选择题

【A1 型题】

1. 按照《职业病分类和目录》的规定,我国法定职业病现有 10 类(　　)种。
   A. 120　　　　B. 132　　　　C. 125　　　　D. 130　　　　E. 160

2. 用人单位对工作场所职业病危害因素检测、评价结果没有存档、上报、公布的,由安全生产监督管理部门给予警告,责令限期改正;逾期不改正的,处(　　)的罚款。
   A. 十万元以下　　　　　　　　B. 二万元以上五万元以下
   C. 五万元以上二十万元以下　　D. 五万元以上三十万元以下
   E. 二十万元以下

3. 职业病危害事故中造成 10 人以上的事故是(　　)。
   A. 普通事故　　B. 一般事故　　C. 重大事故　　D. 特大事故　　E. 轻微事故

4. 承担职业病诊断、鉴定费用的单位是(　　)。
   A. 用人单位　　　　　　B. 劳动者个人　　　　　　C. 社会保障机构
   D. 卫生行政部门　　　　E. 安全生产监督管理部门

5. 《职业病防治法》规定,国家对从事放射性、高毒、高危粉尘等作业实行(　　)管理。
   A. 一般　　B. 集中　　C. 普通　　D. 特殊　　E. 专项

6. 根据《职业病防治法》的相关规定,产生职业病危害的用人单位的设立除应当符合法律、行政法规规定的设立条件外,其工作场所还应当生产布局合理,符合有害与无害作业(　　)的原则。
   A. 合并　　B. 集中　　C. 普通　　D. 特殊　　E. 分开

7. 劳动强度过大,工作组织和制度不合理,劳动姿势不良,劳动工具不合适,精神方面或个别器官系统过度紧张,这样一些有害因素可统称为(　　)。

A. 物理性职业有害因素　　　　　　B. 生物性职业有害因素
C. 生产过程中的有害因素　　　　　D. 劳动过程中的有害因素
E. 生产环境中的有害因素

8. 职业性有害因素作用于人体的强度与时间超过限度时,机体不能代偿,从而出现相应的临床征象,影响劳动能力,这类疾病统称为(　　)。
A. 职业性损害　　B. 职业性疾病　　C. 职业病　　D. 法定职业病　　E. 工作有关疾病

9. 对新建、改建、扩建和续建的建设项目,在可行性研究、设计、施工和投产验收时,卫生部门需要对这些项目中的劳动卫生防护设施进行监督,这种工作成为(　　)。
A. 卫生执法　　　　　　B. 四同时　　　　　　C. 经常性卫生监督
D. 预防性卫生监督　　　E. 一般性卫生监督

10. 工伤事故应该属于下列哪一范畴?(　　)
A. 职业病　　　　　　　B. 广义上的职业病　　C. 法定的职业病
D. 职业性损害　　　　　E. 职业性疾病

【A2 型题】

11. 某职业病诊断机构在对杨某进行职业病诊断过程中,向县安全生产监督管理部门提出需要进行现场调查,了解杨某工作场所职业病危害因素情况,以便正确诊断。县安全生产监督管理部门在用人单位配合下按规定时限组织了现场调查,该时限是(　　)。
A. 7 日　　　　B. 10 日　　　　C. 15 日　　　　D. 30 日　　　　E. 45 日

12. 某电池厂制造工,男性,35 岁,工龄 10 年,主诉阵发性腹部疼痛 4 小时。病人在发病前常有食欲不振、腹部隐痛、便秘等症状。检查腹软,脐周有压痛,无反跳痛,血常规检查白细胞计数正常。
根据上述情况,应首先考虑的诊断是(　　)。
A. 急性胰腺炎　　B. 慢性铅中毒　　C. 急性胃穿孔　　D. 慢性汞中毒　　E. 慢性锰中毒
为了明确诊断,最有价值的工作是(　　)。
A. 询问既往史　　　　　　B. 现场卫生学调查　　C. 实验室检查
D. 进一步明确职业接触史　E. 询问家族

二、名称解释
1. 职业病
2. 职业病防治法

三、简答题
1. 简述《职业病防治法》的适用范围。
2. 职业病诊断有哪些规定?
3. 试述职业病病人的权利。
4. 简述职业病防治原则。

(贵州护理职业技术学院　冉鲜)

参考答案
13-1

第十四章 精神卫生法律制度

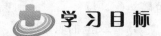

1. 掌握：精神卫生的概念；精神卫生立法的原则；精神障碍的诊断和治疗的原则和程序；精神障碍患者的权利保障；精神障碍的康复体系。
2. 熟悉：医疗机构告知义务和患者知情同意权；精神卫生工作的保障。
3. 了解：世界各国及我国精神卫生立法进程和背景；违反精神卫生法的相关法律责任。

 案例导入

因婚恋分歧，北京女工程师陈某被亲生父母强行送入北京市某医院（精神病医院），并在里面待了接近72个小时。2012年6月10日，陈某通过网络公开其遭遇，引起巨大反响。6月18日，陈某与律师来到该医院封存其病历。7月3日，该医院召开媒体通报会，院方表示，"被精神病"绝没有公众想象的那么容易，在入院后第3天（入院72个小时内），陈某接受会诊的最终结果为"复发性抑郁症，目前已处于缓解期，因有主动治疗愿望，所以无须继续在医院治疗，可以回家服用抗抑郁药物，同时接受心理干预治疗。"但陈某称她的病历显示她曾经有五个不同的诊断结果，尚未见到医生前已有"印象兴奋状态"的诊断，入院当晚，病历标注为"精神障碍未特指"。而院方认为，收治陈某主要依据2007年施行的《北京市精神卫生条例》。2012年11月16日，陈某将该医院告上法庭并开始庭审。此案成为《中华人民共和国精神卫生法》通过后的第一案。陈某认为，医院的收治行为侵犯了她的自主权、人身自由及身体权，要求相应地赔偿20万元，并赔礼道歉。由于《中华人民共和国精神卫生法》2013年5月1日才生效，陈某案件并不适用于《中华人民共和国精神卫生法》。

思考：

疑似患精神病的成年人，其父母是否具有监护人的法律主体资格？

世界卫生组织给健康下的定义是，健康是一种躯体、心理和社会功能均良好的状态，而现今，精神障碍正成为一种严重威胁人类健康的疾病。它导致个人痛苦、残疾、死亡或过早死亡，给社会、家庭也带来巨大损失。随着社会的不断变革，精神障碍已成为影响人类健康的危害疾病。世界精神病学协会在1992年发起，把每年的10月10日定为世界"精神卫生日"。

第一节 概　述

一、精神卫生概念及立法沿革

1. 概念

精神卫生,是指精神障碍的预防、治疗和康复,促进公民心理健康的各项活动。狭义的精神卫生,是指精神障碍的预防、医疗和康复工作,即对精神障碍患者早期发现、及时治疗,促使其有效康复,最终回归社会。广义的精神卫生,还包括促进全体公民心理健康的内容通过政府及有关部门、用人单位、学校、新闻媒体等的工作,促进公民了解精神卫生知识,提高社会公众的心理健康水平。

在中华人民共和国境内开展维护和增进公民心理健康、预防和治疗精神障碍、促进精神障碍患者康复的活动,适用《中华人民共和国精神卫生法》。精神障碍是一种疾病,是指由各种原因引起的感知、情感和思维等精神活动的紊乱或者异常,导致患者明显的心理痛苦或者社会适应等功能损害。常见的精神障碍有情感性精神障碍、脑器质性精神障碍等。精神障碍的致病因素是多方面的,主要有先天遗传个性特征及体质因素、器质因素、社会环境因素等。

知识拓展

精神卫生保健法:十项基本原则

（1）政策:建立全面的公共政策和精神卫生的对象。

（2）权利:制订计划和执行公共政策及管理精神卫生计划的权限。

（3）预算:保证财政支持的条款。

（4）职能:保证贯彻精神卫生计划,包括有说明的义务和评价作用。

（5）研究和教育:规定与精神卫生有关的研究和教育,训练精神卫生专业人员。

（6）服务:提供公正的、无区别对待的精神卫生服务。

（7）个人保护:规定对精神障碍者、精神发育不全者及其家属的权利、福利、财产和尊严的保护。

（8）医疗机构:建立一个机构,为住院患者提供规定标准的医疗保健。

（9）治疗调整药物和其他治疗手段。

（10）政府代表:政府权力机构的代表,根据精神卫生法进行管理,并改善供应。

2. 立法沿革　精神卫生问题既是公共卫生问题,也是重大的社会问题。制定精神卫生法,对发展精神卫生事业,规范精神卫生服务,维护精神障碍患者的合法权益,具有重要意义。《中华人民共和国精神卫生法》(以下简称《精神卫生法》)从1985年启动到2012年终获通过,历时27年。我国多次召开全国精神卫生工作会议,研究和部署精神卫生工作。1985年,卫生部委托四川省卫生厅和湖南省卫生厅起草《精神卫生法》。2007年年底,卫生部向国务院报送了《精神卫生法（草案）》（送审稿）；2011年9月19日,国务院常务会议讨论并且原则通过《精神卫生法（草案）》,并提请全国人大常委会审议。三次审议后,于2012年10月26日通过了《中华人民共和国精神卫生法》,自2013年5月1日起正式实施,2018年4月27日起施行修正版。

二、精神疾病分类

精神疾病有按照轻重来分类,有按照引发问题的来源来分类,有按照病理学基础来分类,或完全按照症状或现象学来分类,还有的按照精神分析学派的观点的防御机制来分类。理想的分类机制是按照不同的性质和不同的原因进行划分,然而就目前而言,大多数精神疾病的病因和发生机制并没有完全被弄清楚,同时也缺乏有价值的实验室诊断或物理诊断,因此,精神疾病分类完全按照病因学分类的愿望暂时无法实现。

精神疾病可能出现的征兆

(1) 一段时间内出现明显的人格改变。

(2) 思维混乱,出现怪异、离奇或夸大的想法。

(3) 长期且严重的抑郁、冷漠,或出现极度高峰或低谷的体验。

(4) 极度焦虑、恐惧、怀疑,常指责他人。

(5) 社会退缩,无友善感,极度的以自我为中心。

(6) 强烈拒绝他人的帮助。

(7) 想象或谈论自杀。

(8) 出现多处解释不清的身体不适,饮食及睡眠习惯明显改变。

(9) 愤怒或敌意的程度与当时所处的情境明显不符。

(10) 有妄想、幻想等。

(11) 滥用酒精或其他成瘾物质。

(12) 持续表现出无法应对日常生活问题。

国际常见的精神疾病分类法有 DSM-Ⅳ 和 ICD-11 两种。

1. DSM-Ⅳ 分类法　①通常在儿童和少年期首次诊断的障碍;②谵妄、痴呆、遗忘及其他认知障碍;③由躯体情况引起、未在他处提及的精神障碍;④与成瘾物质使用有关的障碍;⑤精神分裂症及其他精神病性障碍;⑥心境障碍;⑦焦虑障碍;⑧躯体形式障碍;⑨做作性障碍;⑩分离性障碍;⑪性及性身份障碍;⑫进食障碍;⑬睡眠障碍;⑭未分类的冲动控制障碍;⑮适应障碍;⑯人格障碍;⑰可能成为临床注意焦点的其他情况。

2. ICD-11 分类法　①F00-F09:器质性(包括症状性)精神障碍;②F10-F19:使用精神活性物质所致的精神和行为障碍;③F20-F29:精神分裂症、分裂型及妄想性障碍;④F30-F39:心境(情感性)障碍;⑤F40-F49:神经症性、应激性及躯体形式障碍;⑥F50-F59:伴有生理障碍及躯体因素的行为综合征;⑦F60-F69成人的人格和行为障碍;⑧F70-F79:精神发育迟滞;⑨F80-F89心理发育障碍;⑩F90-F98通常发生于儿童及少年期的行为及精神障碍;⑪F99:待分类的精神障碍。

我国常见精神障碍分类如下:①系统器质性精神障碍;②精神活性物质或非成瘾物质所致精神障碍;③精神分裂症和其他精神病性障碍;④心境障碍;⑤癔症、应激相关障碍、神经症;⑥心理因素相关生理障碍;⑦人格障碍、习惯与冲动控制障碍性心理障碍;⑧精神发育迟滞与童年和少年期心理发育障碍;⑨童年和少年期的多动障碍、品行障碍、情绪障碍;⑩其他精神障碍和心理卫生情况。

第二节　心理健康的促进和精神障碍的预防

一、心理健康促进和精神障碍预防的内涵

1. 心理健康　心理健康是指个体认知、情绪反应和意志行为处于积极状态,并能保持正常的调控

能力,具有完善的个性特征,在生活实践中,能够正确认识自我,自觉控制自己,能够适应发展着的环境,正确对待外界影响,从而使心理保持平衡协调。

心理健康的十条标准

美国心理学家马斯洛提出的心理健康的十条标准被公认为是最经典的标准。①充分的安全感;②充分了解自己,并对自己的能力作适当的评估;③生活的目标切合实际;④与现实的环境保持接触;⑤能保持人格的完整与和谐;⑥具有从经验中学习的能力;⑦能保持良好的人际关系;⑧适度的情绪表达与控制;⑨在不违背社会规范的条件下,对个人的基本需要作恰当的满足;⑩在集体要求的前提下,较好地发挥自己的个性。

2. 心理健康的促进

(1) 促进心理健康的基本原则。

维护和增进心理健康,需要遵循一定的原则,大致将这些原则归纳如下。

①遗传因素、教育因素与认知因素并重的原则:人的生长发育,特别是大脑的细胞构筑是由遗传基因决定的,但脑的功能特点和以脑功能为基础的认知策略与能力,却是在一定生存环境(教育)中,与环境(教育)相互作用过程中形成的。反过来,人的认知特征又制约着情绪和行为,为此,人要获得健康的心理,只能本着三种因素并重的原则行事。

②人与环境的协调原则:心理健康的发展过程实质上就是人与自然环境与社会环境能否取得动态协调平衡的过程。特别是人际关系之间的协调。由于日常生活中,到处都有打破这种平衡的条件和境遇,因而,学会应对和协调人际关系,对心理健康有重要意义。人对环境的适应、协调,不仅仅只是简单的顺应,更主要的是积极意义上的能动改造,使之更有利于心理健康。

③身心统一的原则:由于心理健康和生理的紧密相关,健康的心理寓于健康的身体,因此,通过积极的体育锻炼、卫生保健和构建良好的生活方式,以增强体质和生理功能,这将有助于促进心理健康。

④个体和群体结合的原则:生活于群体之中的个体无时无刻不受到群体的影响,因此,个体心理健康的维护亦依赖于群体的心理健康水平。这就需要创建良好的群体心理健康氛围,以促进个体的心理健康。同样,个体心理健康亦对群体产生着影响。

⑤知、情、行相对平衡的原则:心理健康的发展既依赖于相应的知识,更取决于把理论付诸实践的行动。理论是指导,实践是归宿。离开了理论,行动就缺乏方向和方法;没有行动,再好的理论也是纸上谈兵、无济于事。反过来,生活实践又将鉴别认知与行为的正确与否,能不能"吃一堑,长一智",认识和总结经验教训,又是知与行能否达到平衡的关键。另外,在知与行的过程中必然伴有情绪和情感,它既是知与行的动力,但若调节不好,又是阻力,甚至是破坏力量。为此,将上述知、情、行调适平衡是维护心理健康的重要原则。

(2) 增进心理健康的三个基本途径。

《人类行为百科全书》指出,促进人类心理健康的活动,应包括生理、心理和社会三方面的内容。生理方面是指从受孕期到老年期的各阶段的人体脑神经系统的保护和预防损伤的各种卫生保健服务事项。心理方面是指自幼到老各发展阶段的心理需要获得满足和情绪困扰降低到最低限度。社会方面是指社会环境、社会制度和社会组织各方面功能的强化。因此,维护和增进心理健康的途径,大致有以下三类。

①生理方面的主要途径:a. 实施优生政策,避免先天性有害生理影响,保证良好分娩过程。b. 儿童期营养的保证,以消除生理和心理上的紧张与压力。c. 提供免疫和其他医疗措施,以预防感染性疾病。d. 加强体育运动,以增强体质。e. 合理的休息和娱乐,以消除疲劳,调节情绪。

②心理方面的途径:a. 在婴幼儿期给予充分的母爱和关怀,提供友爱、温暖、鼓励的养育氛围。b. 进

行必要的社会行为训练,发展儿童的探索精神以及活动能力。c.提供科学的家庭、学校、社会的教育和训练。d.对心理压力,给予充分的心理支持和帮助。e.培养乐观、积极、幽默与爱的情绪,善于控制和调节不良情绪。f.发展人际关系的能力,提高对人生各转折期的适应能力。g.树立健康积极的人生哲学。

③社会方面的途径:维护和增进心理健康的社会方面,对于个人和家庭而言,更难以控制,因为社会方面的工作必须依社会组织及其制度而定。社会方面的心理卫生工作包括减少社会压力,提供每一公民健全生活环境的各项措施,如足够的娱乐设施;住宅的改造;嗜酒、烟瘾及药物依赖的控制;性病的防治;建立社区组织方案,健全医疗保健机构,构成社区心理卫生网络等。生理、心理、社会三方面途径构成了维护和增进心理健康的有机整体,只有三者的协调发展才能获得良好的效果。第一,必须是大众本身有正确的认识并努力实行;第二,有关计划应通过各种卫生保健设施和心理卫生组织机构来付诸实施,并通过大众传播媒介和有关服务机构广为宣传和强化;第三,在社会发展计划中,尤其要对社会面的预防工作负责,在政府的支持和民众的配合下,实行综合治理。

3. 心理健康促进和精神障碍预防　明确各级人民政府及有关部门、用人单位、学校、家庭、医务人员及心理咨询人员的责任;要求监狱、看守所、拘留所、强制隔离戒毒所等场所应当对服刑人员,被依法拘留、逮捕、强制隔离戒毒的人员等,开展精神卫生知识宣传,必要时提供心理咨询和心理辅导;实施精神卫生监测,国务院卫生行政部门应当会同有关部门组织、建立精神卫生工作信息共享机制,实现信息互联互通、交流共享。

二、政府和部门的促进和预防职责

各级人民政府和县级以上人民政府有关部门应当采取措施,加强心理健康促进和精神障碍预防工作,提高公众心理健康水平。

各级人民政府和县级以上人民政府有关部门制定的突发事件应急预案,应当包括心理援助的内容。发生突发事件,履行统一领导职责或者组织处置突发事件的人民政府应当根据突发事件的具体情况,按照应急预案的规定,组织开展心理援助工作。

三、家庭、学校和用人单位的促进和预防义务

家庭成员之间应当相互关爱,创造良好、和睦的家庭环境,提高精神障碍预防意识;发现家庭成员可能患有精神障碍的,应当帮助其及时就诊,照顾其生活,做好看护管理。

各级各类学校应当对学生进行精神卫生知识教育;配备或者聘请心理健康教育教师、辅导人员,并可以设立心理健康辅导室,对学生进行心理健康教育。学校和教师应当与学生父母或者其他监护人、近亲属沟通学生心理健康情况。教师应当学习和了解相关的精神卫生知识,关注学生心理健康状况,正确引导、激励学生。发生自然灾害、意外伤害、公共安全事件等可能影响学生心理健康的事件,学校应当及时组织专业人员对学生进行心理援助。

用人单位应当创造有益于职工身心健康的工作环境,关注职工的心理健康;对处于职业发展特定时期或者在特殊岗位工作的职工,应当有针对性地开展心理健康教育。

四、社会参与的促进和预防义务

村民委员会、居民委员会应当协助所在地人民政府及其有关部门开展社区心理健康指导、精神卫生知识宣传教育活动,创建有益于居民身心健康的社区环境。

县级以上地方人民政府人力资源社会保障、教育、卫生、司法行政、公安等部门应当在各自职责范围内分别对《精神卫生法》第十五条至第十八条规定的单位履行精神障碍预防义务的情况进行督促和指导。

国务院卫生行政部门建立精神卫生监测网络,实行严重精神障碍发病报告制度,组织开展精神障碍发生状况、发展趋势等的监测和专题调查工作。精神卫生监测和严重精神障碍发病报告管理办法,由国务院卫生行政部门制定。

第三节 精神障碍的诊断、治疗与康复

精神障碍的诊断、治疗,应当遵循维护患者合法权益、尊重患者人格尊严的原则,保障患者在现有条件下获得良好的精神卫生服务。

一、精神障碍的诊断与治疗规范

精神障碍的诊断应当以精神健康状况为依据,除法律另有规定外,不得违背本人意志进行确定其是否患有精神障碍的医学检查,并对精神障碍患者送诊条件、医疗机构的接诊与诊断要求、精神障碍的再次诊断和鉴定作出具体规定。

1. 精神障碍的症状 精神障碍的症状按心理的过程概括为感觉障碍、知觉障碍、思维障碍、记忆障碍、智能障碍、情感障碍、意志行为障碍、意识障碍等类别。

2. 诊断和治疗原则

(1) 人格尊严保障原则。

精神障碍的诊断、治疗,应当遵循维护患者合法权益、尊重患者人格尊严的原则,保障患者在现有条件下获得良好的精神卫生服务。人格尊严是公民的一项宪法权利也是一项民事权利。我国《宪法》明确规定,中华人民共和国公民的人格尊严不受侵犯。由于社会存在着歧视和偏见,依法维护精神障碍患者的人格尊严更具有突出的重要意义。

(2) 自愿住院治疗原则。

精神障碍患者的住院治疗实行自愿原则。"未经法律审判,任何机构和个人不得剥夺公民人身自由"是基本的法治原则。根据联合国《保护精神病患者和改善精神保健的原则》的规定,如果精神病患者并没有危害社会,也没有严重侵犯他人的合法权利,是不必要对其进行强制收治的。我国法律规定,经诊断符合住院治疗条件的精神病患者,经其监护人同意,医疗机构应当对患者实施住院治疗;监护人不同意的,医疗机构不得对患者实施住院治疗。监护人应当对在家居住的患者做好看护管理。在"强制收治"中明确了"自愿原则"、划清界限,将大幅减少"被精神病"的可能性。

(3) 坚持预防、治疗和康复相结合的原则。

对于任何一种疾病来说,预防、治疗和康复是全程治疗三个不可分割的组成部分。精神卫生工作实行预防为主的方针,同时重视康复环节,对于帮助患者彻底战胜疾病、重新回归社会具有重要作用。

(4) 谨慎收治原则。

与诊断和治疗原则对应,疑似精神病患者的鉴定和诊断以及精神病患者的收治,都涉及人身自由权这一基本的人权,所以必须规定严格的程序并谨慎对待。在国外,强制治疗都是通过司法程序作出的。在德国,法院越来越强调尊重被监护人的基本权利,"精神病患者也是人"成为普遍共识。只有精神病患者的行为严重危害公共安全时,德国的政府相关部门才可不经过漫长的监护权法庭程序,安排一个精神病院对其(强制)安置。进行强制安置之后,必须无延迟地向法庭提交申请解释其他措施都不能奏效和不能等待法庭的裁决的原因。法庭必须在安置后第一天结束之前作出是否强制治疗的决定。否则,医院必须让当事人出院。在我国香港地区,精神障碍者无论入院、出院,均需由法院聆讯后裁定;如不服,可向上级法院上诉。如接受特别治疗,须经本人书面授权同意,不得由监护人决定。

精神病患者入院前的诊断鉴定,必须对程序进行细化规定,不能由一方单独做出,要有严格的认定程序和相互制约的机制,以及出错的责任追溯制度。此外,救济的途径有申诉和诉讼多种方式。现有法律体系中,只有民事诉讼法能与之结合,但最大矛盾在于:被鉴定为精神障碍患者的人是无行为能力或限制行为能力人,是不能向法院提起诉讼的。《精神卫生法》带给社会的最大进步是明确了"自愿住院原则",这个立法原则将替换原本散乱的地方性及部门性的医疗规范,使精神病患者权利限制的标准,从医

学标准进步为法律标准。

3. 诊断和治疗的规范

（1）精神障碍诊断和治疗主体的准入。

医疗机构开展精神障碍诊断、治疗活动，应当具备下列条件，并依照医疗机构的管理规定办理有关手续：①有与从事的精神障碍诊断、治疗相适应的精神科执业医师、护士；②有满足开展精神障碍诊断、治疗需要的设施和设备；③有完善的精神障碍诊断、治疗管理制度和质量监控制度。从事精神障碍诊断、治疗的专科医疗机构还应当配备从事心理治疗的人员。心理治疗活动应当在医疗机构内开展。专门从事心理治疗的人员不得从事精神障碍的诊断，不得为精神障碍患者开具处方或者提供外科治疗。精神障碍分类、诊断标准和治疗规范由国务院卫生行政部门组织制定。

（2）精神障碍的诊断原则和治疗规范的制定。

精神障碍的诊断应当以精神健康状况为依据。除法律另有规定外，不得违背本人意志进行确定其是否患有精神障碍的医学检查。

（3）送诊主体。

①个人及近亲属：除个人自行到医疗机构进行精神障碍诊断外，疑似精神障碍患者的近亲属可以将其送往医疗机构进行精神障碍诊断。②民政部门：对查找不到近亲属的流浪乞讨疑似精神障碍患者，由当地民政等有关部门按照职责分工，帮助送往医疗机构进行精神障碍诊断。③公安机关：疑似精神障碍患者发生伤害自身、危害他人安全的行为，或者有伤害自身、危害他人安全的危险的，其近亲属、所在单位、当地公安机关应当立即采取措施予以制止，并将其送往医疗机构进行精神障碍诊断。

（4）诊断程序。

①医疗机构接到送诊的疑似精神障碍患者，不得拒绝为其作出诊断。②精神障碍的诊断应当由精神科执业医师作出。医疗机构接到按照《精神卫生法》第二十八条第二款规定送诊的疑似精神障碍患者，应当将其留院，立即指派精神科执业医师进行诊断，并及时出具诊断结论。《精神卫生法》在规定精神障碍住院治疗实行自愿原则的同时，也针对严重精神障碍患者缺乏自知力、对自身健康状况或者客观现实不能完整认识的特殊情况，规定了非自愿住院治疗制度，以保证需要住院治疗的患者得到及时的住院治疗。

"被精神病"的典型案例

朱某因与母亲发生房产纠纷，被其母唐某宣称有精神病。2010年3月在南通被家人"绑架"后强制送到南通市××医院收治半年。且在朱某入院次日，其母唐某就向南通市崇川区法院提起诉讼，要求认定"朱某无完全民事行为能力"，以期将其名下所有财产交由她打理。此案历经波折，最后不但在司法鉴定环节没有结果，更因唐某等人中途退庭而以撤诉处理。入院后，朱某多次找机会向朋友、同学求救，并委托他们找到了律师沈某，请求法律援助。但由于作为监护人的唐某始终坚持朱某患精神疾病，而在没有第三方再次对朱某作出精神鉴定的情况下，南通市××医院同样一直认定朱某患精神疾病。

思考：

如何对疑似精神病患者进行鉴定、诊断和收治？

4. 医疗机构告知义务 医疗机构及其医务人员应当将精神障碍患者在诊断、治疗过程中享有的权利，告知患者或者其监护人。医疗机构及其医务人员的告知义务与精神障碍患者的知情同意权相对应。只有明晰其在诊断、治疗过程中的权利，患者及其监护人才能正确行使这些权利。这些权利主要包括法律所规定的知情同意、查阅和复制病历资料、要求再次诊断和鉴定、依法提起诉讼等。

医疗机构及其医务人员应当遵循精神障碍诊断标准和治疗规范，制订治疗方案，并向精神障碍患者或者其监护人告知治疗方案和治疗方法、目的以及可能产生的后果。治疗知识的专业性要求医生应当以浅显易懂的语言介绍,使患者或者其监护人能够了解患者的病情、可供选择的治疗方案及其成功率和治疗效果等,最终使得患者或者其监护人能够准确理解,克服信息不对称状况。正是由于医疗行为的高风险性、信赖性、专业性和患者的广泛性等因素,使得医疗机构的告知说明义务具备了由约定义务上升为法定义务的合理性。

二、精神障碍患者的住院治疗

1. 非自愿住院治疗的条件　诊断结论、病情评估表明,就诊者为严重精神障碍患者并有下列情形之一的,应当对其实施住院治疗:①已经发生伤害自身的行为,或者有伤害自身的危险的;②已经发生危害他人安全的行为,或者有危害他人安全的危险的。对于第一种情形,经其监护人同意,医疗机构应当对患者实施住院治疗;监护人不同意的,医疗机构不得对患者实施住院治疗。监护人应当对在家居住的患者做好看护管理。

2. 再次诊断鉴定程序　为了充分保障患者及其监护人的救济权,防止因为初次诊断错误而导致不需要住院治疗的就诊者被实施非自愿住院治疗,《精神卫生法》规定了再次诊断和医学鉴定的程序,从医学角度对患者是否需要住院治疗再次进行判断。

(1) 再次诊断:患者或者其监护人对需要住院治疗的诊断结论有异议,不同意对患者实施住院治疗的,可以要求再次诊断和鉴定。要求再次诊断的,应当自收到诊断结论之日起3日内向原医疗机构或者其他具有合法资质的医疗机构提出。承担再次诊断的医疗机构应当在接到再次诊断要求后指派2名初次诊断医师以外的精神科执业医师进行再次诊断,并及时出具再次诊断结论。承担再次诊断的执业医师应当到收治患者的医疗机构面见、询问患者,该医疗机构应当予以配合。

(2) 再次鉴定:对再次诊断结论有异议的,可以自主委托依法取得执业资质的鉴定机构进行精神障碍医学鉴定;医疗机构应当公示经公告的鉴定机构名单和联系方式。接受委托的鉴定机构应当指定本机构具有该鉴定事项执业资格的2名以上鉴定人共同进行鉴定,并及时出具鉴定报告。鉴定人应当到收治精神障碍患者的医疗机构面见、询问患者,该医疗机构应当予以配合。鉴定人本人或者其近亲属与鉴定事项有利害关系,可能影响其独立、客观、公正进行鉴定的,应当回避。

鉴定机构、鉴定人应当遵守有关法律、法规、规章的规定,尊重科学,恪守职业道德,按照精神障碍鉴定的实施程序、技术方法和操作规范,依法独立进行鉴定,出具客观、公正的鉴定报告。鉴定人应当对鉴定过程进行实时记录并签名。记录的内容应当真实、客观、准确、完整,记录的文本或者声像载体应当妥善保存。如果再次诊断结论或者鉴定报告表明,不能确定就诊者为严重精神障碍患者,或者患者不需要住院治疗的,医疗机构不得对其实施住院治疗。但若再次诊断结论或者鉴定报告表明,精神障碍患者有已经发生危害他人安全的行为或者有危害他人安全的危险的情形的,其监护人应当同意对患者实施住院治疗。监护人阻碍实施住院治疗或者患者擅自脱离住院治疗的,可以由公安机关协助医疗机构采取措施对患者实施住院治疗。需要注意的是,在相关机构出具再次诊断结论、鉴定报告前,为了保证治疗的连续性,防止患者病情恶化,收治精神障碍患者的医疗机构应当按照诊疗规范的要求对患者实施住院治疗,也即医疗机构并不停止对患者实施住院治疗。

3. 住院治疗入院和出院程序

(1) 入院手续:诊断结论表明需要住院治疗的精神障碍患者,本人没有能力办理住院手续的,由其监护人办理住院手续;患者属于查找不到监护人的流浪乞讨人员的,由送诊的有关部门办理住院手续。非自愿住院治疗的患者其监护人不办理住院手续的,由患者所在单位、村民委员会或者居民委员会办理住院手续,并由医疗机构在患者病历中予以记录。

(2) 出院手续:自愿住院治疗的精神障碍患者可以随时要求出院,医疗机构应当同意。对已经发生伤害自身的行为或者有伤害自身的危险的精神障碍患者实施住院治疗的,监护人可以随时要求患者出院,医疗机构应当同意。医疗机构认为以上规定的精神障碍患者不宜出院的,应当告知不宜出院的理由;患者或者其监护人仍要求出院的,执业医师应当在病历资料中详细记录告知的过程,同时提出出院后的医学建议,患者或者其监护人应当签字确认。对已经发生危害他人安全的行为或者有危害他人安全的危险的精神障碍患者实施住院治疗的,医疗机构认为患者可以出院的,应当立即告知患者及其监护人。医疗机构应当根据精神障碍患者病情,及时组织精神科执业医师对《精神卫生法》第三十条第二款规定实施住院治疗的患者进行检查评估。评估结果表明患者不需要继续住院治疗的,医疗机构应当立即通知患者及其监护人。精神障碍患者出院,本人无能力办理出院手续的,监护人应当为其办理出院手续。

4. 治疗过程的用药及外科手术 对精神障碍患者使用药物,应当以诊断和治疗为目的,应使用安全、有效的药物,不得为诊断或者治疗以外的目的使用药物。我国《麻醉药品和精神药品管理条例》规定,医务人员应当根据国务院卫生主管部门制定的临床应用指导原则,使用麻醉药品和精神药品。《精神卫生法》规定禁止对该法第三十条第二款规定实施住院治疗的精神障碍患者实施以治疗精神障碍为目的的外科手术。神经外科手术的目的是完全治愈或缓解患者精神疾病的症状,恢复或改善精神功能,提高患者及其家属的生活质量。手术患者必须是经过有资质的、经验丰富的精神科专科医生正规充分治疗后未能奏效的难治性病例。术前必须告知患者及其家属手术的必要性、安全性、可能带来的效益及并发症和不可预测的风险。联合国《保护精神病患者和改善精神保健的原则》规定,决不能对精神病院的非自愿住院患者进行精神外科及其他侵扰性和不可逆转的治疗,对其他患者,在国内法律允许进行此类治疗的情况下,只有患者知情同意且独立的外部机构确信知情同意属实,而这种治疗最符合患者病情需要时,才可实行此类手术。

5. 特定治疗程序 《精神卫生法》规定禁止对精神障碍患者实施与治疗其精神障碍无关的实验性临床医疗。医疗机构对精神障碍患者实施以下两类特殊治疗措施应当向患者或者其监护人告知医疗风险、替代医疗方案等情况,并取得患者的书面同意;无法取得患者意见的,应当取得其监护人的书面同意,并经本医疗机构伦理委员会批准;实施第一项治疗措施,因情况紧急查找不到监护人的,应当取得本医疗机构负责人和伦理委员会批准。

(1) 导致人体器官丧失功能的外科手术,是指通过手术方式将精神障碍患者已经或即将损失功能的器官予以切除。

(2) 与精神障碍治疗有关的实验性临床医疗,是指经过批准,按照治疗规范及有关法律法规的规定,在精神障碍患者身上采取的试验新的药物和治疗方法,以检验其是否有效。

这两种治疗具有较强的侵入性,一旦滥用往往对患者权益造成严重影响,故需严格控制。首先应当履行告知义务并征得书面同意,以充分尊重患者的知情同意权和自我决定权。在紧急情况下需要施行手术又无法取得患者或监护人意见的,应当取得医疗机构负责人和伦理委员会批准。

三、保护性医疗措施

1. 保护性医疗措施的双重性 约束、隔离等保护性医疗措施旨在保护精神障碍患者自身和他人的人身安全,避免扰乱医疗秩序。一方面它是一种特殊的治疗或辅助治疗手段,在临床工作中必不可少;另一方面由于极容易被滥用于其他目的,因此通常需要对其严格限制。同时,在防范危险行为时过分依赖约束、隔离等保护性医疗措施,也会使精神障碍患者日常生活技能和应对医疗机构以外的环境挑战的能力削弱。一旦缺少规范和监督管理,容易导致滥用,影响医疗质量及侵犯精神障碍患者的合法权益。所以,禁止利用约束、隔离等保护性医疗措施惩罚精神障碍患者。

2. 保护性医疗措施的实施条件 精神障碍患者在医疗机构内发生或者将要发生伤害自身、危害他人安全、扰乱医疗秩序的行为,医疗机构及医务人员在没有其他可替代措施的情况下,可以实施约束、隔离等保护性医疗措施。实施保护性医疗措施应当遵循诊断标准和治疗规范,并在实施后告知患者的监护人。

四、医疗机构的设备和环境

医疗机构应当配备适宜的设施、设备,保护就诊和住院治疗的精神障碍患者的人身安全,防止其受到伤害,并为住院患者创造尽可能接近正常生活的环境和条件。联合国《保护精神病患者和改善精神保健的原则》规定,精神卫生机构的环境和生活条件应尽可能接近同龄人正常生活的环境和条件,而且尤其应包括娱乐和闲暇活动设施;教育设施;购买或接受日常生活、娱乐和通信的各种用品的设施;提供有关设施并鼓励使用此类设施,使患者从事与其社会和文化背景相适应的有收益职业,并接受旨在促进重新加入社区生活的适宜的职业康复措施。

五、精神障碍的康复

精神障碍的康复是指对患有身心疾病的患者,尽可能利用药物、社会、职业、经济和教育的方法使残疾的风险降低到最低限度。精神障碍的康复工作应当以社区康复为基础、以康复机构为骨干,以家庭为依托。

(1) 社区康复机构应当为需要康复的精神障碍患者提供场所和条件,对患者进行生活自理能力和社会适应能力等方面的康复训练。

(2) 医疗机构应当为在家居住的严重精神障碍患者提供精神科基本药物维持治疗,并为社区康复机构提供有关精神障碍康复的技术指导和支持。社区卫生服务机构、乡镇卫生院、村卫生室应当建立严重精神障碍患者的健康档案,对在家居住的严重精神障碍患者进行定期随访,指导患者服药和开展康复训练,并对患者的监护人进行精神卫生知识和看护知识的培训。县级人民政府卫生行政部门应当为社区卫生服务机构、乡镇卫生院、村卫生室开展上述工作给予指导和培训。

(3) 村民委员会、居民委员会应当为生活困难的精神障碍患者家庭提供帮助,并向所在地乡镇人民政府或者街道办事处以及县级人民政府有关部门反映患者及其家庭的情况和要求,帮助其解决实际困难,为患者融入社会创造条件。

(4) 残疾人组织或者残疾人康复机构应当根据精神障碍患者康复的需要,组织患者参加康复活动。

(5) 用人单位应当根据精神障碍患者的实际情况,安排患者从事力所能及的工作,保障患者享有同等待遇,安排患者参加必要的职业技能培训,提高患者的就业能力,为患者创造适宜的工作环境,对患者在工作中取得的成绩予以鼓励。

(6) 精神障碍患者的监护人应当协助患者进行生活自理能力和社会适应能力等方面的康复训练。精神障碍患者的监护人在看护患者过程中需要技术指导的,社区卫生服务机构或者乡镇卫生院、村卫生室、社区康复机构应当提供。

第四节 精神障碍患者的权利保护

《精神卫生法》是一部规范精神障碍患者治疗、保障精神障碍患者权益和促进精神障碍患者康复的法律。精神卫生工作实施预防为主的方针,坚持预防、治疗和康复相结合的原则。在精神障碍患者权益保护方面,《精神卫生法》有如下规定。

一、精神障碍患者的权利

除了与说明义务相对应的知情同意权之外,精神障碍患者也有一些重要的权利需要法律确定并予以保护。

1. 通信和会见权 医疗机构及其医务人员应当尊重住院精神障碍患者的通信和会见探访者等权利。除在急性发病期或者为了避免妨碍治疗可以暂时性限制外,不得限制患者的通信和会见探访者等权利。长期以来我国一直缺少对住院精神障碍患者的通信、会见朋友亲属等权利的统一规定,个别医院为便于管理,拒绝患者与外界联系,而部分非自愿住院治疗的患者的家属也不愿意与患者通信会见,致使一些住院的精神障碍患者不能依自己的意愿与其亲属、朋友、律师等人员通信、会面。因此,保障住院精神障碍患者通信、会面权利尤为重要:一方面可以维护患者本人利益,减少因住院治疗对其正常生活的影响,消除患者内心的孤独、失落情绪;另一方面也有利于外界对医务人员的护理、治疗行为予以监督和规范。

2. 病历记录及查阅复制权 医疗机构及其医务人员应当在病历资料中如实记录精神障碍患者的病情、治疗措施、用药情况及实施约束、隔离措施等内容,并如实告知患者或者其监护人。患者及其监护人可以查阅、复制病历资料;但是,患者查阅、复制病历资料可能对其治疗产生不利影响的除外。病历资料保存期限不得少于 30 年。

3. 获得医疗救助权 医疗机构不得因就诊者是精神障碍患者,推诿或者拒绝为其治疗属于本医疗机构诊疗范围的其他疾病。

4. 自由劳动权 医疗机构不得强迫精神障碍患者从事生产劳动。

二、精神障碍患者权利和能力的实现

1. 尊重、理解、关爱精神障碍患者 社会应当尊重、理解、关爱精神障碍患者。任何组织或者个人不得歧视、侮辱、虐待精神障碍患者,不得非法限制精神障碍患者的人身自由。新闻报道和文学艺术作品等不得含有歧视、侮辱精神障碍患者的内容。

2. 禁止对精神障碍患者实施家庭暴力,禁止遗弃精神障碍患者 精神障碍患者的监护人应当履行监护职责,维护精神障碍患者的合法权益。禁止对精神障碍患者实施家庭暴力,禁止遗弃精神障碍患者。

3. 建设和完善精神障碍的预防、治疗和康复服务体系 精神卫生工作实行政府组织领导、部门各负其责、家庭和单位尽力尽责、全社会共同参与的综合管理机制。

第五节 法律责任

《精神卫生法》对卫生行政部门和其他有关部门的法律责任,医疗机构及其工作人员的法律责任,心理咨询、心理治疗人员的法律责任,有关单位和个人的法律责任均作出具体规定。

一、行政责任

县级以上人民政府卫生行政部门和其他有关部门未依照《精神卫生法》规定履行精神卫生工作职责,或者滥用职权、玩忽职守、徇私舞弊的,由本级人民政府或者上一级人民政府有关部门责令改正,通报批评,对直接负责的主管人员和其他直接责任人员依法给予警告、记过或者记大过的处分;造成严重后果的,给予降级、撤职或者开除的处分。

不符合《精神卫生法》规定条件的医疗机构擅自从事精神障碍诊断、治疗的,由县级以上人民政府卫生行政部门责令停止相关诊疗活动,给予警告,并处五千元以上一万元以下罚款,有违法所得的,没收违法所得;对直接负责的主管人员和其他直接责任人员依法给予或者责令给予降低岗位等级或者撤职、开除的处分;对有关医务人员,吊销其执业证书。

医疗机构及其工作人员有下列行为之一的,由县级以上人民政府卫生行政部门责令改正,给予警告;情节严重的,对直接负责的主管人员和其他直接责任人员依法给予或者责令给予降低岗位等级或者撤职、开除的处分,并可以责令有关医务人员暂停一个月以上六个月以下执业活动。

(1) 拒绝对送诊的疑似精神障碍患者作出诊断的;
(2) 对依照《精神卫生法》第三十条第二款规定实施住院治疗的患者未及时进行检查评估或者未根据评估结果作出处理的;

医疗机构及其工作人员有下列行为之一的,由县级以上人民政府卫生行政部门责令改正,对直接负责的主管人员和其他直接责任人员依法给予或者责令给予降低岗位等级或者撤职的处分;对有关医务人员,暂停六个月以上一年以下执业活动;情节严重的,给予或者责令给予开除的处分,并吊销有关医务人员的执业证书。

(1) 违反《精神卫生法》规定,实施约束、隔离等保护性医疗措施的;
(2) 违反《精神卫生法》规定,强迫精神障碍患者劳动的;
(3) 违反《精神卫生法》规定,对精神障碍患者实施外科手术或者实验性临床医疗的;
(4) 违反《精神卫生法》规定,侵害精神障碍患者的通信和会见探访者等权利的;
(5) 违反精神障碍诊断标准,将非精神障碍患者诊断为精神障碍患者的。

有下列情形之一的,由县级以上人民政府卫生行政部门、工商行政管理部门依据各自职责责令改正,给予警告,并处五千元以上一万元以下罚款,有违法所得的,没收违法所得;造成严重后果的,责令暂停六个月以上一年以下执业活动,直至吊销执业证书或者营业执照。

(1) 心理咨询人员从事心理治疗或者精神障碍的诊断、治疗的;
(2) 从事心理治疗的人员在医疗机构以外开展心理治疗活动的;
(3) 专门从事心理治疗的人员从事精神障碍的诊断的;
(4) 专门从事心理治疗的人员为精神障碍患者开具处方或者提供外科治疗的。

二、民事责任

有关单位和个人违反《精神卫生法》第四条第三款规定,给精神障碍患者造成损害的,依法承担赔偿责任;对单位直接负责的主管人员和其他直接责任人员,还应当依法给予处分。

心理咨询人员、专门从事心理治疗的人员在心理咨询、心理治疗活动中造成他人人身、财产或者其他损害的,依法承担民事责任。

违反《精神卫生法》规定,有下列情形之一,给精神障碍患者或者其他公民造成人身、财产或者其他损害的,依法承担赔偿责任:

(1) 将非精神障碍患者故意作为精神障碍患者送入医疗机构治疗的;
(2) 精神障碍患者的监护人遗弃患者,或者有不履行监护职责的其他情形的;
(3) 歧视、侮辱、虐待精神障碍患者,侵害患者的人格尊严、人身安全的;
(4) 非法限制精神障碍患者人身自由的;
(5) 其他侵害精神障碍患者合法权益的情形。

医疗机构出具的诊断结论表明精神障碍患者应当住院治疗而其监护人拒绝,致使患者造成他人人身、财产损害的,或者患者有其他造成他人人身、财产损害情形的,其监护人依法承担民事责任。

三、刑事责任

在精神障碍的诊断、治疗、鉴定过程中,寻衅滋事,阻挠有关工作人员依照《精神卫生法》的规定履行职责,扰乱医疗机构、鉴定机构工作秩序的,依法给予治安管理处罚。有其他构成违反治安管理行为的,依法给予治安管理处罚。

精神障碍患者或者其监护人、近亲属认为行政机关、医疗机构或者其他有关单位和个人违反《精神卫生法》规定侵害患者合法权益的,可以依法提起诉讼。

违反《精神卫生法》规定,构成犯罪的,依法追究刑事责任。

本章小结

精神卫生法律制度	学习要点
概念	精神障碍的预防、治疗和康复,促进公民心理健康
特征	先天遗传个性特征及体质因素、器质因素、社会环境因素等
分类	DSM-Ⅳ;ICD-11;中国精神障碍分类
原则	人格尊严保障;自愿住院;治疗、预防、治疗和康复相结合;谨慎收治

一、选择题

【A1 型题】

1.《中华人民共和国精神卫生法》在什么时候开始施行?(　　)
 A. 2012 年 5 月 1 日　　　　B. 2012 年 10 月 26 日　　　　C. 2013 年 5 月 1 日
 D. 2013 年 10 月 26 日　　　E. 2003 年 10 月 26 日

2. 颁布第一部精神卫生法的国家是(　　)。
 A. 英国　　　B. 法国　　　C. 美国　　　D. 德国　　　E. 中国

3. 精神障碍患者的监护人一般不包括(　　)。
 A. 近亲属　　　　　　B. 关系密切的朋友　　　　C. 所在单位
 D. 医疗机构　　　　　E. 卫生机构

4.《精神卫生法》规定了再次诊断和医学鉴定的程序,从医学角度对患者是否需要住院治疗再次进行鉴定。再次鉴定应至少具有该鉴定事项执业资格的(　　)名以上鉴定人共同进行鉴定,并及时出具鉴定报告。
 A. 1　　　B. 2　　　C. 3　　　D. 4　　　E. 5

5. 对精神障碍患者实施住院治疗须经监护人同意的情形是(　　)。
 A. 医疗费用需要自理　　　　　　B. 没有办理住院手续能力
 C. 发生伤害自身行为　　　　　　D. 患者家属提出医学鉴定
 E. 没有危害他人安全危险

(6~8 题共用题干)

患者,女性,18 岁。近几个月来常因琐事与父母发生激烈争吵,闷闷不乐,被诊断为抑郁症而入院治疗。两周后,其父母去探视,患者起初表现出既想见又不想见的矛盾心理,但最终还是决定拒绝见其父母。医生根据病情同意了患者的决定。

6. 该患者起初的心理状态属于(　　)。
 A. 双重趋避冲突　B. 趋避冲突　C. 回避冲突　D. 双避冲突　E. 双趋冲突

7. 是否允许患者父母探视应首先遵循的伦理原则是(　　)。
 A. 协同一致原则　　　　　B. 患者家属自主原则　　　　C. 患者利益至上原则
 D. 公正原则　　　　　　　E. 公益原则

8. 根据《精神卫生法》,医生可以限制患者父母会见患者的理由是(　　)。
 A. 医疗机构尚未作出再次诊断的结论　　　B. 未取得医疗机构负责人同意
 C. 为了避免妨碍治疗　　　　　　　　　　D. 患者父母要求见面的理由不充分

E. 未取得当地卫生行政部门批准

(9～10题共用题干)

连某,因患严重的躁狂抑郁障碍正在精神病专科医院住院治疗。因病情恶化,患者出现伤人毁物等行为,医院在没有其他可替代措施的情况下,对其实施了约束身体的措施,但实施后没有及时通知连某的监护人。连某的父亲作为监护人探视时,看到儿子被捆绑在病床上非常气愤。

9. 依照《精神卫生法》对患者连某实施的约束行为的性质属于(　　)。

A. 治疗性措施　　B. 惩罚性措施　　C. 保护性措施　　D. 诊断性措施　　E. 警告性措施

10. 对患者连某实施身体约束而未告知其监护人的做法,侵犯患方的(　　)。

A. 生命权　　B. 健康权　　C. 认知权　　D. 知情权　　E. 名誉权

【A2型题】

11. 李某,男性,34岁,长期精神恍惚,数次殴打其子致使其受伤,被其妻子送到精神病院治疗,诊断为精神分裂症,精神病院的下列做法正确的是(　　)。

A. 可以对李某实施住院治疗,但如果其妻子不同意,就不能强行要求其入院

B. 如李某对诊断结果不服,可以请求该院进行再次诊断,该院应当在接到再次诊断要求后指派两名精神科执业医师进行再次诊断,并及时出具再次诊断结论

C. 如李某病情好转,被允许出院时,本人没有能力办理出院手续的,其妻子应当为其办理出院手续

D. 在再次诊断结论、鉴定报告出具前,为了保障精神障碍患者的人身自由,该精神病院不能对患者实施住院治疗

12. 精神障碍患者杜某有危害他人安全的危险情形,但其监护人对医疗机构作出需要住院治疗的诊断结论有异议,不同意对患者实施住院治疗,并在收到诊断结论之日起规定期限内向其他具有合法资质的医疗机构提出了再次诊断的要求。该期限是(　　)。

A. 3日　　B. 7日　　C. 10日　　D. 15日　　E. 30日

二、名词解释

1. 心理健康
2. 精神卫生

三、简答题

1. 简述非自愿住院治疗的条件。
2. 简述不同情形下疑似精神障碍患者的送诊主体。
3. 简述精神障碍诊断和治疗的原则。

(贵州护理职业技术学院　冉鲜　　邢台医学高等专科学校　尉淑丽)

参考答案
14-1

第十五章 中医药法律制度

学习目标

1. 掌握：中药的概念；发展中医药事业的基本原则；野生药材物种保护措施；中西医结合的指导思想。
2. 熟悉：熟悉中医从业人员的管理；加强中西医结合人才的培养；野生、濒危中药材资源保护。
3. 了解：了解中医坐堂诊所的管理；中药材生产管理；法律责任。

王某为某药材市场药材经营商，在多年经营药材过程中发现，野生动物制品无论是收藏还是销售利润空间都非常大，为获取巨额收益，王某先后从药材市场购买自然淘汰的10千克虎骨、2千克豹骨、3千克羚羊角、5千克鹿茸、3千克穿山甲，并运往国外，销售获得利润。

思考：
1. 王某的购买及销售行为是否违法？
2. 上述物种分别是几级国家重点保护的野生药材物种？

第一节 概　述

一、中医药的概念

中医药（traditional Chinese medicine）是指在中国古代哲学的影响和指导下，在长期的医疗实践中逐步形成的独特的医药理论体系及其以自然药物为主的诊疗实践。这里所说的中医药泛指中华民族传统医药，包括中医药和民族医药。中医药是中华民族在与疾病长期斗争的过程中积累的宝贵财富，其有效的实践和丰富的知识中蕴含着深厚的科学内涵，是中华民族优秀文化的重要组成部分，为中华民族的繁衍昌盛和人类健康做出了不可磨灭的贡献。

二、中医药立法

中医药是中华民族智慧的结晶，其传承和发展应受到国家法律的保护。中医药管理的法律制度应当按照中医药的特点和活动规律，以及我国卫生事业的实际来制定和完善，是以促进中医药事业的健康发展为最终目的。

新中国成立以来，党和政府一直非常重视中医药事业，制定了一系列方针政策，促使中医药事业不断发展。党的十一届三中全会以来中医药立法工作受到高度重视。1982年，我国《宪法》明确规定，发展现代医药和我国传统医药。这是制定中医药法律规范的根本法律依据。《中共中央、国务院关于卫生改革与发展的决定》充分肯定了传统医药的重要地位和作用,进一步明确了中西医并重的方针,把传统医药确定为卫生事业发展的重点领域,为传统医药事业的快速健康发展指明了方向。为加强中医药法制建设,我国相继颁布了一系列中医药管理法律规范和政策文件,涉及中药的地位、作用和发展方向,中医医疗机构管理,中药生产经营管理,中医药队伍建设,科研管理以及发展民族医药等方面的内容。2002年10月,科技部、卫生部等部委联合发布了《中药现代化发展纲要》。2003年11月,国家中医药管理局发布了《关于进一步加强中西医结合工作的指导意见》。2003年4月7日,国务院颁布了《中华人民共和国中医药条例》(以下简称《中医药条例》),并于2003年10月1日起施行。这是新中国成立以来,第一部对中医药进行规范的行政法规。2007年1月11日,科技部、卫生部、国家中医药管理局、国家食品药品监督管理局、国家自然科学基金委员会等部门联合制定了《中医药创新发展规划纲要(2006—2020年)》。2007年10月25日,卫生部、国家中医药管理局等11部委联合发布了《关于切实加强民族医药事业发展的指导意见》。为了进一步保障和促进中医药事业发展,2008年第十一届全国人大常委会将中医药法列入立法规划。2009年《中共中央国务院关于深化医药卫生体制改革的意见》明确要求加快中医药立法工作。2011年12月,卫生部向国务院报送了《中华人民共和国中医药法(草案)》的送审稿,2015年12月,《中华人民共和国中医药法(草案)》首次提请全国人大常委会审议。全国人大常委会于2015年12月和2016年8月、12月进行三次审议后通过了《中华人民共和国中医药法》(以下简称《中医药法》)。2016年,国务院印发《中医药发展战略规划纲要(2016—2030年)》。

我国制定的一系列关于中医药管理的各项法律文件和政策文件,使我国的卫生工作更好地继承和发展了中医药,保障和促进了中医药事业的发展,使我国的中医药在保护人体健康方面发挥了极大的作用。

三、发展中医药事业的方针和基本原则

国家保护、扶持、发展中医药事业,实行中西医并重的方针,鼓励中西医相互学习、相互补充、共同提高,推动中医、西医两种医学体系的有机结合,全面发展我国中医药事业。

中医药作为我国独特的卫生资源、潜力巨大的经济资源、具有原创优势的科技资源、优秀的文化资源和重要的生态资源,在经济社会发展中发挥着重要作用。随着我国新型工业化、信息化、城镇化、农业现代化深入发展,人口老龄化进程加快,健康服务业蓬勃发展,人民群众对中医药服务的需求越来越旺盛,迫切需要继承、发展、利用好中医药,充分发挥中医药在深化医药卫生体制改革中的作用,造福人类健康。为明确未来十五年我国中医药发展方向和工作重点,促进中医药事业健康发展,2016年2月26日,国务院印发了《中医药发展战略规划纲要(2016—2030年)》。

(一)发展中医药事业的方针

《中医药发展战略规划纲要(2016—2030年)》指出,到2020年,实现人人基本享有中医药服务,中医医疗、保健、科研、教育、产业、文化各领域得到全面协调发展,中医药标准化、信息化、产业化、现代化水平不断提高。中医药健康服务能力明显增强,服务领域进一步拓宽,中医医疗服务体系进一步完善,每千人口公立中医类医院床位数达到0.55张,中医药服务可得性、可及性明显改善,有效减轻群众医疗负担,进一步放大医改惠民效果;中医基础理论研究及重大疾病攻关取得明显进展,中医药防治水平大幅度提高;中医药人才教育培养体系基本建立,凝聚一批学术领先、医术精湛、医德高尚的中医药人才,每千人口卫生机构中医执业类(助理)医师数达到0.4人;中医药产业现代化水平显著提高,中药工业总产值占医药工业总产值30%以上,中医药产业成为国民经济重要支柱之一;中医药对外交流合作更加广泛;符合中医药发展规律的法律体系、标准体系、监督体系和政策体系基本建立,中医药管理体制更加健全。

到2030年,中医药治理体系和治理能力现代化水平显著提升,中医药服务领域实现全覆盖,中医药健康服务能力显著增强,在治未病中的主导作用、在重大疾病治疗中的协同作用、在疾病康复中的核心作用得到充分发挥;中医药科技水平显著提高,基本形成一支由百名国医大师、万名中医名师、百万中医

师、千万职业技能人员组成的中医药人才队伍;公民中医健康文化素养大幅度提升;中医药工业智能化水平迈上新台阶,对经济社会发展的贡献率进一步增强,我国在世界传统医药发展中的引领地位更加巩固,实现中医药继承创新发展、统筹协调发展、生态绿色发展、包容开放发展和人民共享发展,为健康中国建设奠定坚实基础。

(二) 发展中医药事业的基本原则

(1) 坚持以人为本、服务惠民。以满足人民群众中医药健康需求为出发点和落脚点,坚持中医药发展为了人民、中医药成果惠及人民,增进人民健康福祉,保证人民享有安全、有效、方便的中医药服务。

(2) 坚持继承创新、突出特色。把继承创新贯穿中医药发展一切工作,正确把握好继承和创新的关系,坚持和发扬中医药特色优势,坚持中医药原创思维,充分利用现代科学技术和方法,推动中医药理论与实践不断发展,推进中医药现代化,在创新中不断形成新特色、新优势,永葆中医药薪火相传。

(3) 坚持深化改革、激发活力。改革完善中医药发展体制机制,充分发挥市场在资源配置中的决定性作用,拉动投资消费,推进产业结构调整,更好发挥政府在制定规划、出台政策、引导投入、规范市场等方面的作用,积极营造平等参与、公平竞争的市场环境,不断激发中医药发展的潜力和活力。

(4) 坚持统筹兼顾、协调发展。坚持中医与西医相互取长补短,发挥各自优势,促进中西医结合,在开放中发展中医药。统筹兼顾中医药发展各领域、各环节,注重城乡、区域、国内国际中医药发展,促进中医药医疗、保健、科研、教育、产业、文化全面发展,促进中医中药协调发展,不断增强中医药发展的整体性和系统性。

第二节 中医医疗机构管理法律制度

一、中医医疗机构

(一) 中医医疗机构的概念及设置

1. 中医医疗机构的概念 中医医疗机构是指依法取得医疗机构执业许可证的中医、中西医结合的医院、门诊部和诊所。中医医疗机构是我国医疗机构的重要组成部分,主要包括国家、集体、个体开办的中医医院、中医院校及中医研究机构的附属医院、中医专科医院、中医康复医院、中医门诊部、中医诊所、中医诊室,以及一切以各种名称面向社会而主要从事中医医疗业务的单位。依法设立的社区卫生服务中心(站)、乡镇卫生院等城乡基层卫生服务机构,应当能够提供中医医疗服务。

2. 中医医疗机构的设置 开办中医医疗机构,应当符合国务院卫生行政部门制定的中医医疗机构设置标准和当地区域卫生规划,并按照《医疗机构管理条例》的规定办理审批手续,取得医疗机构执业许可证后,方可从事中医医疗活动。县级以上地方人民政府在制定区域卫生规划时,应当根据本地区社会、经济发展状况和居民医疗需求,统筹安排中医医疗机构的设置和布局。中医医疗机构的布局由当地中医药、卫生行政部门统一规划。

(二) 中医医疗机构的登记

中医医疗机构开业,必须进行登记,领取医疗机构执业许可证后,方可执业。

1. 开业审批 各级中医医疗机构的审批部门略有不同:中医诊所、中医诊室,由当地县(区)级卫生行政部门审批;中医医院(含中医院校及中医研究机构的附属医院)、中医专科医院、中医康复医院、中医门诊部、其他以各种名称面向社会而主要从事中医医疗业务的单位,由地(市)级或其以上中医药、卫生行政部门审批;其他任何组织和个人都无权批准中医医疗机构开业,也不准擅自借用其他机构名称从事中医医疗活动。《中医药法》改变了中医诊所审批制度,其第十四条规定,举办中医医疗机构应当按照国家有关医疗机构管理的规定办理审批手续,并遵守医疗机构管理的有关规定。举办中医诊所的,将诊所的名称、地址、诊疗范围、人员配备情况等报所在地县级人民政府中医药主管部门备案后即可开展执业活动。

2. 开业申请资料　中医医疗机构在申请开业时,应提交以下材料:机构名称、设置科目、床位编制;卫技人员情况;中医诊所、中医诊室须提交医务人员名单及其有关资格证件;业务用房产权证书或租赁合约;诊疗设备及药品情况;与申报规模相称的资金情况;有关规章制度;法人代表有关情况及其资格证件。

中医医疗机构改变机构名称、增减病床、变更科目、停业、迁移都必须报原批准开业的中医药、卫生行政部门审批登记;歇业的,必须向原登记机关办理注销登记,经核准后,收缴医疗机构执业许可证。

(三) 中医医院管理

中医医院包括县及县以上综合中医医院和专科中医医院。中医医院必须以医疗工作为中心,结合医疗搞好教学和科学研究,成为继承和发扬中医药学、培养中医药人才的基地。

1. 医疗业务　中医医院要办成以中医药为主,体现中医药防治疾病的特点的医疗机构。中医医疗机构从事医疗服务活动,应当充分发挥中医药特色和优势,遵循中医药自身发展规律,运用传统理论和方法,结合现代科学技术手段,发挥中医药在防治疾病、保健、康复中的作用,为群众提供价格合理、质量优良的中医药服务。

2. 管理工作　《中医药条例》规定,与中医药有关的评审或者鉴定活动,应当体现中医药特色,遵循中医药自身的发展规律。中医药专业技术职务任职资格的评审,中医医疗、教育、科研机构的评审、评估,中医药科研课题的立项和成果鉴定,应当成立专门的中医药评审、鉴定组织或者由中医药专家参加评审、鉴定。

国家中医药管理局《中医医院评审暂行办法》规定,中医医院评审坚持政府主导、分级负责、公平公正的原则和以评促建、以评促改、评建并举、重在内涵的方针,围绕中医特色、中医疗效、质量、安全、服务、管理,体现以患者(病人)为中心的理念。

3. 科室设置和编制　业务科室设置和病床分配比例,可根据中医专科的特色和各自的规模、任务、特长及技术发展情况确定,科室设置力求齐全。中医医院人员编制按病床与工作人员1∶1.3～1∶1.7计算。病床数与门诊量之比按1∶3计算,不符合1∶3时,按每增减100门诊人次增减6～8人,或比同级西医综合医院的编制高15%～18%。医生和药剂人员要高于西医综合医院的比例,护理人员可低于西医综合医院的比例。在医生和药剂人员中,中医、中药人员要占绝对多数。

4. 药剂管理　要建立和办好中药房,中药加工炮制、储藏保管、调剂煎熬配方必须严格遵守操作规程和规章制度,保证药品质量;在坚持使用中药为主的前提下,以饮片为主,中成药为辅,重治轻补,并开展中药剂型改革。

(四) 中医专科管理

中医专科是中医伟大宝库的一个重要组成部分。综合医院均应按照要求设置中医临床科室和中药房,医院各临床科室通过与中医临床科室建立协作机制等形式能够提供中医药服务。中医临床科室要坚持突出中医药特色,发挥中医药优势,做到"科有专病、人有专长、病有专治专药";设立中医病床,床位数不低于医院标准床位数的5%。

(五) 中医坐堂诊所的管理

中医坐堂诊所是指设置在药品零售药店的中医药服务机构。

1. 申办条件与要求　根据2010年国家中医药管理局和卫生部制定的《中医坐堂医诊所管理办法(试行)》,申请设置中医坐堂医诊所的药品零售药店,必须同时具备以下条件:①具有药品经营质量管理规范认证证书、药品经营许可证和营业执照;②具有独立的中药饮片营业区,饮片区面积不得少于50平方米;③中药饮片质量符合国家规定要求,品种齐全,数量不少于400种。

中医坐堂医诊所基本标准如下:①中医坐堂医诊所由中药饮片品种不少于400种的药店设置,只允许提供中药饮片处方服务;②至少有1名取得医师资格后经注册连续在医疗机构从事5年以上临床工作的中医类别中医执业医师;③设置的诊室必须独立隔开,不超过2个,每个诊室建筑面积不少于10平方米;④设有诊察桌、诊察床、诊察凳和与开展诊疗科目相应的设备设施。

2. 设置审批和执业登记 设置中医坐堂医诊所,必须按照医疗机构设置规划,由县级地方人民政府卫生行政部门、中医药管理部门根据《医疗机构管理条例》《医疗机构管理条例实施细则》和中医坐堂医诊所基本标准以及相关有关规定进行设置审批和执业登记。中医坐堂医诊所登记注册的诊疗科目应为医疗机构诊疗科目名录"中医科"科目下设的二级科目,所设科目不超过2个,并且与中医坐堂医诊所提供的医疗服务范围相对应。

3. 执业规定 中医坐堂医诊所聘用的医师,应当是取得医师资格后经注册连续在医疗机构从事5年以上临床工作的中医类别中医执业医师。中医坐堂医诊所可以作为中医类别中医执业医师的第二执业地点进行注册,但至少有1名中医类别中医执业医师的第一执业地点为该诊所。中医类别中医执业医师可以在中医坐堂医诊所执业,其他类别的执业医师不得在中医坐堂医诊所执业。

4. 规章制度 中医坐堂医诊所须建立健全规章制度。中医坐堂医诊所要严格执行国家关于中医病历书写、处方管理的有关规定。

(六)医疗气功的管理

医疗气功是指将气功锻炼应用于医疗养生康复的活动,医疗气功锻炼的主要目的是治疗疾病以及强身健体。开展医疗气功活动必须在医疗机构内进行。"医疗气功"列入医疗机构诊疗科目的"中医科-其他"类中。取得中医执业医师资格的医疗气功人员可独立开展医疗气功活动;取得中医执业助理医师资格的医疗气功人员必须在中医执业医师指导下开展医疗气功活动。县级以上人民政府中医药行政管理机构应当按照规定和有关法律法规,加强对医疗气功活动的日常监督检查。

(七)中医医疗广告管理

发布中医医疗广告,医疗机构应当按照规定向所在地省级中医药管理部门申请并报送有关材料。对符合规定要求的,发给中医医疗广告批准文号;未取得该批准文号的,不得发布中医医疗广告。发布的中医医疗广告,其内容应当与审查批准发布的内容一致。

二、中医从业人员

(一)中医从业人员资格

中医从业人员是指具备中医医学专业学历,取得医师资格并经注册,在中医医疗机构、中医院校、中医科研单位、综合医院的中医专科工作的医务人员,以及未取得医学专业学历,以师承方式学习传统医学或者经多年实践医术确有专长,并按照卫生行政部门的规定经过注册取得执业证书的人员。

中医从业人员,应当通过医师资格考试,取得医师资格证书,并经注册取得医师执业证书后,方可从事中医服务活动。参加中医执业医师资格考试的人员应具备中医专业的学历,并符合《中华人民共和国执业医师法》的相关规定。

以师承方式学习中医学的人员以及经多年实践医术确有专长的人员,按照《传统医学师承和确有专长人员医师资格考核考试办法》,通过医师资格考核考试,并经注册取得医师执业证书后,方可从事中医医疗活动。考核是对此类人员申请参加医师资格考试的资格评价和认定。

《中医药法》第十五条规定:从事中医医疗活动的人员应当依照《中华人民共和国执业医师法》的规定,通过中医医师资格考试取得中医医师资格,并进行执业注册。但是,以师承方式学习中医或者经多年实践医术确有专长的人员,由至少两名中医医师推荐,经省、自治区、直辖市人民政府中医药主管部门组织实践技能及效果考核合格后即可取得中医医师资格。按照考核内容进行执业注册后,即可在注册的执业范围内,以个人开业的方式或者在医疗机构内从事中医医疗活动。

(二)中医从业人员的管理

中医从业人员应当遵守相应的中医诊断治疗原则、医疗技术标准和技术操作规范。全科医师和乡村医师应当具备中医药基本知识以及运用中医诊疗知识、技术,处理常见病和多发病的基本技能。

对中医从业人员要建立技术档案,定期进行考核,保证合理使用,对有名望的技术骨干不要过多安排非业务性活动。中医医院的人事部门,要根据中医医院的特点,建立健全以岗位责任制为中心的各项规章制度,明确各类人员职责,通过完善技术职称的评聘制度来调动医技人员的工作积极性。

三、中医药服务的监督检查

中医药是我国的宝贵财富,中医药服务于人民群众,为加强中医药服务重点环节的管控,促进"继承好、发展好、利用好"中医药这一宝贵财富,推动中医药服务健康规范发展,人民群众和相关组织需起到监督检查的作用。

加强对中医医疗服务和中药生产经营的监管。针对中医药行业中存在的服务不规范、虚假宣传、中药材质量下滑等问题,《中医药法》坚持扶持与规范并重,进一步规范中医药从业行为,保障医疗安全,提升中药质量:一是明确开展中医药服务应当符合中医药服务基本要求,发布中医医疗广告应当经审查批准,发布的内容应当与批准的内容相符;二是明确国家制定中药材种植养殖、采集、储存和初加工的技术规范、标准,加强对中药材生产流通全过程的质量监督管理,保障中药材质量安全;三是加强中药材质量监测,建立中药材流通追溯体系和进货查验记录制度;四是鼓励发展中药材规范化种植养殖,严格管理农药、肥料等农业投入品的使用,禁止使用剧毒、高毒农药;五是加强对医疗机构炮制中药饮片、配制中药制剂的监管。

第三节 中药管理的法律规定

一、中药的概念

中药是指在中医理论的指导下,运用传统的独特方法进行加工炮制并用于疾病的预防、诊断和治疗,有明确的适应证和用法、用量的植物、动物和矿物质及其天然加工品等。

中药包括中药材、中药饮片和中成药。中药材是在原产地以传统方式采收、加工的半成品或成品。中药饮片是中药材经过加工炮制、可直接用于中医临床的中药。中成药是以中药为原料,经批准依法生产的成方中药制剂。其中中药材、中药饮片并没有绝对的界限,管理上应视为中药材。

二、中药的研发与注册管理

(一) 中药的研制

1. 中药新药研制 根据《中药注册管理补充规定》,中药新药的研制应当符合中医药理论,注重临床实践基础,具有临床应用价值,保证中药的安全有效和质量稳定,保障中药材来源的稳定和资源的可持续利用,并应关注对环境保护等因素的影响。涉及濒危野生动植物的应当符合国家有关规定。

2. 中药剂型研制 《卫生部、国家中医管理局关于加强中药剂型研制工作的意见》指出,中药剂型研制工作要根据中医辨证论治原则及中药性味归经、君臣佐使等理论,通过剂型研制,促进中医药学术的发展。要注意克服脱离中医药理论体系套用西医药模式研制中药剂型的倾向。中药剂型的研制工作要以提高临床疗效为目标,以安全可靠为前提,以满足治疗急危重症需要为重点,要逐步完善质量控制标准和检测手段,严格把关,保证质量,力求生产简、便、验、廉的剂型,以方便患者。

(二) 中药的注册管理

凡是在我国境内申请进行药物临床试验、药品生产或者进口、进行相关的药品注册检验以及监督管理都应适用《药品注册管理办法》。实施批准文号管理的中药材、中药饮片以及进口中药材的注册管理规定,由国家食品药品监督管理总局(现变更为国家药品监督管理局)另行制定。中药注册申请,应当明确处方组成、药材基原、药材产地与资源状况以及药材前处理(包括炮制)、提取、分离、纯化、制剂等工艺,明确关键工艺参数。中药复方制剂应在中医药理论指导下组方,其处方组成包括中药饮片(药材)、提取物、有效部位及有效成分。

三、中药材生产管理

中药材的生产管理原则上应遵守《中华人民共和国药品管理法》,但依该法的规定,中药材的种植、采集和饲养的管理由国务院另行制定办法。

（一）药品生产企业的开办

开办生产中药的企业也应遵守《中华人民共和国药品管理法》规定。

（二）乡村中医药技术人员自种、自采、自用中草药的管理

《中医药法》第二十六条规定,在村医疗机构执业的中医医师、具备中药材知识和识别能力的乡村医生,按照国家有关规定可以自种、自采地产中药材并在其执业活动中使用。《关于加强乡村中医药技术人员自种自采自用中草药管理的通知》规定乡村中医药技术人员不得自种、自采、自用下列中草药:①国家规定需特殊管理的医疗用毒性中草药;②国家规定需特殊管理的麻醉药品原植物;③国家规定需特殊管理的濒危、稀少野生植物药材。乡村中医药技术人员自种、自采、自用的中草药,只限于其所在的村医疗机构内使用,不得上市流通,不得加工成中药制剂。

（三）中药材生产管理

1. 鼓励培育中药材 国家对集中规模化栽培养殖、质量可控并符合国务院药品监督管理部门规定条件的中药材品种,实行批准文号管理。县级以上地方人民政府应当加强中药材的合理开发和利用,鼓励建立中药材种植、培育基地,促进短缺中药材的开发、生产。

2. 中药材生产质量管理 2017年国家食品药品监督管理总局组织起草了《中药材生产质量管理规范(修订稿)》,是中药材生产和质量管理的基本准则,适用于中药材生产企业生产中药材的全过程。为规范中药材生产,保证中药材质量,促进中药标准化、现代化,中药材生产应当严格遵守有关中药材生产的产地生态环境、种质和繁殖材料、栽培与养殖管理、采收与初加工、包装、放行与储运、质量管理及人员设备等方面的规定。

（四）中药饮片的生产管理

根据《中药配方颗粒管理暂行规定》,中药配方颗粒从2001年12月1日起纳入中药饮片管理范畴。2015年12月,国家食品药品监管总局起草了《中药配方颗粒管理办法(征求意见稿)》,但至今仍未正式发布。2018年3月,全国两会期间,全国人大代表、亳州市人民政府市长杜延安,向十三届全国人大一次会议提交了关于尽快出台《中药配方颗粒管理办法》的建议。

1. 中药炮制 中药炮制是中药行业特有的传统制药技术。《中医药法》第二十七条规定,国家保护中药饮片传统炮制技术和工艺,支持应用传统工艺炮制中药饮片,鼓励运用现代科学技术开展中药饮片炮制技术研究。

《中华人民共和国药品管理法》第四十四条规定,中药饮片应当按照国家药品标准炮制;国家药品标准没有规定的,必须按照省、自治区、直辖市人民政府药品监督管理部门制定的炮制规范炮制。省、自治区、直辖市人民政府药品监督管理部门制定的炮制规范应当报国务院药品监督管理部门备案。

2. 中药饮片的生产 依据《关于加强中药饮片监督管理的通知》规定,生产中药饮片必须持有药品生产许可证、药品GMP证书;必须以中药材为起始原料,使用符合药用标准的中药材,并应尽量固定药材产地;必须严格执行国家药品标准和地方中药饮片炮制规范、工艺规程;必须在符合药品GMP条件下组织生产,出厂的中药饮片应检验合格,并随货附纸质或电子版的检验报告书。

3. 饮片的包装 中药饮片的包装管理在《中华人民共和国药品管理法实施条例》和《关于加强中药饮片包装监督管理的通知》中被进一步明确。

四、中药经营管理

(一) 经营中药的资格

《中华人民共和国药品管理法》规定无药品经营许可证的,不得经营药品。该法同时规定城乡集市贸易市场可以出售中药材,但国务院另有规定的除外。

(二) 中药商业质量管理

为加强流通领域的中药质量管理,完善工作职能,严肃质量管理纪律,1989年国家中医药管理局发布了《中药商业质量管理规范(试行)》。该规范适用于中药商业收购(调拨)、销售、储存等流通环节质量管理,对流通领域的中药企业的质量管理机构与人员、中药的采购(调拨)和收购、批发与零售、储存和养护等都作了严格规定。药品经营企业销售中药材,必须标明产地。

中药饮片、中成药必须从持有药品生产许可证和营业执照的药品生产企业或持有药品经营许可证和营业执照经营企业购进,严禁从非法渠道购进。

五、医疗机构配制中药制剂管理

(1) 医疗机构配制制剂,必须具有能够保证制剂质量的人员、设施、检验仪器、卫生条件和管理制度。

(2) 医疗机构设立制剂室,应当向所在地省、自治区、直辖市(食品)药品监督管理部门提交所需材料,申请。

(3) 申请人应当对其申请材料的真实性负责。

(4) 省、自治区、直辖市(食品)药品监督管理部门收到申请后,应当根据下列情况分别作出处理:

①申请事项依法不属于本部门职权范围的,应当即时作出不予受理的决定,并告知申请人向有关行政机关申请;

②申请材料存在可以当场更正的错误的,应当允许申请人当场更正;

③申请材料不齐全或者不符合法定形式审查要求的,应当当场或者在5个工作日内发给申请人补正材料通知书,一次性告知申请人需要补正的全部内容,逾期不告知的,自收到申请材料之日起即为受理;

④申请材料齐全、符合形式审查要求,或者申请人按照要求提交全部补正材料的,予以受理。

省、自治区、直辖市(食品)药品监督管理部门受理或者不受理医疗机构制剂许可证申请的,应当出具加盖本部门受理专用印章并注明日期的受理通知书或者不予受理通知书。

(5) 省、自治区、直辖市(食品)药品监督管理部门应当自收到申请之日起30个工作日内,按照国家食品药品监督管理局制定的《医疗机构制剂许可证验收标准》组织验收。验收合格的,予以批准,并自批准决定作出之日起10个工作日内向申请人核发医疗机构制剂许可证;验收不合格的,作出不予批准的决定,书面通知申请人并说明理由,同时告知申请人享有依法申请行政复议或者提起行政诉讼的权利。

省、自治区、直辖市(食品)药品监督管理部门验收合格后,应当自颁发医疗机构制剂许可证之日起20个工作日内,将有关情况报国家食品药品监督管理局备案。

(6) 省、自治区、直辖市(食品)药品监督管理部门应当在办公场所公示申请医疗机构制剂许可证所需的事项、依据、条件、期限、需要提交的全部材料的目录和申请书示范文本等。

省、自治区、直辖市(食品)药品监督管理部门颁发医疗机构制剂许可证的有关决定,应当予以公开,公众有权查阅。

(7) 省、自治区、直辖市(食品)药品监督管理部门在对医疗机构制剂室开办申请进行审查时,应当公示审批过程和审批结果。申请人和利害关系人可以对直接关系其重大利益的事项提交书面意见进行陈述和申辩。

(8) 医疗机构设立制剂室的申请,直接涉及申请人与他人之间重大利益关系的,省、自治区、直辖市(食品)药品监督管理部门应当告知申请人、利害关系人享有申请听证的权利。

在核发医疗机构制剂许可证的过程中,省、自治区、直辖市(食品)药品监督管理部门认为涉及公共利益的重大许可事项,应当向社会公告,并举行听证。

(9) 医疗机构不得与其他单位共用配制场所、配制设备及检验设施等。

六、野生、濒危中药材资源保护

《野生药材资源保护管理条例》规定,国家对野生药材资源实行保护、采猎相结合的原则,并创造条件开展人工种养。

(一)国家重点保护的野生药材物种分级

1. 一级 濒临灭绝状态的稀有珍贵野生药材物种。一级保护野生药材,如虎骨、豹骨、羚羊角及鹿茸。

2. 二级 分布区域缩小、资源处于衰竭状态的重要野生药材物种。二级保护野生药材,如熊胆、麝香等。

3. 三级 资源严重减少的主要常用野生药材物种。三级保护野生药材,如刺五加、细辛等。

(二)野生药材物种保护措施

1. 按照国际公约保护犀牛和虎 我国已经签署《濒危野生动植物种国际贸易公约》,犀牛和虎在其附录中;国务院的《关于禁止犀牛角和虎骨贸易的通知》规定严禁进出口、出售、收购、运输、携带、邮寄犀牛角和虎骨。取消犀牛角和虎骨药用标准,不得用其制药。

2. 禁止采猎一级保护野生药材物种 此物种属于自然淘汰的,其药用部分由相应单位负责经营管理,但不得出口。

3. 严格控制二、三级保护野生药材物种的采猎、收购和出口 采猎、收购此类物种的,必须按照批准的计划执行;必须持有采药证,且不得在禁止采猎区、禁止采猎期进行采猎,不得使用禁用工具进行采猎。此类物种的药用部分,实行限量出口。

4. 规定保护区 保护野生药材资源保护区。

5. 天然的无法替代的珍稀动物有望再入药 《中华人民共和国野生动物保护法》第二十八条规定,对人工繁育技术成熟稳定的国家重点保护野生动物,经科学论证,纳入国务院野生动物保护主管部门制定的人工繁育国家重点保护野生动物名录。对列入名录的野生动物及其制品,可以凭人工繁育许可证,按照省、自治区、直辖市人民政府野生动物保护主管部门核验的年度生产数量直接取得专用标识,凭专用标识出售和利用,保证可追溯。《中医药法》也提出,鼓励发展人工种植养殖,支持开展珍贵、濒危药用野生动植物的繁育及其相关研究。

6. 奖励 对保护野生药材资源做出显著成绩的单位和个人给予奖励。

七、中医药科研

医药科学研究和技术开发,采取措施开发、推广、应用中医药技术成果,促进中医药科学技术发展。

(一)理论研究和临床研究

运用现代科学技术和传统中医药研究方法,深化中医基础理论、辨证论治方法研究,开展经穴特异性及针灸治疗机理、中药药性理论、方剂配伍理论、中药复方药效物质基础和作用机理等研究,建立概念明确、结构合理的理论框架体系。加强对重大疑难疾病、重大传染病防治的联合攻关和对常见病、多发病、慢性病的中医药防治研究,形成一批防治重大疾病和治未病的重大产品和技术成果。

(二)人才培养

中医药科研机构、高等院校、医疗机构应当加强中医药科研的协作攻关和中医药科技成果的推广应用,培养中医药学科带头人和中青年技术骨干。

(三)中医药科研评价体系

建立和完善符合中医药特点的科研评价标准和体系,研究完善有利于中医药创新的激励政策。通过同行评议和引进第三方评估,提高项目管理效率和研究水平,不断提高中医药科研成果转化效率。

第四节 中西医结合管理

一、中西医结合的概念

中西医结合是在我国既有中医又有西医的历史条件下产生的,是中国特色社会主义卫生事业的重要组成部分,在我国人民的医疗卫生保健中发挥着重要作用。国务院《中医药发展战略规划纲要(2016—2030年)》提出,要促进中西医结合。运用现代科学技术,推进中西医资源整合、优势互补、协同创新。加强中西医结合创新研究平台建设,强化中西医临床协作,开展重大疑难疾病中西医联合攻关,形成独具特色的中西医结合诊疗方案,提高重大疑难疾病、急危重症的临床疗效。

二、中西医结合的指导思想

认真贯彻党的中西医结合方针政策,积极利用现代科学技术,充分吸收中医、西医两种医学特长,发掘、整理、研究、阐释中医药学的经验真知和理论精华,以提高临床疗效和学术水平为核心,以基地建设为基础,以人才培养为重点,以研究中西医结合点为主线,积极探索,开拓创新,促进中西医结合不断发展,更好地为人类健康服务。

三、中西医结合工作的主要任务

中西医结合工作的主要任务是遵循和运用现代科学技术先进方法,研究推广使用中草药,筛选验证秘、单、验方,合理保护、开发、利用药材资源,加速进行剂型改革,创制高效、安全、可靠的新型药物。中西药的结合,从药性、药理到剂型的中西渗透,将产生大量有益于人类健康的新型药品,有力地促进传统医药走向世界,最终造福于全人类。

四、中西医结合的管理

为了促进中西医结合、共同发展,我国先后出台多项政策。2016年国务院印发的《中医药发展战略规划纲要(2016—2030年)》提出,要坚持中西医并重,从思想认识、法律地位、学术发展与实践运用上落实中医药与西医药的平等地位,充分遵循中医药发展规律,以推进继承创新为主题,以提高中医药发展水平为中心,以完善符合中医药特点的管理体制和政策机制为重点,以增进和维护人民群众健康为目标,拓展中医药服务领域,促进中西医结合。2020年6月11日,国务院发布的《关于落实〈政府工作报告〉重点工作部门分工的意见》指出,促进中医药振兴发展,加强中西医结合。国家保护、扶持、发展中医药事业,实行中西医并重的方针,鼓励中西医相互学习、相互补充、共同提高,推动中医、西医两种医学体系的有机结合,全面发展我国中医药事业。《中共中央国务院关于卫生改革与发展的决定》明确提出,中西医要加强团结、互相学习,取长补短,共同提高,促进中西医结合。

(一) 中西医结合医院及科研机构建设

各省、自治区、直辖市选择1~2所中西医结合工作开展基础好的综合医院,作为中西医结合基地,集中一批热心中西医结合的"西学中"骨干,配备高水平中西医专家,开展中西医结合医疗和科研工作;有条件的综合医院或专科医院要建立中西医结合科室或者研究室(所)。

(二) 坚持西医学习中医

按照"系统学习、全面掌握、整顿提高"的原则,因地制宜,采取多种形式,开展西医学习中医活动。在医学院校中摆正中西医结合在医学教育中的位置,西医院校应安排一定的时间进行中医药学的课程的讲授与实习。各高等中医院校和有条件的研究单位要举办西医离职学习中医班或研究班;抓好中西医结合研究生的培养工作。合理使用中西医结合人员,做到合理安排,妥善使用。

五、加强中西医结合人才的培养

培养高素质的中西医结合专业人才是当今中西医结合教育的重要任务之一。可以从以下几个方面加强中西医结合人才的培养。

1. 政策支持 制定倾向性培养目标,加强倾向性政策支持,从政策层面加大中西医结合人才培养的力度,促进中西医结合人才培养的质量。

2. 提高教师的中西医结合水平 加强中医与西医的结合,促进教师提高中西医学知识水平,方能更好地教育学生。

3. 重视临床实习 加强临床实习阶段的思维训练,落实考核方案,促进学生扎实基本知识,提高学生思考能力,促使中西医知识融会贯通,以提高人才培养质量,推动中西医结合教育的发展。

4. 完善中西医结合教材 中西医结合内科学、急诊科学、妇科学等教材已出版使用,在使用过程中,不断完善和增加,为中西医结合人才的培养提供优质的教材。

"十年树木,百年树人",需要几代人的培养才能培养出更优秀的中西医结合人才。

第五节 民族医药管理

一、我国少数民族医药

医药是人类与生俱来的需求,各个民族在历史上都有自己的医学创造与医学积累。民族医药的概念可以分为广义和狭义两种:广义的概念是指中华民族的传统医药,这里的民族,是指中华民族大家庭,具有本国的、本土的、非外来的意义。狭义的概念就是指中国少数民族的传统医药。中国民族医药的内容十分丰富,如藏医药、蒙医药、维吾尔医药、傣医药、壮医药、苗医药、瑶医药、彝医药、侗医药、土家族医药、回医药、朝鲜族医药等。

二、积极发展民族医药事业

1951年12月1日实施的《全国少数民族卫生工作方案》指出,对于用草药土方治病之民族医,应尽量团结与提高。

1982年颁布的《宪法》规定,国家发展医疗卫生事业,发展现代医药和我国传统医药。

1983年7月,卫生部、国家民委联合下达了《关于继承、发扬民族医药学的意见》,对民族医药工作提出了以下五项要求:加强领导;为继承和发扬民族医药学提供必要的物质条件;加强民族医药机构的建设,努力培养一支有较高水平的民族医队伍;加强民族医药的发掘、整理、提高工作;搞好民族药产、供、销的管理工作。

1984年11月23日国务院办公厅转发卫生部、国家民族事务委员会《关于加强全国民族医药工作的几点意见》的通知中指出,民族医药是祖国医药学宝库的重要组成部分。发展民族医药事业,不但是各族人民健康的需要,而且对增进民族团结,促进民族地区经济、文化事业的发展,建设具有中国特色的社会主义医疗卫生事业有着十分重要的意义。

1997年1月15日中共中央、国务院《关于卫生改革与发展的决定》中指出,各民族医药是中华民族传统医药的组成部分,要努力发掘、整理、总结、提高,充分发挥其保护各民族人民健康的作用。

2002年10月19日,中共中央、国务院《关于进一步加强农村卫生工作的决定》指出,要认真发掘、整理和推广民族医药技术。

2002年12月4日,卫生部、教育部、人事部、农业部等在《关于加强农村卫生人才培养和队伍建设的意见》中,提出在中等医学专业中可保留卫生保健及中医(民族医)类专业,在谈到进一步深化课程体系和教学内管改革时,要求增强全科医学知识和中医药学(民族医学)的极学内容。

2003年10月1日起实施的《中医药条例》在附则中规定,民族医药的管理参照本条例执行。国家法制部门对此作了这样的解释:关于民族医药的管理,本条规定有以下两层含义:一是民族医药有自己独立的地位,民族医药学存在于我国各少数民族之中,大多有自己独特的理论体系、历史传统和诊疗方法,作为以汉族医药为主的中医药显然不能包括民族医药;二是民族医药享受与中医药同等的待遇,在不违反《中医药条例》规定的前提下,民族医药可以有特殊的待遇,少数民族地区可以制定一些特殊的规定来发展民族医药。

2004年2月19日,国务院副总理吴仪在全国中医药工作会议上作了讲话。吴仪在全面论述中医药工作的同时,指出民族医药在保障人民群众身体健康方面也发挥着重要作用,要认真做好挖掘、整理、总结、提高工作,大力促进其发展。在谈到农村卫生工作时,吴仪说:"在少数民族集中居住的农村和偏远山区、牧区,还要注意发挥民族医药的作用,要高度重视民族医药的发展。我们都在讲中医药是国粹,要努力保护,加以提高,但是不给予积极支持,连起码的政策都不落实,又谈何重视,谈何保护,谈何提高。这必须引起我们的高度重视,要坚决落实好既有的政策,把对中医药的支持落实到行动上来。同时,要不断研究制定新的有利于中医药发展的政策。"

2006年10月11日,《中共中央关于构建社会主义和谐社会若干重大问题的决定》明确指出,要大力扶持中医药和民族医药发展。

2013年,温家宝总理在国务院政府工作报告中提出,扶持中医药和民族医药事业发展,这进一步体现政府对于中医药和民族医药事业发展的支持。

2016年,国务院印发《中医药发展战略规划纲要(2016—2030年)》。这进一步体现政府对于中医药和民族医药事业发展的支持。

第六节 法律责任

一、行政责任

中医医疗机构有下列情形之一的,由县级以上地方人民政府负责中医药管理的部门责令限期改正;逾期不改正的,责令停业整顿,直至由原审批机关吊销其医疗机构执业许可证,取消其城镇职工医疗保险定点医疗机构资格,并对负有责任的主管人员和其他责任人员依法给予纪律处分:①不符合中医医疗机构设置标准的;②获得城镇职工基本医疗保险定点医疗机构资格,未按照规定向参保人员提供基本医疗服务的。

未经批准擅自开办中医医疗机构或者未按照规定通过执业医师或者执业助理医师资格考试取得执业许可,从事中医医疗活动的,依照《执业医师法》和《医疗机构管理条例》的有关规定给予处罚。

造成重大中医药资源流失和国家科学技术泄露,情节严重,构成犯罪的,依法追究刑事责任;尚不构成刑事处罚的,由县级以上地方人民政府负责中医药管理的部门责令限期改正,对负有责任的主管人员和其他责任人员依法给予纪律处分。

违反《中药品种保护条例》的规定,将一级保护品种的处方组成、工艺制法泄密的,对其责任人员,由所在单位或者上级机关给予行政处分,构成犯罪的,移交司法机关,依法追究刑事责任。

二、刑事责任

造成重大中医药资源流失和国家科学技术秘密泄露,损毁或者破坏属于国家保护文物的中医药文献,情节严重,构成犯罪的,依法追究刑事责任。

对违反《中药品种保护条例》,擅自仿制和生产中药保护品种的,由所在地县级以上药品监督管理部门以生产假药论处。伪造中药保护品种证书及有关证明文件进行生产、销售的,由县级以上药品监督管理部门没收其全部有关药品及违法所得,并可处以有关药品正品价格3倍以下罚款。构成犯罪的,依法追究刑事责任。

本章小结

中医药法律制度	学 习 要 点
概念	中医药、中医医疗机构、中医从业人员、中药、民族医药
特征	独特的卫生资源、潜力巨大的经济资源、具有原创优势的科技资源、优秀的文化资源和重要的生态资源
分类	中医药、民族医药、中医医疗机构
原则	坚持以人为本、服务惠民;坚持继承创新、突出特色;坚持深化改革、激发活力;坚持统筹兼顾、协调发展

目 标 检 测

一、选择题

【A1型题】

1. 中医药管理的法律制度应当以( )为最终目的。
   A. 促进中医药事业的健康发展　　　B. 中医药的活动规律
   C. 我国卫生事业的发展　　　D. 患者的健康
   E. 中医药的特点

2. 下列不属于发展中医药事业的基本原则的是( )。
   A. 坚持以人为本、服务惠民　　　B. 坚持继承创新、突出特色
   C. 坚持深化改革、激发活力　　　D. 坚持政府主导、公平公正
   E. 坚持统筹兼顾、协调发展

3. 中医医疗机构从事医疗服务活动,应当( )。
   A. 充分发挥西医药特色和优势　　　B. 遵循西医药自身发展规律
   C. 运用康复理论和方法　　　D. 结合古代科学技术手段
   E. 发挥中医药在防治疾病、保健、康复中的作用

4. 可以在中医坐堂医诊所执业的是( )。
   A. 康复类别执业医师　　　B. 西医类别执业医师
   C. 中医类别毕业学生　　　D. 中医类别中医执业医师
   E. 中医类别针灸医师

5. 下列关于医疗气功的说法正确的是( )。
   A. 将气功锻炼应用于医疗养生康复的活动
   B. 医疗气功锻炼的主要目的是避免手术
   C. 开展医疗气功活动可以在家庭内进行
   D. 医疗气功可以自行完成
   E. 取得中医执业助理医师资格的医疗气功人员可独立开展

6. 中药包括（　　）。
   A. 中药材、中药饮片和西药　　　　　　B. 中药材、中药饮片和中成药
   C. 中药材、血液制品和中成药　　　　　D. 中药材、中药饮片和保健品
   E. 中药材、中药饮片和进口药
7. 下列哪个是濒临灭绝状态的稀有珍贵野生药材物种？（　　）
   A. 刺五加　　　B. 鹿茸　　　C. 茯苓　　　D. 穿山甲　　　E. 冬虫夏草
8. 下列关于中西医结合工作的主要任务说法不正确的是（　　）。
   A. 遵循和运用现代科学技术先进方法　　B. 研究推广使用中草药
   C. 取缔西医的工作　　　　　　　　　　D. 合理保护、开发、利用药材资源
   E. 加速进行剂型改革
9. 民族医药，狭义的概念就是指中国少数民族的传统医药，下列不属于狭义民族医药的是（　　）。
   A. 藏医药　　　B. 蒙医药　　　C. 维吾尔医药　　　D. 傣医药　　　E. 中医药
10. 下列关于中西医结合的指导思想的说法不正确的是（　　）。
    A. 认真贯彻党的中西医结合方针政策
    B. 积极利用现代科学技术
    C. 充分吸收中医、西医两种医学特长
    D. 发掘、整理、研究、阐释中医药学的经验真知和理论精华
    E. 以研制中西医结合药物为核心

【A2型题】

11. 王某开办一家中医坐堂医诊所，需要取得医师资格后经注册连续在医疗机构从事5年以上临床工作的中医类别中医执业医师（　　）。
    A. 至少5名　　B. 至少4名　　C. 至少3名　　D. 至少2名　　E. 至少1名
12. 李某擅自仿制和生产中药保护品种——云南白药，此事件（　　）。
    A. 无刑事责任　　　　　　　　　　　B. 在监管部门规定范围内
    C. 以生产假药论处　　　　　　　　　D. 治病救人，值得推广
    E. 减少医疗费用，值得效仿

二、名词解释

1. 中医药
2. 中医医疗机构
3. 中药
4. 中医从业人员
5. 民族医药

三、简答题

1. 发展中医药事业的基本原则是什么？
2. 野生药材物种保护措施有哪些？
3. 中西医结合的指导思想是什么？

（吉林大学　曲福玲）

第十六章 现代医学发展中的相关法律问题

1. 掌握:人类辅助生殖技术概念及相关法律问题、规范管理;人体器官移植涉及的法律问题及相关规定、立法现状。
2. 熟悉:人类辅助生殖技术的分类;人体器官移植的概念、基本原则,国外器官移植的立法实践;我国"互联网+医疗"中的法律问题及相关规定。
3. 了解:"互联网+医疗"的概念及发展。

私人订制龙凤胎

张某因为不孕,曾有过一段失败的婚姻,后来她与程某恋爱时,坦白了自己的身体情况。两人结婚后,程某提出找人取卵和代孕的想法,之后,从取精、物色孕母、寻找卵子提供者,到办理出生证明、提供亲子鉴定书,程某联系的地下代孕中介机构提供了一条龙服务。2011年2月,张某赶到湖北,从代孕机构人员手中接过了一对可爱的龙凤胎宝贝,以及由荆门一家医院开具的出生证明和亲子鉴定书。2014年2月5日,程某死于突发的重症急性胰腺炎。程某出事后,张某找到程某的父母程某国和杨某芝,向老两口出示了龙凤胎的亲子鉴定书并表示要将龙凤胎的户口迁出程家。张某奇怪的举动让老两口生疑,他们仔细查看这纸鉴定书,发现该鉴定书只有父系关系,没有母系关系。杨某芝趁张某不注意,悄悄拔下了她的几根头发。经上海一家亲子鉴定中心鉴定,儿子的基因与两个孩子高度一致,而两个孩子与儿媳张某的却无血缘关系!程某是一家IT公司的大股东,名下有上海的两套房产,股权和房产至少价值几千万元。老两口担心张某图谋儿子的遗产,将张某告到上海市闵行区人民法院,请求法院将孙子、孙女的监护权判给他们。

思考:
1. 代孕方式出生小孩的法律地位如何认定?
2. 该案例中小孩的监护权应该归谁?
3. 你如何看待代孕这种行为?

第一节　人类辅助生殖技术的相关法律问题

一、人类辅助生殖技术概述

（一）概念

人类辅助生殖技术，是指运用医学技术和方法对配子、合子、胚胎进行人工操作，以达到受孕目的的技术，分为人工授精、体外受精-胚胎移植技术及各种衍生技术。

（二）分类

1. 人工(体内)授精　人工(体内)授精是指采用非性交的方式将精子注入女性体内以达到女性受孕目的的一种辅助生殖技术。根据精液来源不同，主要分为同源人工授精、异源人工授精、混合人工授精三类。

2. 人工体外受精　人工体外受精是指用人工方法从女性卵巢取出卵子，并使卵子和精子在试管内结合形成胚胎，然后再植入子宫继续妊娠的一种生育技术，又称试管婴儿技术，用这种技术生育的婴儿称为"试管婴儿"。

3. 代孕　代孕是指将他人的受精卵植入代孕者的子宫或用人工授精方法使代孕者妊娠，分娩后婴儿由委托人收养，并支付一定报酬。根据代孕者和委托人与孩子的基因关系区分，代孕母亲可以分为三类：①借腹代孕，即精子、卵子均来自委托夫妻；②借卵代孕，即精子来自委托丈夫，卵子由代孕者提供，经体外受精后，由代孕者怀孕生育；③捐胚代孕，即代孕母使用捐赠的精子、卵子形成胚胎进行孕育。

4. 克隆技术　克隆技术是指生物通过细胞分裂进行无性生殖，形成基因型完全一致的种群，又称为无性生殖。联合国大会制定了《禁止生殖性克隆人国际公约》，各方支持公约在全球范围内严禁生殖性克隆人，但在是否禁止以预防和治疗疾病为目的治疗性克隆问题上存在分歧。我国政府认为以预防和治疗疾病为目的的人类干细胞研究是有益的，应该予以鼓励和支持。

二、人类辅助生殖技术引发的法律问题

1. 夫精人工授精(AIH)的法律问题

(1) 亲子关系的认定问题。AIH父母子女关系的确定通常分为以下两种：①在婚姻关系存续期间，夫妻双方均同意进行人工授精，由于精子和卵子均来自夫妻双方，因此受孕出生的子女法律地位较明确，无论从遗传学、生物学还是社会科学角度，他们都是夫妻双方共同子女，该子女被认为是当然的婚生子女。②在婚姻关系存续期间，妻子在丈夫不知情或未经丈夫同意，擅自进行人工授精所生子女，其法律地位如何认定，各国立法尚未有明确规定。理论界也有两种观点：一种认为该子女为婚生子女，保障子女的合法权益；另一种观点认为首先应当认为该子女是婚生子女，但丈夫在一定期限享有否认权和领养权。

(2) 妻子能否使用亡夫的冷冻精液。由于冷冻精子技术的产生，从技术上看，妻子可以在丈夫死后利用丈夫冷冻的精子进行人工授精，由此引发死后生殖相关问题。法律上是否应该允许？如果允许，用这种方式所生育子女的法律地位如何？各国立法和判例也各不相同。主流观点认为：如果丈夫生前有明确的意愿允许妻子在自己死后利用其精子进行人工授精并且这种意愿是自己的真实意愿表达，则丈夫为该子女的法律上的父亲。

2. 供精人工授精(AID)的法律问题

(1) AID中亲子关系的认定问题。AID出生的子女，客观上存在着一个生物学父亲（遗传学意义），即供精者，一个养育父亲（社会学意义），生母之夫。谁是AID子女法律上的父亲？主流观点认定养育父亲与子女虽无生物学上的血缘关系，但夫妻合意进行人工授精的行为，已表达了愿将婴儿作为夫妻

双方共同子女的意思,所以应视其为子女的亲生父亲、合法父亲,承担相应的权利和义务,而否认供精者的父亲权利。如果在婚姻关系存续期间,妻子未经丈夫同意而进行 AID 的,丈夫对所生子女有否决权。在我国,《最高人民法院关于夫妻离婚后人工授精所生子女的法律地位如何确定的复函》规定,在夫妻关系存续期间,双方一致同意进行人工授精,所生子女应视为夫妻双方的婚生子女,父母子女之间权利义务关系适用《婚姻法》有关规定。

(2) AID 的匿名供精人与 AID 子女的关系问题。随着 AID 的广泛应用,已经发生多起子女寻找生父和供精者认领异源人工授精子女的案例。从尊重和保护异源人工授精子女知情权角度来看,AID 子女有权利知道其生物学父亲,有权知道自己的出生背景。但是这些问题涉及 AID 夫妇要求供精者匿名(保密)的权利。而匿名为子女与供精者之间设置了不可逾越的障碍,由此产生了保护供精者匿名权和异源人工授精子女"寻根"愿望的冲突。

(3) 单身女性的 AID 生育权问题。对于单身妇女,包括未婚女子、寡妇、女同性恋者及其他女独身主义者,是否享有 AID 生育权,法律和伦理学界存在争论。目前,大多数国家,如法国、瑞典、德国等国都只允许在婚姻关系内进行 AID。少数国家和学者认为,妇女有自由选择婚姻和生育的权利,如果她们能够为孩子提供良好的生长、发育环境,她们应该获得这种权利。

3. 体外受精(IVF)引发的法律问题

体外受精,由于配子来源和妊娠场所的不同,造成试管婴儿有多个母亲、多个父亲的复杂情况。

(1) 在夫妻双方同意下,进行同源体外受精后,将胚胎植入妻子子宫妊娠生育,这种体外受精子女遗传学的父母即法律上的父母,不存在争议。

(2) 在夫妻双方同意下,使用妻卵和供精在体外受精后将胚胎植入妻子子宫妊娠发育,这种情形与 AID 相似,这类试管婴儿法律地位的确认原则类同于 AID 子女。

(3) 在夫妻双方同意下,使用供卵与夫精进行体外受精,然后将胚胎植入妻子子宫妊娠生育,这类试管婴儿涉及两个母亲:遗传学母亲(供卵者)和生身母亲。各国的法律观念一般认为,生下婴儿的妇女应当是孩子的合法母亲。

(4) 在夫妻双方同意下,使用供卵和供精在体外受精后再将胚胎植入妻子子宫妊娠发育。所生子女有两个父亲(生母之夫与供精者)、两个母亲(生母和供卵者)。在第三种情形基础上,一般推定该妇女的丈夫为该孩子的法律上的父亲,即养育父亲在父权竞争中强于遗传父亲。

4. 代理母亲引发的法律问题及相关立法

(1) 代孕中亲子关系的认定问题:代理母亲的出现使自然生殖方式下母亲的概念裂变为遗传学母亲、生身母亲、养育母亲三个个体。对于一个代理母亲生育的婴儿来说,有可能存在五个父母,即精子赠予人、卵子赠予人、代理母亲、抚育该婴儿的夫妇,由此引起了一系列法律问题。对于代孕所生育子女法律父母的确定,法学界认识不一,世界各国法律规定也不尽相同。主要有三种情况:①根据遗传学确定亲子关系;②生者为母;③按契约约定亲子关系,即代理母亲所生的婴儿为委托方夫妇的子女。

(2) 代孕行为是否合法:代理母亲以收取报酬为目的,出租子宫,被他人看作生育机器,是对妇女尊严的侵犯,也变相地使婴儿成为商品;加之有的亲属之间代孕,造成家庭伦理混乱。由于以上问题的存在,许多国家如法国、瑞士、德国、西班牙等纷纷立法,明文禁止代孕行为,代孕合同被视为无效。美国各州对代孕有不同的规定,有些州允许将代孕作为一种商业行为,代孕在美国是被公众所普遍接受的一种生育方式。英国和澳大利亚承认代理母亲,但严格限制商业性代孕行为。俄罗斯、比利时、荷兰、丹麦、匈牙利等国则对代孕大开绿灯。尤其在俄罗斯,存在大量的代孕母亲和专业的代孕中介。

在我国,2001 年 8 月 1 日起实施的《人类辅助生殖技术管理办法》第三条规定,禁止以任何形式买卖配子、合子、胚胎。医疗机构和医务人员不得实施任何形式的代孕技术。2015 年,全国人大常委会对《中华人民共和国人口与计划生育法修正案(草案)》进行了分组审议,将"禁止以任何形式实施代孕"这一规定写入法律,在全国人大常委会委员中引起争议。2015 年 12 月 27 日最终通过的《中华人民共和国人口与计划生育法》修正稿中又将"禁止代孕"的表述删除。考虑到不孕不育人群的代孕需求以及现实存在的不规范的代孕行为,多名委员表示,"禁止代孕"有将代孕行为一棒子打死之嫌,不如"规范代孕"。由此可见,关于代孕行为合法性的争议还将继续持续下去。

5. 精子、卵子、受精卵和胚胎管理的法律问题

人类辅助生殖技术发展到一定阶段,遗传物质可以在体外储存利用,这也使遗传物质的捐献、买卖、实验、移植、进口、出口成为可能。由此引发出精子、卵子、受精卵和胚胎的法律地位及相关一系列法律问题。

(1) 受精卵和胚胎的法律地位的确定。目前存在两种截然不同的意见:一种意见认为受精卵和胚胎是人,应尊重之,不应作为工具、手段来使用,不应伤害,未经供体同意不能随意处置;另一种意见认为其不是人,不具有与人相同的法律地位。英国的《生育及胚胎法》视14天前的受精卵为无生命物质,14天后的胚胎为有生命的人。

(2) 胚胎的研究是否合法。这一问题目前国际上仍存在较大争议,英国的《人类生育和胚胎学法》规定,允许研究14天前的胚胎,禁止研究14天后的胚胎。2004年我国科技部和卫生部联合颁布《人胚胎干细胞研究伦理指导原则》,对人类胚胎体外研究也做了14天的时间限制。目前,至少已有十余个国家将"14天期限"原则写入法律。

(3) 胚胎的冷藏、保管和处置。英国《人工授精和胚胎法案》规定,配子的保管期为10年,胚胎的保管期为5年,任何配子或胚胎的保管期限都不得超过其法定保管期限,保管期满后可任之死去。法国《生命科学与人权》法律草案建议,冷冻胚胎保管期也为5年,5年后在其亲生父母由于死亡、离婚、分居而不再成为夫妻后必须销毁,但也可转赠给其他夫妇。

三、我国人类辅助生殖技术的规范管理

我国人类辅助生殖技术的研究和应用起步较晚,但发展迅速。为进一步加强人类辅助生殖技术与人类精子库(以下统称辅助生殖技术)管理,2015年4月,国家卫生计生委在原有法律法规基础上,出台《关于加强人类辅助生殖技术与人类精子库管理的指导意见》《人类辅助生殖技术配置规划指导原则(2015版)》以及关于规范审批的补充意见,严格监督管理,把好辅助生殖技术配置规划与审批准入关,严厉打击违法违规开展辅助生殖技术行为。

(一) 人类辅助生殖机构的审批

人类辅助生殖技术必须在经过审批并进行登记的医疗机构中实施。未经卫生行政部门审批,任何单位和个人不得实施人类辅助生殖技术。卫生技术评估机构对开展人类辅助生殖技术的医疗机构进行技术质量监测和定期评估。

1. 申请条件 开展人类辅助生殖技术的医疗机构应当具备以下基本条件:①具有与开展技术相适应的卫生专业技术人员和其他专业技术人员;②具有与开展技术相适应的技术和设备;③设有医学伦理委员会;④符合《人类辅助生殖技术规范》等规范性文件要求。

2. 审查批准 申请开展夫精人工授精技术的医疗机构,由省、自治区、直辖市人民政府卫生行政部门审查批准;申请开展供精人工授精和体外受精-胚胎移植技术及其衍生技术的医疗机构,由省、自治区、直辖市人民政府卫生行政部门提出初审意见,国家卫生计生委(现变更为国家卫生健康委员会)审批。经国家卫生计生委审核同意的,发给批准证书。人类辅助生殖技术批准证书每两年校验一次,校验由原审批机关办理。校验合格的,可以继续开展人类辅助生殖技术;校验不合格的,收回其批准证书。

3. 变更登记 批准开展人类辅助生殖技术的医疗机构应当按照《医疗机构管理条例》的有关规定,持省、自治区、直辖市人民政府卫生行政部门或国家卫生计生委的批准证书到核发其医疗机构执业许可证的卫生行政部门办理变更登记手续。

(二) 人类辅助生殖技术的实施原则

①实施人类辅助生殖技术应符合《人类辅助生殖技术规范》等规范性文件要求。②人类辅助生殖技术的应用应当在医疗机构中进行,以医疗为目的,并符合国家计划生育政策、伦理原则和有关法律规定。③必须在经过批准开展此项技术并进行登记的医疗机构中实施,未经卫生行政部门批准,任何单位和个人不得实施人类辅助生殖技术。④禁止以任何形式买卖配子、合子、胚胎。⑤医疗机构和医务人员不得

实施任何形式的代孕技术。⑥应当遵循知情同意原则,并签署知情同意书。涉及伦理问题的,应当提交医学伦理委员会讨论。⑦实施供精人工授精和体外受精-胚胎移植技术及其各种衍生技术的医疗机构应当与卫生部批准的人类精子库签订供精协议。严禁私自采精。医疗机构在实施人类辅助生殖技术时应当索取精子检验合格证明。⑧实施人类辅助生殖技术的医疗机构应当为当事人保密,不得泄露有关信息。⑨实施人类辅助生殖技术的医疗机构不得进行性别选择。法律法规另有规定的除外。⑩实施人类辅助生殖技术的医疗机构应当建立健全技术档案管理制度。供精人工授精医疗行为方面的医疗技术档案和法律文书应当永久保存。⑪实施人类辅助生殖技术的医疗机构应当对实施人类辅助生殖技术的人员进行医学业务和伦理学知识的培训。

(三) 人类精子库的管理

人类精子库是指以治疗不育症以及预防遗传病等为目的,利用超低温冷冻技术,采集、检测、保存和提供精子的机构。《人类精子库管理办法》规定,人类精子库必须设置在医疗机构内。精子的采集和提供应当遵守当事人自愿和符合社会伦理原则。任何单位及个人不得以营利为目的进行精子的采集与提供活动。

1. 设置与审批 《人类精子库管理办法》规定,设置人类精子库应当经国家卫生计生委批准,申请单位应符合下列条件:①具有医疗机构执业许可证;②设有医学伦理委员会;③具有与采集、检测、保存和提供精子相适应的卫生专业技术人员;④具有与采集、检测、保存和提供精子相适应的技术和仪器设备;⑤具有对供精者进行筛查的技术能力;⑥符合《人类精子库基本标准》。

2. 精子的采集与提供 精子的采集和提供应当在经过批准的医疗机构中进行,严格遵守《人类精子库技术规范》和各项技术操作规程。供精者应当是年龄在22~45周岁之间的健康男性,人类精子库应当对供精者进行健康检查和严格筛选,不得采集有下列情况之一人员的精液:①有遗传病家族史或者遗传性疾病;②精神病患者;③传染病患者或病源携带者;④长期接触放射线和有害物质者;⑤精液检查不合格者;⑥其他严重器质性疾病患者。供精者只能在一个人类精子库中供精,人类精子库工作人员应当向供精者说明精子的用途、保存方式以及可能带来的社会伦理等问题。人类精子库应当和供精者签署知情同意书。

精子库采集精子后,应当进行检验和筛查。精子冷冻6个月后,经过复检合格,方可向卫生行政部门批准开展人类辅助生殖技术的医疗机构提供,并向医疗机构提交检验结果。未经检验或检验不合格的,不得向医疗机构提供。严禁精子库向医疗机构提供新鲜精子。严禁精子库向未经批准开展人类辅助生殖技术的医疗机构提供精子。

3. 保密规定 人类精子库应当建立供精者档案,对供精者的详细资料和精子使用情况进行计算机管理并永久保存。人类精子库必须贯彻保密原则,除精子库负责人外,其他任何工作人员不得查阅有关供精者身份的资料。工作人员应尊重供精和受精当事人的隐私权并严格保密,除司法机关出具公函或相关当事人具有充分理由外,其他任何单位和个人一律谢绝查阅供精者的档案。

4. 评估制度 国家卫生计生委指定卫生技术评估机构,对人类精子库进行质量监测和定期检查。监测结果和检查报告报人类精子库所在地的省、自治区、直辖市人民政府卫生行政部门和国家卫生计生委备案。

(四) 法律责任

未经批准擅自开展人类辅助生殖技术和设置人类精子库的非医疗机构,由县级以上人民政府卫生行政部门责令其停止执业活动,没收非法所得和药品、器械,并可根据情节处以一万元以下的罚款。

未经批准擅自开展人类辅助生殖技术和设置人类精子库的医疗机构,根据《医疗机构管理条例》和《医疗机构管理条例实施细则》,由县级以上人民政府卫生行政部门予以警告、责令其改正,并可根据情节处以三千元以下的罚款;情节严重的,吊销医疗机构执业许可证。

开展人类辅助生殖技术和设置人类精子库的医疗机构有下列行为之一的,由省、自治区、直辖市人民政府卫生行政部门给予警告或罚款,并给予有关责任人行政处分,构成犯罪的,依法追究刑事责任:

①买卖配子、合子、胚胎的;②实施代孕技术的;③使用不具有人类精子库批准证书机构提供精子的;④擅自进行性别选择的;⑤实施人类辅助生殖技术档案不健全的;⑥经指定技术评估机构检查技术质量不合格的;⑦其他违反《人类辅助生殖技术管理办法》规定的行为。

第二节 人体器官移植的相关法律问题

一、器官移植概述

(一)器官移植的概念

人体器官移植,是指摘取人体器官捐献人具有特定功能的心脏、肺脏、肝脏、肾脏或者胰腺等器官的全部或者部分,将其植入接受人身体以代替其病损器官的过程。

(二)器官移植的分类

(1)按照供体受体的性质和关系分类:可分为自体移植、同质移植、同种移植、异种移植。自体移植,是指移植物取自受者自身,即献出器官的供者和接受器官的受者为同一人。同质移植,是指移植物取自遗传基因与受者完全相同或基本相似的供者。同种移植,是指移植物取自同种但遗传基因有差异的另一个体。异种移植,是指移植物取自异种动物。

(2)按照供体器官移植到体内的位置分类:可分为原位移植和异位移植。原位移植,是指移植于原来解剖部位,如原位肝移植,必须先切除原来有病的器官。异位移植,是指移植于其他解剖部位,原来的器官可以切除也可以保留。

如从移植器官的类目划分,器官移植可以被分为各种具体类目不同的移植,如肝移植、心脏移植、肾移植、肺移植等。

二、国外人体器官移植的立法实践

(一)国外器官移植立法模式

20世纪80年代,世界上许多国家和地区就基本完成了器官移植的相关立法。当前,世界各国人体器官移植立法主要采取两种模式:一种是统一立法模式;另一种是单一器官立法模式。

1. 统一立法模式 统一立法模式是制定统一的人体器官捐赠法和移植法。统一立法模式以美国为代表,澳洲、欧洲等国家的器官移植法律在很大程度上受美国的影响。

2. 单一器官立法模式 单一器官立法模式是一种循序渐进的方法,由小器官移植立法向大器官移植立法过渡,最终目标仍然要实现器官捐赠与移植的统一立法。日本采用此种立法模式。

(二)人体器官移植中的法律问题与规定

1. 器官来源 对于器官移植手术而言,最重要的莫过于供体器官的获得,而器官来源不足是阻碍器官移植的关键问题。围绕如何解决器官来源问题,许多国家就相关问题进行了相应的法律规定。

(1)自愿捐献:由死者生前自愿或其家属自愿将死者器官捐给他人。自愿捐献是目前世界上许多国家采用的原则。它强调自愿和知情同意的基本伦理原则。知情同意是活体器官捐献的必经程序。所谓知情,是指对捐献器官的目的和器官摘除的危险及摘除器官后对健康可能损害的一系列后果的知晓。所谓同意,是指自愿同意。

(2)推定同意:法律规定公民在生前未作出不愿意捐献器官的意愿表达都可被认为是自愿的器官捐献者,也称法定捐献。其包括两种,一种是亲属推定同意,即只要近亲属没有反对意见,可以推定死者同意捐献。英国、意大利、西班牙等国都采取这种原则。一种是医生推定同意,即不考虑近亲属同意与否,只要死者生前未表示反对,就推定死者同意捐献。法国、奥地利、新西兰、新加坡等国的器官移植法均采取此种原则。采取医生推定同意的方式既能增加可用于移植器官的数量,又可避免因征求家属意见延误时间而影响移植质量。但因其具有强制处理死者尸体的性质,因而难以为一些国家所接受和采用。

2. 器官捐献 器官捐献的首要条件是捐献者本人同意,即个人意志的自由表达。由于活人器官捐献存在着损害捐献者本人健康甚至生命的危险,许多国家都持慎重态度。有的还专门立法规定活人器官捐献与移植的程序、条件及捐献者的生活安排等。而对死人器官的捐献,有些国家规定了很方便的法定程序,生前愿意捐献器官的,只要有书面证明材料即可。美国的《统一组织捐献法》规定,供者的愿望即有法律效力。当一个人已经签署器官捐献卡并有2名证人(年龄须超过18周岁)签名,这个人死后的器官即可被摘取用于器官移植。死者生前反对捐献器官的,也只要有书面证明材料即可。

3. 尸体器官分配准则 器官的分配,有时较难做到完全的公平。为此,国际移植学会于1986年制定了《尸体器官分配的准则》,其主要内容如下:①所捐赠的器官,必须尽可能予以最佳的利用。②应依据医学与免疫学的标准,将器官给予最适合移植的患者。③绝不可以浪费可供使用的器官,应成立区域性或全国性的器官分配网,做到公平、合理的分配。④分配器官必须经由国家或地区的器官分配网安排。⑤分配器官的优先顺序,不能受政治、特别给付或对某团体偏爱的影响。⑥参与器官移植的外科和内科医师,不应在本地、本国或国际上从事宣传。⑦从事移植的外科医师和其他小组成员,不可以直接或间接地从事牵涉买卖器官,或任何使自己或所属医院获利的行为。

4. 严禁器官商业化 由于移植器官供不应求,器官出现了商业化的倾向。但是大多数国家法律认为,人的器官是神圣的,不能沦为商品被买卖。器官买卖的结果是与发展器官移植手术治病救人的崇高目的相违背的,在客观上只会有利于少数富人。无论在什么情况下,也无论是买卖活人器官,还是死人器官,都应为法律所禁止。1984年美国政府通过一项立法,禁止人体器官买卖。加拿大、法国等也明令禁止买卖器官。1986年国际移植学会公布了《活体捐赠肾脏的准则》,其中第三条规定:不能为了个人的利益,而向没有血缘关系者恳求,或利诱其捐出肾。第六条规定:接受者本人或家属,或支持捐赠的机构,不可付钱给捐赠者,以免误导大众,以为器官是可以买卖的。

5. 活体器官移植的立法 总体上看,对活体器官移植作出规定的国家不多,但已立法的国家都规定了以下几方面内容:①知情同意原则,意思是真实自愿,没有第三方的压力。②优先考虑供体利益,以对供体生命和健康不发生危险为前提。③该器官的移植足以挽救受体的生命或足以恢复或改善受体的健康状况。④对于未成年人和其他限制行为能力人的特别保护。未成年人和其他限制行为能力的人的器官捐献,必须取得其法定代理人同意。

三、我国器官移植的立法现状

我国器官移植起步较晚,但发展迅速,迄今已开展了近30种同种异体器官移植,其中,肾移植技术达到世界先进水平。但我国器官移植特别是大器官移植与发达国家相比,在移植例数、存活时间、生存质量上都有较大差距,其原因主要是供体的匮乏与质量低下。导致这种状况的一个重要原因在于缺乏法律保障。

(一) 立法现状

2003年8月22日,深圳首开立法之先河,制定并发布我国首部器官移植专项地方性法规——《深圳经济特区人体器官捐献移植条例》。该条例考虑了我国的具体国情,借鉴和吸收了其他国家的先进立法经验,具有一定的进步意义。2007年3月,国务院颁布了《人体器官移植条例》,于2007年5月1日起施行,该条例是我国第一部关于人体器官移植的全国性行政法规,这一条例从行政法规层面上使器官移植走上法制化、可持续发展的道路,对于规范人体器官移植管理,保证医疗质量和医疗安全,维护器官捐献者、患者、医疗机构及其医务人员的合法权益,具有重要意义。2009年12月,卫生部根据《人体器官移植条例》制定了《关于规范活体器官移植的若干规定》,使我国人体器官移植有了具体操作规制。2010年卫生部制定下发《中国人体器官分配与共享基本原则和肝脏与肾脏移植核心政策》(以下简称《核心政策》),并在此基础上研发了人体器官分配与共享系统,希望建立公平、公正、公开的器官分配体系。2011

年2月,第十一届全国人大常委会通过的《刑法修正案(八)》规定:组织他人出卖人体器官的,处五年以下有期徒刑,并处罚金;情节严重的,处五年以上有期徒刑,并处罚金或没收财产。未经本人同意摘取其器官,或者摘取不满十八周岁的人的器官,或者强迫、欺骗他人捐献器官的,依照该法第二百三十四条、第二百三十二条的规定定罪处罚。违背本人生前意愿摘取其尸体器官的,或者本人生前未表示同意,违反国家规定,违背其近亲属意愿摘取其尸体器官的,依照该法第三百零二条的规定定罪处罚。该法是关于人体器官移植的最高效力等级的立法。

2011年5月,卫生部发布的《卫生部办公厅关于启动心脏死亡捐献器官移植试点工作的通知》规定:符合《卫生部关于印发肝脏、肾脏、心脏、肺脏移植技术管理规范的通知》要求的三级甲等医院可以申请开展心脏死亡捐献器官移植试点工作,并将中国心脏死亡器官捐献分为三类。其中,中国一类(C-Ⅰ),国际标准化脑死亡器官捐献(DBD),即脑死亡案例,经过严格医学检查后,各项指标符合脑死亡国际现行标准和国内最新脑死亡标准,由通过卫生部委托机构培训认证的脑死亡专家明确判定为脑死亡。在脑死亡的案例中,判定脑死亡并用于器官移植有三个条件:①经过严格的医学检查后,各项指标符合脑死亡国际现行标准和国内最新脑死亡标准,由认证专家明确判定为脑死亡;②家属完全理解并且选择按脑死亡标准停止治疗、捐献器官;③同时获得案例所在医院和相关领导、部门的同意和支持。

为建立和完善人体器官获取与分配体系,2013年9月国家卫生计生委制定的《人体捐献器官获取与分配管理规定(试行)》(以下简称《规定》)正式实施,适用于公民捐献的身故后尸体器官的获取与分配,包括总则、捐献器官的获取、捐献器官的分配、监督管理和附则。

在实践中,器官移植分配是否公平以及非法器官买卖是公众关注的问题。《规定》明确指出,捐献器官的分配应当符合医疗需要,公民身后捐献的器官必须通过器官分配系统进行分配,任何机构、组织和个人不得在器官分配系统外擅自分配捐献器官。人体器官获取组织必须通过器官分配系统适时启动捐献器官的自动分配,严格执行分配结果,确保捐献人及其捐献器官的溯源性。

根据国务院行政审批改革有关工作要求,为做好审批下放后的有关工作,加强人体器官移植医师管理,依据《执业医师法》《人体器官移植条例》,2016年9月,国家卫生计生委出台了《人体器官移植医师培训与认定管理办法(试行)》和《人体器官移植医师培训基地基本要求》。

(二) 人体器官捐献

1. 基本原则 在我国,人体器官捐献遵循自愿、无偿的原则。公民享有捐献或不捐献其人体器官的权利;任何组织或个人不得强迫、欺骗、利诱他人捐献人体器官。公民生前表示不同意捐献其人体器官的,任何组织或个人不得捐献、摘取该公民的人体器官。

2. 捐献条件

(1) 捐献人体器官的公民应当具有完全民事行为能力。根据相关规定,公民具有完全民事行为能力是指公民年满十八周岁且智力正常。捐献活体器官的公民应当年满十八周岁且具有完全民事行为能力。

(2) 有捐献意愿的公民捐献其人体器官应当有书面形式的捐献意愿。

(3) 活体器官捐献限定的亲属关系。《卫生部关于规范活体器官移植的若干规定》的第二条规定:活体器官捐献人与接受人仅限于以下关系:①配偶:仅限于结婚3年以上或者婚后已育有子女的;②直系血亲或者三代以内旁系血亲;③因帮扶等形成亲情关系:仅限于养父母和养子女之间的关系、继父母与继子女之间的关系。

(4) 亲属决定捐献的条件:公民生前未表示不同意捐献其人体器官的,该公民死亡后,其配偶、成年子女、父母可以以书面形式表示同意捐献该公民人体器官的意愿。

3. 器官获取与分配 省级卫生行政部门必须在国家卫生计生委(现变更为国家卫生健康委员会)的统一领导下,成立一个或多个由人体器官移植外科医师、神经内外科医师、重症医学科医师及护士等组成的人体器官获取组织(OPO),捐献器官的获取工作必须由OPO按照中国心脏死亡器官捐献分类标准实施。具有器官移植资质的医院将强制使用中国人体器官移植分配与共享计算机系统。中国人体器官移植分配与共享计算机系统包括潜在器官捐献者识别系统、器官捐献者登记及器官匹配系统、器官移植等待者预约名单系统,所有器官捐献者的信息都录入该系统,系统会根据每位患者的病情、等待时间等因素,给予动态评分,得分高的由系统自动分配后,才可进行器官移植。

(三)人体器官移植

1. 准入制度 医疗机构从事人体器官移植应当按照《医疗机构管理条例》规定,向所在地省、自治区、直辖市人民政府卫生主管部门申请办理人体器官移植诊疗科目等级。医疗机构从事人体器官移植,应当具备下列条件:①有与从事人体器官移植相适应的执业医师和其他医务人员。②有满足人体器官移植所需设备、设施。③有由医学、法学、伦理学等方面专家组成的人体器官移植技术临床应用与伦理委员会,该委员会中从事人体器官体移植的医学专家不超过委员人数的1/4。④有完善的人体器官移植质量监控等管理制度。省级以上人民政府卫生主管部门应当定期组织专家根据人体器官移植手术成功率、移植人的人体器官和术后患者的长期存活率,对医疗机构的人体器官移植临床应用能力进行评估,并及时公布评估结果;评估不合格的,由原登记部门撤销人体器官移植诊疗科目登记。具体办法由国务院卫生主管部门制定。

2. 伦理审查

(1) 审查申请:在摘取活体器官前或尸体器官捐献人死亡前,负责人体器官移植的执业医师应当向所在医疗机构的人体器官移植技术临床应用与伦理委员会提出摘取人体器官审查申请。

(2) 一般器官摘取的伦理审查事项:人体器官移植技术临床应用与伦理委员会收到摘取人体器官审查申请后,应当对下列事项进行审查,并出具同意或者不同意的书面意见:①人体器官捐献人的意愿是否真实;②有无买卖或者变相买卖人体器官的情形;③人体器官的配型和接受人的适应证是否符合伦理原则和人体器官移植技术管理规范。经2/3以上委员同意,人体器官移植技术临床应用与伦理委员会方可出具同意摘取人体器官的书面意见。人体器官移植技术临床应用与伦理委员会不同意摘取人体器官的,医疗机构不得作出摘取人体器官的决定,医务人员不得摘取人体器官。

(3) 活体器官摘取的伦理审查事项:人体器官移植技术临床应用与伦理委员会对下列事项进行审查和讨论,在全体委员一致同意并签名确认后,人体器官移植技术临床应用与伦理委员会方可出具同意摘取活体器官的书面意见,同时医疗机构应当存留完整的人体器官移植技术临床应用与伦理委员会会议记录备查。人体器官移植技术临床应用与伦理委员会审查的事项包括:①活体器官捐献人和接受人按照《关于规范活体器官移植的若干规定》第三条要求提供的材料是否真实、合法,其关系是否符合该规定第二条的要求。②活体器官捐献人的捐献意愿是否真实。③有无买卖人体器官的情形。④器官的配型和接收人的适应证是否符合人体器官移植技术管理规范。⑤活体器官捐献人的身体和心理状况是否适宜捐献器官。⑥对《关于规范活体器官移植的若干规定》第四条第(四)项评估是否全面、科学。⑦捐献是否符合医学和伦理学原则。

3. 医疗机构及医务人员的义务

(1) 活体器官摘取:从事人体器官移植的医疗机构及其医务人员摘取活体器官前,应当履行下列义务:①向活体器官捐献人说明器官摘取手术的风险、术后注意事项、可能发生的并发症及其预防措施等,并与活体器官捐献人签署知情同意书。②查验活体器官捐献人同意捐献其器官的书面意愿、活体器官捐献人与接受人存在《人体器官移植条例》第十条规定关系的证明材料。③确认除摘取器官产生的直接后果外不会损害活体器官捐献人其他正常的生理功能。从事人体器官移植的医疗机构应当保存活体器官捐献人的医学资料,并随访。

(2) 尸体器官摘取:摘取尸体器官应在依法判定尸体器官捐献人死亡后进行。从事人体器官移植的医务人员不得参与捐献人的死亡判定。从事人体器官移植的医疗机构及其医务人员应当尊重死者的尊严;对摘取器官完毕的尸体,应当进行符合伦理原则的医学处理,除用于移植的器官以外,应当恢复尸体原貌。

(3) 移植费用:从事人体器官移植的医疗机构除向接受人收取下列费用外,不得收取或变相收取所移植人体器官的费用:①摘取、植入人体器官的手术费。②保存和运送人体器官的费用。③摘取、植入人体器官所发生的药费、检验费、医用耗材费。对于规定费用的收取标准,应按照有关法律、行政法规的规定确定并予以公示。

第三节 "互联网＋医疗"的相关法律问题

一、"互联网＋医疗"概述

（一）概念

1. "互联网＋" "互联网＋"就是"互联网＋各个传统行业",它代表一种新的经济形态,即充分发挥互联网在生产要素配置中的优化和集成作用,将互联网的创新成果深度融合于经济社会各领域之中,提升实体经济的创新力和生产力,形成更广泛的以互联网为基础设施和实现工具的经济发展新形态。

2. "互联网＋医疗" "互联网＋医疗",即互联网技术和医疗行业的结合,是传统医疗行业在互联网时代下的一种新兴产业结构,代表了医疗行业新的发展方向,包括以互联网为载体和技术手段的预约挂号、医疗信息查询、电子健康档案、疾病风险评估、在线疾病咨询、电子处方、远程会诊、远程治疗、健康教育、康复等多种形式的健康医疗服务。

（二）"互联网＋医疗"的发展

2015年3月5日,在第十二届全国人大三次会议上,李克强总理在政府工作报告中首次提出"互联网＋"行动计划。李克强在政府工作报告中提出,"制定'互联网＋'行动计划,推动移动互联网、云计算、大数据、物联网等与现代制造业结合,促进电子商务、工业互联网和互联网金融健康发展,引导互联网企业拓展国际市场。"积极推动移动互联网、远程医疗技术的发展,应用信息化促进全民健康和智慧医疗服务。2018年7月,国家卫生健康委员会、国家中医药管理局发布《关于深入开展"互联网＋医疗健康"便民惠民活动的通知》。2018年,国家卫生健康委员会、国家中医药管理局发布《互联网诊疗管理办法(试行)》《互联网医院管理办法(试行)》《远程医疗服务管理规范(试行)》,首次明确无论是互联网诊疗行为还是成立互联网医院都必须依托于线下的实体医疗机构,互联网医疗只允许复诊,不允许首诊。一系列管理规范的发布,都进一步为"互联网＋医疗"的发展明晰了规则。

"互联网＋"作为优化传统诊疗模式的重要手段,能够为患者提供一条龙的健康管理服务。在传统的医患模式中,患者普遍存在事前缺乏预防,事中体验差,事后无服务的现象。而通过"互联网＋医疗"新模式,患者有望从移动医疗数据端监测自身健康数据,做好事前防范;在诊疗服务中,依靠移动医疗实现网上挂号、询诊、购买、支付,节约时间和经济成本,提升事中体验;依靠互联网在事后与医生沟通,改善服务体验。

经过近几年的发展,我国的互联网医疗所涉领域大致可以分为:①互联网医药交易服务为主的医药电子商务领域。②远程医疗服务领域:包括远程病理诊断、远程医学影像诊断、远程监护、远程会诊、远程门诊、远程病例讨论及省级以上卫生部门规定的其他项目。③移动医疗服务领域:依托平板电脑、移动电话和卫星通信等移动通信技术提供医疗服务的移动医疗。④医疗信息化领域:目前,我国医疗信息化正处于向智慧医疗过渡的阶段。智慧医疗通过打造医疗信息平台,利用互联网技术,实现患者与医疗机构、医务工作者、医疗设备之间的互动。

公众的期盼、资本的追捧,使得"互联网＋医疗"方兴未艾,百度、阿里巴巴、腾讯先后涉足互联网医疗产业,形成了巨大的产业布局网,它们利用各自优势,通过不同途径实现着改变传统医疗行业模式的梦想。

二、"互联网+医疗"法律问题及相关规定

与传统医疗行业一样,互联网医疗包括了医疗机构、药品生产及经营单位、康复和疗养机构,以及患者在内的参与者,但是其在行业特征、运营方式、监管要点等方面却与传统医疗中医患法律关系存在着较大差异。例如,在"互联网+"行业组织架构中,存在更多层次的法律关系,包括互联网医疗机构和患者之间的诊疗关系,互联网运营企业和医疗机构及患者之间的数据管理优化和传输的关系,还有行业管理机构与互联网上各主体的监管和服务关系。随着互联网的广泛接入,新医疗技术的普及,诊疗手段在互联网端应用的提升和对电子数据依赖性的增强,医疗的互联网化将越来越多地影响到公众健康和医疗安全,也要求配套新的行业管理和法律问题解决方案。

针对互联网医疗发展初期表现出的、亟待规范的哪些主体可以获准开展互联网医疗服务,这些主体需要怎样的资质,主体行为应如何监管等问题,2018年,国家卫生健康委员会、国家中医药管理局发布《互联网诊疗管理办法(试行)》《互联网医院管理办法(试行)》《远程医疗服务管理规范(试行)》,对一系列问题进行了规范和明确,至此,医疗机构进行互联网诊疗活动、设立互联网医院,将有法可依。

(一)互联网诊疗活动的准入

互联网诊疗活动的准入,应符合以下规则。

(1)互联网诊疗活动应当由取得医疗机构执业许可证的医疗机构提供。

(2)新申请设置的医疗机构拟开展互联网诊疗活动,应当在设置申请书注明,并在设置可行性研究报告中写明开展互联网诊疗活动的有关情况。如果与第三方机构合作建立互联网诊疗服务信息系统,应当提交合作协议。

(3)卫生健康行政部门受理申请后,依据《医疗机构管理条例》《医疗机构管理条例实施细则》的有关规定进行审核,在规定时间内作出同意或者不同意的书面答复。批准设置并同意其开展互联网诊疗的,在设置医疗机构批准书中注明同意其开展互联网诊疗活动。医疗机构按照有关法律法规和规章申请执业登记。

(4)已经取得医疗机构执业许可证的医疗机构拟开展互联网诊疗活动,应当向其医疗机构执业许可证发证机关提出开展互联网诊疗活动的执业登记申请,并提交下列材料:①医疗机构法定代表人或主要负责人签署同意的申请书,提出申请开展互联网诊疗活动的原因和理由;②如果与第三方机构合作建立互联网诊疗服务信息系统,应当提交合作协议;③登记机关规定提交的其他材料。

(5)执业登记机关按照有关法律法规和规章对医疗机构登记申请材料进行审核。审核合格的,予以登记,在医疗机构执业许可证副本服务方式中增加"互联网诊疗"。审核不合格的,将审核结果以书面形式通知申请人。

(6)医疗机构与第三方机构的合作协议应当明确各方在医疗服务、信息安全、隐私保护等方面的责权利。

(7)医疗机构开展互联网诊疗活动应当与其诊疗科目相一致。未经卫生健康行政部门核准的诊疗科目,医疗机构不得开展相应的互联网诊疗活动。

(二)互联网医疗机构执业规则

医疗机构开展互联网诊疗活动,应遵守以下规则。

(1)医疗机构开展互联网诊疗活动应当符合医疗管理要求,建立医疗质量和医疗安全规章制度。

(2)应当具备满足互联网技术要求的设备设施、信息系统、技术人员以及信息安全系统,并实施第三级信息安全等级保护。

(3)开展互联网诊疗活动的医师、护士应当能够在国家医师、护士电子注册系统中查询。医疗机构应当对开展互联网诊疗活动的医务人员进行电子实名认证,鼓励有条件的医疗机构通过人脸识别等人体特征识别技术加强医务人员管理。

(4)基层医疗卫生机构实施"互联网+"家庭医生签约服务,在协议中告知患者服务内容、流程、双方责任和权利以及可能出现的风险等,签订知情同意书。

(5) 医疗机构在线开展部分常见病、慢性病复诊时,医师应当掌握患者病历资料,确定患者在实体医疗机构明确诊断为某种或某几种常见病、慢性病后,可以针对相同诊断进行复诊。当患者出现病情变化需要医务人员亲自诊查时,医疗机构及其医务人员应当立即终止互联网诊疗活动,引导患者到实体医疗机构就诊。不得对首诊患者开展互联网诊疗活动。

(6) 医疗机构开展互联网诊疗活动应当按照《医疗机构病历管理规定》和《电子病历基本规范(试行)》等相关文件要求,为患者建立电子病历,并按照规定进行管理。

(7) 医疗机构开展互联网诊疗活动应当严格遵守《处方管理办法》等处方管理规定。医师掌握患者病历资料后,可以为部分常见病、慢性病患者在线开具处方。在线开具的处方必须有医师电子签名,经药师审核后,医疗机构、药品经营企业可委托符合条件的第三方机构配送。

(8) 医疗机构开展互联网诊疗活动时,不得开具麻醉药品、精神药品等特殊管理药品的处方。为低龄儿童(6岁以下)开具互联网儿童用药处方时,应当确认患儿有监护人和相关专业医师陪伴。

(9) 医疗机构应当严格执行信息安全和医疗数据保密的有关法律法规,妥善保管患者信息,不得非法买卖、泄露患者信息。发生患者信息和医疗数据泄露后,医疗机构应当及时向主管的卫生健康行政部门报告,并立即采取有效应对措施。

(10) 医疗机构开展互联网诊疗活动应当符合分级诊疗相关规定,与其功能定位相适应。

(11) 鼓励医联体内利用互联网技术,加快实现医疗资源上下贯通,提高基层医疗服务能力和效率,推动构建有序的分级诊疗格局。鼓励三级医院在医联体内通过互联网诊疗信息系统向下转诊患者。

(12) 三级医院应当优先发展与二级医院、基层医疗卫生机构之间的互联网医疗服务,为基层医疗卫生机构开展的互联网诊疗活动提供技术支持。

(13) 医疗机构应当加强互联网诊疗活动管理,建立完善相关管理制度、服务流程,保证互联网诊疗活动全程留痕、可追溯,并向监管部门开放数据接口。

(14) 医师开展互联网诊疗活动应当依法取得相应执业资质,具有3年以上独立临床工作经验,并经其执业注册的医疗机构同意。

(15) 医疗机构开展互联网诊疗活动按照属地化管理的原则,由县级及以上地方卫生健康行政部门进行监督管理。

(16) 县级及以上地方卫生健康行政部门应当向社会公布允许开展互联网诊疗活动的医疗机构名单,公布监督电话或者其他监督方式,及时受理和处置违法违规互联网诊疗服务举报。发现不符合本办法规定的,应当及时告知有关主管部门。

(17) 下级卫生健康行政部门未按照《医疗机构管理条例》和《互联网诊疗管理办法(试行)》规定管理互联网诊疗活动的,上级卫生健康行政部门应当及时予以纠正。

(18) 县级及以上地方卫生健康行政部门应当充分发挥社会组织作用,加强互联网诊疗活动的行业监督和自律。

本章小结

现代医学发展中的相关法律问题	学习要点
概念	人类辅助生殖技术、人类精子库、人体器官移植、"互联网+医疗"
法律问题	人工授精引发的法律问题、人体器官移植中的法律问题、"互联网+医疗"法律问题
分类	人类辅助生殖技术的分类、器官移植的分类
原则	人类辅助生殖技术的实施原则、互联网医疗机构执业规则

目标检测

一、选择题

【A1型题】

1. 由于伦理方面的原因,目前尚未在人类身上成为现实的辅助生殖技术是(　　)。
   A. 代孕技术　　B. 同源人工授精　　C. 异源人工授精　　D. 无性生殖　　E. 体外受精

2. 《人体器官移植条例》于(　　)年通过并施行。
   A. 2006　　B. 2007　　C. 2008　　D. 2009　　E. 2010

3. 为克服高科技应用于医学服务所产生的负面影响,要求临床医师(　　)。
   A. 不仅关心患者的躯体,而且关心患者的心理
   B. 注意克服人-物-人的物化趋势
   C. 维护和尊重患者的知情同意权
   D. 正确处理同行关系
   E. 不能以医谋私

4. "试管婴儿"是采用(　　)的方式。
   A. 人工授精　　B. 无性生殖　　C. 代孕母亲　　D. 体外受精　　E. 以上都是

5. 申请开展人类辅助生殖技术的医疗机构应符合下述条件,错误的是(　　)。
   A. 具有与开展技术相适应的卫生专业技术人员和其他专业技术人员
   B. 具有与开展技术相适应的技术和设备
   C. 开展此项工作必须经过县级以上卫生行政部门批准
   D. 设有医学伦理委员会
   E. 符合《人类辅助生殖技术规范》要求

6. 下列哪项行为目前在我国是允许的?(　　)
   A. 买卖配子
   B. 买卖胚胎
   C. 医疗机构私自采精
   D. 开展代替他人怀孕技术服务
   E. 体外受精——胚胎移植技术

7. 我国开展夫精人工授精技术的医疗机构需由哪个机构审批?(　　)
   A. 省级卫生行政部门
   B. 国务院卫生行政部门
   C. 市地级卫生行政部门
   D. 县级卫生行政部门
   E. 冷藏精液库主管部门

8. 《人类辅助生殖技术管理办法》规定,我国开展供精人工授精和体外受精技术的医疗机构,应由哪个机构批准?(　　)
   A. 冷藏精液库主管部门
   B. 县级卫生行政部门
   C. 市地级卫生行政部门
   D. 省级卫生行政部门
   E. 卫生部

9. 《互联网诊疗管理办法(试行)》于(　　)年通过并施行。
   A. 2015　　B. 2016　　C. 2017　　D. 2018　　E. 2019

10. 互联网医疗提供的诊疗服务中,不包括以下哪一项?(　　)
    A. 网上挂号　　B. 首诊　　C. 复诊　　D. 询诊　　E. 购买

【A2型题】

11. 一位5岁女孩患肾炎而继发肾衰竭住院三年,一直做肾透析,等待肾移植。因肾源缺乏,经父母商讨同意家人进行活体移植。经检查,其母因组织配型不符被排除,其弟年幼也不适宜,其父中年且组织配型符合而适合。医生与患者父亲商量是否作为供者,但经其父经过一番思考后决定不做供者,并恳请医生告诉其家人他不适合做供者。对此,医生选择下列哪种做法更适宜?(　　)
    A. 按照其父的意思,谎告家人他不适合做供者

B. 违背其父的意愿,如实告知家人他不愿意做供者

C. 既不按其父的意思又不完全违背其意愿,不置可否地告诉家人

D. 不参与患者家庭内部的决定,让其父主动与家人商讨如何做

E. 家人不问医生就不给家人说,如果要问就说继续等待肾源,即回避其父拒绝供肾之事

二、名词解释

1. 人类辅助生殖技术
2. 人体器官移植
3. "互联网+医疗"

三、简答题

1. 人类辅助生殖技术的实施原则。
2. 人体器官捐献的基本原则。

(贵州师范大学　王冕)

参考答案
16-1

参考文献

[1] 陈云良.卫生法学[M].北京:高等教育出版社,2019.
[2] 田侃,冯秀云.卫生法学[M].3版.北京:中国中医药出版社,2019.
[3] 汪建荣.卫生法[M].4版.北京:人民卫生出版社,2013.
[4] 丁朝刚.卫生法学[M].北京:北京大学出版社,2015.
[5] 赵敏,何振.卫生法学概论[M].武汉:华中科技大学出版社,2016.
[6] 蒲川,陈大义.卫生法学[M].北京:科学出版社,2017.
[7] 石悦,王安富.卫生法学[M].北京:科学出版社,2016.
[8] 黎东生.卫生法学[M].北京:人民卫生出版社,2013.
[9] 杨敏,施红.中西医结合人才培养研究[M].北京:北京科学技术出版社,2011.
[10] 李西海,许丽梅,曾建伟,等.以科学问题为导向的中西医结合创新型人才培养模式的探索[J].中医教育,2019,38(4):38-40.
[11] 宫晓洋,刘勇,沈会,等.一体化中西医结合教师队伍建设的思考[J].中国中医药现代远程教育,2019,17(11):153-155.
[12] 雷晓明,王国佐,邓奕辉,等.发展中西医结合教育培养中西医结合人才[J].中国中西医结合杂志,2018,38(12):1418-1419.
[13] 王仓.公民健康权实现的法律保护路径探析[J].黑龙江省政法管理干部学院学报,2019(3):18-22.
[14] 刘炫麟.公民健康权利与义务立法研究——兼评《基本医疗卫生与健康促进法(草案)》第2章[J].法学杂志,2018,39(5):86-94.
[15] 杜仕林.卫生法学[M].广州:中山大学出版社,2012.
[16] 戴启雪.广州市突发公共卫生事件应急处置机制及其优化研究[D].青海:青海师范大学,2016.
[17] Chen Huifang. Does School Enterprise Cooperation to Promote Students' Occupation Career Planning:on the Inspirational Experience of School-enterprise Cooperation from Developed Countries[J]. Review of Global Academics,2014(2):153-159.
[18] 刘欣.公民健康权实现的国家义务研究[D].济南:山东大学,2017.
[19] 孔海文.浅谈我国公民健康权的宪法保护和完善[J].法制博览,2016(35):77-78.
[20] 徐伟.试论我国服刑人员的医疗权保障[D].苏州:苏州大学,2013.
[21] 吕高玉.居民在医疗服务领域中的健康权利和义务[J].山东医学高等专科学校学报,2009,31(5):397-399.
[22] 王艳翚.健康管理的规范化与公民医疗权的保障[J].现代预防医学,2009,36(9):1655-1656,1668.
[23] 陈爱云.基于公民医疗权的医疗领域政府责任研究[J].医学与社会,2016,29(4):83-85,89.
[24] 王峰.卫生法律法规[M].北京:科学出版社,2013.
[25] 朱晓卓.卫生法律实务[M].南京:东南大学出版社,2013.
[26] 乔植宇.卫生法律法规[M].上海:上海交通大学出版社,2014.
[27] 王峰.卫生法律法规[M].2版.北京:人民卫生出版社,2008.